Reinhold Koser

Friedrich der Große als Kronprinz

Reinhold Koser

Friedrich der Große als Kronprinz

ISBN/EAN: 9783743446755

Hergestellt in Europa, USA, Kanada, Australien, Japan

Cover: Foto ©ninafisch / pixelio.de

Manufactured and distributed by brebook publishing software (www.brebook.com)

Reinhold Koser

Friedrich der Große als Kronprinz

Friedrich der Große

als Kronprinz.

Von

Reinhold Koser

a. o. Professor an der Universität Berlin.

Stuttgart.

Verlag der J. G. Cotta'schen Buchhandlung.

1886.

Zum

17. August 1886.

Seit längerer Zeit habe ich mich als Mitarbeiter an den frideri=
cianischen Publikationen der Berliner Akademie und der preußischen
Archivverwaltung für eine biographische Behandlung der Geschichte
Friedrichs des Großen vorzubereiten gesucht. Zu gesonderter Ver=
öffentlichung des in sich abgeschlossenen Anfanges einer einheitlich
angelegten Darstellung entschließe ich mich, um zu dem bevor=
stehenden Säkularerinnerungstage auch an meinem Teile dem großen
Herrscher eine bescheidene Huldigung darzubringen, dessen Andenken
der ruhmreichste seiner Erben vor wenigen Tagen in dem Kaiser=
worte ehrte: „Alles, was wir Großes und Gutes heute in unsrem
Lande bewundern, ist auf den Fundamenten gegründet, die er
gelegt".

Berlin, am 31. Mai 1886.

R. K.

Inhalt.

———

———

I.

Im Elternhause.

„Morgen wird man den Prinzen taufen," so schrieb am 30. Januar 1712 König Friedrich I. von Preußen an einen Vertrauten; „ich denke, er wird nur den einen Namen Friedrich erhalten. Sie wissen, daß dieser Name meinem Hause glückbringend gewesen ist. Hoffen wir, daß dieses Kind eines Tages ebenso glücklich sein wird, wie seine Vorfahren."

Das Sonntagskind, das am 24. Januar um die Mittagsstunde im Schlosse zu Berlin geboren war, wurde von dem Könige, seinem Großvater, und dem kronprinzlichen Elternpaare mit um so freudiger bewegtem Herzen begrüßt, als die vorangegangenen Brüder beide noch im ersten Lebensjahre gestorben waren. Die Geburt eines neuen Prinzen gab dem alternden Könige die Beruhigung, den einzigen Sohn im Besitz eines Erben zu hinterlassen, auf dessen Haupte die neue preußische Königskrone bei dem Stamm ihres ersten Trägers blieb.

Der kleine Prinz von Oranien — denn so nannte man den Knaben im ersten Jahre seines Lebens, bis der Utrechter Friede das Fürstentum Orange von Preußen abtrennte — nahm zur Freude seines Großvaters „recht augenscheinlich" zu, und als er das Zahnen, dem seine Brüder erlegen waren, ohne die geringsten Beschwerden überwand, so sah der König darin „die Prädestination".

Als der 24. Januar im Jahre 1713 wiederkehrte, lud der Kronprinz zur Feier des Tages seinen königlichen Vater zu Gast.

Es sollte das letzte Mal sein, daß der seit längerer Zeit krankende Monarch, gefolgt von seinen Würdenträgern, sich öffentlich zeigte, das letzte Fest, das diesen glänzenden Hofstaat vereinigte. Wenige Wochen später, am 25. Februar 1713, schloß der erste preußische König die Augen, und mit ihm zugleich wurde aller höfische Prunk in das Grab gelegt, um bürgerlicher Einfachheit, militärischer Rauheit Platz zu machen. Bis an die Wiege des nunmehrigen Kronprinzen drängte sich das Geräusch der Waffen.

Eben damals wurde auch in Versailles ein Prinz für den Thron erzogen, der Urenkel und Erbe König Ludwigs XIV., nur zwei Jahre älter als der preußische Kronprinz. Ein ganzes Heer von Tageschronisten und Memoirenschriftstellern hat auf „das Kind von Europa", wie der Kaiser den kleinen Ludwig XV. nannte, aufgemerkt und von seinem Wachstum und seiner täglichen Verdauung, seinen Kleidern und seinen Spielen mit gewissenhafter Umständlichkeit die Kunde auf die Nachwelt gebracht. Über die kleinen Vorgänge in der Kinderstube des Kronprinzen Friedrich hat niemand Buch geführt. Das hätte auch wenig zu dem Zuschnitt einer Hausordnung gepaßt, welche die Kinder des Hauses der Ansprüche ihrer hohen Geburt nicht bewußt werden lassen wollte. Ein Fremder, der bei einem Besuche in Berlin diese Erziehung beobachtete, meinte, die Eltern hielten ihren Sohn unter scharfer Zucht, und wenigen Prinzen werde so durch den Sinn gefahren und der jugendliche Wille gebeugt. Nicht wie Prinzen und Prinzessinnen, das rühmte Friedrich selbst nachmals mit warmem Dank, seien er und seine Geschwister erzogen worden, sondern wie die Kinder von Privatleuten. Wenn die königliche Familie sich zum einfachen Mahle setzt, dann spricht eines der Kinder das Tischgebet, nach dem alten frommen Brauche des deutschen Bürgerhauses, und der König steht hinter dem Stuhle des betenden Kleinen und beugt sich hinüber „wie ein anderer Hausvater". Hausväterlich und bürgerlich ist auch der Ton, in welchem er von den Seinen spricht, selbst in den amtlichen Weisungen an die Staatsbehörden. Als er gegen Karl XII. in den Krieg zieht, befiehlt er den Ministern für die Zeit seiner Abwesenheit: „Es soll an meine Frau von allem gesagt und sie um

Rat gefragt werden"; für den Fall aber, daß ihn eine schwedische Kugel trifft, macht er es ihnen allen zur Pflicht, „vor Fritz zu sorgen", den jetzt dreijährigen Thronerben.

In den Laufgräben vor Stralsund lernte der König einen jungen Kavalier kennen, der ihm der rechte Mann schien, Fritzens Lehrer zu werden. Geboren war er in Frankreich, aber noch in seinem ersten Lebensjahre wurde das Edikt von Nantes aufgehoben, unter dessen Schutz seine Vorfahren, die Duhan von Jandun, ihres Glaubens gelebt hatten. Der Vater, einer der königlichen Staatsräte, war früher Sekretär des Marschalls Turenne gewesen. Turenne, der Enkel des großen Oraniers, hatte dem Hof zu Ge= fallen seinen reformierten Glauben abgeschworen; Philipp Duhan folgte dem Beispiele nicht und ergriff um des Gewissens willen den Exulantenstab. Auch ihm, wie so vielen, gewährte der Hohen= zollernstaat gastliche Aufnahme. So wurde sein Sohn Jacques Egide Hofmeister der Söhne des Burggrafen Alexander Dohna, der einst des Kronprinzen Friedrich Wilhelm Erzieher gewesen war. Ein französischer Hofmeister, der den brandenburgischen Waffenrock anzog, um als Freiwilliger gegen die Schweden zu kämpfen, mußte dem Auge des Soldatenkönigs gefallen. Am 31. Januar 1716 hatte der junge Duhan seine Bestallung als „Informator", doch sollte sich sein Unterricht vorerst auf Rechnen, Geographie und die Geschichte der letzten hundert Jahre beschränken; im Lesen und Schreiben unterrichtete ein Elementarlehrer, Hilmar Curas, dessen gedehnte Züge Schriftkundige in der deutschen Handschrift seines Schülers allzeit haben wiedererkennen wollen.

Auf die Gesundheit seines Zöglings sollte der Informator gemeinsam mit den weiblichen Erzieherinnen Obacht haben. Denn noch blieb der kleine Prinz unter der Hut der Frauen, der Frau von Rocoulle und ihrer Tochter Martha Duval.

Wenn die gleiche Erziehung überall an den gleichen Früchten erkannt würde, so hätte der Kronprinz Friedrich das Ebenbild seines königlichen Vaters werden müssen, das dieser offenbar aus ihm zu machen beabsichtigte. Frau von Rocoulle wurde die Er= zieherin des Sohnes, weil sie vor zwei Jahrzehnten die Erzieherin des Vaters gewesen war. Je mehr Friedrich Wilhelm trotz der

im zartesten Alter empfangenen Eindrücke von jeder Vorliebe für
die Franzosen und französisches Wesen sich frei wußte, um so
weniger mochte er Bedenken tragen, auch die erste Erziehung des
Sohnes einer Fremden anzuvertrauen, die mitten unter Deutschen
der deutschen Sprache unkundig geblieben war. Und nun wurde
das Werk der französischen Wärterin durch den französischen Lehrer
aufgenommen. So half der König selbst eine Saat ausstreuen,
welche er, da sie in die Höhe schoß, als Unkraut hätte ausrotten
mögen.

Im August 1718 erhielt Duhan als Vorgesetzte die beiden
Kriegsmänner, in deren Hände der König damals die weitere Erziehung seines Sohnes legte. Es waren zwei Ostpreußen, der eine
wie der andere vor dem Eintritt in das Heer des Landesherrn
durch fremde Kriegsdienste hindurchgegangen. Graf Albrecht Konrad
von Finckenstein, beinahe ein Sechziger, hatte in jungen Jahren
unter dem Lilienbanner mit Auszeichnung gegen die Spanier ge-
fochten; er verließ Frankreich, wie viele andere deutsche Landeskinder, nach dem Ausbruch des Krieges von 1688. Am Berliner
Hofe gehörte er bald zu den Vertrauten der königlichen Familie.
Friedrich Wilhelm spricht von Beweisen persönlicher Anhänglichkeit
und Ergebenheit, die er schon in zartester Jugend von Finckenstein
erhalten habe. Die Mutter des Prinzen, dessen Mentor der Graf
jetzt wurde, hatte er 1707 als Brautführer aus der hannöverischen
Heimat nach Berlin eingeholt. Seine Söhne wurden die Gespielen
des Kronprinzen Friedrich, und ein freundliches Geschick hat ihm
den einen dieser Gefährten der Kindheit, den Grafen Karl Wilhelm, bis an das Ziel der Lebensbahn als bewährten Freund und
vertrauten Berater zur Seite gelassen.

Seine Stellung als Oberhofmeister des Kronprinzen sollte für
den alten Grafen kein leeres Ehrenamt sein; mußte er sich doch
verpflichten, abwechselnd mit dem Sousgouverneur Kalckstein des
Nachts in dem Schlafzimmer des Pflegebefohlenen sich zu betten;
auch die Lehrstunden beaufsichtigten beide Erzieher wechselweise,
wobei der Oberst von Kalckstein auch selbstthätig in den Unterricht
eingriff. Er durfte nachmals von sich sagen, daß er mit dem
Prinzen wohl die meiste Mühe gehabt habe. Der Name Kalckstein

war einst in Preußen verfehmt gewesen, und auch Christoph Wil=
helm Kalckstein glaubte anfangs nur in der Fremde sein Glück
machen zu können. Aber so rasch hatte die Überwinderkraft des
hohenzollernschen Staatsgedankens ihr Werk gethan, daß dem Urenkel
des Großen Kurfürsten als Erzieher der Neffe des Mannes bestellt
werden konnte, der vor fünfzig Jahren als lärmendster Wortführer
des preußischen Widerstandes gegen die brandenburgische Herrschaft
das Schafott bestiegen hatte.

Wieder glaubte Friedrich Wilhelm, um in dem Sohne sich
selbst gleichsam zu wiederholen, nicht sicherer gehen zu können,
als wenn er den beiden Gouverneuren dieselbe Instruktion in die
Hände gab, die, vielleicht unter dem Einflusse von Leibniz ent=
standen, einst bei seiner eigenen Erziehung sich bewährt hatte. Doch
nahm der König in dem Schriftstück einige Änderungen vor, denn
schon äußerlich wäre ihm das majestätische „Wir" nebst den steifen
Titulaturen hier, wo er vor allem als Vater sprechen wollte, un=
erträglich gewesen. Friedrich Wilhelm wollte nicht als ein „Pietist"
gelten, aber er hielt streng auch auf die äußerliche Bekundung der
Frömmigkeit und hat schon als junger Prinz dem wenig älteren
Fürsten von Dessau seinen Unfleiß im Besuch des Gottesdienstes
mit eindringlichen Worten zum Vorwurf gemacht. Der Unterricht
im Christentum nebst Gebet und Predigt, Bibelstunde und Katechi=
sation, sollte deshalb, ganz wie einst bei Friedrich Wilhelm selbst,
die Grundlage der Erziehung bilden. „Geistreich", so wie es die
Instruktion von 1695 gefordert hatte, brauchten die morgend=
lichen und abendlichen Gebete nicht zu sein. Dagegen hielt es
Friedrich Wilhelm für notwendig, eine nachdrückliche Warnung
vor der katholischen Lehre, die er mit den „Irrungen und Sekten"
der Atheisten, Arianer, Socinianer und Deisten auf gleiche Linie
stellte, und ebenso vor dem Prädestinationsglauben der strengeren
Richtung innerhalb des Calvinismus hinzuzufügen.

Ein preußischer Kronprinz war der Erbe eines absolut regier=
ten Staates. Kein anderes Mittel sei vorhanden, sagt schon die
Instruktion von 1695 und Friedrich Wilhelm setzte dem nichts
hinzu, um die von menschlichen Gesetzen und Strafen befreite
souveräne Macht in den Schranken der Gebühr zu halten, als

die Furcht Gottes, der fromme Fürsten mit einer glücklichen
Regierung segnet und groß macht, das Laster aber an den Fürsten
und ihren Völkern straft.

Zur Bekräftigung dieser Wahrheit haben historische Beispiele
aus der heiligen Schrift und den weltlichen Geschichtsbüchern,
vor allem aus der Vergangenheit des brandenburgischen Hauses,
zu dienen. Die ältere Geschichte ist nur „überhin" zu lehren, auf
das eingehendste dagegen die Geschichte der letzten hundertfünfzig
Jahre und in Verbindung damit die Erdkunde und das Naturreich.
Die griechische und römische Geschichte strich der König nach-
träglich aus dem Lehrplane völlig, als „zu nichts gut". Noch
fehlte es, zumal für die neuere Geschichte, an geeigneten Lehr-
büchern. Friedrich Wilhelm bestimmte, daß die Lektüre des
„Theatrum Europaeum" dem Unterricht zu Grunde gelegt werden sollte. Wenn die damals bereits auf siebzehn Folianten an-
geschwollene Materialiensammlung für die Ereignisse seit Ausbruch
des Dreißigjährigen Krieges an Reichhaltigkeit des Stoffes unübertroffen war, so mußte doch die trostlose Formlosigkeit der wüsten
Kompilation dem Lernenden das Geschichtsstudium notwendig ver-
leiden. Zum Glück wußte sein Lehrer Rat und bot in einem
geschickt verfaßten Abriß, der bei dem Schüler noch nach vielen
Jahren in guter Erinnerung stand, einen Faden durch das Laby-
rinth. Für die Unterweisung in der Geographie und der Moral
bestimmte eine spätere Instruktion (1725), daß Kalckstein dabei
„das beste thun" sollte; es handelte sich nicht um eine „weitläuftige
Ethica oder Sittenlehre", denn davon hatte schon die Instruktion
von 1695 „Ekel und Verdruß" befürchtet, sondern lediglich um
„Exempel und kurze Sentenzien."

Jede Beschäftigung mit dem Lateinischen verbot der König
bestimmt und unwiderruflich. Im Französischen und im Deutschen
sollte der Unterricht auf die Aneignung einer eleganten und kurzen
Schreibart ausgehen. Das Archiv mußte später (1722) eine
Mustersammlung von hundertfünfzig deutschen Fürstenbriefen zu-
sammenstellen, damit der Prinz sich im Lesen von Manuskripten
üben und die Kurialien sich aneignen mochte. Daneben sollte
Gewandtheit im mündlichen Ausdruck erreicht werden, denn „nichts

ist, das einem großen Fürsten besser anstehet und nötiger ist, als wohl zu reden"; dazu gehört auch eine deutliche und reine Aussprache. Beispielsweise werden einige Aufgaben für Übungen in freier Rede bezeichnet: Gratulationen oder Antworten darauf; Rede und Gegenrede im Rate oder im Kriegsrate; Zusammenfassung entgegenstehender Meinungen behufs der Entscheidung; auch eine Armee zu einer „vigoureusen Aktion" zu animieren, mag der junge Prinz beizeiten lernen.

Denn einen Offizier, einen General in ihm heranzubilden, das sollte die Hauptaufgabe der Erziehung sein. In der Vorschrift, die sein eigener Gouverneur erhalten hatte, fand Friedrich Wilhelm diese Aufgabe noch nicht stark genug betont. Nichts, so verlangt einer seiner eigenhändigen Zusätze, sollen Finckenstein und Kalckstein ihrem Zögling angelegentlicher einzuprägen suchen, als „die wahre Liebe zum Soldatenstande", die Überzeugung, „daß nichts in der Welt einem Prinzen Ruhm und Ehre zu geben vermag, als der Degen." Die erforderlichen körperlichen Fertigkeiten, Fechten und Exerzieren, sollten dem Prinzen wo möglich spielend in den Erholungsstunden beigebracht werden; ein munterer Kadett wurde zum Exercitienmeister bestellt, und im oranischen Saale des Schlosses ließ der König ein kleines Zeughaus einrichten. Zeichnen und Mathematik wurden durchaus unter dem praktisch-militärischen Gesichtspunkte gelehrt, zur Vorbereitung für den Unterricht in der Kastrametrie, Fortifikationskunde und Artilleriewissenschaft.

Ein guter Christ und ein guter Soldat, und zum dritten ein guter Wirt sollte der Prinz werden; deshalb mußten ihn die Erzieher zu „Menage, Sparsamkeit und Demut" anhalten. Schon damals will Friedrich Wilhelm an dem sechsjährigen Kinde „den aufgeblasenen Stolz und die Neigung zu Depensen" wahrgenommen haben.

Als sorglicher Hausvater wollte er den heranwachsenden Sohn so viel als möglich um sich sehen. In dem Stundenplan, der 1725 für die Dauer des Herbstaufenthaltes in Wusterhausen das Tagewerk des Prinzen regelte, sind drei bis fünf Mittagsstunden für das Zusammensein mit dem Vater freigelassen; auch nach dem

Nachmittagsunterrichte der vier vollen Schultage sollte der Kleine, sobald er sich die Hände gewaschen, wieder zum Könige kommen. So wurde er auch frühzeitig auf Reisen mitgenommen, obgleich der König sich und seiner Begleitung unterwegs noch stärkere körperliche Anstrengungen zumutete, als daheim. Einer der fremden Diplomaten meinte 1725, daß der Kronprinz überanstrengt werde: „ob ihn schon der König herzlich liebt, so fatiguiert er ihn mit Frühaufstehen und Strapazen den ganzen Tag dennoch dergestalt, daß er bei seinen jungen Jahren so ältlich und steif aussiehet, als ob er schon viele Campagnen gethan hätte."

Im Sommer des folgenden Jahres begleitete der Kronprinz den Vater bei einem Besuch der westfälischen Provinzen. Dort kreuzte ihren Weg ein junger Schweizer, in den deutschen Landen, die er zu seinem Vergnügen und seiner Belehrung durchstreifte, damals noch unbekannt, Albrecht Haller, der sich später als Dichter einen Namen machte. Auf einer Anhöhe bei Cleve zeigte man ihm als Sehenswürdigkeit den Baum, auf welchem Se. Preußische Majestät, eine Pfeife schmauchend, zu sitzen pflege, den Blick auf die Lande um den Rhein von Cleve bis Schenkenschanz und Utrecht gerichtet; und im Schloßhofe des Generals von der Mosel zu Rosendaal hatten der jugendliche Wanderer und ein Reisegefährte zu ihrer Freude die Auszeichnung, dem Könige und dem Kronprinzen im Vorübergehen vorgestellt zu werden. Der letztere trug „schlechte Grenadierkleider", aber sein „aimables" Gesicht mit den funkelnden Augen sprach unseren Schweizer an. Leider hatte der Wirt vorher bei Tisch, zu Ehren der erlauchten Gäste, der Flasche zu reichlich zugesprochen, und der vierzehnjährige Prinz konnte beim gemeinsamen Aufbruch zur Jagd das böse Gelüst nicht bezähmen, dem weinseligen General den Steigbügel so kurz schnallen zu lassen, daß die Versuche des ahnungslosen alten Herrn, den Rücken seines Tieres zu gewinnen, nicht glücken konnten.

Zu Neujahr 1727, als der Prinz kurz vor dem Schlusse seines fünfzehnten Lebensjahres stand, bestimmte der König, daß er am kommenden Karfreitage nach erfolgter Einsegnung zum erstenmal das Sakrament empfangen sollte. Friedrichs Gouver-

neure waren Männer von aufrichtiger Frömmigkeit; als ihr Zög=
ling vor sieben Jahren eines Tages aus eigenem Antrieb einen
Aufsatz über die „Lebensweise eines Prinzen von hoher Geburt"
zu Papier gebracht und darin von den Pflichten eines gläubigen
Christen und den Gefahren der Anfechtungen des teuflischen Wider=
sachers gesprochen hatte, da setzten sie hocherfreut ein förmliches
Protokoll über die Entstehung dieses kindlichen Glaubensbekennt=
nisses auf. Auch Francke, der Stifter des Hallischen Waisenhauses,
hat oft „mit Freudenthränen" sich daran erinnert, wie der Kron=
prinz im Alter von sieben Jahren in seiner Gegenwart „mit einer
besonderen und von Gott gewirkten Freudigkeit" den ersten Psalm
auf sich appliziert hat. Dann aber trat Erkaltung ein, und die
Erzieher konnten jetzt (5. Januar 1727) dem Könige nicht ver=
schweigen, daß der Prinz von der Information im Christentume
seit acht Monaten nicht viel profitiert habe. Auf ihren Antrag
mußte der Hofprediger Noltenius an zwei Tagen, statt wie bis=
her an einem, die Vorbereitung fortsetzen. Am 4. April wurde
Friedrich im Dome zu Berlin nach einer öffentlichen Prüfung
konfirmiert.

Nun entwuchs er der Schule Duhans; dankbaren Herzens
verschrieb er seinem Lehrer einen Jahrgehalt von 2400 Thalern,
zahlbar von dem Augenblick an, da er selbständig über sein Geld
verfügen werde, und gelobte, ihn in Zukunft „womöglich immer
noch ein wenig mehr" zu lieben, als jetzt. Fortan erhielt der
Prinz nur noch Unterweisung in den Kriegswissenschaften, von
dem Major Senning.

Auch in diesem Jahre weilte die königliche Familie, wie ge=
wöhnlich während des Herbstes, längere Zeit in Wusterhausen.
Dem Kronprinzen war der Ort unleidlich. Einen in Potsdam
zurückgebliebenen und dort erkrankten Freund hätte er gern durch
seine Briefe aufheitern mögen; aber, so klagt er (29. August 1727),
„statt andere aufzuheitern, habe ich selbst der Aufheiterung von
nöten, um meine Melancholie zu zerstreuen."

Diese Melancholie blieb nicht unbemerkt. Damals kam auf
eine Einladung des Königs der jüngere Francke, der Leiter der
Hallischen Stiftungen nach seines Vaters Tode, als Gast nach

Friedrich der Ausgelassensten einer: „Ging's übel über den Gund=
ling her," klagt Francke, „dabei der Kronprinz das meiste that,
so mich sehr betrübte." Bei Tische konnte der Gast „merklich ob=
servieren", daß der Prinz „moquante Miene" über ihn machte,
und als man den Speisesaal verließ, hörte Francke, wie jener zu
dem jungen Markgrafen Karl von Schwedt laut genug sagte:
„Der glaubt Gespenster." Ja am Abend erzählte ihm der fromme
Schloßkastellan voll Entsetzens, der Prinz habe ihn gefragt, wem
er das Licht bringe, und bei dem Namen Francke geäußert: „Da
kömmt ein Pharisäer zum anderen, der ist ebenso ein Pharisäer
wie Ihr." Auch in der Audienz, die er dem Prediger erteilen
mußte, verhüllte Friedrich seine unfreundliche Gesinnung nicht.

Als Francke sich verabschiedete, sagte ihm die Königin, das
Land werde ihr noch einmal nach ihrem Tode danken, was sie an
dem Kronprinzen gethan habe.

Königin Sophie Dorothea war auf dem preußischen Königs=
throne bereits die zweite Fürstin vom hannöverischen Stamme.
Innerhalb ihrer Sippe hatten die Frauen an Kräften des Geistes
wie des Gemütes schon seit Generationen die Männer weit
überragt; aber fast eine jede dieser bedeutenden Frauengestalten
hatte den Kelch der Trübsal und der Entsagung schmecken
müssen. Sophie Dorotheens Mutter war die unglückliche Prin=
zessin von Ahlden, welcher der ausschweifende Gemahl mit der
Anklage der Untreue das unbarmherzige Los der Verstoßung be=
reitete; die Großmutter, die erste hannöverische Kurfürstin, die
pfälzische Sophie, hat uns das Leid ihres Lebens, die Ent=
täuschungen ihrer einst so glücklichen Ehe in der ergreifenden Nai=
vetät ihrer Memoiren geschildert; sie, die Tochter der britischen
Elisabeth, die einen Winter hindurch an der Seite des König=
Pfalzgrafen das böhmische Diadem trug und den kurzen Glanz
des Königtumes als Landflüchtige viele Jahre allzu teuer büßte.
Und wollen wir in der Genealogie noch weiter zurückgehen, so
stehen wir vor der anziehendsten zugleich und der unglücklichsten
in der ganzen Reihe dieser fürstlichen Frauen, der leidenschaftlichen
Schottenkönigin Maria Stuart. Das sind die Ahninnen Fried=
richs von der mütterlichen Seite. Auch Sophie Dorothee, seine

Mutter, hatte etwas von dem uralten Erbteile der Frauen dieses Geschlechtes überkommen; doch erreichte sie weder an Verstand, noch an Energie, die welfische Muhme, welche vor ihr an diesem Platze stand, die geistvolle philosophische Königin, die sich die Freundin Leibnizens nannte, die herrschsüchtige ränkevolle Königin, die den Hauptanteil an dem unverdienten Sturze eines Dankelman gehabt hat.

Sophie Dorothee und ihr Gatte waren sehr jung miteinander vermählt worden, im Jahre 1706, da der Bräutigam achtzehn Jahre zählte und die Braut neunzehn. Friedrich Wilhelm war in dem Zeitalter Ludwigs XIV. und Augusts des Starken, der Frau, die ihm vierzehn Kinder schenkte, ein Muster ehelicher Treue; ihr mehr zu sein, war ihm nicht gegeben; in die reicher gestaltete geistige Welt seiner feinsinnigen Gemahlin vermochte er nicht hinüberzuschauen. Sophie Dorothee blieb fremd in Preußen. Für die guten Gründe der mit dem Thronwechsel von 1713 eingeführten Knappheit und Kargheit hatte die in behaglicher Reichlichkeit erzogene, erst im Glanz und Schimmer sich wohl fühlende Fürstin kein Verständnis, und das Burleske in der Urkraft ihres herzhaften Eheherrn, samt den Licenzen und Derbheiten der dem Geschmack des Gebieters sich anmodelnden Umgebung, verletzte das Zartgefühl der Enkelin des „ersten Edelmannes von Deutschland", seit dessen Tagen der neue Kurhof zu Hannover sich als die Pflegestätte des guten Tones und der feinen Sitte betrachtete. Hielt Sophie Dorothee in Abwesenheit ihres Gemahls allein Hof, so zog ihre Frauenwürde dem handfesten Freimut der Unterhaltung schnell seine Grenzen; auch wurde das Gespräch dann in ihrem geliebten Französisch geführt. Ihrer majestätischen Erscheinung — Olympia war ihr stehender Beiname bei den fremden Diplomaten — fehlte nur die Folie eines großen und glänzenden Hofstaates; in ihren jüngeren Jahren rühmte man auch ihre Anmut, so daß an dem galanten sächsischen Hofe 1718 „vom Szepter bis zum geringsten Kammerjunker" alles voll Verehrung für die preußische Königin war. Das Bild, welches Pesne von ihr gemalt hat, zeigt schon die zunehmende Körperfülle, die später die Anfertigung breiterer Lehnsessel eigens für ihren Gebrauch nötig machte. Sophie Dorothee galt als gütig und verbindlich, „viel humaner als manche adelige Dame"; aber gegen den, welcher ihr entgegen war, konnte sie rücksichtslos und verletzend sein. Ihr Sohn preist neben der Milde an der Mutter die Festigkeit. Auf der einen Seite weich, sich ein wenig verzärtelnd, schreckhaft, so daß man plötzliche Gemütserregungen von ihr fernhalten mußte, führte sie doch wiederum ein straffes Regiment im Hause und war gegen die Töchter in ihrer Art ebensowenig nachsichtig, wie der Vater in der seinen gegen die Söhne; ihr Verhältnis zu der ältesten Tochter gestaltete sich, nach allem was wir wissen, nicht eben erfreulich. Dagegen hat der älteste Sohn stets mit wahrhaft rührender Pietät an der Mutter gehangen und sie und ihr An= denken weit über das Grab hinaus bis an das Ende des eigenen Lebens dankerfüllt geehrt. Zu den verschiedensten Zeiten hat er ihr ein Zeugnis ausgestellt, wie sie sich als Erzieherin ihrer Kinder bewährt habe: „Keine Mutter hat sich mehr als sie um alle ihre Kinder verdient gemacht." Von ihr erbten die Kinder inmitten der banausischen Prosa, unter der sie aufwuchsen, die reiche Mit= gift an idealem Sinne, die Freude an der gefälligen Außenseite der Dinge, den gewählteren Geschmack, das Auge für das Schöne, die litterarische Ader. Sophie Dorothee hat sich nicht selber schrift= stellerisch versucht, aber sie las viel in der Einförmigkeit ihres täg= lichen Lebens. Fremden zeigte sie gern in Monbijou ihre Biblio= thek, während ihr Gemahl alle Bücher verachtete.

Hier in Monbijou schuf sie sich ihre kleine Welt, aber der Zwang des Königs griff doch auch in diese Sphäre über; daß seine Gemahlin ihre Gesellschaften bis zu später Stunde bei sich behielt, sah er ungern, wenn er es auch nicht einfach zu verbieten wagte. Einst rühmte man die Redegabe und all die glänzenden Eigenschaften der Gemahlin Karls VI., der Kaiserin Elisabeth; Sophie Dorothee meinte: „Wem der Geist frei und zufrieden bleibt, wem die Welt lacht, der kann die Dinge ganz anders ansehen, als wer beständig unter dem Drucke lebt."

Immer hatte Friedrich Wilhelm die ersten zwanzig Jahre ganz verträglich mit seinem „Fiekchen" gelebt, bis die Politik ihren Schatten in die Eintracht dieser Ehe zu werfen begann.

Nach der Familientradition wurde für den Kronprinzen wieder an die Vermählung mit einer Prinzessin aus Hannover gedacht, von wo der Vater und der Großvater sich die Braut geholt hatten. Als Friedrich Wilhelm 1725 nach Herrenhausen kam und dort ein Bündnis mit seinem Oheim von England und mit Frankreich schloß, ließ er nach seiner Abreise die Gemahlin noch für einige Zeit zurück; sie sollte mit ihren Eltern eine Doppelverlobung der Enkel des englischen Königspaares verabreden: des Herzogs von Glocester mit der preußischen Prinzessin Wilhelmine, des Kronprinzen Friedrich mit der Prinzessin Amalie. Sophie Dorothee fühlte sich verletzt, als sie die schriftliche Zusage, die sie gewünscht hatte, von König Georg I. doch nicht erhielt.

Im nächsten Jahre vollzog sich ein vollständiger Wechsel der politischen Lage. Friedrich Wilhelm wandte sich von dem hannöverischen Bündnis ab und unterzeichnete zu Wusterhausen einen Vertrag mit dem Kaiser, dem Gegner der hannöverischen Alliierten. Aber das Heiratsprojekt wurde deshalb noch nicht aufgegeben; nur wollte Friedrich Wilhelm durch die Familienverbindung nicht auch politisch an England gebunden sein. Für den Londoner Hof dagegen hatten die geplanten Heiraten gerade nur im Zusammenhange der politischen Aufgaben Wert.

Als 1727 Georg II. nach dem plötzlichen Tode seines Vaters den englischen Thron bestieg, glaubte Friedrich Wilhelm den Augenblick für die Wiederaufnahme der Verhandlung gekommen und ließ in London erklären, daß ihm eine gedoppelte Heirat das beste und sicherste Fundament zu einem beständigen, immerwährenden guten Vernehmen zwischen den beiden königlichen Häusern scheine. Aber die Königin Karoline sagte dem preußischen Gesandten Wallenrodt (3. Oktober 1727): „Wir wollen den Roman nicht von hinten anfangen; bringt erst die Geschäfte in Ordnung und dann kann ich mit Erfolg an der Heirat arbeiten." Friedrich Wilhelm fuhr auf; sein Schwager, der neue englische König, war ihm ohnehin persönlich unleidlich; er verbot seinem Gesandten, die Frage wieder zu berühren: „Ich prätendiere für meinen Sohn keine englische Prinzessin, wenn sie zu stolz dazu sind, und dann wird ihnen auch meine Tochter nicht gut genug sein, ich frage nichts danach."

Begreiflich, daß Sophie Dorothee die Annäherung Preußens
an den Wiener Hof, weil sie die Heiratsangelegenheit ein gut Stück
zurückbrachte, ungern sah. Vor allen anderen machte sie für diese
Wendung den kaiserlichen Feldzeugmeister Grafen Seckendorff verantwortlich.

Seckendorff war Friedrich Wilhelms alter Kriegsgefährte aus
den Feldzügen von 1709 und 1715, ihm wert als strammer Soldat
und strenger Protestant, als unterhaltender Gesellschafter und als
der treuherzige Biedermann, welcher er schien. Sie waren im
Briefwechsel geblieben, und Seckendorff kam wiederholt als Gast
nach Berlin, nie ohne einen geheimen Auftrag des kaiserlichen
oder des sächsischen Hofes. Ohne einen diplomatischen Charakter
zu erhalten — den hätte er nur als hinderlich betrachtet — war
er seit 1726 doch wie ein ständiger Gesandter um die Person des
preußischen Königs. Er wirkte für die Interessen der kaiserlichen
Politik mit genauester Kenntnis der Zustände und Persönlichkeiten.
Vor allem des Königs Eigenart hatte er studiert und erfaßt. Er
schreibt einmal nach Wien, daß man sich von des Königs in Preußen
Gemüt eine ganz falsche Idee mache, wenn man glaube, daß solches
von irgend jemand, wer es auch in der Welt sei, könne regiert
werden; er wußte weiter, daß des Königs Naturell argwöhnisch
war, daß man sich wohl hüten mußte, ihm kein Mißtrauen gegen
die Personen zu erwecken, die bei ihm „zur Beibringung guter
Gesinnung" gebraucht werden sollten. Sorgfältig nahm er jedesmal
mit seinen Getreuen Abrede, auf was Art mit dem Könige zu
sprechen sei, um ihm die Sache „schmackhaftig" zu machen; er ließ
es sich nicht verdrießen, viele Tage lang „von früh morgens um
zehn Uhr bis nachts gegen elf und zwölf" ununterbrochen in seiner
Gesellschaft zu bleiben, auf daß ja keine Gelegenheit versäumt
würde, „ihm etwas Gutes zu insinuieren"; er schuf sich einen
Doppelgänger in der Umgebung des Königs, indem er den General
Grumbkow, den vertrautesten der Ratgeber desselben, mit öster-
reichischem Golde, einer jährlichen Pension, bestach. Die anderen
militärischen Gesellschafter, die „Präsente" nicht annahmen, wurden
durch lange Rekruten für ihre Regimenter, ein Gundling wurde
durch eine seltene Medaille gewonnen. Das Offiziercorps der

Potsdamer Garde hielten regelmäßige Gastereien bei guter Laune, deren Kosten der Wirt dem Kaiser in Rechnung stellte. Auch die Bedeutung der Bundesgenossenschaft „der kleineren Leute am hiesigen Hofe", etwa eines Kammerdieners Eversmann, unterschätzte der vielgewandte Diplomat nicht.

Ein guter Teil seiner unterirdischen Thätigkeit galt der Beseitigung des britischen Heiratsprojektes. Er stellte in Wien die Anfrage, „ob und wieviel Geld zur Verhinderung der Heirat einer preußischen Prinzessin mit dem englischen Prinzen angewendet werden dürfe; ob man, im Falle eine anderweite Verheiratung dieser Prinzessin erzielt werde, dem, der sie zustande bringe, eine ansehnliche Belohnung versprechen dürfe?" Demnächst wurde Reichenbach, der preußische Resident in London, bestochen und faßte nun seine Depeschen so ab, wie Seckendorff und Grumbkow es ihm vorschrieben, um den König zu überzeugen, daß der Heiratsplan nur darauf abziele, ihn zum Gallopin des Königs von England und Preußen zu einer britischen Provinz zu machen. Seckendorff selbst aber verbreitete in seinen Briefen aus Berlin, die dem englischen Prinzen bestimmte Prinzessin Wilhelmine sei zu seinem Bedauern recht häßlich geworden, korpulent, rot im Gesicht, finnig.

Das war der Gegner, den Sophie Dorothee seit 1726 sich gegenüber sah. Sie war nicht gemeint, ihm das Feld zu räumen; kampflustig genug, ließ sie den kaiserlichen Diplomaten unverhohlen ihre Abneigung fühlen. „Mein Gesicht," schreibt Seckendorff im Januar 1727, „ist der Königin so verhaßt, daß ich nur mit vieler Mühe oft während der Tafel Antworten erhalten kann." Erschien er bei Hofe, ohne daß der König zugegen war, so bekam er „pikante und anzügliche Reden" zu hören, denn die Herren und Damen bei Hofe hielten es der Mehrzahl nach mit der Königin; ganze Familien wurden im diplomatischen Corps als der Partei der Königin zugehörig bezeichnet, so die Kamele und Wartensleben, die Schulenburg und Arnim. Seckendorff selbst spricht von der „weiblichen Partei" und klagt, daß dieselbe fast alles, was um den König sei, vereinige. Als „einer der Stärksten der Gegenpartei" galt ihm Graf Finckenstein, des Kronprinzen Gouverneur; auch Kalckstein, den zweiten Erzieher, traf die Nachrede der Gegner.

So zeigten sich auch die Minister, denen der König die auswärtigen Angelegenheiten zugewiesen hatte, der politischen Verbindung mit dem Kaiserhofe abhold, zumal Cnyphausen, „der Friese", der mit seiner scheinbar unerschütterlichen Gleichgültigkeit, seiner „phlegma= tischen Komplexion", einbringenden Verstand, große Geschicklich= keit, Welterfahrung und Geschäftsroutine verband und aus seinem Herzen keine Mördergrube machte. Vorsichtiger war Cnyphausens Schwiegervater, der alte schlaue Ilgen, „der verfluchte Ilgen", wie Seckendorff ihn ingrimmig nennt. Gern erhob er, der noch unter dem Großen Kurfürsten gedient, seine Warnerstimme als ein getreuer Diener, der schon mit einem Fuß im Grabe stehe. Seine Worte machten auf den König, welcher ihn seinen treuen brandenburgischen Vater genannt hat, jedesmal großen Eindruck, obgleich sich Friedrich Wilhelm keineswegs immer ihm anschloß.

Der Preis, den der Kaiser für die Freundschaft Preußens bot, war die Unterstützung der preußischen Erbansprüche auf das Herzogtum Berg, dessen Besitzer, der Kurfürst von der Pfalz, ohne männliche Erben war. „Dem Könige," so berichtete Seckendorff am 26. Januar 1727 nach Wien, „wird von der Königin und ihrer Partei beständig wiederholt, daß man von seiten Sr. Kaiserl. Majestät ihn wegen Berg nicht kontentieren könne, und die meisten von seinen Leuten machen ihm glauben, es wäre nie rechter Ernst gewesen." Wie vollständig hat doch der Ausgang die Warnungen der Königin gerechtfertigt! Und wenn man nun von kaiserlicher Seite am Vorabende eines Krieges mit England den König bereits auf hannöverisches Besitztum, die Herzogtümer Bremen und Verden, als geeignetes Äquivalent für Berg hinwies, so war es der Königin gutes Recht, „mit Flehen, Bitten und Thränen" in ihren Gemahl zu bringen, daß er sich gegen das verwandte englische Haus in nichts Feindliches einlassen möge.

Daß auch England nicht eben aufrichtig gegen Preußen ver= fuhr, sagte die welfische Prinzessin sich nicht. Echt weiblich sah sie in allem ihre persönliche Sache; wo sie als Gegnerin Secken= dorffs und seiner feilen Helfershelfer in ihren Frauenlisten zu weit ging, mochte sie mit der Pflicht der Mutter gegen das Glück ihrer Kinder etwaige Skrupel beschwichtigen.

Auch trat sie noch nicht in einen offenen Gegensatz zu ihrem königlichen Gemahl, da dieser selbst an dem Gedanken der Familien=verbindung mit England immerhin festhielt. Im Begriff, einen zweiten Vertrag mit dem Kaiser abzuschließen, hat Friedrich Wilhelm noch im Oktober 1728 die Königin beauftragt, eine erneute An=frage wegen der Doppelheirat mit der Bitte um ein Ja oder Nein nach London zu richten.

Bedenklich war nur, daß Sophie Dorothee in ihrem Damen=kriege gegen den österreichischen Einfluß ihren beiden ältesten Kindern eine zweideutige Rolle zuwies. Den Spion seiner Mutter bei dem Könige, so nannten die Feinde der Königin den Kronprinzen. Die „Einschüchterung" der preußischen Minister betrachtete Secken=dorff als die Frucht der gemeinsamen Thätigkeit der Mutter und des Sohnes.

Friedrich und seine um drei Jahre ältere Schwester Wilhel=mine waren frühzeitig die Vertrauten ihrer Mutter geworden. In das zarte Gefäß dieser Kinderseelen schüttete sie aus, was ihr Herz bewegte, auch alle Bitterkeit ihres Herzens. In dem Maße, als die Kinder in die heimlichen Kümmernisse der Mutter eingeweiht wurden, entfremdeten sie sich dem Vater. Allzu früh entwich die Harmlosigkeit aus den jungen Gemütern. Darin hat sich Sophie Dorothea an der Jugend ihrer beiden ältesten Kinder schwer ver=gangen. Die glücklicheren jüngeren Geschwister, welche die Mutter mit dem Druck aufgezwungener Vertraulichkeiten unbeirrt ließ, haben dem Vater gegenüber die kindliche Unbefangenheit nicht verloren.

Die Prinzessin Wilhelmine hat die leidigen häuslichen Ver=hältnisse der Königsfamilie in ihren Memoiren später mit viel Lieblosigkeit und viel Eitelkeit und Effekthascherei karikiert, eine geistvolle und noch mehr phantasievolle Dame, die zur Zeit, als sie schrieb, überdies krank und durch augenblickliche Verstimmungen gereizt war, und der nun in der Erinnerung ihr ganzes Leben von der ersten Kindheit an als ein fortlaufendes Martyrium er=schien. Ungleich vorteilhafter als in der Unwahrhaftigkeit dieser Selbstschilderung erscheint die Prinzessin in fremden Zeugnissen, die den in den Memoiren aus später Erinnerung geschilderten

Vorgängen gleichzeitig sind. Wie boshaft spottet doch die Ver=
fasserin der Memoiren über jenen Francke, indem sie seines Be=
suches am königlichen Hofe gedenkt! Aber bei der persönlichen Be=
gegnung damals hat Wilhelmine, zartfühlender als ihr Bruder
und bereits die vollendete Weltdame, ihre schlechte Meinung von
dem Pietismus dem überzeugten Vertreter dieser Richtung nicht
entgelten lassen; sie erfreute Francke durch einige sehr gnädige
Abschiedsworte und erbat sich von ihm ein Andachtsbuch zur Er=
innerung. Graf Seckendorff, der die Prinzessin fast täglich an des
Königs Tafel mit seinem Späherauge beobachtete, gibt seiner Be=
wunderung über ihren Verstand, ihre zurückhaltende Klugheit Aus=
druck. Tag für Tag mußte sie bei Tische alle „Reden und Raisonne=
ments" für und wider die englische Heirat mit anhören, ohne daß
sie selber in das sie so nahe berührende Gespräch sich mischen
durfte; so gleichgültig blieb ihre Miene, daß Seckendorff nicht zu
entscheiden wagte, ob sie den britischen Bräutigam sich wünsche
oder nicht.

Seckendorff bezeichnete die Prinzessin als dasjenige Wesen,
dem der Prinz mehr als sonst jemandem in der Welt Gehör gebe.
„Nie haben sich Geschwister mit solcher Zärtlichkeit geliebt, wie wir
beide," so versichert Wilhelmine selbst. Nicht umsonst hatte das
großväterliche Herz des alten Königs Friedrich es zum guten Zeichen
genommen, daß die dreijährige Prinzessin den neugeborenen Prinzen
in der Wiege herzte, während sie den bald gestorbenen älteren
Bruder nicht hatte sehen wollen. Wer kennt nicht das freundliche
Stück kindlichen Stilllebens, das ein damaliger Künstler im Bilde
festgehalten hat, wie das Brüderchen die Trommel rührt und das
Schwesterchen im Takte marschiert? Bald wohnte der Prinz den
Unterrichtsstunden der Schwester bei, noch ehe die eigenen Lehrer
ihre Arbeit begannen. Wilhelmine war es dann, die Friedrichs
Hang zu müßigem Umherschweifen zuerst mit Erfolg entgegentrat;
durch die vorwurfsvolle Frage, ob er sich nicht schäme, sein Pfund
ungenutzt zu lassen, vermochte sie ihn, Bücher zu lesen, wenn auch
zunächst nur den Peter von der Provence und andere französische
Romane. Auch die musikalische Begabung war den Geschwistern
gemein. Die Königin spricht einmal von einer Leidenschaft für

Musik bei ihren beiden ältesten Kindern. Der Prinz hatte seit dem fünften Jahre Unterricht im Klavierspiel erhalten und war auch mit der Violine und Flöte längst vertraut, als er sechzehnjährig auf den von Quantz abgestimmten Querflöten unter persönlicher Leitung des Meisters sich mit überraschendem Erfolg zu üben begann. Die Prinzessin spielte die Laute. Der poetischen Phantasie der jungen Virtuosen verkörperten sich die lieben Instrumente, denen so seelenvolle Töne sich entlocken ließen, zu märchenhaften Wesen, und der verwunschene Principe, d. h. Wilhelminens Saitenspiel (le luth), huldigte seiner Principessa, Friedrichs sanfter Flöte.

Frau von Kameke, die Oberhofmeisterin, versprach sich, wie sie 1727 in Wusterhausen gegen unsern Francke äußerte, von dem großen Einfluß der Prinzessin auf den Bruder nur Gutes; sie war voll Lobes für Wilhelmine, nicht so für den Prinzen.

Auch der König deutete Francke an, daß er mit seinem ältesten Sohne nicht zufrieden sei; um so mehr rühmte er den zweiten, den Prinzen Wilhelm, wegen seines guten Gemütes und seiner Folgsamkeit. Schon früher hatte er dem Fürsten von Dessau, der sein Gefallen an dem artigen Wesen des Kronprinzen kund gab, seine Verwunderung darüber ausgesprochen, da der Prinz sich sonst gegen jedermann sehr versteckt zeige.

Aus Wusterhausen mit den Seinen nach Potsdam zurückgekehrt, ließ Friedrich Wilhelm eines Tages — es war im Dezember 1727 — vier junge Offiziere von seinem Garderegiment zu sich kommen, darunter den Lieutenant von Borcke, des Kronprinzen guten Freund. Er sagte ihnen, daß sein Sohn jetzt in dem gefährlichen Alter sich befinde, das allen schlechten Neigungen unterworfen sei. Deshalb sollten sie vier ein Auge auf die Aufführung des Prinzen haben; er, ihr König, werde sich an sie halten und sie für die geringste Ausschreitung oder Unregelmäßigkeit, von der sie keine Anzeige erstatten würden, mit ihrem Kopfe verantwortlich machen. Stets müsse deshalb einer von ihnen dem Prinzen zur Seite bleiben; der werde das jetzt nicht eben gern sehen, aber sicherlich in reiferem Alter ihnen nur Dank wissen.

Vielleicht hätte der junge Herr nirgends dringender der un-

ausgesetzten Beaufsichtigung bedurft, als während des vierwöchent=
lichen Besuches an dem üppigen sächsischen Hofe zu Beginn des
nächsten Jahres. Auf die Einladung des Königs von Polen war
Friedrich Wilhelm ohne seinen Kronprinzen nach Dresden ge=
gangen; erst die dringenden Bitten des sächsischen Gastfreundes
bestimmten ihn, den Sohn nachkommen zu lassen. Eine Will=
fährigkeit, die überraschen mag. Sagte doch Friedrich Wilhelm selber
von dem „Karneval und Weltgetümmel" in Dresden, daß es
an Verführung dabei nicht fehle; er versprach dem Fürsten von
Dessau in einem am Tage nach der Heimkehr geschriebenen Briefe,
ihm bei persönlicher Begegnung die Chronica scandalosa und
seine eigenen Aventüren zu erzählen; ein Jahr werde er brauchen,
um alles zu erschöpfen. Aber er sei vor Gott rein: „Ich bin
wiedergekommen, als ich hingegangen." Durfte bei dem sechzehn=
jährigen Prinzen das gleiche Maß von Selbstzucht und Überwin=
dung vorausgesetzt werden? Aus der kärglichen Einfachheit und
polternden Strenge des väterlichen Hauses sah er wie mit einem
Zauberschlage sich in die heitere Pracht und verlockende Weichlich=
keit der nachbarlichen Hofhaltung versetzt; welche der beiden Welten
den Vorzug verdiente, war dem der engen Qual daheim längst
überdrüssigen jungen Blute keinen Augenblick zweifelhaft. Hier war
alles zwanglos und gefällig und harmonisch; auch der starke Boden=
satz sinnlicher Frivolität schien in diesem mit raffiniertester Kunst
gemischten Taumelkelch ein notwendiges Beiwerk. Wenn das zu=
trifft, was die Prinzessin Wilhelmine über die Dresdener Erleb=
nisse ihres Bruders erzählt, so hat seine Widerstandskraft gegen
die betäubenden Reize eines Hofes, wo das Laster in der hold=
seligsten Larve sich vordrängte, die allzu schwere Probe nicht be=
standen.

Nun begann wieder das jetzt doppelt verdrießliche Alltags=
leben. Dazu kam eine Erkrankung; der Prinz ging einher „wie
ein Schatten". Der Vater hatte zu den ernstesten Befürchtungen
Anlaß. Die Ärzte, die er befragte, wußten keine Erklärung und
keinen Rat. „Sie können sich denken, wie mir zu Mut dabei
ist," schrieb der König an den Fürsten von Dessau (23. April);
„es ist Gottes Wille, er hat es gegeben, er kann es nehmen, auch

wiedergeben." Friedrich Wilhelm setzt hinzu: „Wenn die Kinder
gesund sind, dann weiß man nicht, daß man sie lieb hat."

Erst gegen die Mitte des Mai konnte der Prinz wieder an=
fangen, seinen militärischen Dienst — er hatte seit dem 14. März
1728 ein Oberstlieutenantspatent — zu verrichten. Gleich darauf
kamen wieder Tage voll Saus und Braus, den Dresdener Herr=
schaften zu Ehren, die in Berlin ihren Gegenbesuch abstatteten.
Auch die schöne Gräfin Orzelska sah Friedrich bei dieser Gelegen=
heit wieder; er äußerte, daß er ihr Bild zu besitzen wünsche.

Während einer längeren Reise des Königs nach Preußen und
Litauen blieb der Prinz unter Kalcksteins Aufsicht daheim. Wie
sehnlich wünschte er, selbst reisen, die Welt sehen zu dürfen! Gleich
nach des Königs Wiederankunft ist einmal zwischen diesem und
Kalckstein in Wusterhausen, auf dem Platz vor der Kirche, darüber
hin und her geredet worden; Kalckstein würde seinen Zögling auf
der Reise begleitet haben. Friedrich Wilhelm hielt die Entschei=
dung hin. Mißmutig schrieb der Kronprinz am 3. September an
den Lieutenant von Borcke nach Potsdam: „Alles mögliche ist auf
dem Tapet meinetwegen, aber man ist allzu schwankend; das bringt
mich zu der Meinung, daß alles in statu quo bleiben wird; also
siehe da, nicht nur nicht vorwärts gekommen, sondern vielmehr
zurückgebracht." Der König, so klagt er, sei fort und fort in
schlechter Laune, unwirsch gegen jedermann, mit niemand zu=
frieden, nicht einmal mit sich selbst; wie solle ein anderer ihn zu=
frieden stellen? Auf ein Raccommodement mit dem Vater sei keine
Aussicht.

Friedrich vermied in diesen Tagen mit dem Vater zusammen=
zusein, aber er versuchte, sich brieflich mit ihm auszusprechen; er
bittet ihn, acht Tage, nachdem er jenen Klagebrief an Borcke ge=
schrieben, den „grausamen Haß" fahren zu lassen und wieder gnä=
dig zu sein; so verfehlt wie möglich versichert er, daß ihn nach
langem Nachdenken sein Gewissen nicht des Geringsten gezichen
habe; nur für das, wodurch er wider Wissen und Willen dem
Vater Verdruß bereitet habe, bittet er um Vergebung.

Friedrich Wilhelm antwortete schroff und schneidend mit Vor=
haltung eines gedrängten Sündenregisters. Er verweist ihm seinen

bösen, eigensinnigen Kopf, seine „malpropre" äußere Erscheinung, seine Hoffart und seinen Bauernstolz; er schilt ihn einen effemi=nierten Kerl, der nicht reiten und schießen kann und sein Haar nicht verschneiden läßt, sondern sich frisiert wie ein Narr und wie ein Narr Grimassen zieht. In nichts thue er des Vaters Willen, oder es geschehe doch aus Zwang und nicht aus Liebe.

Als nach einigen Wochen der sächsische Gesandte von Suhm am 17. Oktober in Wusterhausen eintraf, klagte ihm der Kron=prinz, der sich auf ihn verlassen konnte, daß sein Zustand schier unerträglich geworden sei. „Ich habe alles versucht, alles in An=wendung gebracht, nichts vermag den König umzustimmen." Er beschwor den Sachsen, ihm das Fürwort des Königs von Polen zu verschaffen, auf daß er reisen dürfe, gleichviel wohin; nur fort von hier, nur zu etwas mehr Freiheit.

Ein kostbares Trinkgefäß einzuweihen, ein Geschenk des Königs August, das Suhm mitgebracht hatte, ward auf den dritten Tag seines Besuches die Feier des Hubertusfestes angesetzt. Auf der Tafel prangte der neue Schmuck, der silberne Mörser, aus dem beim Trinken ein Schuß sich entlud, denn solche „Schrecktränke" waren in der Mode. Der Wein wurde nicht geschont, auch der Kronprinz trank, obgleich er an Gelagen damals noch kein Ge=fallen fand. Er saß an Suhms Seite, den Eltern gerade gegen=über; was er lauter sprach, konnte von ihnen gehört werden. Von Wein erhitzt, begann er immer von neuem, seinem Vertrauten sein Leid zu klagen, und immer mit dem Schlusse: „Aber ich liebe ihn doch"; dabei blickte er dann auf den König. Dieser horchte auf und fragte endlich den Nachbarn des Prinzen nach dem Gegen=stand der Unterhaltung. Der Prinz versuchte, an sich zu halten, begann aber bald seine Reden von neuem; der Königin wurde die gesteigerte Stimmung des Sohnes peinlich, sie zog sich zurück. Auch der Prinz wollte bald folgen, bat aber zuvor, des Königs Hand küssen zu dürfen. Der König streckte sie lachend über den Tisch, der Prinz küßte sie und verlangte auch die andere Hand; darauf schritt er an dem Tisch vorbei, fiel dem Vater um den Hals und hielt ihn fest umschlungen; endlich setzte er sich ihm auf das Knie und blieb lange so sitzen und sprach immerfort in den

Vater hinein. Die Gesellschaft rief: „Es lebe der Kronprinz"; manchem traten die Thränen in die Augen. Der König war sehr bewegt und erwiderte immer nur: „Nun das ist schon gut, werde Du nur ein ehrlicher Kerl, sei Du nur ehrlich." Endlich ging der Prinz auf sein Zimmer. Des Abends war der König im Tabakskolleg ungewöhnlich guter Laune; er schien mit dem heutigen Tage sehr zufrieden; von dem Zwischenfall an der Mittagstafel wurde nicht gesprochen.

Zu seinem Bedauern erfuhr Suhm, der noch in der Nacht Wusterhausen verließ, einige Tage später, daß böse Zungen sich zwischen Vater und Sohn gedrängt hatten, um den ganzen Auftritt als eine schlau berechnete Komödie des Prinzen hinzustellen. Suhm wußte am besten, wie dem armen Knaben in diesen Tagen um das Herz gewesen war.

Und so ging wieder ein Winter durch das Land, ohne daß das Verhältnis zwischen Vater und Sohn sich besserte. Die beiden Erzieher waren schmerzlich bekümmert. Wiederholt hatten sie um Enthebung von ihren Pflichten gebeten; Graf Finckenstein war ohnehin fast das ganze letzte Jahr aus verschiedenem Anlaß beurlaubt gewesen. Im März 1729 wurden statt der Erzieher zwei andere Offiziere zu dem Prinzen kommandiert: der Oberstlieutenant von Rochow mit dem Auftrage, „ihm Gesellschaft zu leisten als ein guter Freund", der Lieutenant von Keyserlingk als kronprinzlicher Stallmeister. An beiden rühmte der König den Verstand; Rochow war eine ernste Natur, Keyserlingk, wie Friedrich Wilhelm sagt, „alerter". Stets sollte einer von beiden um den Kronprinzen sein, als Bürge für seine sittliche Aufführung. In der Instruktion, die der König für Rochow diktierte, wiederholen sich die Klagen vom vorigen Herbste: der Prinz habe keine rechte, männliche Inklination, er neige nur zu Beschäftigungen und Vergnügungen, „so da faul sein". Rochow soll ihm vorstellen, „daß alle effeminierte, lascive, weibliche Occupationes einem Manne höchst unanständig wären"; das sei für die Gecken, die Damoiseaux; „ein Damoiseau aber ist ein Lump und ein schurkischer Kerl, zu nichts nutz in der Welt als zu Nasenstübern". Noch immer hat der Vater das affektierte Wesen des Sohnes zu tadeln, der „in seinem

Gehen, Sprechen, Lachen allemal grimassieret", und wenn er reitet, isset oder gehet, sich allezeit krumm und schief hält; wer aber „den Kopf zwischen den Ohren hangen läßt und schlotterig ist, der ist ein Lumpenkerl". Alles das also soll Rochow ihm vorhalten, soll ihm „die Schlafmütze aus dem Kopp vertreiben", „daß er mehr Vivacité bekommt". Auch hat der Prinz Hoffart im Sinne, wo doch nichts dahinter ist; drum soll er lernen, gegen alle Leute höflich und obligeant zu sein; Rochow muß ihm ein aufrichtiges, ouvertes Humeur einsprechen, daß er nicht menschenscheu ist wie jetzt, sondern die Leute, groß und klein, fein frägt: „dadurch erfahret man alles und wird klug."

Bei dem regelmäßigen Gebet, bei dem Lesen in der Bibel soll der Prinz nach wie vor bleiben. Den Gehorsam verlangt der Vater gern und willig, nicht mit mürrischem Gesicht; „denn was mit mürrischem Gesicht geschieht, ist so gut wie nicht gethan."

Kurz, Rochow soll aus dem Prinzen auf alle Weise einen braven Kerl, einen Honnête-Homme und Offizier zu machen suchen. „Will es dann nicht anschlagen, so ist es ein Unglück."

Die gehoffte Wirkung blieb aus; vielmehr häuften sich die Steine des Anstoßes.

Schon seit 1726 sollte der Kronprinz, so wie es sein Vater im gleichen Alter gethan hatte, über die Verwendung seiner monatlichen „Kammerausgaben" selbst Rechnung führen, sollte lernen, „mit Geld umzugehen". „Aber," so klagt der König jetzt gegen Rochow, „er ist zu faul dazu und gibet dem Regimentsquartiermeister, diesem oder jenem, Kommiffion."

Im nächsten Winter stellte sich nun gar heraus, daß der Kronprinz bei einem Berliner Bankier eine Schuld von 7000 Thalern hatte anlaufen lassen. Der Schuldner stellte dem erzürnten Vater, so gut es ging, eine Nachweisung über den Verbleib der entlehnten Summen auf; der König will dann gesagt haben: „Ich bezahle es mit Pläsir, denn an Gelde fehlet es mir nicht, und an dem Gelde ein Dreck gelegen ist, woferne Ihr Eure Konduite und Aufführung nur ändert und ein honettes Herz bekommt; wenn Ihr mir ein Wort davon saget, es soll Euch an Gelde nicht fehlen."

Gleichwohl verschwieg der Prinz damals, daß er außer den 7000
Thalern noch andere Schulden hatte.

Versteckt und scheu gegen den Vater, war der Prinz, wenn
jener den Rücken wandte, um so zuversichtlicher, vorlauter und
absprechender, und manch unüberlegtes, spitzes Wort galt dem
Könige selbst, ja seinen Regierungshandlungen. Friedrich Wil=
helms Verwaltungsgrundsätze und mehr noch die Formen, in denen
er sie in Ausübung brachte, waren nicht nach jedermanns Ge=
schmack; er bemerkte mißfällig, daß sein Sohn sich von Mißver=
gnügten ganz falsche Begriffe, „sinistre Konzepte von Sr. Königl.
Majestät Verfassungen" beibringen lasse. Schon als der Prinz erst
zwölf Jahre alt war, hatte der Vater einmal gesagt: „Ich möchte
wohl wissen, was in diesem kleinen Kopfe vorgeht; ich weiß wohl,
daß Fritz nicht dieselben Neigungen hat wie ich, und ich weiß außer=
dem, daß es Leute gibt, die ihm andere Ansichten einreden und
ihn über alles, was ich thue, aburteilen lassen." Friedrichs Ver=
halten erinnerte später den General Grumbkow an den Königs=
sohn, „von dem geschrieben stehet im 2. Buch Samuelis Kap. 15":
an Absalon, der seinem Vater das Herz der Männer in Israel
stahl, wenn sie kamen vor Gericht zum Könige, indem er die Ent=
scheidungen des Königs schalt. Gewiß war Kronprinz Friedrich
ganz eine Erscheinung, die Herzen zu stehlen, mit der Anmut seiner
Jugendlichkeit, mit dem einschmeichelnden Klange seiner Stimme,
mit dem hellen Blick seines Auges. Schon sprach einer der Minister,
Cnyphausen, von des Königs Eifersucht auf den Kronprinzen, der
beim Heere sehr beliebt sei; für gewisse fremde Gesandte wurde
diese Eifersucht eine feststehende Thatsache. Friedrich Wilhelm
selbst sagt doch nur, wenn ein Offizier in Arrest gekommen wäre,
so hätte der Kronprinz ihn beklaget und sich seiner angenommen;
wen der König distinguieret, den hätte er meprisieret; alles das
hätte er gehaßt, was der König geliebt. Denn freilich, mehr als
eine jener leichtfertigen Äußerungen wurde ihm zugetragen; er
erfuhr auch, daß sein Sohn die preußische Uniform, des Königs
Ehrenkleid und tägliches Gewand, wegwerfend seinen Sterbekittel
genannt hatte. Dafür ließ Friedrich Wilhelm den goldbrokatenen
Schlafrock, in welchem der junge Herr nach dem Dienst und nach

der Tafel sich erst behaglich fühlte, eines Nachmittags, wie der
Kapellmeister Quantz das Brandopfer als Augenzeuge drastisch ge=
schildert hat, in die Flammen des Kamins wandern.

Wusterhausen, des Königs Lieblingsaufenthalt, blieb für den
Prinzen ein Ort des Schreckens. „Morgen Parforcejagd, über=
morgen am Sonntag Parforcejagd und Montag wieder Parforce=
jagd," so lautet die vielsagende Nachschrift zu einem seiner Briefe
von dort aus dem Jahre 1728. Stellte man ihn auf den An=
stand, wo er sich unbeobachtet glaubte, so zog er ein Buch aus
der Tasche und dann wunderte man sich, daß er kein Wild zur
Strecke brachte. Des Abends sah sich die Jagdgesellschaft im
Tabakskollegium wieder. Das Kraut, das noch vor einem halben
Jahrhundert „wegen seines widrigen Geruches und Stankes" als
Ekel und Widerwillen erregend in „civiler Konversation" nicht
Duldung finden konnte, war durch Friedrich Wilhelm I. hoffähig
geworden. „Meine Unterhaltung in der Tabagie ist, Nüsse auf=
zuknacken," schreibt Friedrich, „eine Unterhaltung, die ihres Schau=
platzes würdig ist." Man kennt alle die Witzeleien des Prinzen
über die rote Kammer mit ihrer Qualmwolke in dem mittleren
Luftraum, über diesen Senat, wo nur zu oft die Geschicke sich
entscheiden, dieses Parlament, dessen Rednern ihre Aufgabe da=
durch erleichtert wird, daß sie nicht bei der Sache zu bleiben
brauchen und daß die Zuhörerschaft Wiederholungen nicht übel
nimmt — wie könnte anders der brabantische Krieg, des Königs
Jugendfeldzug von 1709, wieder und wieder besprochen werden:
eine wahre Goldmine von Potosi, spottet der Kronprinz, die nie
sich erschöpft. „Wir haben hier," so schildert er einmal diesen
Wusterhausener Hof, „eine höchst buntscheckige und höchst übel er=
lesene Gesellschaft im thörichtsten Nebeneinander, denn weder Laune,
noch Alter, noch Neigung der Anwesenden stimmt zusammen." Es
könnte sein, äußerte Friedrich Wilhelm später, daß dem Prinzen
des Königs Gesellschaft nicht anstehe; „es wäre wahr, er hätte
keine französischen Manieren, könnte auch keine Bonmots hervor=
bringen; das halte er aber auch für die größte Bärenhäuterei,
er sei ein deutscher Fürst und wolle als solcher leben und sterben."
Daß der Sohn über ihn hinwegzusehen, über seine Eigenheiten

und kleinen Schwächen zu spotten begann, schmerzte den Vater
vielleicht am meisten.

Wie anders hatte sich doch das Verhältnis zwischen beiden
gestaltet, als Friedrich Wilhelm es sich einst gedacht hatte! Sein
Sohn, so hatte er es sich gewünscht, sollte „brüderliche Liebe" zu
ihm empfinden, sollte sein Freund werden; geradezu mit Eifersucht
hatte er dem vorzubeugen gesucht, daß das Kind zu der Mutter
größeres Zutrauen fasse als zu dem Vater; deshalb hatten die
Erzieher ein für allemal die Weisung erhalten, ihrem Zögling,
so oft er Anlaß zur Unzufriedenheit gab, immer nur mit einer
Klage bei der Königin zu drohen: „und müssen sie ihn mit derselben allezeit schrecken, mit mir aber niemalen" — eine Vorschrift,
die in ihrer liebenswürdigen Naivität einen rührenden Einblick
gewährt in die Tiefen des weichsten Herzens unter der rauhesten
Brust. Der Vater bettelte nahezu um die Liebe des Kindes; er
glaubte von sich versichern zu dürfen, daß er alles gethan habe,
das Vertrauen des Prinzen, „ja sozusagen dessen Gnade" zu
gewinnen. Jetzt war statt der brüderlichen Liebe „scheue Furcht,
knechtischer Respekt und Submission" zuwege gekommen, gerade
das, was der Erziehungsplan abgewendet wissen wollte. Des
Sohnes Auge senkte sich, wenn es den Vater erblickte, und dieser
litt in nicht mehr bezähmbarer Abneigung seinen Erstgebornen
beim Mahle nicht an seiner Seite, sondern wies ihm den Platz
unten an der Tafel an. Schon hieß es, der bloße Anblick des
Sohnes sei dem Vater unerträglich. Als demnächst die Sachen
zum Äußersten trieben, da hat Friedrich Wilhelm Gott und die
Menschen zu Zeugen angerufen, daß ihn keine Schuld treffe:
„Ich habe vor Gott und der Welt ein rein Gewissen, ich habe
vermahnet, ich habe gestrafet, mit Güte und Gnade, es hat alles
nichts geholfen; ich habe mehr als hundert Zeugen, das ist meine
Konsolation." Durfte er so leicht sich trösten? Oder verteilte sich
die Schuld vielmehr auf beide Seiten? Dieser König, welcher einst
seinem Feldmarschall die brüske Behandlung preußischer Offiziere
verwies, „die um die Ehre dienen", der König, der seine neuen
Kriegsartikel nur für die Unteroffiziere und Gemeinen erließ, die
Offiziere dagegen lediglich auf ihre Pflicht und Ehre wies, der König,

deſſen Dienſtreglement den Offizier von dem unbedingten Gehorſam
gegen den Vorgeſetzten ausdrücklich losſprach für den Fall, daß
er an ſeiner Ehre angegriffen würde, derſelbe König mißhandelte
einen Offizier von ſeiner Armee mit Schimpfworten und mit
Schlägen, weil dieſer Offizier ſein Sohn war. Und doch that derſelbe
ſeinen Dienſt keineswegs ohne Eifer und Umſicht, das erkannte der
Kriegsherr öffentlich an, und jedenfalls war in der Armee kein Offizier,
der eine lebhaftere Empfindung für perſönliche Würde hatte, als
das junge edle Blut, das ſolche Kränkung dulden mußte.

Der Vater war gewöhnt, daß die Kinder des Abends ihm
gute Nacht zu wünſchen kamen; im Winter von 1729 auf 1730
verſuchte der Kronprinz, der auf eine freundliche Begrüßung nicht
mehr rechnen durfte, ſich dieſer Ordnung zu entziehen. Bis ihn
der König eines Abends bei den Haaren packte und ihn zu Boden
warf: ſo mußte er ſeinem Züchtiger die Füße küſſen und um Ver=
zeihung bitten; dazu ward er mit den Worten angeherrſcht: „Ich
traktiere Euch wie mein Kind, aber nicht wie einen Offizier.“

Das Maß der Verſchuldung von jener Seite war voll, als
Friedrich Wilhelm einſt einer Züchtigung in haltloſem Jähzorn
das arge Wort folgen ließ: Wäre er von ſeinem Vater ſo be=
handelt worden, ſo hätte er ſich totgeſchoſſen; aber Friedrich achte
nichts, er laſſe ſich alles gefallen.

Friedrich Wilhelm hat es als ſeinen pädagogiſchen Grundſatz
ausgeſprochen, daß er ſeinem Tadel ſo viel Öffentlichkeit als mög=
lich gegeben habe. Er ſchalt den Prinzen vor der Dienerſchaft,
dann vor den Offizieren ſeines Regiments, vor den Generalen,
ſchließlich, wie er ſagt, „vor allen Leuten“. Er ſagte ihm un=
barmherzig, ein anderer Offizier, dem des Königs Geſicht mißfalle,
könne ſeinen Abſchied nehmen; aber er, der Prinz, der Sohn,
müſſe wohl oder übel bleiben und ſich dem Könige „konformieren“,
oder er werde ein ſaures Leben haben.

Der Kronprinz hat nachher geſagt, was ihm am meiſten nahe
gegangen, ſei geweſen, daß ihm der König eines Nachmittags ge=
ſagt: „Er wiſſe, daß Leute ihm vorſagten, es würde beſſer wer=
den und Se. Majeſtät gnädiger mit ihm umgehen mit der Zeit.
Die aber wären ſeine Feinde, die das ſagten. Se. Majeſtät wür=

ben vielmehr alle Tage härter werden." Der König habe ge=
schlossen: „Und Ihr wisset, daß ich mein Wort halte."

Am Neujahrstage 1730 nahm der König Veranlassung, den
Oberstlieutenant von Rochow zur Vorsicht zu ermahnen, vor dem
Prinzen zu warnen; er argwöhnte einen Fluchtplan.

In der That hatte Friedrich sich mit solchen Gedanken be=
reits vertraut gemacht. Da trat noch einmal eine Wendung ein,
die eine befriedigende Lösung hoffen ließ.

Der Fluchtversuch.

Das Frühjahr 1730 brachte unerwartet eine dem Kronprinzen
Friedrich sehr willkommene Annäherung zwischen dem Berliner
Hofe und dem König von England, gegen den Friedrich Wilhelm I.
soeben noch das Schwert zu ziehen willens gewesen war: Ende
August 1729 waren 44000 Preußen mobil gemacht worden.

Das war geschehen, als man in Hannover preußische Werber
festhielt, weil die Auslieferung von zehn zum preußischen Kriegs=
dienst gepreßten hannöverischen Landeskindern, der zehn Aussätzigen
des Evangeliums, wie man in Berlin spottete, auf sich warten
ließ, und als die Hannoveraner von einer umstrittenen Wiese an
der Grenze zwischen der Altmark und dem Lüneburgischen das
Heu, welches die Preußen gemäht, unter dem Schutz von Roß
und Reisigen in kurbraunschweigische Scheunen entführt hatten.
Die Streitpunkte waren kleinlich, aber die persönliche Gereiztheit
auf beiden Seiten war groß und die allgemeine politische Lage
sehr ernst. Jeder Tag konnte zwischen England und dem Kaiser
den Ausbruch des Krieges bringen. Dem Wiener Hof mußte in
diesem Augenblicke ein Bruch zwischen Berlin und Hannover sehr
erwünscht sein; wäre Preußen dann doch unzertrennlich an die
Sache des Kaisers gebunden gewesen. Auch von Dresden aus,
wo man zur Zeit auf das Haus Österreich schwor, wurde Öl in
das Feuer gegossen. Prinz Eugen von Savoyen erbot sich, nach
Berlin zu kommen, um sich mit dem König von Preußen wegen
der Kriegsgefahr zu bereden, und Manteuffel, der Minister

Auguſts II., riet in einem Briefe an Grumbkow, „dem Engels=
mann ſo lange auf den Fuß zu treten, bis er zuerſt losſchlägt“.

Dieſe Leute waren dann auch wenig zufrieden, als die Streiten=
den ihren Haber auf gütlichen Vergleich ausſetzten; die Hoffnung
der Zuſchauer, am „preußiſchen Feuer ihre Eier zu kochen“, war
jetzt dahin. Seckendorff zeigte in Berlin Briefe Eugens, in denen
es hieß, man habe den König von Preußen bei dieſer Gelegenheit
kennen gelernt und geſehen, daß mit dergleichen Herren, die von
einem Tag zum andern ſich änderten, nicht viel Staat zu machen
ſei, und jener Manteuffel erlaubte ſich die Außerung, es ſei des
Königs natürliche Feigheit und die Geſchicklichkeit der Königin und
ihrer Partiſane, die dieſe Blamage zuſtande gebracht.

„Gottlob, daß die Sache einmal zu Ende iſt,“ ſagte Friedrich
Wilhelm, als Ende März 1730 England endgültig erklärte, den
Schiedsſpruch zweier unparteiiſcher Reichsfürſten — man hatte ſich
nach Gotha und Wolfenbüttel gewandt — annehmen zu wollen.
Wenige Tage ſpäter, am 2. April, traf ein engliſcher Oberſt, Sir
Charles Hotham, in außerordentlicher Sendung in Berlin ein, um
jetzt, nach der Wiederausſöhnung der beiden Höfe, die Verhandlungen
wegen einer Familienverbindung zu führen, wie ſie für die Prin=
zeſſin Wilhelmine und den Prinzen von Wales ein Schreiben der
Königin Sophie Dorothee an die Königin Karoline ſchon am
28. Dezember wieder in Anregung gebracht hatte. Das ge=
ſchäftige Gerücht wollte bereits wiſſen, daß Preußen den Bund
mit dem Kaiſer aufgeben und wieder zu England übertreten werde.

In Charlottenburg trank man am 3. April an der Hoftafel
ſich im ſtillen auf das Wohl der Prinzeſſin von Wales zu. Tags
darauf hatte Hotham Audienz. Der König gab ſeine Befriedigung
über die Werbung um ſeine Tochter zu erkennen, und Hotham
ſprach in ſeinem Berichte nach London ſeine Anſicht dahin aus,
daß Friedrich Wilhelm ſich auch für die Doppelheirat unter Um=
ſtänden gewinnen laſſen werde. Am 4. Mai hielt der Geſandte
im Auftrage des Prinzen von Wales um die Prinzeſſin förmlich
an; er fügte hinzu, daß ſein König, um ſich noch enger mit dem
preußiſchen Hauſe zu verbinden, geneigt ſei, eine ſeiner Töchter
dem Kronprinzen Friedrich zur Gattin zu geben und dieſelbe zur

Statthalterin seines Kurfürstentums zu ernennen; dort in Han=
nover möge dann das junge Paar seinen Hof aufschlagen: ein
Plan, den man zur Sprache brachte, weil der Kabinettssekretär
Marschall von einer Äußerung des Königs erzählt hatte, die dem
Vorschlage eine freundliche Aufnahme zu verheißen schien.

Friedrich Wilhelm hatte aber gegen die Vermählung seines
Sohnes mit einer englischen Prinzessin das gewichtige Bedenken,
daß die an den glänzenden Zuschnitt der Londoner Hofhaltung
gewöhnte Schwiegertochter auch in Berlin größeren Aufwand ver=
langen und veranlassen werde, der dann etwa zu einer Verringerung
der Armee führen könnte, und damit werde der preußische Staat
„den Krebsgang" gehen. Der platonischen Schwärmerei seines
Sohnes für die britische Cousine setzte er die unbarmherzige Prosa
entgegen: „Wie kann man ein Mensch lieb haben, das man nie=
mals gesehen? Possen!"

Den Standpunkt, den er von vornherein einnahm, verließ er
auch jetzt nicht. Er ließ Hotham auf sein Anbringen sagen, daß
er die Werbung um die Prinzessin annehme; für die Vermäh=
lung seines Sohnes stellte er Bedingungen. Er behielt sich vor, die
Zeit dazu zu bestimmen; sein Sohn müsse sich erst hervorthun und
die zur Gründung eines Hausstandes nötigen Eigenschaften er=
werben; man solle ihn erst dreißig Jahre alt werden lassen. Die
Heirat auf zwölf Jahre hinausschieben, das hieß allerdings nichts
anderes, als den Antrag ablehnen. Zudem knüpfte der König seine
Zustimmung noch an zwei Voraussetzungen politischer Natur: die
Garantie Englands für die preußische Succession in Berg und die
Beilegung der Streitigkeiten zwischen Georg II. und dem Kaiser.
Den Vorschlag, die Neuvermählten in Hannover residieren zu
lassen, erklärte der König nicht annehmen zu können, weil die
Welt glauben würde, er wolle oder könne seinen Sohn nicht er=
nähren; auch möchte des Prinzen Aufenthalt in der Fremde ihn
in den Augen der preußischen Unterthanen zu einem Fremdling
machen, wie er denn selber dort mit den Grundsätzen unbekannt
bleiben würde, nach denen er einst sein Land regieren müsse.

Wer hatte ein stärkeres Interesse als Prinz Friedrich, die
Verhandlung nicht ins Stocken geraten zu lassen? Die Statthalter=

schaft in Hannover mit einer selbständigen Hofhaltung nach dem
leuchtenden Vorbilde von St. James, gewiß ein verlockendes Bild!
Aber selbst wenn für ihn dieser Traum sich nicht verwirklichen
ließ, so hing allemal das Geschick der Lieblingsschwester von der
jetzigen Verhandlung ab, und so glaubte der Prinz alles daran
setzen zu sollen, den harten Sinn der Engländer, die von dem
Jaworte der Prinzessin ohne die Zusage für die zweite Ehe nichts
hören wollten, zu erweichen. Kaum hatte Hotham den wenig be-
friedigenden Bescheid auf seine Doppelwerbung vom Könige, so
schickte der Kronprinz zu ihm und ließ ihm sagen, er möchte den
König und die Königin von England seines Dankes für die un-
endlichen Verpflichtungen versichern, die sie ihm auferlegt hätten;
zugleich lasse er sie um Gottes willen bitten, die Vorschläge seines
Vaters nicht zu verwerfen, so unvernünftig dieselben auch sein
möchten. Weiter aber, der Prinz hatte schon vorher die be-
stimmtesten Versicherungen abgegeben, er sei bereit, jede Verpflichtung über die Zurückzahlung der Summen zu übernehmen, die
sein Oheim von England für seine Rechnung vorschießen werde,
denn nur nach diesem Gelöbnis hatte das großmütige England die
hannöversche Statthalterschaft und die Bestreitung der Hofhaltungskosten dem Könige von Preußen angeboten. Und endlich hatte
Friedrich bereits während des Winters die schriftliche Zusage nach
London gesandt, in keinem Falle einer anderen Frau die Hand
zu reichen, als der ältesten britischen Prinzessin.

Wenn nun dieser Umstand in London nicht geheim blieb, dem
preußischen Residenten zu Ohren kam, durch diesen an Grumbkow
gemeldet und durch Grumbkow als Gerücht und nur in Andeutungen
dem Könige zugeflüstert wurde, so folgten unvermeidlich neue, nur
zu wohl berechtigte Zornesausbrüche gegen den Kronprinzen. Der
aber wußte wieder keinen anderen Rat, als Schuld auf Schuld
häufend von neuem bei Hotham um Hilfe zu flehen: „Ich bin
auf unerhörte Art von dem Könige behandelt worden und weiß,
daß schreckliche Dinge sich gegen mich anspinnen, anläßlich gewisser
Briefe, die ich vorigen Winter geschrieben habe." Er beschwor
Hotham, auf die getrennte Behandlung der Heiratsfrage einzu-

gehen, und wiederholte seine Zusage, nie eine andere Gattin wählen zu wollen, als die Prinzessin Amalie von England.

Am 27. Mai sandte Hotham diesen bedenklichen Brief nach London. Unmittelbar darauf begleitete der Kronprinz und das diplomatische Corps den König nach Mühlberg, zu der feenhaften Schaustellung kriegerischen Getümmels und höfischer Somptuosité, die König August von Polen seinem soldatischen Nachbarn zu Ehren einen ganzen Monat hindurch veranstaltete. Von nah und fern waren die Zuschauer herbeigeströmt, gaffendes Volk und vornehme Gäste; unter den letzteren auch ein junger Edelmann aus den österreichischen Erblanden, den der preußische Kronprinz bei diesem Anlasse zum erstenmal sah, der damals neunzehnjährige Graf Wenzel von Kaunitz-Rietberg.

Als Begleiter des Markgrafen Heinrich von der Schwedter Linie des königlichen Hauses befand sich in dem preußischen „Hauptquartier" der Lieutenant von Katte von den Gardereitern, dem stolzen Regiment der Gensdarmen. Acht Jahre älter als der Kronprinz, war Hans Hermann von Katte demselben seit etwa einem Jahre näher bekannt und wurde sein vertrautester Freund, seit der König im letzten Winter den Pagen Keith, dessen Einfluß auf seinen Sohn er für verderblich hielt, als Lieutenant zu einem Regiment nach Wesel geschickt hatte. Früher hatte der Kronprinz, wie Katte annahm, ein Vorurteil gegen ihn gehabt, bis einige Offiziere von der Potsdamer Garde, Kattes ehemalige Schulkameraden vom Hallischen Pädagogium, wie Wietersheim und Ingersleben, dem Prinzen eine günstigere Meinung von ihrem Freunde beibrachten. Als Friedrich sich in Berlin ein paarmal mit ihm unterhalten hatte, fanden sich bald mancherlei Berührungspunkte. Wie der Prinz, so hatte auch Katte viel gelesen. Mit einem ausgesprochenen Interesse für die Mathematik und Mechanik, das des Prinzen Lehrer Senning durch seinen Unterricht noch reger machte, verbanden sich künstlerische Anlagen; er musizierte, er verstand sich auf Friedrichs Lieblingsinstrument, die Querflöte, er malte, er hat ein Pesnesches Porträt der Prinzessin Wilhelmine für den Kronprinzen kopiert. Gewandt mit der Feder, schlagfertig mit dem Munde, stimmte er auch darin zu dem Prinzen,

daß er ſeinen Scharfſinn gern in Verfechtung von gewagten Behauptungen glänzen ließ. Seine Grundſätze ſollen locker geweſen
ſein, aber ſein Gemüt blieb warm und empfänglich; die Eindrücke
des Augenblicks beſtimmten ihn vielleicht allzu leicht. Daß hoher
Ehrgeiz ihn beſeelte, hat er nicht in Abrede geſtellt. Sohn eines
Generals, Enkel eines Feldmarſchalls, nunmehr der Buſenfreund
des Thronerben, durfte der junge Gardeoffizier das Phantaſiebild
ſeiner Zukunft ſich mit den glänzendſten Farben malen. Doch
war es nicht abwägende Berechnung, ſondern warme, unverfälſchte
Hingebung, was ihn an ſeinen erlauchten Freund feſſelte. Der
junge Prinz muß eine hinreißende Gewalt über ſeine täglichen
Gefährten, die etwa gleichaltrigen Offiziere, ausgeübt haben; ſie
ſchworen auf ihn. Einer der Potsdamer Kameraden, der Lieutenant
von Spaen, hat gegen Katte geäußert, er habe den Prinzen ſo
lieb gewonnen, daß er es ſchwerlich über ſich vermögen würde,
lange Zeit ohne ihn zu ſein. Katte ſelbſt hat geſagt, wenn der
Prinz über ſein trauriges Los zu weinen begonnen habe, dann
habe das Mitgefühl auch ihn übermannt, und wenn dann der
Prinz ſo inſtändig gebeten habe, ſo könne er nicht leugnen, „daß
die große Liebe, ſo ich zu ihm trüge, mich ganz attendriret hätte,
daß ich es ohnmöglich refuſiren können.‟

Schon im Dorfe Coßdorf, wo der König mit ſeinem Gefolge
vor der feierlichen Einholung in das Radewitzer Luſtlager eine
Nacht zubrachte, fand der Kronprinz am Abend (30. Mai) kurz
vor dem Schlafengehen Gelegenheit, unvermerkt mit Katte zu
ſprechen. Wenn wir dieſem glauben dürfen, war es hier das
erſte Mal, daß der Prinz die Abſicht, zu entweichen, ihm gegenüber
ausſprach. In der That hatte er im vergangenen Winter bei den
Vorbereitungen zu einer Flucht nicht die Bemühungen Kattes,
ſondern die jenes Lieutenant von Spaen in Anſpruch genommen,
der damals in Leipzig einen Reiſewagen beſtellen mußte.

Im Lager ſelbſt kam der Prinz gleich in den erſten Tagen
zu zwei verſchiedenen Malen gegen Katte auf das heikle Geſpräch
zurück. Dann ließ er denſelben einige Zeit in Ruhe, um ſich
wieder ſeinen britiſchen Freunden anzuvertrauen, Hotham und dem
Attaché Guy Dickens.

Hotham empfing hier im Lager die Erwiderung seines Hofes auf die im Mai nach London gesandten Erklärungen des Königs von Preußen; er übergab demselben die Antwort am 14. Juni in einer schriftlichen Note. Darin hieß es, daß die Streitigkeiten zwischen England und anderen Mächten mit der Heiratsangelegenheit nichts zu thun hätten. Die eine Heiratsverhandlung lasse sich von der anderen nicht trennen; da der König es abgelehnt habe, seinen Sohn in Hannover residieren zu lassen, so habe man in London nichts dagegen, die ihm zugedachte Prinzessin nach Berlin zu schicken. Hotham erreichte durch diese Note nichts, als daß der König ihm den im Mai mündlich erteilten Bescheid jetzt schriftlich ausfertigen ließ und im Eingang des Schriftstückes mit Nachdruck die Erwartung aussprach, der Gesandte werde sich erinnern, daß seine Mission durch ein Schreiben der Königin von Preußen an Ihre Großbritannische Majestät veranlaßt worden sei, und daß dieser Brief nur von der Vermählung der Prinzessin Wilhelmine gesprochen habe.

Mit dieser Erklärung des Königs schickte Hotham noch an dem Tage, da er sie entgegengenommen, am 16. Juni, den Kapitän Guy Dickens nach London; zugleich aber war der Kurier der Überbringer einer neuen Botschaft des Kronprinzen. In einer Depesche vertraulichsten Inhalts meldete Hotham, der Prinz habe Guy Dickens heimlich in sein Zelt gezogen und ihm eröffnet, da er die empörenden Gewaltthätigkeiten seines Vaters nicht länger ertragen könne, so gedenke er, während der Reise nach Ansbach und Stuttgart, auf der er den König binnen kurzem begleiten solle, nach Straßburg zu entfliehen, sechs Wochen oder ein paar Monate in Frankreich zu verweilen und dann nach England zu gehen. Er ließ die Hoffnung aussprechen, man werde in London so handeln, daß seine Schwester Wilhelmine vom Verderben errettet bleibe. Er bat um die Verwendung Englands bei Frankreich.

Guy Dickens war unterwegs, die Antwort aus London konnte hier in Radewitz während der Manövertage nicht mehr eintreffen. Es ward dem Prinzen schier unerträglich, sie abzuwarten. Von neuem bestürmte er seinen Freund Katte, ihm zu sofortiger Flucht behilflich zu sein.

Der Oberstlieutenant von Rochow, sein dienstlicher Begleiter, bezeugt uns, daß der Prinz eines Abends „ganz außer sich" vom Könige zu ihm kam. Rochow suchte den Verzweifelnden zu beruhigen; er bat ihn, in der ersten Erregung nichts zu beginnen, was früher oder später ihm selbst am ersten leid thun möchte.

Jene Äußerung des Königs, daß der Prinz sich Ehren halber bei solcher Behandlung totschießen müsse, ist eben hier im sächsischen Lager gefallen. Der König schalt nicht bloß, sondern, wie er es sich nun einmal angewöhnt hatte, er schlug, selbst hier, wo man nicht zu Hause war, wo aller Augen auf den Vater und den Sohn gerichtet waren. Noch nach langen Jahren hatte Friedrich nicht vergessen, wie ihn sein Vater eines Tages schlug und bei den Haaren riß, und wie er in diesem zerzausten Zustande gezwungen war, über die Parade zu gehen. Grausamer Hohn der Etikette, wenn dann eben an der Stätte solcher Demütigungen die sächsische Gastfreundschaft den Prinzen mit den prunkendsten Ehrenbezeugungen überschüttete und ihm an diesen üppigen Galatafeln den vornehmsten Platz nach den beiden Königen zuwies. Schon aber sah er sich auch in diesem Vorrecht seiner Geburt bedroht; ist doch hier in Sachsen einmal das Ansinnen an ihn gestellt worden, auf sein Erbfolgerecht Verzicht zu leisten.

Bei allem Mitleid, das Rochow mit dem Prinzen hatte, beobachtete er jeden seiner Schritte aufs gewissenhafteste und argwöhnischte. Die vertrauten Beziehungen zu Katte waren ihm nicht unbekannt; bereits hatte er sowohl, wie Kattes Kommandeur von Pannewitz, den jungen Offizier gewarnt; jetzt nahm ihn Rochow bei seiner Ehre und ersuchte ihn, seinerseits mitzuwirken, um zu verhüten, daß der Prinz sich nicht zu einem Schritt der Verzweiflung hinreißen lasse. Aber in unseliger Verblendung ließ der Schwache immer von neuem dem Drängen des ruhelosen Prinzen sein Ohr, gewiß immer in dem Selbstbetruge und dem Entschuldigungsversuche, die Fäden doch in der Hand zu behalten und im letzten Augenblicke das gefährliche Gespinst noch zerreißen zu können. Aus Leipzig verschaffte er eine Liste der Poststationen zwischen dort und Frankfurt am Main, die nachmals unter seinen Papieren gefunden worden ist. Aber ohne den Befehl des Ministers

Grafen Hoym, durfte das Feldpoftamt zu Glaubiß an niemand
Pferde zum Verlaffen des Lagers verabfolgen. Sowohl der Prinz
wie Katte fprachen mit dem Minifter, auf dem großen Pavillon,
von dem aus die fürftlichen Herrfchaften und ihr Gefolge das
kriegerifche Spiel zu überfchauen pflegten. Hoym lachte, als er
von dem Wunfche „zweier Offiziere" hörte, ganz im ftillen einen
Ausflug nach Leipzig zu machen; er fagte, er könne ungefähr
merken, was das bedeute, und fügte mit Betonung hinzu, der
Prinz habe Auffeher. Auch Löwenörn, der dänifche Gefandte aus
Berlin, nahm Veranlaffung, dem Prinzen zu fagen, er treffe feine
Vorkehrungen fchlecht; feine Ehrenwache fei auf dreißig Ulanen
verftärkt, doch nur, um auf ihn achtzugeben.

Inzwifchen nahmen die wichtigen Feftlichkeiten und die „luftigen
Attacken" an beiden Ufern der Elbe ihren theatralifchen Verlauf.
Als das neue Weltwunder, der gepriefene Riefenkuchen von vierzehn Ellen Länge, den der ftarke Auguft hatte backen laffen, „durch
einen Zimmermann unter Aufficht eines Oberlandbaumeifters"
kunftgerecht zerlegt und unter Hofftaat und Kriegsvolk aufgeteilt
war, folgte am 28. Juni als Schlußbild das gewaltige Treibjagen
zu Lichtenberg. Hier bat der Kronprinz den König von Polen,
bei dem Vater ein Wort für ihn einzulegen, damit ihm eine Reife
nach Italien erlaubt fei; König Auguft kam dem Wunfche nach,
Friedrich Wilhelm aber foll nur geantwortet haben: „Ja, wenn
Krieg würde." Nachdem man vier Stunden bei Tifche gefeffen,
fuhren die preußifchen Gäfte durch die Sommernacht nach Potsdam zurück. Vom 2. Juli ab war der Hof in Berlin.

Wenige Tage darauf traf auch Guy Dickens von feiner Kurier-
reife aus London in Berlin wieder ein, mit den Aufträgen für
Hotham an den König und mit Aufträgen für fich felbft an den
Kronprinzen, denn es war nicht anders, als ob der defignierte
Nachfolger Hothams jetzt bei dem Vater und bei dem Sohne gleich-
zeitig accreditiert werden follte.

Dem Könige erklärte Hotham am 9. Juli, an einem Sonntage, auf die preußifche Note vom 16. Juni, daß der König von
England mit dem Ehebündnis zwifchen dem Prinzen von Wales
und der Prinzeffin Wilhelmine zunächft vorlieb nehmen wolle,

wenn nur die Heirat des Kronprinzen Friedrich mit einer ſeiner
engliſchen Baſen wenigſtens für die Zukunft, und zwar binnen
einem nicht allzu langen Zeitraume, zugeſagt werde. Gewiß hatte
das bisherige Verhalten des Kronprinzen in dieſer Angelegenheit,
ſeine Heimlichkeiten mit einem fremden Hofe, die doch nicht völlig
heimlich blieben, des Königs Bedenken gegen die Wahl der engliſchen Prinzeſſin ſteigern müſſen. Gleichwohl hat er jetzt die verlangte Zuſage thatſächlich erteilt. Er gab ſein königliches Wort,
daß er die Verbindung des Kronprinzen mit einer engliſchen Prinzeſſin jeder anderen Heirat vorziehen werde. Da verbarb das dreiſt
zufahrende Ungeſchick des britiſchen Bevollmächtigten im entſcheiden-
den Augenblicke alles, was bereits erreicht worden war.

Die Engländer dachten ihren Einfluß in Berlin von Grund
aus zu befeſtigen. Zu dem Zwecke mußte vor allem Grumbkow
aus der Gunſt des Königs verdrängt werden, der mächtigſte Für-
ſprecher der Sache Öſterreichs. Wir hörten, daß Grumbkow den
preußiſchen Reſidenten in London beſtimmt hatte, ſeine Berichte ſo ab-
zufaſſen, daß freundlichere Geſinnungen gegen den engliſchen Hof bei
dem Könige nicht Platz greifen ſollten. Auf dem britiſchen Haupt-
poſtamt zu St. Mary-Axe wurde das Öffnen der Briefe und
diplomatiſchen Depeſchen, die Entzifferung der Geheimſchrift mit
unübertroffener Kunſtfertigkeit betrieben. Was Grumbkow und
Reichenbach ſich ſchrieben, kam Wort für Wort den engliſchen
Miniſtern unter die Augen. Der Inhalt des Briefwechſels war
erſchwerend genug. Man beſchloß, die beiden damit zu verderben,
juſt wie dieſe mit ihrem abgekarteten Spiel ihren Gegnern Borcke,
Ilgens Nachfolger, und Cnyphauſen bei dem Könige „den Garaus
zu machen“ vorhatten. Cnyphauſen war es, durch den Hotham
ſchon Anfang Mai die erſten Proben aus dem zu London durch-
ſtöberten Reichenbach-Grumbkowſchen Briefwechſel dem Könige zur
Kenntnis gab. Grumbkow ſtellte die Glaubwürdigkeit der zum
Vorſchein gebrachten Abſchriften kühnlich in Abrede. So galt es
denn, auf einen Originalbrief Hand zu legen und mit dieſer An-
griffswaffe den Verſuch zu erneuern.

Montag, den 10. Juli, wurde Hotham abermals von dem
Könige empfangen, um ſein Abberufungsſchreiben zu übergeben

und Guy Dickens als seinen Nachfolger vorzustellen. Da Hotham
den König bei sehr guter Laune traf, glaubte er, die Stunde wahr=
nehmen zu dürfen und zeigte ihm im Auftrage seines Gebieters
den Brief an Reichenbach von Grumbkows eigener Hand, der ein
unleugbarer Beweis für die Echtheit der früher vorgelegten Stücke
sein sollte. Der König nahm den Brief, warf einen Blick hinein
und sagte in aufwallendem Zorn: „Meine Herren, ich habe genug
von dem Zeug." Damit schleuderte er den Brief zur Erde, wandte
ohne weiteres den Rücken und verließ das Zimmer.

Hotham, der in dieser Begegnung eine Verunglimpfung seines
offiziellen Charakters sah, forderte unverzüglich Pässe und Post=
pferde und wies alle Versuche, den peinlichen Zwischenfall zu be=
gleichen, mit unnahbarer Hand zurück. In der Frühe des 12. Juli
verließ er die preußische Hauptstadt.

Auch der Kronprinz hatte sich vergebens bemüht, den steif=
nackigen Sohn Albions zu beschwichtigen; am Abend vor der Ab=
reise schickte er ihm durch Katte einen Brief mit der Bitte, durch
seinen Fortgang die Sachen nicht noch zu verschlimmern; dem
König würde sein Auftreten vielleicht bald leid thun.

An demselben Abend (11. Juli) ließ der Kronprinz, gleich=
falls durch Katte, dem Kapitän Guy Dickens die Gesamtziffer
seiner Schulden, übrigens bedeutend zu hoch gegriffen, mitteilen,
und zwar infolge einer Aufforderung, die Guy Dickens einige Tage
vorher — wie es scheint an dem Sonntage der ersten Audienz
Hothams (9. Juli) — persönlich an den Prinzen gerichtet hatte:
es war um die zehnte Abendstunde, „unter dem großen Portal
des Schlosses bei der Stechbahn"; Katte, welcher den Engländer
herbeigeführt, ging auf und ab, um die seltsame Audienz nicht
überrascht werden zu lassen. Hier unter dem Portal hatte Guy
Dickens nun auch die Antwort seines Hofes auf die letzte Bot=
schaft des Kronprinzen übermittelt.

Die schriftliche Instruktion, mit der Guy Dickens für diese
Verhandlung versehen war, lautete ganz ausweichend. Er sollte
dem Kronprinzen den Inhalt der neuen Vollmachten Hothams
mitteilen, die noch einmal die Aussicht auf ein befriedigendes Er=
gebnis der Heiratsverhandlung zu eröffnen schienen; er sollte den

Prinzen bestimmen, sein Vorhaben, die Flucht, inzwischen aufzu=
geben. Insbesondere der Gedanke, nach Frankreich zu gehen, er=
fordere reifliche Überlegung, und die Kürze der Zeit habe nicht
erlaubt, wie es doch unerläßlich sei, die Ansicht des französischen
Hofes einzuholen. Wie es scheint, hat Guy Dickens sich seines
Auftrages nachdrücklich genug entledigt. Er soll dem Prinzen unter
dem Portal mit dürren Worten gesagt haben, daß man ihn in
England nicht haben wollte; er möchte sich diese Gedanken ver=
gehen lassen, seine Flucht würde in der gegenwärtigen politischen
Lage ein Feuer an allen Ecken von Europa anzünden.

Bezahlte man dem Prinzen jetzt mit englischem Gelde seine
Schulden, so wurde seine Lage erträglicher. Dafür verlangte aber
Guy Dickens das ausdrückliche Versprechen von ihm, dem Flucht=
plan entsagen zu wollen. Der Prinz erteilte dasselbe, aber wie
er später behauptet hat, nur für den Fall, daß ihn sein Vater
auf der beabsichtigten Reise nach Süddeutschland nicht mitnehmen
werde. Nachweisbar ist, daß an dem Abend des 11. Juli, da
Katte das Schuldenverzeichnis an Guy Dickens gab, der König
seinem Sohne seinen Entschluß eröffnet hatte, ihn während dieser
Reise daheim zu lassen. Der Prinz dachte nun einen Augenblick
daran, Katte mit Aufträgen an Georg II. nach London zu schicken.

Kaum aber war Friedrich Wilhelm mit dem Kronprinzen aus
Berlin nach Potsdam zurückgekehrt, so erhielt Katte, am zweiten
Tage dieses Potsdamer Aufenthaltes, durch einen Brief des Lieute=
nants von Ingersleben den Befehl, noch heute zu dem Kronprinzen
zu kommen. Friedrich erwartete ihn in der Dunkelheit, im Garten
zwischen den Hecken. Für den nächsten Morgen, Sonnabend den
15. Juli, war schon seit einer Woche die Abreise des Königs
festgesetzt. Der Prinz begann, sein Vater habe sich anders ent=
schieden, er werde den König begleiten, und fuhr fort, er sei
den ersten Tag hier in Potsdam wieder so hart und rübe be=
handelt worden, daß er zuletzt fürchten müsse, seines Lebens nicht
mehr sicher zu sein. Er nahm Katte das Versprechen ab, seinem
Beispiele zu folgen; er berief sich auf seinen Großvater, den König
Friedrich, der auch als Erbprinz in das Ausland gegangen und
über dessen Begleiter nachher gleichwohl keine Strafe verhängt

sei. In wenigen Tagen erwartete Katte, für sein Regiment auf Werbung ausgeschickt zu werden; dann ließ sich das, was der Kronprinz verlangte, leicht ausführen. Zeit und Ort, wo man sich treffen wollte, konnten noch nicht vereinbart werden. Im Fränkischen indes weilte ein Verwandter, der Rittmeister von Katte, als Werbeoffizier; dadurch bot sich dem Prinzen die Möglichkeit, dort auf der Durchreise eine Nachricht entgegenzunehmen.

Die Unterredung hatte etwa zwei Stunden gedauert. Mitternacht war vorüber, die Freunde nahmen Abschied; sie haben sich dann nur ein einziges Mal noch gesehen. Katte bestieg sein Pferd, das er während dieser Nachtstunden bei Ingersleben eingestellt hatte, und ritt nach Berlin zurück. Wenige Stunden später fuhr der König mit seiner Reisegesellschaft nach Leipzig ab.

Am Abend kam der Page Thiele nach Berlin, brachte Katte einige seinem Prinzen gehörige Gegenstände und einen Brief, durch den jener angewiesen wurde, sich in Cannstatt dem Prinzen anzuschließen. Die Schmuckgegenstände desselben, den polnischen weißen Adlerorden, dessen wertvollste Brillanten herausgebrochen und durch unechte Steine ersetzt waren, und 3000 Thaler an barem Gelde hatte Katte schon früher an sich genommen, weil der Eigentümer diese Sachen auf der Reise nicht bei sich behalten wollte oder konnte.

Ein paar Tage darauf sah Katte die Prinzessin Wilhelmine; sie sagte ihm: „Ich weiß, daß Sie fortgehen, mein Bruder hat mir gesagt, daß Sie fortgehen." Und nun erfolgte auch die Frage an Frankreich, die man von London aus trotz der Bitte des Prinzen nicht gestellt hatte. Bei dem französischen Geschäftsträger Sauveterre erschien eine Vertrauensperson — Sauveterre nennt in seinem Bericht vom 18. Juli keinen Namen — und sagte ihm, daß der Prinz angesichts der Grenze schwerlich der Versuchung widerstehen werde, den Staub von den Füßen zu schütteln und den französischen Boden zu betreten. In Sauveterres Schriftwechsel mit dem Versailler Ministerium war dieser Fall bereits zur Erörterung gekommen; Sauveterre konnte deshalb antworten, daß der Prinz auf Gastfreundschaft rechnen dürfe.

Die Reisenden waren am ersten Tage trotz der stürmischen Witterung bis Meuselwitz gekommen, wie der König es sich vor-

gefeßt hatte. Dort blieb er den Sonntag und den 17. Juli als
Gaft des Grafen Seckendorff, der fich dann dem Gefolge anfchloß.
Friedrich Wilhelm reifte zwar eilig, aber methodifch. Überall
wurden die Sehenswürdigkeiten in Augenfchein genommen, in Bam=
berg (20. Juli) der Domfchaß und die Reliquien, für die Be=
fichtigung von Nürnberg war faft ein Tag beftimmt. Am 21. Juli
abends fuhr man von Nürnberg nach Ansbach, wo feit einem
Jahre des Königs zweite Tochter, die jeßt erft fünfzehnjährige
Prinzeffin Friederike, als regierende Markgräfin refidierte. Für
diefen Befuch ließ fich der König eine volle Woche Zeit.

Hier in Ansbach, am 23. Juli abends gegen zwölf Uhr, em=
pfing der Kronprinz im Schloß auf feinem Zimmer heimlich den
Rittmeifter von Katte, bei dem ein Brief feines Vetters aus Berlin
abgegeben war. Der Prinz las den Brief und verbrannte ihn
fofort; er enthielt die Mitteilung, daß der Schreiber den erbetenen
Werbeurlaub nicht erhalten habe. Friedrich antwortete ihm, er
folle bis auf weitere Nachricht nichts unternehmen. Einige Tage
darauf aber fchrieb er ihm von Schloß Triesdorf aus, fein Ent=
fchluß zu fliehen ftehe feft; noch eben wieder fei er zu Feuchtwangen,
wo die verwitwete Margräfin von Ansbach Hof hielt, von dem
Könige wegen einer Kleinigkeit, als er ein Meffer habe zur Erde
fallen laffen, hart angefahren worden. Er wies Katte an, nach
dem Haag zu gehen und fich dort nach einem Grafen d'Alberville,
dem Inkognito des Prinzen, zu erkundigen. Dem Briefe war ein
zweiter beigefchloffen, der bei Kattes Fortgang aus Berlin wie aus
Verfehen liegen bleiben follte, um gefunden und gelefen zu werden,
gleichfam die Apologie der Flucht: der Kronprinz fei von dem
Könige fo behandelt worden, daß er es unmöglich länger aushalten
könne; der Herbftaufenthalt in Wufterhaufen werde fich diefes
Jahr allem Anfchein nach noch fchlimmer geftalten, als die Jahre
vorher, denn in der Umgebung des Königs feien Leute, die ihn
gefliffentlich aufheßten. Ausdrücklich wurden der Kapitän von Hacke
und der Oberft von Derfchau genannt.

Gleichzeitig fandte der Prinz an den Lieutenant von Keith in
Wefel, mit dem er fort und fort in Verbindung ftand, die Auf=
forderung, feine Garnifon zu verlaffen und nach dem Haag zu

gehen. Schon vorher hatte er denselben angewiesen, dort sich an den General von Keppel zu wenden, der früher holländischer Gesandter in Berlin gewesen war. Da er nun aber wußte, daß er Katte in Cannstatt nicht vorfinden werde, so mußte er sich nach einem anderen Begleiter umsehen. Gleich in jener nächtlichen Unterredung zu Ansbach hat er an den Rittmeister von Katte das Ansinnen gestellt, ihn zwischen Sinsheim und Mannheim mit ge= sattelten Pferden zu erwarten. Der Offizier wußte, was seine Pflicht war; überdies hatte ihm kurz vorher in Schwabach der Oberstlieutenant von Rochow von dem verdächtigen Benehmen seines Vetters gesprochen. Er wies die Zumutung des Prinzen zurück und warnte noch vor dem Zigeunergesindel überall in den Wäldern, das einem einzelnen Reiter leicht gefährlich werden könne. Dann schrieb er an Rochow: „Geben Sie auf alle Art und Weise auf Dero hohen Untergebenen Achtung, damit selbiger keinen Augenblick allein sei, auf der ißigen vorgenommenen Tour."

Für Rochow bedurfte es der Mahnung zur Vorsicht nicht, er war seiner Sache ziemlich sicher. Auch sah er nach Rücksprache mit dem General Buddenbrock und dem Obersten Waldow davon ab, dem Könige von dieser Warnung Bericht zu erstatten.

Page des Königs, an Stelle des nach Wesel versetzten Keith, war jeßt dessen jüngerer Bruder. Er hatte auf der Reise unmittelbar hinter dem königlichen Wagen zu reiten, doch konnte der Kronprinz in den Quartieren hier und da unbemerkt ein Wort mit ihm sprechen oder wenigstens einen Bleistiftzettel ihm in die Hand drücken. Der Page versprach endlich, für den Prinzen und sich selbst Pferde zu verschaffen. An die Ausführung des Vorsaßes konnte erst gedacht werden, wenn man sich dem Rhein näherte. Am 31. Juli erreichte der Reisezug Augsburg; daß die historischen Schlachtfelder von Schellenberg und Höchstädt im Vorbeigehen be= sichtigt wurden, verstand sich bei Friedrich Wilhelm I. von selbst. Die nächsten Tage waren für einen Besuch an dem württem= bergischen Hofe zu Ludwigsburg bestimmt. Hier ließ sich der Kron= prinz einen roten Reiserock anfertigen; sein Vertrauter hatte sich schon in Augsburg auf seinen Befehl einen blauen Mantel kaufen müssen. Als man am 4. August Ludwigsburg verließ, legte der

Kronprinz im Reisewagen in Rochows Gegenwart seinen roten Rock an. Rochow meinte, daß dem Könige dieses Kleidungsstück nicht werde vor die Augen kommen dürfen; der Kronprinz erwiderte, er habe den Rock der Kälte wegen mitgenommen, zog ihn darauf wieder aus und legte ihn unter seinen Sitz.

Bei Heilbronn verließen die Wagen das Neckarthal; im Dorfe Steinsfurth auf der Straße nach Sinsheim ließ der König halten. Von hier aus ließ sich der Rhein in wenigen Stunden erreichen. Die Schlafstätten wurden in den Scheunen zugerüstet, wie Friedrich Wilhelm auf seinen Reisen es liebte. Als er sich zur Ruhe zurückzog, sagte er zu seiner Begleitung: „Schlaft morgen, denn wir haben nicht weit nach Mannheim; wenn wir des Morgens früh fünf Uhr wegfahren, kommen wir tausendmal genug hin." Der Scheune des Königs schräg gegenüber lag die des Kronprinzen.

Früh morgens, noch vor halb drei, erhob sich der Prinz, kleidete sich an und steckte sein Geld zu sich. Neben ihm lag der Kammerdiener Gummersbach, den Rochow dafür verantwortlich gemacht hatte, des Nachts auf den Prinzen Achtung zu geben, denn bei Tag werde er schon für denselben einstehen. Auf eine verwunderte Frage des Dieners antwortete Friedrich: „Aber ich will aufstehen, was fragst Du danach?" Auch der rote Rock kam wieder zum Vorschein; Gummersbach erinnerte, daß der König denselben nicht sehen dürfe; jener sagte nur: „Ich will ihn anziehen." Inzwischen hatte Gummersbach den Jäger Büttner zu Rochow geschickt. Rochow, der in seinen Kleidern schlief, war zur Stelle, als der Prinz eben aus dem Scheunenthor getreten war; er lehnte in dem roten Rock an seinem Reisewagen, wenige Schritte von der Scheune entfernt. Rochow bot ihm in aller Ruhe guten Morgen und zog ihn in ein Gespräch, der Prinz konnte sich nicht mehr losmachen, sie gingen vor der Scheune auf und ab.

Zu drei Uhr war der Page Keith mit zwei Pferden bestellt. Als Rochow ihn in einiger Entfernung sah, ging er ihm entgegen und fuhr ihn an, was das für Pferde seien, er solle sich damit zum Teufel scheren. Keith log, es seien die Reitpferde für die Pagen. Buddenbrock und Waldow, gleichfalls bereits wach, waren zu diesem Verhör hinzugetreten.

Auch Graf Seckendorff trat jetzt auf die Dorfſtraße heraus, und Rochow fragte ihn ſcherzend, wie Er. Excellenz des Kronprinzen Aufzug gefalle. Bis der König aufſtand, war der rote Rock wieder aus dem Geſichtskreis gebracht.

Friedrich Wilhelm beſtimmte, daß ſein Sohn, deſſen Wagen ſchwerer war, vorausfahren ſollte, und war bei der Abfahrt der Meinung, daß dies geſchehen ſei, während doch der Prinz noch beim Theetrinken war. Als der König dann in Heidelberg die andere Geſellſchaft nicht vorfand, ſagte er zu dem Oberſten von Derſchau: „Wo iſt mein Sohn, er muß ja ſchrecklich ſtark fahren, wir können ihn nicht einholen; ſie werden nicht toll ſein und nach Mannheim hereinfahren, ehe ich komme."

Es war etwa acht Uhr geworden, als der König in Mannheim ankam, immer ſtärker befremdet, den Prinzen nicht zu ſehen. Seinen Gaſt zu beruhigen, ſchickte der Kurfürſt von der Pfalz einen Bereiter auf die Straße ins Neckarthal. Um halb elf Uhr endlich waren die Nachzügler da und der König gab ſich zufrieden. Gemeinſchaftlich ſah man ſich in der Stadt um; der Prinz drängte ſich an den Pagen mit einem neuen Bleiweißzettel heran; er ſollte Poſtpferde beſtellen.

Dem aber rührte ſich das Gewiſſen, als er am nächſten Tage — es war der Sonntag — mit dem Könige im Gottesdienſte ſaß; als ſie aus der Kirche heimkamen, warf er ſich ſeinem Herrn zu Füßen und geſtand ihm, was vorgeweſen war.

Indes mußte man unverzüglich an der kurfürſtlichen Tafel erſcheinen. Erſt im Vorzimmer ward der König des Oberſtlieutenants Rochow anſichtig und zog ihn in eine Fenſterniſche; er ſagte ihm, der Friedrich habe deſertieren wollen, er wundere ſich, daß man ihm nichts davon geſagt; Rochow werde mit ſeinem Kopf, Hals und Kragen dafür verantwortlich ſein, den Prinzen ins Preußiſche, nach Weſel zu bringen, lebendig oder tot. Hier wäre nicht lange Zeit, davon zu ſprechen. Auch Buddenbrock und Waldow, das mußte Rochow in des Königs Namen ihnen ſagen, ſollten gleich ihm verantwortlich ſein. Rochow entgegnete, er habe ſeine Vor= ſichtsmaßregeln ſchon getroffen und könne ſich auf die Dienerſchaft verlaſſen; der Prinz ſolle ihnen nicht entkommen und würde ihnen auch nicht entkommen ſein.

An diesem Sonntag kamen mehrere französische Offiziere aus dem benachbarten Landau nach Mannheim. Erregt, wie er war, brachte der König ihr Erscheinen mit dem Fluchtplane in Verbindung und war erleichtert, als er am Abend nach Darmstadt fuhr. Dort begrüßte er seinen Sohn mit den Worten, er wundere sich, ihn noch zu sehen, habe geglaubt, er wäre schon in Paris. Der Prinz antwortete keck, wenn er gewollt hätte, so könnte er sicherlich jetzt in Frankreich sein. Es gelang ihm, während des eintägigen Aufenthaltes am hessischen Hofe dem Pagen wieder einen seiner Zettel in die Hand zu spielen: es sähe schlecht um sie aus, Keith möchte machen, daß sie fortkämen.

Am Dienstag (8. August), früh um sieben Uhr, war man in Frankfurt. Der Prinz mußte mit seinen Offizieren unverzüglich die auf dem Main bereit liegende Jacht besteigen; der König eilte durch die Stadt, besuchte den Römer und ließ sich die goldene Bulle zeigen; schon um neun Uhr fuhr die ganze Reisegesellschaft vierundvierzig Personen, stromabwärts.

Trauriger ist wohl nie eine Lustfahrt auf dem Rhein gemacht worden. In zwei Tagen war Bonn erreicht; hier erwartete der Kurfürst von Köln den hohen Besuch. Der Kronprinz durfte nicht fehlen; „mit der größten Geduld" hörte er beim Aussteigen alle die harten Reden an, mit denen seinen Begleitern befohlen wurde, ihn lebendig oder tot an Bord zurückzubringen. Auch Graf Seckendorff hatte dabei gestanden; jetzt wandte sich der Prinz an seinen alten Widersacher und bat um das Fürwort des vielgeltenden Mannes. Er erklärte unumwunden, daß er allerdings den festen Vorsatz zur Flucht gehabt habe, weil er als ein Prinz von achtzehn Jahren es nicht mehr ausstehen könne, vom Könige, wie noch jüngst im sächsischen Lager geschehen, mit Schlägen gemißhandelt zu werden.

Der kaiserliche General sagte seine Vermittlung zu und glaubte am nächsten Tage (11. August) in Mörs den König schon beschwichtigt zu haben; da erfuhr man auf der Weiterfahrt, in Geldern, daß der Lieutenant von Keith, den jener Brief des Prinzen aus Triesdorf erreicht hatte, seit dem 6. August aus Wesel verschwunden war. Sofort erkannte der König den Zusammenhang

mit dem Steinsfurther Fluchtverfuch; auf Nachficht war jetzt nicht
mehr zu rechnen.

Friedrich wurde nach Wefel vorausgeschickt. Am 12. abends
war auch der König in der Festung angelangt. Trotz der vor=
gerückten Stunde — es war halb neun Uhr — unterwarf er auf
der Kommandantur den Prinzen einem erften förmlichen Verhör.
Man erzählt, daß ein Augenblick eintrat, wo der Generalmajor
von der Mofel, der Kommandant, fich zwischen den Vater und den
Sohn werfen mußte, um den Prinzen mit feinem Leibe zu decken.
Das Protokoll des Verhörs befagt, daß der König ihn „auf das
ernftlichfte" ermahnte, „Gott, feinem Herrn und feinem Vater die
Ehre zu thun und alle Umftände der vorgehabten D e f e r t i o n
auf Pflicht und Gewiffen zu geftehen".

Was der Prinz geftand, war dem Könige noch nicht genug.
Friedrich blieb dabei, daß er fich nach Frankreich habe begeben
wollen; fo habe er auch feine Einverftandenen, Katte und den
entwichenen Keith, dorthin, nach Straßburg befchieden. Katte hatte
felbft fich verdächtig gemacht; denn fchon in Frankfurt erfuhr der
König aus dem Berliner Thorzettel von der Abreife des Dieners,
den Katte mit der Botfchaft für den Prinzen an feinen Vetter
gefchickt hatte.

Das Ergebnis diefer erften Vernehmung war, daß der König
jetzt den Arreft über feinen Sohn verhängte. Zwei Poften mit
aufgepflanztem Bajonett zogen vor der Thür feines Zimmers im
Kommandantenhaufe auf. Gleich in der Frühe des anderen Tages
wurde durch den Oberften von Derschau die Befragung fortgefetzt;
der König wollte den Gefangenen nicht mehr fehen. Der Königin,
feiner Gemahlin, machte er eine briefliche Mitteilung, die uns
nicht erhalten ift; die Oberhofmeifterin erhielt den Auftrag, ihre
Gebieterin fchonend vorzubereiten. Friedrich Wilhelm fchrieb ihr:

„Meine liebe Madame de Kamke, ich habe leider das Un=
glück, daß mein fohn hat defertiren wollen mit den pagen Keut,
ich habe ihn aretiren laffen, ich habe meine Frau gefchrieben, fie
muß es ihr von weiten vohrbringen, wan es auch ein par tage
tauren folte, das fie nicht von krank wird, der ich ftehts ihr er=
gebener Freund bin Fr. Wilhelm."

Es folgte am 15. Auguſt ein drittes Verhör, als die be=
ſtimmte Nachricht eingelaufen war, daß der Lieutenant Keith nicht
nach Landau oder Straßburg, ſondern nach Amſterdam gegangen
ſei, „alſo vermutlich nach England". Derſchau muße dem Prinzen
vorhalten, daß er ſomit an dem erſten Abend „nicht, wie er ver=
ſprochen, die reine Wahrheit geſagt".

Der König glaubte die Hand der Engländer im Spiele; er
ſcheint eine weitverzweigte Verſchwörung angenommen, vielleicht
gar einen Anſchlag gegen ſein Leben geargwöhnt zu haben. Der
Prinz ſetzte, wohl in dieſem Zuſammenhange, am 19. Auguſt einen
Brief auf, in welchem er verſichert, „daß ich eine ſolche böſe
Intention, wie gemeinet wird, niemals gehabt habe". In einem
erneuten Verhör wies er an dieſem Tage die Anſchuldigung, er
habe nach England gehen wollen, nochmals zurück. An die Auf=
hebung des Arreſtes, um die er zu bitten wagte, war nicht zu
denken; vielmehr ward er jetzt noch ſtrengerer Haft entgegengeführt.

Der General Buddenbrock erhielt den Auftrag (19. Auguſt),
ſeinen Gefangenen quer durch Deutſchland nach Küſtrin zu eskor=
tieren. Immer in der Vorausſetzung dunkler politiſcher Zuſammen=
hänge verbot ihm der König, die hannöveriſchen und heſſiſchen
Gebiete zu berühren. Die Möglichkeit eines Überfalles, eines Ent=
führungsverſuches, blieb auch ſo nicht außer Betracht; für dieſen
Fall, beim Angriff einer Übermacht, erhielt Buddenbrock den Ver=
haltungsbefehl, dahin zu ſehen, „daß die andern ihn nicht anders
als tot bekommen". Der Aufbruch dieſes Kommandos aus der
Feſtung wurde ſo geheim gehalten, daß in den Zeitungen ſich die
Nachricht verbreiten konnte, es ſei eine hohe Perſon aus dem Ge=
folge des Königs in Weſel zurückgeblieben. Man fuhr Tag und
Nacht, bis Halle, ohne Aufenthalt; nur auf freiem Felde, „wo
man um ſich ſehen kann und keine Hecken und Büſche ſind", durfte
gehalten werden, um dann im Wagen ſelbſt von der mitgenommenen
kalten Küche zu zehren.

Der König nahm mit ſeinen Begleitern einen anderen Weg.
Er beſichtigte bei Lippſtadt ſeine weſtfäliſchen Regimenter und klagte
in Deſſau dem Fürſten von Anhalt ſein Leid.

Noch von Weſel aus, gleich am 12. Auguſt, hatte er auf alle

Fälle den Befehl zur Verhaftung Kattes nach Berlin geſchickt, ob=
gleich er damals der Meinung war, daß Katte gefloben ſei.

Aber nur Keith iſt dem Zorn des Königs und der verdienten
Strafe entronnen.. Er hatte ſich bei ſeiner Ankunft im Haag
überall nach dem „Grafen d'Alberville" erkundigt. Der Oberſt
du Moulin, der zu ſeiner Verfolgung entſandt war und von dem
Staatsrat von Holland einen Verhaftungsbefehl auswirkte, fand
in dem Wirtshaus zu den „Drei Schnellen" nur noch Keiths Sporen;
den Flüchtling ſelbſt brachte der Hausmeiſter des Lord Cheſterfield
in des Botſchafters Wagen am Morgen des 18. Auguſt glücklich
nach Scheveningen, von wo Keith unverzüglich trotz Sturm und
Wogendrang in einem Fiſcherboote nach England überſetzte.

Katte dagegen war ruhig in Berlin geblieben. Die Nach=
richten, die von dem königlichen Gefolge nach der Hauptſtadt
kamen, enthielten nichts Auffälliges, der Sorgloſe meinte nicht
anders, als daß der Fluchtplan, wie er es von vornherein er=
wartet haben will, aufgegeben ſein müſſe. Das Geheimnis glaubte
er nicht aufgedeckt. Gewarnt wurde er, wie er behauptete, von
niemand; hatte doch der Kronprinz ſelbſt die Lage anfänglich
ganz verkannt: in der Vorausſetzung, daß ſein mißglückter Verſuch
unbemerkt geblieben ſei, fürchtete er eine Zeit lang für ſeine
Vertrauten ſo wenig wie für ſich ſelbſt. Katte mag ſich im ſtillen
beglückwünſcht haben, des ſeinem Freunde gegebenen Wortes
durch deſſen bevorſtehende Rückkehr auf eine gute Art ledig zu
werden.

Am 15. Auguſt hatte er von ſeinem Regimentschef, dem
Feldmarſchall Natzmer, Urlaub zu einem Beſuch auf dem benach=
barten Rittergute Malchow erhalten; am nächſten Morgen ließ
ihn der Kommandeur der Gensdarmen zu ſich rufen und kündigte
ihm auf Befehl des Königs Arreſt an.

Kaum war der König am 27. Auguſt zu Berlin im Schloß
abgeſtiegen, ſo ließ er den Arreſtanten vor ſich führen. Katte ſagte
aus, was wir ſchon wiſſen: von der Entſtehung des Fluchtplanes
im ſächſiſchen Lager, von ſeinen Verhandlungen mit den engliſchen
Diplomaten, von ſeinen Verabredungen mit dem Prinzen vor
deſſen Abreiſe nach Ansbach. Aber „er habe ſich nur geſtellt, als

ob er entriere"; mit dem ihm übergebenen Geld habe er das
„Pouvoir" in den Händen gehabt, ohne welches nach seiner Auffassung der Prinz sich nicht habe rühren können.

In das Arrestlokal am Gensdarmenmarkte zurückgeführt, gab
Katte seine Aussagen mit Ergänzungen in einer Species Facti
eigenhändig zu Papier. Es folgte ein zweites Verhör am 28.,
ein drittes und viertes am 30. und 31. August; ein fünftes, nachdem inzwischen auch der Kronprinz von neuem befragt worden
war, am 9. September.

Während Katte an dem ersten Verhörstage auf dem Schlosse
vor dem Könige stand, mußte drüben auf dem Werder in der
Hausvogtei der Henker seine unheimlichen Vorbereitungen für die
Anstellung der peinlichen Frage treffen. Länger als vierzehn Tage
wurde Katte mit der Androhung der Folter geschreckt. Endlich
gab Grumbkow am 13. September zu erwägen, „daß man ohnmöglich, ohne sich verantwortlich zu machen, mit der Tortur gegen
den Lieutenant von Katte verfahren könnte", und der König zog
den schon erteilten Befehl zurück.

Dann wurde dem Arrestanten am 20. noch einmal die Frage
vorgelegt: „Ob er nicht gestehen wolle, daß, wenn er nicht ver-
hindert worden, er würde weggegangen sein." Er antwortete:
„Wenn der Kronprinz würde weggewesen sein, so hätte er nachgehen wollen und würde ihm gefolgt sein. Er habe aber geglaubt,
der Kronprinz würde gewiß wieder herkommen."

Daraus, daß der Diener des Lieutenants an demselben Tage
bekundete, er habe ungefähr zwei Tage vor der Verhaftung seines
Herrn die silbernen Tressen eines auf Kattes Veranlassung für
den Kronprinzen angefertigten grauen Rockes mit Papier benähen
müssen, glaubte der Untersuchungsrichter Mylius, wie er nach dem
Verhör an den König berichtet, folgern zu dürfen, „daß der Katte
den Vorsatz zu desertieren bis auf die letzte Zeit gehabt".

Mylius sah jetzt die Untersuchung als abgeschlossen an, denn
auch der Prinz hatte die ihm noch vorgelegten Fragen sämtlich
bereits beantwortet.

Das erste Verhör nach der Überführung aus Wesel wurde
mit demselben, noch vor der Ankunft zu Küstrin, am 2. September

in Mittenwalde angestellt. Die Generale Grumbkow und Glasenapp,
Oberst von Sydow, Mylius und ein zweiter Auditeur erschienen
hier als königliche Kommission. Das Auftreten des Prinzen war
herausfordernd. „Als man ihn examinieret," so berichtete Graf
Seckendorff, dem Grumbkow fort und fort alles mitteilte, „hat er
sich lustig und fröhlich angestellt, auch immer gefraget, ob die
Kommissarien nichts mehr wissen wollten". Der französische Gesandte hörte gar, daß er sich über Grumbkow lustig gemacht habe.
Der Engländer Guy Dickens rühmte deshalb den „Heldenmut"
des Prinzen; ein anderer Diplomat spricht von seiner „beleidigen-
den Zurückhaltung". Friedrich selbst hat später zugegeben, daß
er in den Verhören vor der Kommission sich „sehr vergangen" habe.
Das in Mittenwalde geführte Protokoll enthält nichts als die
Fragen und Antworten. Ausdrücklich wollte der Prinz die Bemerkung in das Protokoll aufgenommen haben, daß er alles un-
gefragt und ohne Vorhaltung der Umstände entdecke. Für sich
selbst zu bitten, ließ er sich nicht herab; nur für Katte bat er um
Schonung, da derselbe von ihm verführt sei.

Nunmehr wurden für die Specialinquisition 185 Artikel aufgesetzt. Am 16. September stand der Prinz der Kommission zum
zweitenmal Rede, jetzt zu Küstrin, wohin er am 4. September
von Mittenwalde durch Buddenbrock abgeführt worden war.

Was der König beabsichtigte, lassen die Schlußartikel erkennen.
Sie waren derart, daß der Generalauditeur, den formell die
Verantwortung für die Aufstellung der Fragestücke traf, diese Verantwortung nicht ohne weiteres auf sich nehmen wollte. Mylius
äußerte über diese Artikel dem Könige sein Bedenken „jetzo und
noch zur Zeit solche anzuraten", „damit nicht Ew. Königl. Majestät
selbst dereinst von mir über mein Stillschweigen Red' und Antwort
fordern möchten." Ein Anstoß, den der König durch die Erklärung beseitigte, daß er die Artikel selber seinem Sekretär in die
Feder diktiert habe: „und befehle Euch, Meine Ordre auf Meine
Verantwortung zu exequieren."

Schon die Beteiligten haben die Geistesgegenwart des Kronprinzen in diesen Verhören bewundert. Jedes Wort, das er am
16. September auf die ihm vorgelegten verfänglichen Fragen ant-

wortete, konnte ihm verhängnisvoll sein. Allzu deutlich war es bei dieser Fragestellung auf das Schriftwort abgesehen: „Aus deinem Munde sollst du gerichtet werden."

Abgespannt und ermüdet nach 178 Fragen über Einzelheiten des Fluchtplanes und sonst über allerlei Vorkommnisse der letzten Jahre, wurde der Prinz endlich zum hundertneunundsiebzigsten gefragt: „Was er meritiere und einer Strafe gewärtig sei?"

Er antwortete: „Er unterwerfe sich des Königs Gnade und Willen."

Es folgte die Frage, was ein Mensch verdiene, „der seine Ehre bricht und Komplotte zur Desertion mache?"

Der Prinz sagte, er glaube nicht, gegen seine Ehre gehandelt zu haben.

„Ob er meritiere, Landesherr zu werden?" — „Er könne sein Richter nicht sein," erwiderte der Gefragte.

„Ob er sein Leben wolle geschenkt haben oder nicht?" Die Antwort war wieder: „Er submittiere sich des Königs Gnade und Willen." Die beiden letzten Worte hat der Prinz hier wie in der gleichlautenden vorangegangenen Erklärung bei Durchlesung des Protokolls eigenhändig mit Bleistift hinzugesetzt.

In dem letzten Frageartikel hatte der König die Antworten auf die vorangestellten vorweg genommen; derselbe lautete: „Die= weil er sich der Succession unfähig gemacht hätte durch Brechung seiner Ehre, ob er wolle die Succession abtreten und renuncieren, daß es vom ganzen römischen Reich konfirmieret werde, um sein Leben zu behalten?"

Der Prinz antwortete: „Sein Leben wäre ihm so lieb nicht, aber Se. Königl. Majestät würden so sehr ungnädig nicht auf ihn werden."

Noch eine der Äußerungen, die im Laufe dieser Verhand= lung protokolliert wurden, erscheint bemerkenswert, weil sie die schlichteste Erklärung so trauriger Vorgänge und den stärksten Milderungsgrund enthält. „Es sei ein großer Fehler von ihm", sagte der Prinz, „daß er keine Geduld gehabt hätte; man müßte es seiner Jugend mit zuschreiben."

Heute sah er doch den Ernst seiner Lage so weit ein, daß er sich zu einem reumütigen Gnadengesuch verstand.

„Nach geendigtem heutigen Examine hat der Kronprinz ver=
langet, annoch ad Protocollum zu nehmen, daß er wohl erkenne,
ganz und gar und in allen Stücken Unrecht zu haben; am meisten
beklage er, daß Se. Königl. Majestät Chagrin darum hätten; bäte
Dieselbe aber zu glauben, daß seine Intention niemals kriminell
gewesen, noch er gesuchet, Sr. Königl. Majestät das geringste zu
Leide zu thun; er submittiere sich in allem des Königs Willen
und Gnade, Se. Majestät möchten es mit ihm machen, wie Sie
es gut finden würden, und bäte Dieselbe um Vergebung.“

Der König hat dieses Zusatzprotokoll, als es ihm vorgelegt
wurde, zerrissen.

Daß er die Ausschließung von der Thronfolge — wofür es
dann wegen der Festsetzungen der goldenen Bulle allerdings der
Zustimmung des römischen Reichs bedurft hätte — als Strafe
für seinen Sohn in Aussicht nahm, dafür liegt noch ein direkter
Beweis vor.

Sein Gesandter in Schweden, Lüderitz, berichtete (5. Oktober)
von der in Stockholm verbreiteten Meinung, daß der König den
Kronprinzen „von der Kronfolge ausschließen und solche lieber
dem zweiten Prinzen gönnen wollte“. Friedrich Wilhelm schrieb
zu dieser Stelle in der Depesche — er las sie am 16. Oktober —
eigenhändig an den Rand: „Dieses ist wahr.“

In einem Briefe an den Fürsten von Dessau (11. September)
faßte er das politische Ergebnis der Untersuchung gegen den
„bösen Friedrich“ dahin zusammen, es sei gewiß, daß England
von allem gewußt, aber die Desertion widerraten habe. Der böse
Mensch habe an den König Georg geschrieben, sich beschwert, daß
er übel und nicht seinem Charakter gemäß gehalten werde. Der
böse Mensch habe sich von England seine Schulden bezahlen lassen
wollen, und die Summe auf 17000 Thaler angegeben, während
sie thatsächlich sich nur auf 9000 beliefen; nach dem Grunde be=
fragt, habe er geantwortet, daß er mehr gefordert, um noch etwas
übrig zu haben: „also man sein trefflich Gemüt erkennen kann.“ —
„Gott bewahre alle ehrliche Leute vor ungeratenen Kindern.“

Dem unglücklichen Vater des Lieutenants Katte, der gleich
nach dessen Verhaftung bat, seinem Sohne „als einer unbesonnenen

Jugend" Gnade vor Recht ergehen zu laſſen, antwortete der König
(5. September): „Sein Sohn iſt ein Schurke, meiner auch, alſo
was können die Vaters davor?"

Der holländiſche Geſandte Ginkel, den Friedrich Wilhelm einen
„artigen, feinen, lieben Mann" nannte und auch in dieſen ſchlimmen
Tagen wiederholt bei ſich ſah, bemerkte Ende September durchaus
richtig, daß des Königs Haß gegen den Prinzen noch immer zu=
nehme.

Wir hörten, wie ſich der Prinz in jener Julinacht vor der
Abreiſe aus Potsdam gegen Katte auf einen Präcedenzfall in der
Geſchichte der Dynaſtie, das Verhalten des Kurprinzen Friedrich
im Jahre 1679, berief. Nun ließ auch der Reichsvicekanzler in
Wien im Geſpräch mit dem preußiſchen Geſandten die Äußerung
fallen, daß, als dem Kurfürſten Friedrich Wilhelm „faſt eben der=
gleichen" mit ſeinem Erbprinzen begegnet ſei, die Vermittelung des
Kaiſers Leopold die ganze Sache „aſſoupiret" habe. Friedrich Wil=
helm fuhr wild auf, als er den Bericht ſeines Geſandten (Wien,
27. September) las, denn er fühlte ſich in der Perſon ſeines
Vaters beleidigt:

„Dieſes eine ganz andere Sache wäre, mit meinem Großvater
und Vater, denn dieſem nach dem Leben getrachtet wurde, und ſein
jüngerer Bruder Ludwig vergeben (vergiftet) wurde, alſo war
darauf nichts zu thun, als ſein Leben zu ſalviren, und dieſes keine
Deſertion wäre, denn mein Vater mit ſeiner völligen Equipage
nach dem Amt gefahren und von da bis in Heſſenland. Eine
Deſertion aber wäre: der Schelm, der in Küſtrin ſitzet, hat deſer=
tiren wollen, wie ein Dieb und Schelm, und alſo dieſes keine
Comparaiſon iſt mit dem Faktum von meinem Vater."

Am meiſten aber brachte es ihn auf, daß Katte von dem
Prinzen gehört haben wollte, Seckendorff und Grumbkow beab=
ſichtigten, ihn katholiſch zu machen und ihm die Hand einer Erz=
herzogin und die römiſche Königskrone zuzuwenden. Friedrich
Wilhelm ſetzte in die beiden gerade jetzt das unbegrenzteſte Ver=
trauen. Vergebens beteuerte der Kronprinz, daß ein Mißverſtänd=
nis von Katte vorliegen müſſe; Katte blieb bei ſeiner Ausſage.
Das Gefäß des königlichen Zornes überlaufen zu laſſen, tauchte

gerade jetzt eine ähnliche Mär an den verschiedensten Orten in
den Zeitungen auf, so in Hamburg, Köln, Schaffhausen, Regens=
burg; auch die Gesandten verhehlten in ihren Berichten dem Könige
nicht, daß eine Version Glauben finde, wonach der Kronprinz sich
durch seine Flucht einem erzwungenen Übertritt zur römischen
Kirche habe entziehen wollen. Eine solche Anklage öffentlich er=
hoben gegen den glaubensfestesten der protestantischen Könige!
„Gott wüßte mein zu denken," schreibt Friedrich Wilhelm (Anfang
Oktober) in innerster Seele empört, „ob ich so ein Schelm wäre.
Nein, dieser Bösewicht hat dieses ausgebracht!"

Nach dem Verhör vom 16. September wurde die Haft des
Prinzen in Küstrin noch verschärft. Der Gouverneur von Lepel
war von Anfang an gewarnt worden (4. September), auf den „Arre=
stanten Friedrich" große und genaue Acht zu haben, „weil er sehr
listig ist und hunderterlei Inventiones haben wird, sich loszu=
praktisiren." Nunmehr befahl der König (19. September), zwei
große Vorhängeschlösser vor die Zelle zu legen; nur dreimal täglich
öffnete sich die Thür und immer nur auf vier Minuten: unter
Aufsicht von zwei Offizieren wurde früh das Waschwasser, mittags
und abends die aus einer Garküche gelieferte Kost hineingetragen,
die Speisen zerschnitten, denn Messer und Gabel durften jetzt nicht
mehr verabreicht werden. Der Lakai, der anfänglich in dem Ge=
mach des Prinzen aufgewartet hatte, sollte es jetzt nicht mehr be=
treten; statt seiner erschien ein Kalfaktor von der Wache, der
ebensowenig wie die beiden diensthabenden Offiziere dem Ge=
fangenen irgend eine Frage beantworten durfte.

Als am 20. September die Hauptleute Graurock und von Rothen=
burg zu Mittag in die Zelle traten, sagte der Prinz: „Mir scheint,
ich werde noch fester verwahret; es wird wohl kein ander Mittel
sein, als daß ich dem folge, was mein allergnädigster König mir
in Sachsen erinnerten; denn ich sehe, die Sache wird sonst nicht
zu Ende kommen."

Im Sinne hatte er — was zunächst von niemand ver=
standen wurde — die im Lager bei Radewitz ihm gemachte Zu=
mutung, auf die Thronfolge zu verzichten.

Vier Tage später gab er seinen Kerkermeistern die Erklärung

zu Protokoll, daß er der Untersuchungskommission neue Eröffnungen zu machen habe. Aber erst am 8. Oktober verfügte der König auf eine Erinnerung Grumbkows, daß die Kommission sich nach Küstrin begeben solle.

Grumbkow hatte den Triumph, daß der König ihm in einem französischen Billet den hartherzigen Auftrag mitgab, dem seit mehr als einem Monat von aller Welt Abgeschnittenen lauter Neuig= keiten zu erzählen, die ihm „kein Vergnügen" machen würden. „Wenn dieser Coquin fragt, wie es mir geht und meiner Frau und meinen Kindern, so muß ihm gesagt werden, daß niemand mehr an ihn denkt; daß meine Frau nicht von ihm reden hören will; seine Schwester Wilhelmine wäre bei mir in Ungnade ge= fallen, säße in Berlin eingesperrt (encoffrée) und würde näch= stens aufs Land geschickt werden. Cnyphausen wäre zum Teufel gejagt."

Der Minister Cnyphausen, der letzte, der in der auswärtigen Politik dem österreichischen Einfluß und dem Einfluß Grumbkows sich noch entgegenstellte, hatte schon im August, gleich nach des Königs Ankunft in Berlin, die Weisung erhalten, um seinen Ab= schied einzukommen; er mußte sich auf seine Johanniter=Komturei Liezen in eine Art Verbannung zurückziehen; seinen Ministerposten im Auswärtigen Amt erhielt Podewils, Grumbkows Schwieger= sohn. Grumbkow stand auf der Höhe seiner Erfolge.

Als er am 11. Oktober mit den vier anderen Kommissaren in Küstrin erschien, erklärte der Prinz, es sei ihm bei dem letzten Verhör die Wahl gestellt worden zwischen Verzichtleistung auf die Erbfolge und Tod oder ewigem Gefängnis. Es wurde ihm aus dem Protokoll nachgewiesen, daß von ewigem Gefängnis nicht die Rede gewesen war, und er antwortete, damit fielen „seine bis= herigen Reflexionen" weg. Langwierigen Arrest habe er als eine unerträgliche Sache angesehen. „Woferne er sein Leben verlieren sollte, bäte er, daß es ihm beizeiten zu verstehen gegeben würde. Wegen der Renunciation aber, wann er wüßte, des Königs Gnade damit zu erlangen, so würde er sich auch deßfalls des Königs Willen submittieren. Er könne auch versichern, der König möge es mit ihm machen, wie er wollte, so würde er den König dennoch

lieb haben und seinen Respekt und Liebe von ganzem Herzen
nimmermehr verlieren."

Offenbar beruhigt durch die Aufklärung seitens der Kommissare,
glaubte er schon ein paar Bitten wagen zu dürfen. „Er hätte
sich nicht unterstehen wollen, bisher um einige Kleinigkeiten zu
bitten, sondern durch Stillschweigen seine Submission bezeugen
wollen, weil er die königliche Gnade höher als alles schätzte. Nun-
mehro denn aber auch zu beweisen, daß er nicht aus Caprice ge-
schwiegen, nähme er sich die Freiheit, von Sr. Königl. Majestät
zu bitten, daß Sie so gnädig wären, ihm sein Montirungskleid
wieder tragen zu lassen, desgleichen gute und nützliche Bücher zu
erlauben. Und weil er anjeßo von dem von Grumbkow hörete,
daß die Königin auch ihre Gnade von ihm abgewandt, so bitte
er den König, ihm bei derselben mütterliche Liebe und Gnade
wieder zuwege zu bringen."

Des Königs ganze Antwort war: „So einen schlechten Offizier
will ich nicht in meiner Armee haben, geschweige denn in meinem
Regiment."

Am 22. Oktober ernannte er den Generallieutenant von der
Schulenburg zum Vorsitzenden des Kriegsgerichtes, das „über Prinz
Friedrich, den gewesenen Lieutenant von Katte, die Lieutenants
von Ingersleben und Spaen und den desertierten Lieutenant
von Keith" zu Recht erkennen sollte. An demselben Tage ließ er
sich zu Wusterhausen durch seinen Sekretär Eichel einen von dem
Auditeur Mylius angefertigten Auszug aus den Untersuchungsakten vorlesen, um denselben vor der beabsichtigten Drucklegung
zu prüfen. Einige Änderungen, die er vorzunehmen befahl, sind
kennzeichnend. Der Titel Hoheit mußte, wo er dem Prinzen gegeben war, überall gestrichen werden. Der Ausdruck Desertion
in Bezug auf den Prinzen, der auf gemessenen Befehl des Königs
durchgängig gebraucht werden sollte, wurde infolge der mündlichen
Vorstellungen des Auditeurs jetzt doch in Flucht abgeschwächt. Im
allgemeinen war der König mit Mylius' Darstellung des That-
bestandes noch keineswegs zufrieden. Er erteilte dem Verfasser
„mit ernstlichen Worten" den Befehl, durch eine Umarbeitung seiner
Schrift schärfer hervortreten zu lassen, „daß Se. Königl. Majestät

zu dem, was geſchehen, Urſach gehabt und Recht gethan — es
möchten ſonſt zehn wohl dem König Recht geben, aber auch zehn
und wohl mehr dem Kronprinzen.“ Der Aufſatz ſollte „nicht ein
bloßer Extract ſein, ſondern wie ein Manifeſt gemacht werden,
recht ausführlich; und daß die Leute nicht dächten, der König habe
dem Prinzen nicht das Brot gegeben, daß er ſolche Dinge aus
Not hätte thun müſſen, da er, der König, ſeine Gründe gehabt,
dem Prinzen nicht mehr als er gebraucht zu freier Diſpoſition zu
laſſen.“ Die beabſichtigte Veröffentlichung iſt in der Folge unter=
blieben.

Am 25. Oktober verſammelte ſich das Kriegsgericht im Schloſſe
zu Köpenick. Zwei Tage nahm die Verleſung der Unterſuchungs=
akten in Anſpruch. Am 27. ſonderten ſich die Rangklaſſen zur Be=
ratung, je drei Generalmajors, Oberſten, Oberſtlieutenants, Majors
und Kapitäne. Jede der fünf Klaſſen hatte eine Stimme abzu=
geben, dem Vorſitzenden ſtand für ſich allein ein gleichwertiges
ſechſtes Votum zu.

Eine Meinungsverſchiedenheit ſtellte ſich innerhalb des Kriegs=
gerichts nur in Beurteilung der Schuld Kattes heraus.

Die Kapitäne, Auguſt Friedrich von Itzenplitz, der nachmals
in der Prager Schlacht hohen Ruhm gewann, von Podewils und
von Jeetze erkannten auf ewigen Feſtungsarreſt, weil Katte „bei
dem böſen Vorſatz und Abrede“ ſtehen geblieben ſei.

Die Majors von Einſiedel und von Leſtwitz, deren Namen
durch die Feldzüge von 1744 und 1757 bekannt geworden ſind, ſowie
von Lüderitz, votierten für Hinrichtung durch das Schwert, em=
pfahlen aber den Schuldigen der Gnade des Königs mit Rückſicht
auf die unterbliebene Ausführung, auf ſeine Jugend und auf ſeine
Reue. Übereinſtimmend lautete der Spruch der Oberſtlieutenants
von Weyher, von Schenck und von Milagsheim. In der folgenden
Rangklaſſe ſaß neben den Oberſten von Stebingk und von Wach=
holz Chriſtoph Reinhold von Derſchau, des Königs Günſtling und
ſteter Geſellſchafter, der in der Schlacht bei Malplaquet unter
Friedrich Wilhelms Augen einen gefallenen General aus dem
Kugelregen getragen hatte. Der Kronprinz betrachtete ihn, wie
wir hörten, als ſeinen perſönlichen Feind. Die drei ſprachen

Katte gleichfalls das Leben ab, nur ohne eine Maßgabe für die Art der Strafvollstreckung; die königliche Gnade riefen auch sie für den Schuldigen an.

Die Generalmajors, Kurt Christoph von Schwerin, schon damals der angesehensten einer in der Generalität, der alte Graf Alexander Dönhof und der Chef der Artillerie, von Linger, stimmten wie die Kapitäne, für ewigen Festungsarrest.

So standen drei Todesurteile gegen zwei mildere. Die Entscheidung über das Gesamterkenntnis lag jetzt in den Händen des Vorsitzenden; wenn durch sein Votum Stimmengleichheit eintrat, so galt nach den Kriegsrechten die mildere Meinung als Gesamtwille.

Graf Achaz von der Schulenburg führte in seinem Wahrspruch aus, nach seiner gesunden Vernunft könne er nicht anders urteilen, als daß auch bei den größten Verbrechen zwischen der wirklichen Vollziehung der That und ihrer Vorbereitung ein wesentlicher Unterschied sei. „Und da es in diesem Falle noch zu keiner wirklichen Desertion gekommen, so kann ich nach meinem besten Wissen und Gewissen, auch dem teuer geleisteten Richtereide gemäß, den Katte mit keiner Lebensstrafe, sondern mit ewiger Gefängnis zu belegen mich entschließen."

Nunmehr hatte das Kriegsgericht den Schluß gegen Katte auf lebenslängliche Festungsstrafe zu fassen.

Lieutenant von Keith, der wirklich desertiert war, wurde verdammt, nach Beobachtung der vorgeschriebenen Förmlichkeiten in effigie gehängt zu werden.

Der Freiherr von Spaen war als Mitwisser angeklagt, denn Katte hatte ihn den Brief des Prinzen aus Ansbach lesen lassen, in welchem die Absicht der Flucht klar ausgesprochen war. Er wurde wegen Unterlassung der pflichtschuldigen Anzeige zu Kassation und dreijähriger Festungsstrafe verurteilt. Daß er vor einem Jahre für den Kronprinzen in Leipzig den Wagen bestellt hatte, kam dabei kaum in Anrechnung; Spaen behauptete, den Zweck der Bestellung nicht gekannt zu haben.

Der Lieutenant von Ingersleben — er hat als Generalmajor 1757 vor Breslau die Todeswunde erhalten — war Katte bei

dem Potsdamer Besuche in der Nacht vor des Königs Abreise
nach Süddeutschland behilflich gewesen. Auch traf ihn der Vor=
wurf, um die Beziehungen des Kronprinzen zu der sechzehnjährigen
Dorothea Ritter, der Tochter des Rektors in Potsdam, gewußt
zu haben. Friedrich hatte das Mädchen eines Abends, als er
mit Ingersleben durch die Straßen schlenderte, aus dem Hause
herausgepocht und wiederholt in Abwesenheit ihres Vaters besucht.
Die Geschenke und die Dukaten des Liebhabers waren ihr zum
Teil durch Ingersleben überbracht worden. Das Kriegsgericht
diktierte ihm sechsmonatliche Festungshaft zu. Härter war die
entehrende Strafe, die der König im ersten Zorn über das unglück=
liche Mädchen verhängt hatte.

Auch in der Sache des Kronprinzen selber herrschte bei den
Richtern völlige Einigkeit. Da war keiner, der, wie einst Davids
Feldhauptmann Joab, seine Hand hätte legen wollen „an des
Königs Sohn". Das Kriegsgericht bezeichnete den Gegenstand der
Anklage als eine Staats= und Familiensache, „so hauptsächlich
eines großen Königs Potestat und Zucht über seinen Sohn be=
trifft, und welche einzusehen und zu beurteilen ein Kriegsgericht
sich nicht erkühnen darf". Die Richter überwiesen nach dieser
Erklärung ihrer Inkompetenz die Entscheidung „Sr. Königl.
Majestät höchsten und väterlichen Gnade", nicht ohne den Hin=
weis auf die Reumütigkeit des Kronprinzen und seine bei den
Akten befindliche „Deklaration und Abbitte", d. h. das Zusatz=
protokoll zu dem Verhör vom 16. September.

Die Wahrsprüche über sämtliche Angeklagte wurden darauf
dem Könige vorgelegt. Dieser schickte sie zurück und befahl, über
Katte ein anderes Urteil zu sprechen: „Sie sollen Recht sprechen
und nit mit dem Flederwisch darüber gehen."

Der alte fromme Schulenburg aber — einundsiebzig Jahre
zählte er und ist im nächsten Jahre zur letzten Ruhe eingegangen —
hat sich neben diesem Ausdruck der königlichen Ungnade mit seiner
zitternden Hand drei Schriftstellen vermerkt, darunter den Spruch
aus den Büchern der Chronika: „Sehet zu, was Ihr thut,
denn Ihr haltet das Gericht nicht den Menschen, sondern dem
Herrn."

Das Kriegsgericht trat am 31. Oktober von neuem zusammen und beharrte bei dem, was es einmal zu Recht erkannt hatte.

Der König hielt es für unerläßlich, ein Exempel zu statuieren. Er verstand seine oberstrichterliche Gewalt in dem Sinne, daß er Urteile nicht bloß mildern, sondern auch schärfen könne. Ein Spruch gegen Katte, der auf lebenslängliche Festungshaft lautete, war nur dann von Bedeutung, wenn kein Regierungswechsel eintrat, wenn Friedrich Wilhelm I. hätte hoffen können, ebenso lange zu leben, wie der Verurteilte im Kerker — der König spricht das nicht aus, aber jeder mußte es sich sagen. Er eröffnete den Richtern, er sei mit dem ihm eingesandten Kriegsrecht „in allen Stücken sehr wohl zufrieden", abgesehen von dem Spruch über den Lieutenant von Katte.

Die Verabredung und Vorbereitung einer Desertion, das „Komplottieren", war ein Verbrechen, das in dem preußischen Heere bei dem starken Bruchteil von angeworbenen Ausländern sehr häufig vorkam; es lag hier vor. Sodann, Kattes „Durchstechereien" mit fremden Gesandten zu dem Zwecke, dem Kronprinzen die Flucht in das Ausland zu erleichtern, waren erwiesen und zugestanden, und schlossen ohne Frage Hochverrat ein. Die Aufnahme des preußischen Thronfolgers in England würde die ernstesten Verwickelungen zur Folge gehabt haben. Friedrich Wilhelm hat nachmals darüber gesagt: „In das Hannöversche wäre ich mit meiner Armee gezogen und hätte alles brennen und sengen lassen, sollte ich auch mein Leben, Land und Leute sakrifiziert haben." Endlich war Katte nicht ein Offizier wie alle anderen, sondern ein Offizier von der Garde, in einem Treuverhältnis dem Monarchen verpflichtet, das Friedrich Wilhelm nicht mit Unrecht als ein ganz persönliches, als ein besonders heiliges, durch doppelten Schwur gefestetes ansah. Die Eide waren gebrochen. Statt zu seinem Kriegsherrn und Könige zu halten, statt dem Leitstern zu folgen, der allein ihm leuchten durfte, hatte einer der Vorgesetzten der Leibwache „mit der aufgehenden Sonne tramiert" — so die Bezeichnung, die Friedrich Wilhelm, wie schon vor ihm der Große Kurfürst, auf den Thronerben anwendet. Der König sagte, er werde sich, wenn es nach der „kahlen" Begründung des Kriegs=

rechtsſpruches gehen ſolle, auf keinen ſeiner Offiziere oder Diener
in Eid und Pflicht mehr verlaſſen können.

In der Kabinettsordre vom 1. November, durch die unter
Aufhebung des kriegsrechtlichen Erkenntniſſes Katte zum Tode
durch das Schwert verdammt wurde, ſchließt der König die Dar=
legung ſeiner Beweggründe mit der Anführung des Fiat justitia
et pereat mundus. Er befahl, Katte dieſe Sentenz zu verkün=
digen und ihm dabei zu ſagen, daß es Sr. Königl. Majeſtät leid
thäte, es wäre aber beſſer, daß er ſtürbe, als daß die Gerechtig=
keit aus der Welt käme.

Die Entſcheidung des Herrſchers war ein furchtbarer Schlag;
die erſten Familien des Landes wurden getroffen. Vergebens
flehte der greiſe Feldmarſchall Wartensleben, der Großvater des
Unglücklichen, die Gnade des Königs an, vergebens Katte ſelbſt,
der ſich in ſeinem ergreifenden Geſuche dem Holze verglich, das,
nur ſcheinbar dürre, ſchon wieder neue Knospen der Treue und
Unterthänigkeit ſprießen laſſe.

Das Urteil des Auslandes, das geſittete Pfui des aufgeklär=
ten Englands, kümmerte den König am wenigſten. Aus London
liefen Berichte über Berichte ein von dem Gezeter dort zu Lande.
Friedrich Wilhelm befahl ſeinem Geſandten, zu erklären, wenn
„hunderttauſend ſolche Katten“ wären, ſo würde er ſie alle mit=
einander enthaupten laſſen. „So lange Gott mir das Leben gäbe,
ich mir als Herr despotique souteniren würde, wenn ich auch
noch ſollte tauſend der Vornehmſten die Köpfe abſchlagen laſſen;
denn die Engländer ſollten wiſſen, daß ich keinen Nebenregenten
nicht würde an meiner Seite zulaſſen.“

Es iſt die Sprache des ſelbſtbewußten Monarchen, der ſich
das Ziel geſteckt hatte, gegen „der Junker ihre Autorité“ die Sou=
veränetät zu ſtabilieren und die Krone feſtzuſetzen wie einen Rocher
von Bronze. Die Zahl der verkappten Frondeurs unter dieſem
alten, ſtolzen Adel war noch groß. „Hof und Armee wimmeln
von unruhigen Geiſtern“, ſchreibt Grumbkow am 6. November.
Hört man den engliſchen Geſandten, ſo wäre ganz Berlin, jeder
Stand und Beruf, in dem Entſetzen und der Entrüſtung über
das Todesurteil einſtimmig geweſen. Entgegenſtehende Anſichten zu

vernehmen, wird ein Guy Dickens sich nicht bemüht haben. Wir
erinnern uns des Lieutenants von Borde, des Vertrauten, dem
einst der Prinz in seinen Klagebriefen aus Wusterhausen das Herz
auszuschütten wagte. Auch an ihn mag die Versuchung nahe ge=
nug herangetreten sein. Doch er kannte von der Schule her aus
seinem Horaz die unvergänglichen Worte von der ehernen Mauer
des guten Gewissens und des Pflichtgefühls; er schrieb aus Pots=
dam nach der Verhaftung Kattes an seinen Bruder in Cleve:
„Diese Sache ist zu heikel, um viel davon zu reden. Was mich
betrifft, so sage ich:

Hic murus aheneus esto:
Nil conscire sibi, nulla pallescere culpa.

Ich beweine das Los des Hauptbeteiligten, aber ich beklage ganz
und gar nicht die Helfershelfer dieses verderblichen Anschlages.“

Am 3. November wurde Katte durch ein Kommando von
seinem bisherigen Regimente aus Berlin abgeführt. In Küstrin
sollte die Strafe vollstreckt werden. Der König kannte kein Mit=
leid, er befahl dem Gouverneur (3. November), daß die Hinrich=
tung „vor den Fenstern des Kronprinzen“ stattfinden sollte: „oder
woferne ja daselbst nicht Platz genug dazu wäre, müsset Ihr einen
anderen Platz nehmen, so daß der Kronprinz aus dem Fenster
solchen gut übersehen kann.“ Die Wasserfront des Schlosses wird
von der Oder durch den Festungswall getrennt. Rechtwinklig
lehnt sich an diese Hauptfront ein Seitenflügel an, in welchem
nur das Giebelfenster, ein paar Schritte hinter der Façade des
Vordertraktes zurücktretend, nach dem Wall zu liegt: das Fenster
des dem Kronprinzen als Gefängnis angewiesenen Raumes. Der
Platz unmittelbar unter diesem Fenster wurde beengt durch den
etwa mannshohen Unterbau eines abgetragenen Turmes, den
sogenannten Weißkopf. Aber etwa fünfzig Schritt weiter nach
links, da, wo unter dem Walle ein gewölbtes Thor, die Mühlen=
pforte, von der Stadt zu der Oder hindurchführt, war neben dem
Wachthause Raum für die Aufstellung eines Kreises von 150 Mann,
wie der König es bestimmte. Dieser Platz, von dem Giebelfenster
aus noch sichtbar, wurde zur Richtstätte ausgewählt.

Der Gefangene im Schlosse wiegte sich seit seiner letzten Ver=

Koser, Friedrich der Große als Kronprinz.   5

nehmung in Selbsttäuschungen. Trotz der für seine Haft erlassenen
strengen Bestimmungen war sein Verkehr mit der Außenwelt nicht
völlig unterbunden. Am 1. November wußte er einen sehr zuver=
sichtlichen Brief an seine Schwester Wilhelmine aus seinem Ge=
fängnis heraus gelangen zu lassen; er witzelt über den Kriegsrat,
der jetzt tagt und ihn für einen Erzketzer erklären wird, denn
dazu genügt, daß man mit der Ansicht des Herrn und Meisters
nicht in allem und jedem übereinstimmt; aber sein Trost bleibt,
daß seine Schwester dem Anathem nicht beipflichten wird. Die
Leute, die es ihm hinter Riegeln und Eisengittern ermöglichen,
der Schwester seine Verehrung kundzugeben, d. h. seine willfährigen
Wärter, rühmt er als die wenigen Gerechten in diesem fast ganz
verdorbenen Zeitalter. „Chi ha tempo, ha vita, damit wollen
wir uns trösten." Der furchtbare Ernst der Wirklichkeit sollte
ihm sofort zum Bewußtsein kommen.

Morgens um fünf Uhr am 6. November wurde er durch den
Kommandanten von Reichmann und den Kapitän Graurock ge=
weckt. „Was bringen Sie mir für eine böse Zeitung? Herr
Jesus, bringen Sie mich doch lieber ums Leben!" so werden uns
die Worte angeführt, mit denen er die Schreckenskunde aufnahm,
daß diesen Morgen Katte hingerichtet werden würde und daß er
selber zuschauen sollte. Es vergingen zwei entsetzliche Stunden,
bis zu der für die Exekution festgesetzten Zeit. Der Kronprinz
jammerte, rang die Hände, weinte; er schickte an Katte und ließ
ihn um Verzeihung bitten; er flehte um Aufschub, damit eine
Stafette nach Wusterhausen eilen könne, in des Prinzen Namen
für Kattes Begnadigung den Verzicht auf die Krone, die Bereit=
willigkeit zu ewigem Gefängnis, ja das Leben anzubieten, wie
immer der König es fordern möge. Allzu bestimmt lauteten die
Weisungen, die der Gouverneur hatte, als daß er den geringsten
Verzug hätte auf sich nehmen dürfen. Schon schloß ein Kom=
mando von der Garnison auf dem Walle den Kreis um den auf=
geschütteten Sandhaufen, den Delinquenten erwartend.

Katte war am Nachmittag zuvor in Küstrin angelangt; gerade
als er über die Oberbrücke fuhr, teilten sich die dichten November=
wolken: „Hier beginnt meine Gnadensonne zu scheinen," sagte er.

Der Troſt der Religion, den er früher zu verachten geprahlt hatte,
erhöhte ſeine Feſtigkeit angeſichts des Todes. Der Geiſtliche ſeines
Regiments iſt ihm während dieſer letzten Tage und in der letzten
Nacht nicht von der Seite gewichen, und die wackeren Offiziere,
die nach der Pflicht ihres Dienſtes den Kameraden zur Richtſtätte
zu führen hatten, fielen an dem Abend in Küſtrin tief ergriffen
in die frommen Weiſen ein, die ihr Feldprediger anſtimmte: Major
von Schack, Rittmeiſter von der Aſſeburg und der Lieutenant von
Holtzendorf, der ihm von den Kameraden am werteſten war. In
ein Buch, das er dem Freunde zur Erinnerung gab, ſchrieb Katte
das Bekenntnis: er ſterbe unſchuldig vor der Welt, aber nicht vor
Gott. Nach einigen Stunden Schlafes empfing er in der Frühe
die Kommunion. Sein letzter Weg führte von der Wache am
„Langen Dammthor" den Wallgang entlang bis zu dem Platz
über der Mühlenpforte.

Er ſtand bereits im Ringe und ſollte den Wortlaut des Ur=
teils vernehmen, da erſchien der Kronprinz an ſeinem Fenſter. Er
warf dem Freunde einen Kuß zu und bat ihn mit lautem Zuruf
um Verzeihung. Katte legte die Hand an ſeine Lippen, grüßte
ehrerbietig und rief zurück, es ſei nichts zu verzeihen. Dann wurde
der Wahrſpruch verleſen. Über Kattes Gefaßtheit und vornehmen
Anſtand iſt unter den Zeugen nur eine Stimme. Die Augen
wollte er ſich nicht verbinden laſſen. Noch einmal fragte er nach
ſeinen drei Kameraden, ſie traten hervor, er ſchritt ihnen entgegen
und nahm den letzten Abſchied: es ſollte ihm nicht vergönnt ſein,
den Lorbeer von Hohenfriedberg und Soor mit den Gensdarmen
zu teilen. Der Feldprediger ſprach den Segen. Katte entkleidete
ſich ſelbſt, kniete nieder, betete laut, zog ſich die Mütze vor die
Augen und empfing den Todesſtreich.

Der Kronprinz war ohnmächtig zuſammengeſunken. Der
Gensdarmenprediger, welcher vom Richtplatz aus zu ihm ging, fand
den Beklagenswerten faſſungslos; er mußte ſeinen Zuſpruch bis
zum Nachmittage ausſetzen. Inzwiſchen wich der Prinz nicht vom
Fenſter und ſtarrte auf den Sandhaufen und das ſchwarze Tuch,
unter welchem Kopf und Rumpf des Hingerichteten bis zur zweiten
Nachmittagsſtunde, ſo wie es des Königs Vorſchrift war, liegen

blieben. Dann erschienen Bürger von den Gewerken, setzten ihren
Sarg nieder und legten den Toten hinein. Auch von dem leeren
Platz wollte Friedrich den Blick nicht abwenden. Speise nahm er
nicht zu sich, weder zu Mittag noch abends. Die Nacht brachte
statt des Schlafes schlimme Phantasien und endlich eine neue
Ohnmacht. Nachher hörte man ihn auf seinem Lager verloren
vor sich hin reden. Der Feldprediger, ein Offizier und der Kammer=
diener lösten sich an dem Bette ab. Als der Morgen anbrach,
sagte der Prinz: „Der König meint, er habe mir Katten ge=
nommen, ich sehe ihn aber ja vor meinen Augen stehen." Dem
Arzt erklärte er, gesund zu sein, doch bezeichnete er ein Pulver,
das ihm verschrieben werden sollte.

Der Feldprediger Müller überbrachte ihm ein schriftliches Ver=
mächtnis des Toten. Katte bezeichnete als die Ursachen seiner
Heimsuchung seinen Ehrgeiz und seine Gottesverachtung, er be=
schwor den Kronprinzen, in sich zu gehen und sein Herz Gott zu
ergeben; er bat ihn, dem Könige wegen dieses Blutgerichtes nicht
zu grollen und ihm selbst zu glauben, daß er die Schuld seines
Todes nicht dem Freunde beimesse.

Weil Friedrich es wünschte, verlängerte der Feldprediger seinen
Aufenthalt in Küstrin. Er bezog ein Gemach über dem Arrest=
zimmer und hat erzählt, daß der Gefangene an die Decke zu klopfen
pflegte, bisweilen schon morgens um sechs, dem Geistlichen zum
Zeichen herabzukommen. Es war am zweiten Tage nach der Hin=
richtung, daß der Kronprinz nach einer längeren Unterredung
über religiöse Fragen mit den scheuen Worten hervorkam: Wenn
er nur aus diesem Besuche nicht schließen müßte, daß der Prediger
wie vorher Katte so jetzt ihn selbst zum Tode vorbereiten sollte.
„Ich hatte große Mühe," berichtet Müller an den König, „ihm
dieses auszureden."

Der König hatte, wie wir von ihm selbst hörten, den Sohn
enterben wollen; daß er ihm das Leben zu nehmen beabsichtige,
hielten noch Ende September selbst diejenigen Diplomaten für aus=
geschlossen, die wie Guy Dickens in ihren Depeschen am schwärzesten
malten. Immerhin schienen die Entschließungen des zornigen
Monarchen unberechenbar, und so betrachtete es die Königin Sophie

Dorothee Anfang Oktober für geraten, auf alle Fälle ſich an den
ihr ſo verhaßten Seckendorff zu wenden. Sie ließ ihm ſagen, „daß
die Vorſprache des Kaiſers allein den Kronprinzen retten könnte.‟
Seckendorff hatte kurz vorher (2. Oktober) dem Kaiſer den Entwurf
zu einem Verwendungsſchreiben vorgelegt — von anderen Höfen
waren ſolche bereits eingetroffen; er fügte in ſeinem nächſten Berichte nach Wien hinzu, daß es ſeine Abſicht ſei, den Brief, falls
der Kaiſer ihn unterzeichne, ſo lange zurückzuhalten, „bis gewiß
weiß, daß der König den Kronprinzen pardonieren will.‟ Seckendorff hat dann das kaiſerliche Handſchreiben erſt am 31. Oktober
überſandt, an dem Tage der nochmaligen Kriegsgerichtsſitzung,
erſt nachdem ihm der König ſeine Abſicht, den Sohn zu begnabigen,
mündlich eröffnet hatte.

Wenn Friedrich Wilhelm dem Sohne je wirklich an das Leben
gewollt hätte, ſo würde die Begnabigung ſich ſchwerlich bis auf die
Belaſſung des Thronfolgerechtes erſtreckt haben. Für den bereits
dem Tode Geweihten wäre die Verwandlung der Todesſtrafe in
ewige Haft oder in Enterbung Gnade vollauf geweſen. Nun aber
machte die Begnabigung nicht nur der ſtrengen Haft ein Ende, ſie
ſchloß auch die Anerkennung des vollen Erbrechtes mit ein: der
König gab ſeinem älteſten Sohn wieder den Titel „Kronprinz von
Preußen‟ und verzichtete damit auf die früher geäußerte Abſicht,
die Thronfolgeordnung umzuſtoßen.

Freilich wurde die Gnade mit ſchwerem Herzen gewährt, denn
der König zweifelte ſehr, wie er an den Fürſten von Deſſau
ſchrieb (16. November), daß ſein Sohn je „ein bonnête homme‟
werden würde. Nur durch eines wollte er ſeinen Zweifel widerlegen laſſen, durch eine wirkliche Probe ſoldatiſchen Mutes: „Wo
Krieg wird, ſoll er mit dem erſten Grenabierunteroffizier aus der
Sappe ſpringen, zu rekognoszieren, den Graben und die Galerie
bauen: ſo er es de bonne grâce thut und bleibet, iſt völlig
Pardon.‟

Graf Seckendorff hätte es gern geſehen, wenn er ſelbſt die
Gnadenbotſchaft nach Küſtrin hätte überbringen dürfen. Friedrich
war in ſeinem erſten Waffengange gegen das Haus Öſterreich ge-
ſchlagen worden. Der Eintritt des kaiſerlichen Geſandten in die

Zelle des Gefangenen, das Erſcheinen des Siegers vor dem Ge=
demütigten, das wäre der ſtärkſte Trumpf gegen die durch die
Unterſuchung offen zu Tage getretenen Beziehungen des Kron=
prinzen zu England, der ſchärfſte Ausdruck des jetzt entſchieden
antiengliſchen Syſtems des Königs geweſen. Englands Mitwiſſer=
ſchaft um die Pläne des Kronprinzen hatte den Bruch vollſtändig
gemacht; von Heirat oder Doppelheirat war nicht mehr die Rede:
„Sein Tage weder doppelte noch ſimple,“ ſagte Friedrich Wilhelm,
„ich will nicht ihre Prinzeſſinnen in meinem Hauſe, und ich will
ihnen auch keine geben, wenn auch die beſten Konditionen dabei
wären.“ In dem Augenblicke, wo er wie jetzt im November den
Krieg zwiſchen Öſterreich und England „gewiß“ erwartete, lieh er
ſeiner Ergebenheit für den Kaiſer kräftigere Worte als je: „Ich
gehe nicht vom Kaiſer ab, und wenn auch alles zum Teufel geht.
Ich will mit Pläſir meine Armee, Land, Geld und mein Blut an=
wenden zum Untergang Englands, daß es nicht ſoll ſeinen Willen
haben.“

Graf Seckendorff wußte wie immer die Stimmung auszu=
nutzen. Er erreichte es, daß der König gerade ihn beauftragte,
einen „Generalplan“ für die weitere Behandlung des Begnadigten
zu entwerfen. Selbſtverſtändlich wurde in dem Gutachten, das er
demgemäß ſchon am 31. Oktober „ohnvorſchreiblich“ vorlegte, der
Rat nicht vergeſſen, dem Prinzen die Begnadigung als eine Wirkung
des kaiſerlichen Fürwortes hinzuſtellen; Seckendorff bezeichnete es
als ohnmaßgeblich nötig, daß der Kronprinz dem Kaiſer ſeinen
Dank ausſpreche, „damit der Kaiſer Gelegenheit habe, dem Kron=
prinzen ſchriftlich Vermahnung zu geben, Gehorſam gegen Ew. Königl.
Majeſtät zu haben.“ Der kaiſerliche Geſandte ſah es ferner als
unerläßlich an, vor der Verkündigung der Gnade den Prinzen
durch einen eidlichen Revers zum Wohlverhalten zu verbinden.
Seckendorff iſt es auch geweſen, der in dieſem Generalplan, wieder
ohnmaßgeblich, anheim ſtellte, den Prinzen, da er beſtändig von
„Organiſationen“ ſpreche, einige Zeit in der Küſtriner Kriegs=
und Domänenkammer arbeiten zu laſſen.

Der König hieß die Vorſchläge ſämtlich gut; nur die Sendung
Seckendorffs nach Küſtrin iſt unterblieben.

Vielmehr erhielt der Feldprediger von den Gensdarmen den Auftrag, dem Gefangenen seine Begnadigung anzukündigen. Es geschah am 9. November; zugleich erfuhr der Prinz, daß er demnächst vor einer königlichen Kommission den Eid abzulegen haben werde, dem Willen des Königs „strikte und gehorsamlich nachzuleben und in allen Stücken zu thun, was einem getreuen Diener, Unterthan und Sohn gehöret und gebühret. Woferne er aber wieder umschlagen und auf die alten Sprünge kommen würde, sollte er der Kron und Kur bei der Succession verlustig sein." Den Eid müsse er nicht „nachmurmeln", sondern laut und deutlich sprechen; „die Reservationes mentales verstünden wir hier nicht."

Am 17. November traf die Kommission, Grumbkow, fünf andere Offiziere und der Geheimrat Thulemeier, in Küstrin ein. Tags darauf, am Nachmittage, hatten der Kronprinz und Grumbkow eine Unterredung, von welcher der völlige Umschwung in ihren Beziehungen zu einander datiert. Was sie gesprochen haben, wissen wir nicht, aber es liegt gleichsam die Urkunde dieses Friedensschlusses vor. Friedrich übergab Grumbkow den Bogen, auf dem die Abschiedsgrüße und Mahnungen seines hingerichteten Freundes standen, und Grumbkow hat dazugeschrieben, daß der Kronprinz das Papier mit seinen Thränen netzte und vor Schluchzen fast erstickte.

Am nächsten Morgen, Sonntag den 19. November, wurde der vorgeschriebene Eid abgelegt. Unmittelbar darauf gab der Gouverneur der Festung dem Kronprinzen den Degen wieder, aber ohne das Offiziersportepee. Der schwere Arrest wurde aufgehoben, der Prinz bezog ein Haus in der Stadt, das der Hofprediger für ihn räumte, aber er blieb in seiner freien Bewegung auf Stadt und Festung beschränkt. Die Posten durften nicht vor ihm präsentieren, die Wache nicht das Spiel rühren; selbst der Gruß seitens des Militärs blieb ihm versagt.

Jetzt erst ward Friedrich wieder eines Wortes unmittelbar vom Könige gewürdigt. In dem Schreiben, das derselbe am 21. November „an den Kronprinzen von Preußen" richtete, wurde die Bitte, wieder in die Armee aufgenommen zu werden, abgeschlagen. Der Deserteur habe die Ehre, die Uniform zu tragen

verwirkt: „Überdem iſt es auch nicht nötig, daß alle Leute von
einem Métier ſeind, indem der eine zum Soldaten, der andere
aber zur Gelehrſamkeit und anderen Sachen appliciert werden muß.‟

Dann aber folgen wahrhaft königliche Worte über den Fürſten=
beruf, wie Friedrich Wilhelm ihn verſteht. Der Kronprinz ſoll
ſich von jetzt ab aus den Geſchäften ſelbſt überzeugen, „daß kein
Staat beſtehen könne ſonder Wirtſchaft und gute Verfaſſung, und
daß ohnſtreitig das Wohl des Landes davon dependiere, daß der
Landesherr alles ſelbſt verſtehet und ein Wirt und Ökonomus
iſt: ſonſten, wann dieſes nicht geſchiehet, das Land den Favoriten
und Premierminiſtern zur Dispoſition bleibet, welche den Vorteil
davon haben und alle Sachen in Konfuſion ſetzen.‟ · Auch ohne
das Vorgefallene würde deshalb der König den Sohn ein oder
zwei Jahre in einer Kriegs= und Domänenkammer haben arbeiten
laſſen. „Es ſoll der Kronprinz alſo nur auf die häufigen Exempel
der Welt ſehen, wie miſerabel die meiſten Fürſten haushalten und,
ohngeachtet ſie die ſchönſten Länder haben, dennoch ſelbige nicht
recht ausnutzen, ſondern Schulden machen und ſich dadurch rui=
nieren.‟

Der Kronprinz ſollte in der Kammer als Auskultator arbeiten,
ohne Votum: „Dahero ihm untenan‟, ſo beſtimmte es der Befehl
des Königs an Präſident und Direktor der Behörde, „ein kleiner
Tiſch nebſt einem Stuhl geſetzet und Tinte, Feder und Papier auf
den Tiſch geleget werden ſoll.‟ Die Berichte des Kollegiums ſollte
er gleichfalls „untenan‟, nicht in derſelben Linie mit den Räten,
unterſchreiben. Montag, den 20. November, am Tage nach der
Eidesleiſtung, erfolgte ſeine Einführung in die Kammer.

In der Kammer und beim Regiment.

So erschütternd die Eindrücke der letzten Zeit gewesen waren, der junge Fürst hat sich den Lebensmut nicht brechen lassen. Die Übergänge zwischen seinen Stimmungen sind jederzeit sehr schnell und nicht selten unvermittelt gewesen. Die Erlösung von der qualvollen Ungewißheit über das eigene Schicksal, die Freilassung aus der engen Einzelhaft, die zuversichtliche Hoffnung, bald noch ein größeres Maß von Freiheit zugestanden zu erhalten, das leichte Blut des Achtzehnjährigen — alles das wirkte zusammen, dem Prinzen seine ganze natürliche Munterkeit wiederzugeben.

„Se. Königliche Hoheit sind lustig wie ein Buchfink", schreibt der Kammerdirektor Hille am 19. Dezember 1730. Friedrich hatte sich schnell zu seinen „Vorgesetzten" ein vortreffliches Verhältnis geschaffen. Sie sahen doch immer den Thronerben in ihm; und zudem, wie sollten sie sich dem Zauber seiner liebenswürdigen Frohnatur entziehen? Wenn „unser illustrer Auskultator" in der Sitzung humoristische Referate abstattete, dann würde sich auch das finsterste Amtsgesicht geglättet haben; nun aber waren der Präsident von Münchow und der Kammerdirektor ganz und gar nicht starre Bureaukraten, sondern Männer von urbanster Gesinnung. Gleich im ersten Monat der neuen kameralistischen Thätigkeit des Kronprinzen wandte sich „der Kiezer-Schulze", der sich von dem Kammerpräsidenten ungerecht beschieden glaubte, um Abhilfe an den Auskultator. Dieser gab dem Fall eine launige Einkleidung und führte vor der Kammer die Sache seines Schütz-

lings zur allgemeinen Heiterkeit mit so harmlosem Gesicht, daß
Münchow ihm unmöglich gram sein konnte. Hatte der Präsident
doch schon während der strengen Einzelhaft warmen Anteil an
dem Lose des Gefangenen genommen und die Einführung von
Konterbande in die Zelle, wie erzählt wird, begünstigt.

Ebenso gut stand sich Friedrich mit seinem Hofmarschall von
Wolden, dem er nach der Instruktion „Parition" zu leisten hatte,
und mit den beiden ihm zur Gesellschaft beigegebenen Kammerjunkern
von Natzmer und von Rohwedell. Wohlmeinend und ehrenhaft,
betrachtete es Wolden als seine Aufgabe, dem Gegensatz zwischen
Vater und Sohn allmählich seine Schärfe zu nehmen, durch seine
Berichte „des Königs Gemüt je mehr und mehr gegen den Kronprinzen zu adoucieren." Er hatte das feste Vertrauen zu seinem
„Untergebenen", „daß er mich durch eine gute Konduite soutenieren
und nicht zum Lügner machen werde."

Zu solchen Männern konnte der Verbitterte wieder ein Herz
fassen, der eben noch in seiner Zelle dem Feldprediger geklagt
hatte, daß ihm während der ganzen traurigen drei Monate „nie
von einem Menschen beweglich und ohne harte Drohungen zu-
geredet worden sei"; dadurch wäre sein Gemüt „zu solchen Ex-
tremitäten geraten." Jetzt wichen die finsteren Schatten. Die
Beobachter, die täglich um ihn waren, fanden kein Arges an ihm.
Ausdrücklich stellt ihm Hille in einem vertraulichen Briefe an
Grumbkow (18. Dezember 1730) das Zeugnis aus, daß gegen
sein Herz nichts zu sagen sei.

In ihrem aufrichtigen Bemühen, alles zum Besten zu kehren,
würden doch die Wolden, Münchow und Hille schwerlich von Erfolg gekrönt sein, hätten sie nicht die Bundesgenossenschaft eben
dieses Grumbkow für sich gehabt, auf den der König nun
einmal vor allen anderen hörte. Daß der Kronprinz trotz des
Friedens, den er am 18. November geschlossen, gegen den alten
bösen Feind noch mißtrauisch blieb, wird nicht überraschen. Wenn
indes Grumbkow immer sich gleich blieb und unermüdlich die ein-
gehendsten und brauchbarsten Lehren erteilte, so sagte Friedrich
wohl zu Wolden: „Er meint es doch gut, sonst würde er nicht
so ausführlich schreiben." Wolden jedenfalls glaubte nichts Besseres

thun zu können, als „unsere ganze Boutique hier" der „mächtigen
Protektion" des königlichen Günstlings zu empfehlen. Es traf
völlig zu, wenn er sagte, daß sie in Küstrin ohne Grumbkows
Leitung im Finsteren tappen würden wie die Blinden. Der erste
Brief des Prinzen, am 19. November, noch während Grumbkows
Anwesenheit, geschrieben, hatte es bei dem Könige getroffen; gleich
der zweite, vom 28. November, wurde zum Empfang zerrissen.
Einmal im Monat sollte Friedrich dem Vater in Zukunft über=
haupt nur schreiben. Der Dezemberbrief hatte den Neujahrswunsch
zu enthalten, ein schwieriges Thema nach alle dem, was das ab=
laufende Jahr gebracht hatte. Friedrich ließ Grumbkow um Ver=
haltungsmaßregeln bitten, wie er sein Schreiben nach des Königs
Sinne einrichten müsse. Grumbkow war gern bereit, und der
König war dann sehr zufrieden, als er in dem Glückwunsche las,
der Sohn möchte das letzte unglückliche Jahr aus seinem Leben
„gleich als ausradieren" können.

Gerade die Schlußtage dieses alten Jahres hatten dem Kron=
prinzen noch einmal eine schwere Anfechtung gebracht. „Wenn
er alles wüßte", schrieb Hille am 19. Dezember, „so würde diese
schöne gute Laune ihm sehr bald vergehen, denn sie entspringt
nur aus der Hoffnung auf ein baldiges gelinderes Los." Der
Rückschlag blieb nicht aus. Eine Erkrankung, ein Anfall von
Wechselfieber, drückte auch die Stimmung herunter. Der Patient
beklagte sich bitter, daß er nach allen Proben seiner Unterwürfig=
keit bisher auch nicht die geringste Zubuße an Freiheit erzielt
habe. „Wenn nicht bald etwas kommt, was der Hoffnung neue
Nahrung gibt", schreibt Hille besorgt an Grumbkow, „wäre es
auch nur eine Kleinigkeit, so weiß ich nicht, wo das hinaus soll."
Eben in dem Augenblicke, da dies geschrieben wurde — es war
am Tage vor dem Weihnachtsabend — traf ein Schreiben vom
Könige an Wolden ein, strotzend von harten Ausdrücken, die dem
Prinzen galten. „Mein Gott, was soll aus alledem werden!"
in diesen Stoßseufzer läßt Hille in einer Nachschrift den Hilferuf
ausklingen, den er an Grumbkow richtete.

Der König forderte gebieterisch den endlichen Widerruf einer
dogmatischen Meinung, die ihm an dem Sohne ein schweres Ärger=

nis geworden war. Zuerst aus den Verhören hatte er, man kann
sagen zu seinem Schrecken, wahrgenommen, daß Friedrich den cal=
vinistischen Lehrsatz von der göttlichen Gnadenwahl in dessen
strengster Fassung angenommen hatte, eine Lehre, vor welcher der
Vater trotz seines eigenen reformierten Bekenntnisses schon 1718
in der Instruktion für die Erzieher eindringlich gewarnt hatte.
Die „Verkiesing" des holländischen Glaubensbekenntnisses, sagt er
einmal, sei schlimmer als Heidentum. Schwerbekümmert gab er dem
Gensdarmenprediger Müller bei der Sendung nach Küstrin den
Auftrag mit, den Kronprinzen von der Irrigkeit der Ansicht zu
überzeugen, wonach „einer zu diesem, der andere zu jenem präde=
stiniert wäre, also wer zum Bösen prädestiniert wäre, könnte
nichts als Böses thun, und wer zum Guten, nichts als Gutes."
Der Theolog hatte keinen leichten Stand dem Prinzen gegenüber.
Friedrich kannte die Litteratur über die Streitfrage und kannte,
bibelfest wie er war, die Schriftstellen, welche sich für seine Meinung
anführen ließen. Er berief sich gegen den Lutheraner auf Luther
selbst, der ja einen Traktat „Daß der freie Wille nichts sei", ge=
schrieben hatte; der Geistliche erwiderte ihm, nicht Luther, sondern
das Wort Gottes sei die Regel seines Glaubens. Selbst die War=
nung in Kattes ergreifendem Vermächtnis, Friedrich möchte nicht
an eine Fatalität glauben, blieb ohne Eindruck. Endlich glaubte
der Feldprediger, als er am 19. November Küstrin verließ, den
Kronprinzen von seiner Meinung zurückgebracht zu haben. Bald
aber ersah der König aus einem Bericht Woldens das Gegenteil.
In furchtbarer Erregung schickte er am 29. November einen Eil=
boten nach Küstrin; starr vor Schrecken las Wolden die Worte,
die der helle Zorn diktiert hatte: „Ich habe Euren Brief wohl
erhalten und daraus ersehen, daß der Bösewicht von seiner falschen
Prädestination nicht abgehe; will er zum Teufel, so fahre er hin.
Ich habe mir nichts zu reprochieren. Wollte Gott, ich wäre vor
Gott in allen Sachen so weis, als in diesen allen Sachen, so ich
mit diesem Bösewicht gehabt. Indessen sollen sie drei nicht unter=
lassen, allemal vorzustellen seinen Irrtum, und dieses durch An=
führung der heiligen Schrift, die ich solider halte, als das Dor=
drechtsche Konzilium. Enfin, Ihr werdet Euren Heiligen mit der

Zeit noch besser kennen, daß nichts Gutes in ihm ist; aber seine Zunge ist gut, da fehlet nichts daran."

Der Prinz hatte den Mut, fest zu bleiben. Er ließ durch Wolden antworten (30. November), er glaube, daß er besser ge= than habe, seine Herzensmeinung klar und deutlich zu sagen, als durch Heuchelei und verstecktes Wesen Gott und den König zu hintergehen. Dem Gescholtenen erschien begreiflicherweise der Aus= bruch der königlichen Ungnade um so launenhafter, wenn er, wie in dem Brief vom 29. November, auf einem Blatt mit dem Ver= dammungsurteil in einer Glaubens= und Gewissensfrage die alten Rügen kleiner Äußerlichkeiten las: „Der Bösewicht lässet sich nicht balbieren; wann der Bösewicht gehet, so gehet er en cadence, en faisant un coupé, oder ein pas de passepied, oder ein contretemps. Auch auf die Spitze von die Zehen gehet, auch sich nicht auf die Füße plantieret, und schief und gebogen gehet und stehet, und den Kopf und Leib nicht gerade hält, und keinem ehrlichen Menschen in die Augen siehet." Ein paar Tage vorher bereits ein poltern= der Verweis: „daß der Kronprinz schrecklich malpropre wäre, und sich nicht reinlich hielte, auch sehr unanständig äße, mit der Nasen immer auf dem Teller läge und einen Haufen Grimassen machte, auch sich recht einfältig anstellete." Bis auf die Handschrift des „Bösewichts" erstreckte sich der gallige Tadel.

Der König verlangte nun (13. Dezember), daß Friedrich diejenigen namhaft machen sollte, die ihm die Irrlehre beigebracht hätten. Er ließ den Religionslehrer Andreä, die ehemaligen Er= zieher Kalckstein und den greisen Finckenstein in ein scharfes Verhör nehmen. Der Prinz nannte die Bücher, in denen er jene Ansichten gefunden, nannte den Buchhändler Naudé, dessen Kata= loge er eingesehen hatte. Der König erwiderte (20. Dezember), Bücher hätten keine Flügel oder Füße, es müsse sie ihm jemand zugetragen haben. Als man ihm die Erkrankung des Sohnes meldete, schrieb er an den Rand des Berichtes: „Wie er prädesti= nieret ist, wird alles gehen; wo was Gutes an ihm wäre, würde er sterben, aber davon bin ich gewiß, daß er davon nit stirbet, denn Unkraut vergehet nit." (26. Dezember.) Der Prinz nannte nie= mand, und Hille schrieb verzweiflungsvoll an Grumbkow: „Das

hat er nicht gethan und wird es niemals thun, sicherlich. Ich bin
mit meinem Latein zu Ende." Bereits kamen wieder dunkle Stun=
den, wo der Prinz trotzig sagte: Da alle Unterwürfigkeit und
der Gehorsam bis zum Kleinsten nichts zuwege bringe, da man
ewig Händel mit ihm suche, so gelte es schließlich gleich viel, sich
aufzubäumen und mit Ehren unterzugehen.

Hille ist es zuletzt gewesen, der ihn vermochte, eine entgegen=
kommende Erklärung zu geben. Er wurde nicht müde, dem Hart=
näckigen zu predigen, daß die Beweisführung für die Prädestination
im Grunde auf ein Spiel mit Worten hinauskäme, und der Prinz
gab ihm endlich zu, daß es Thorheit sein würde, dafür das Marty=
rium zu leiden. Seine an den König gesandte Erklärung (27. De=
zember) besagte also, daß er bei der rein philosophischen und
spekulativen Natur der Streitfrage gern der Meinung des Königs
beipflichten und die bisher vertretenen Ansichten aufgeben wolle,
um so mehr, als er sähe, daß diese Ansichten dem Könige miß=
fielen.

Leider sind die Briefe nicht erhalten, in denen der Kammer=
direktor und Friedrich nach einem berühmten Vorbilde, an das
Hille unwillkürlich erinnert wurde, im Stile des Briefwechsels
zwischen Leibniz und der Königin von England, über die Prädesti=
nation miteinander gestritten haben, der Prinz, wie sein Partner
sagt, auf gut türkisch.

Hille hatte den Vorteil, daß er durch seine litterarische Bildung
mit dem Prinzen auf gemeinsamem Boden stand. Er sagt einmal,
daß er dem Könige als Bücherleser verdächtig sei, der sogar ge=
legentlich die Ansicht zu verfechten sich erkühnt habe, daß die
Lektüre den Geist bilde. Was dem Vater verdächtig war, eben=
das zog den Sohn an. Der Kammerdirektor scherzt, daß Friedrich
ihm und dem jungen Natzmer die Ehre anthue, ihnen beiden etwas
Esprit zuzutrauen, gewonnen durch französische Lektüre und durch
persönliche Berührung mit Franzosen. Hören wir Friedrich selbst
in einem Briefe, den er nicht lange nach seinem Fortgang aus
Küstrin geschrieben hat: Hille gilt ihm als ein feiner Kopf, für
alles empfänglich, im Besitz schöner Kenntnisse, im persönlichen
Verkehr ohne Frage sehr angenehm, im Privatleben frugal, von

strengen Grundsätzen. „Seine Gedanken sind klar und wohlgeordnet; nie habe ich einen Studierten und einen Mann von seinem Stande Französisch oder Deutsch gefälliger schreiben sehen." Nur seine Satire sei bisweilen unangebracht, vor allem in den amtlichen Berichten. Der Stolz, die Überhebung, die Friedrich an ihm tadelte, mögen vorhanden gewesen sein. Die Waffen seiner Satire durfte Hille gegen die Vorurteile und Eigenheiten des Prinzen selber zu richten wagen; er bekennt sich in einem Briefe an Grumbkow (6. Februar 1731) als Verfasser einer burlesken Erzählung in deutschen Versen nach dem Muster von Canitz, wodurch der junge Herr trotz der eingestreuten Anzüglichkeiten zum Lachen gebracht worden sei. „Hält man ihm etwas als lächerlich vor, so erreicht man mehr als durch Sentenzen." (27. Dezember 1730.)

In dem kameralistischen Kursus, den der Auskultator durch= machen sollte, trug der Kammerdirektor das Finanzsystem und die Handelslehre vor und überließ dem Kriegsrat Hünicke die Acker= baukunde. Hille glaubte bald Fortschritte an seinem Schüler wahr= nehmen zu können, vermißte aber den inneren Trieb. Seine Hoffnung war, daß nach Überwindung der langweiligen und arm= seligen Anfangsgründe das Interesse sich noch einfinden werde. Und wirklich brachte Friedrich schon Ende Januar eine größere Übungsarbeit zustande, einen Plan zur Hebung der Linnenindustrie, in welchem sein Lehrer die ersten Spuren volkswirtschaftlichen Ver= ständnisses erblickte. Hille sagte nicht bloß in seinem offiziellen Berichte, sondern versicherte es auch Grumbkow, daß der Aufsatz ohne jede fremde Hilfe entstanden sei. Der König freilich wollte sich das nicht einreden lassen und schrieb unwirsch an den Präsi= denten Münchow (2. Februar): „Es nimmt mir aber sehr wunder, wenn Ihr Euch einbildet, als sollte ich glauben, als wann der Kronprinz solches Projekt gemachet, da ich doch besser weiß, was dazu gehöret. Es ist auch solches wider meine Intention, daß er soll anfangen, Projekte zu machen, indem ich Euch angewiesen habe, Ihr sollet denselben auf solide Sachen führen, weil ich von keinen windigen Sachen etwas wissen will, denn zum Windmachen brauchet man keine Anführung."

Hille wiederum fand an dem Studienplan, wie ihn der König

vorgeschrieben, das auszusetzen, daß die theoretische Unterweisung
nicht Hand in Hand mit praktischer Anschauung ging. Die Theorie
war, wie er meinte, bald ausgelernt, zur Übung aber fehlte jede
Gelegenheit, denn in der Kammer am Sitzungstische gewann der
Auskultator doch keine sinnliche Vorstellung von dem, was in den
Ämtern und auf den Äckern vorging, vor den Thoren der Festung,
aus der er den Fuß nicht setzen durfte. Zudem füllten die
Sitzungen nur wenige Vormittagsstunden aus; ein Dezernat sollte
der Prinz nicht haben, und die zwei Dienststunden nach Tische,
während derer er in der Kanzlei die Handgriffe lernen und selber
„viel abschreiben" sollte, werden kaum regelmäßig eingehalten sein.
Kurz, Hille klagt in diesen ersten Monaten fort und fort (natürlich
nur gegen Grumbkow im Vertrauen), daß man den Kronprinzen
nicht genügend beschäftigen könne. Außerhalb der Dienstzeit und
der Unterrichtsstunden blieb er auf seine drei Hausgenossen an=
gewiesen. Es war Gefahr vorhanden, daß man sich gegenseitig
überdrüssig wurde. Schon nach einem Monat macht Hille die
Schilderung: „Sie wissen nichts mehr zu sprechen, man gähnt,
langweilt sich, muß schreiben oder Schach spielen, oder gar nichts
thun."

Aus Langeweile legte sich Friedrich auf das Verseschmieden,
eine längst ihm liebe Beschäftigung. Wie er später erzählt, hat
er mit zehn Jahren einen Roman verfaßt und mit sechzehn die
ersten Verse gemacht, die Duhan ihm verbesserte. Diesem „Laffen
von Lehrer", der, selber unwissend, dem Schüler den Kopf nur
mit Albernheiten angefüllt habe, wünschte Hille „alles Üble", offen=
bar ungerecht in seinem Urteile. „Während der Kronprinz nicht
weiß, ob seine Vorfahren Magdeburg im Kartenspiel oder sonst=
wie gewonnen haben, kann er die Regeln der Aristotelischen Poetik
an den Fingern herzählen und beißt sich jetzt wieder seit zwei
Tagen die Nägel wund, um deutsche Verse in französische zu ver=
wandeln." Die Sucht, schlechte Verse zu machen, die Reimwut,
war nach Hille zu einer noch viel stärkeren Leidenschaft geworden,
als die Musizierwut. Vergebens erinnerte er den erlauchten Poeten
an den klassischen Rat, den der „Misanthrop" im ähnlichen Falle
erteilt: Se. Königl. Hoheit geruhten zu antworten, diese Molièreschen

Verse seien herrlich, und fuhren fort, ihre schlechten zu machen. Das war schon im Dezember. Einige Wochen später reichte der litterarische Gewissensrat Hille dem schon geübteren Autor seine Verse mit der Zensur zurück: „Für einen Prinzen recht gut, für einen gewöhnlichen Menschen nichts Besonderes." Das Bessere, was Pegasus im Joche zustande brachte, mußte Hille an den neuen Freund Grumbkow nach Berlin schicken. [1]) Und als dieser im Juni durch Küstrin reiste, sagte ihm der Kronprinz stolz, er sei ein großer Dichter geworden und könne in zwei Stunden hundert Verse machen; er sei Musiker, Moralist, Physiker und Mechaniker. Er hätte hinzusetzen können: auch Maler; denn wie Friedrich Wilhelm I. gichtkrank, „in tormentis", zu Pinsel und Palette zu greifen pflegte, so hat auch Friedrich sich in der Farbenkunst ver-sucht; ein Pastellbild, das er „in seinem Küstrinischen Pathmos" gemalt, hinterließ er seinem Arzt dort zum Andenken.

Übrigens versicherte Hille: „Sobald man nur andere Dinge zu thun bekommt, wird man sich mit der Reimerei nicht weiter abgeben."

Den Antrag Woldens, zur Ausfüllung der Mußestunden „die Lektüre einiger vom Finanz- und Polizeiwesen handelnden Bücher zu gestatten", wies der König (12. Januar) schroff zurück: „Ob sie ihm nicht auch wollten Flöte und Baßgeige geben?" Er wieder-holte das schon früher erlassene Verbot jeglicher Bücher außer der Bibel, dem Gesangbuch und Arnds Wahrem Christentum, „denn aus Büchern lernt man nichts, sondern die Pratique muß es machen, und ist eben das Lesen allerhand unnützer Bücher Schuld, daß der Kronprinz in verschiedene verderbliche und ge-fährliche Umstände geraten." Er verwies ihn auf das Studium der in der Kammerregistratur befindlichen alten Papiere und An-schläge aus der Zeit des Kurfürsten Friedrich Wilhelm, ein ander-mal auf die Akten des Markgrafen Johann von Küstrin. Noch im Juni wurde die erneute Bitte um Bücher wieder abgeschlagen.

---

[1]) Einiges davon, was sich in Grumbkows Nachlaß vorfand, wird, da man es noch nicht kennt, im Anhang mitgeteilt: die frühesten Verse Friedrichs, die uns überliefert sind.

Selbst die Beschäftigung mit Geometrie und Fortifikations=
kunde galt als „Amüsement" und war als solches verboten.

Unmöglich ließ sich alles durchführen, was der Buchstabe der
Instruktion den Vorgesetzten und den Hausgenossen vorschrieb.

Wolden und die beiden Kammerjunker sollten mit dem Kron=
prinzen von nichts anderem sprechen, „als von göttlichem Wort,
von des Landes Verfassung, von Manufakturen, Polizeisachen, Be=
stellung des Landes, Abnahme von Rechnungen, Raisonnements
über Pachtungen, ingleichen von Prozeßordnungen"; „sobald der
Kronprinz von Krieg und Frieden und sonst anderen politischen
Sachen sprechen will, oder von allerhand nützlichen Scienzen in
der Welt, sollen sie es ihm verbieten". Das hinderte nicht, daß
Friedrich und der junge Natzmer, der einen Diplomaten an sich
verdorben glaubte, sich abends bis zum Einschlafen in lange poli=
tische Debatten vertieften, und daß der Prinz dann zur Belehrung
des Kammerjunkers mit keckem Wurf einen Zukunftsplan für die
Abrundung des preußischen Staatsgebietes zu Papier brachte. Ein
andermal, in besonders guter Laune, kündigte er seinen Entschluß
an, die Ansprüche seines Hauses auf Orange und Arelat wieder
aufzunehmen, um dadurch Anlaß „zu einer Reise nach Frankreich"
zu haben. „Wir haben über seine Einbildungskraft gelacht,"
schreibt Hille (18. Dezember 1730), „und damit hat die Komödie
geendet."

Die „ökonomische Instruktion" verbannte von der kronprinz=
lichen Tafel Austern, Seefische und Hamburger Kapaunen und alle
Delikatessen. Auch würde man in den vom Prinzen eigenhändig
geführten Haushaltsrechnungen vergeblich nach Ausgaben für solche
Posten suchen; wurde doch von den monatlich zur Bestreitung
sämtlicher Bedürfnisse ausgesetzten 147 Thalern fast immer gespart.
Niemand aber verhinderte, daß Liebesgaben in die Vorratskammer
eingeschmuggelt wurden: „von allen Seiten," bezeugt Hille (19. De=
zember 1730), „schickt man ihm mehr Futter in die Küche, als sich
aufbrauchen läßt." Alle französischen Weine waren verboten, und
doch ließ es Grumbkow sich nicht nehmen, gelegentlich Champagner
zu schicken.

Wären nicht die abkühlenden Donnerwetter des gestrengen

Vaters von Zeit zu Zeit dazwischen gefahren, das Gefängnis würde
ein noch fröhlicheres Aussehen gewonnen haben. Aber der König
hielt z. B. streng darauf, daß der Prinz außer den drei Herren
seines Hofstaates keine Gesellschaft bei Tische sah, so dringend auch
Hille bei Grumbkow die Aufhebung dieser Beschränkung befür=
wortete. Daß Wolden die Einladung zu einer Feier des 24. Januar
im Namen des Kronprinzen „platterdings refusirte", fand des
Königs volle Billigung: „Recht, nit aus dem Hause essen, nit
Musicke, nit Tanzen, denn dieses nit der Ort davor ist." Zwei
Monate später (27. März) bat der Gouverneur um die Gunst,
zu der Trauung seiner Tochter den Kronprinzen als Zeugen ein=
laden zu dürfen: „Abgeschlagen", schreibt der König an den Rand,
„ein Arrestante müßte eingeschlossen sein." Immer wieder betont
er, man möge nicht vergessen, daß der Prinz „gar nicht in Küstrin
ist, sich zu divertiren, sondern was zu lernen." Zu Grumbkow
sagte er, es war am 13. April, Friedrich sei in Küstrin zufrieden
wie ein König, einzig und allein aus Freude darüber, nicht mit dem
Vater zusammen sein zu müssen; auch hasse er alles, was Arbeit
und Anstrengung heiße.

Hinter der Bitte um ein leichteres Gewand bei Beginn der
warmen Jahreszeit witterte Friedrich Wilhelm wieder nur die alte
leidige Eitelkeit: „Er hat auch sonst niemals Sommerkleider ge=
tragen, und ist solches keine preußische oder brandenburgische Mode,
sondern eine französische."

Der ganze sittliche Ernst aber und die heilige Wahrhaftigkeit
Friedrich Wilhelms spricht aus dem Schreiben an Wolden vom
25. Mai 1731: sein Sohn solle sich gewöhnen, ein stilles Leben
zu führen; „denn wenn ich das gethan hätte, was er gethan hat,
würde ich mich tot schämen und mich vor Niemand sehen lassen.
Er soll nur meinen Willen thun, das französische und englische
Wesen aus dem Kopf schlagen, und nichts als preußisch, seinem
Herrn und Vater getreu sein, und ein deutsches Herz haben, alle
Petitmaitre=, französische, politische und verdammliche Falschheit
aus dem Herzen lassen, und hingegen Gott fleißig anrufen um
seine Gnade, denselben nicht aus den Augen setzen, so wird Gott
alles so wenden, wie es ihm zeitlich und ewig nützlich sein wird."

Es fiel Hille auf, daß der Prinz trotz aller Langeweile und trotz allen Zwanges sich nie ein unehrerbietiges Wort über den Vater entfahren ließ, höchstens im scherzenden Tone die Bemerkung, daß man den Kronprinzen und den Offizier nicht gehörig in ihm auseinandergehalten habe. Auch hat er wohl geäußert, wenn der König ihn hätte nach Italien reisen lassen, würde alles vermieden worden sein. Hille bezeichnet es in einem jener Briefe an Grumbkow (5. Juni) als eine starke Täuschung, wenn man annehme, daß der Sohn den Vater nicht liebe. Doch schlug dem Prinzen das Herz, wenn er an das erste Wiedersehen dachte; andererseits, durfte er sich nicht davon eine Verbesserung seiner gegenwärtigen äußeren Lage versprechen? Die Berliner Frühjahrsparade, auf die er gehofft hatte, ging vorüber. Als Grumbkow den Zeitpunkt für geeignet hielt, trug Wolden am 19. Juni des Prinzen Bitte vor, dem Vater bei Gelegenheit seiner Reise nach Preußen zur Truppenbesichtigung den Rock küssen zu dürfen. Aber der König antwortete: „Soll in Küstrin verbleiben; ich werde die Zeit schon wissen, wann das böse Herz wird gebessert sein, wahrhaftig, und nit Heuchelei darin ist.“

Friedrich war schmerzlich enttäuscht, weil der Anfang vom Ende noch immer nicht kommen wollte, und zeigte sich während der nächsten Wochen sehr niedergeschlagen. Endlich, am 5. August, beauftragte der König Wolden, seinem „Untergebenen“ nur gut zuzureden, und kündigte zugleich seine demnächstige Ankunft an: „sodann will ich ihn sehen, und wenn ich demselben nur in die Augen sehen werde, will ich gleich urteilen, ob er sich gebessert hat oder nicht.“

Seinen Geburtstag, den 15. August, wählte sich Friedrich Wilhelm aus, um seinem schon verloren geglaubten Kinde wieder „in die Augen zu sehen“, zum erstenmal seit einem vollen Jahre.

Eine große Menschenmenge folgte dem königlichen Wagen durch die Straßen von Küstrin bis vor das Haus des Gouverneurs. Dort stieg Friedrich Wilhelm ab, zog sich mit Grumbkow, dem Obersten Derschau und dem Gouverneur zurück und ließ den Kronprinzen rufen. Als derselbe in Begleitung von Wolden und den beiden Kammerjunkern in die Thür trat, wandte sich der

König sofort zu ihm um. Friedrich fiel ihm zu Füßen. Der
König befahl ihm aufzustehen und begann dann „mit sehr ernst=
hafter Miene" seine eindringliche Anrede. „Ihr werdet Euch zu
besinnen wissen, was nunmehr vor Jahr und Tag passieret ist
und wie schändlich Ihr Euch aufgeführet, auch was für ein gott=
loses Vornehmen Ihr gehabt. Da ich Euch nun von Jugend auf
bei mir gehabt und Euch also wohl kennen müssen, habe ich alles
in der Welt gethan mit Gutem und Bösem, um Euch zum ehrlichen
Mann zu machen, und da ich Euer böses Vornehmen schon einiger=
maßen soupçonniret, habe ich Euch aufs Allerrübeste und härteste
im sächsischen Lager traktiert, in Hoffnung, Ihr würdet in Euch
gehen und eine andere Conduite annehmen, mir Eure Fauten
offenbaren und um Vergebung bitten; aber alles umsonst, und seid
Ihr immer verstockter geworden." Er sprach von „Jugendfehlern",
wie „Courtoisieren, liederliche Händel anfangen, Fenstereinschlagen
und dergleichen Liederlichkeiten", alles das sei noch verzeihlich;
unverzeihlich aber seien vorsätzliche Lâcheté und „dergleichen
garstige Action" — er meinte den Versuch zu desertieren. Mit
Nachdruck betonte er, daß der Prinz so wenig wie je ein anderer
seinen Willen gegen ihn durchzusetzen vermocht habe: „Ihr habt
gemeint, mit Eurem Eigensinne durchzukommen; aber höre, mein
Kerl, wenn Du auch sechzig bis siebzig Jahre alt wärst, so sollst
Du mich nichts vorschreiben. Und da ich mich bis dato gegen
jedermann soutenieret, wird es mir an Mitteln auch nicht fehlen,
Dich zur Raison zu bringen." Im weiteren Verlauf seiner strengen
und doch warmen Scheltrede hielt er dem Sohne noch eine An=
zahl Einzelpunkte vor, die entweder vor der Katastrophe zur Un=
zufriedenheit Anlaß gegeben hatten, oder durch die vorjährige Unter=
suchung zu Tage gebracht waren. Auf die Frage: „Hast Du Katten
verführt, oder hat er Dich verführt?" antwortete der Kronprinz
ohne jedes Zaudern: „Ich habe ihn verführt", und der König er=
widerte: „Es ist mir lieb, daß Ihr einmal die Wahrheit gesagt."
Auch das gab der Prinz auf des Vaters Frage jetzt endlich zu,
daß er seine Flucht habe nach England richten wollen. Was er
sich für die Begegnung einstubiert haben mochte, war vergessen: tief
ergriffen folgte er nur der augenblicklichen Regung seines Herzens,

und das war alles, was der Vater von dem Kinde wollte. Als Friedrich Wilhelm zum Schluß erklärte, das Vergangene völlig vergeben zu wollen, war die Bewegung des Prinzen überwältigend; schluchzend küßte er dem Vater die Füße. Man blieb dann noch einige Zeit bei einander, in beruhigterer Stimmung; der Prinz brachte seinen Geburtstagswunsch an, zur sichtlichen Freude des Königs, der ihn jetzt in seine Arme schloß. Als er seinen Wagen bestieg, umarmte er den Sohn vor allem Volk noch einmal und versprach ihm, weiter für ihn sorgen zu wollen, weil seine Treue jetzt aufrichtig scheine. „Welches denn", so schließt Grumbkow seine Aufzeichnung über die denkwürdige Begegnung, „den Kronprinzen in solche Freude setzte, die man mit keiner Feder exprimieren kann."

„Ich hatte bisher nie geglaubt," sagte der Kronprinz nach der Abreise, „daß mein Vater die geringste Regung von Liebe für mich hätte."

Unter dem frischen Eindruck entschloß sich der Kronprinz, auch das letzte, was er noch auf dem Gewissen hatte, dem Vater zu offenbaren. „Ich muß mit Reue und Scham gestehen, daß ich viel schuldiger, als Sie mich wissen, gewesen bin." Er bekannte sich zu jenem Briefe, durch welchen er im Winter vor dem Fluchtversuch der Königin von England das Versprechen gegeben hatte, eine englische Prinzessin zu heiraten. Zugleich wiederholte er die bisher stets ihm abgeschlagene Bitte, „wieder Soldat zu werden" (18. August).

Noch glaubte der König, ihm eine Bitte abschlagen zu sollen, die, wie er in seiner Antwort sagt, dem Sohne doch nicht von Herzen gehe, sondern nur schmeichlerisch sei; denn er habe früher stets einen Abscheu gegen das Soldatenhandwerk und die Anstrengungen überhaupt gezeigt: „Wenn es auf Jagden, Reisen und andere Occasionen angekommen, hast Du allezeit gesuchet, Dich zu schonen, und lieber ein französisches Buch, des bons mots, oder ein Komödienbuch, oder das Flötenspiel gesucht, als den Dienst oder die Fatiguen."

„Was gilt es," fährt der Brief fort, „wenn ich Dir recht Dein Herz kitzelte, wenn ich aus Paris einen maitre de flûte

mit etlichen zwölf Pfeifen und Musique-Büchern, ingleichen eine
ganze Bande Komödianten und ein großes Orchester kommen ließe,
wenn ich Franzosen und Französinnen, auch ein Paar Dutzend
Tanzmeister nebst einem Dutzend petits-maîtres verschriebe, so
würde Dir dieses gewiß besser gefallen, als eine Compagnie Grena=
diers; denn die Grenadiers sind doch, Deiner Meinung nach, nur
Canailles; aber ein petit-maître, ein Französchen, ein bon mot,
ein Musiquechen und Komödiantchen, das scheinet was Nobleres,
das ist was Königliches, das ist digne d'un Prince." Vorerst,
mit dieser Mahnung schloß der Brief, solle der Prinz ein guter
Wirt werden und sein Geld nicht für „Döschens, Etuichens, bern=
steinerne und andere Bagatellen" verschwenden; dann wolle ihn
der Vater auch wieder zum Soldaten machen.

Im Küstrin war in den Tagen nach dem Besuch des Königs
eitel Lust und Freude. Ein Fest zu Ehren des Kronprinzen folgte
dem andern. Die neue Instruktion, die dann ankam, gewährte
nicht ganz so viel Freiheit, wie man gehofft hatte, so daß Wolden
meinte, dieselbe möchte bereits vor der Küstriner Reise aufgesetzt
sein. Immerhin öffneten sich jetzt dem Prinzen die Festungsthore,
nur mußte er das Verlassen der Stadt jedesmal dem Gouverneur
melden, und nie sollte er eine Nacht außerhalb Küstrins zubringen.
Die Lektüre weltlicher Bücher und die gesamte französische Litte=
ratur blieb streng verpönt, ebenso Musik, Spiel und Tanz. Zu
Tisch durften zwei Gäste eingeladen werden, aber nie Damen.
In den Sitzungen der Kammer führte der Prinz jetzt eine Stimme
wie die Räte und nahm den ersten Platz nach dem Präsidenten
ein. Die Nachmittage blieben zur freien Verfügung. Die Spa=
ziergänge und Ausfahrten — ein Marstall von neun Pferden
wurde eingerichtet — bereiteten dem seit mehr als einem Jahre
der Freiheit Entwöhnten ein lebhaftes Vergnügen. Bald begann
auch die Bereisung der Ämter behufs praktischer Erlernung der
Wirtschaft, und im Anschluß daran wurden Besuche in den Gar=
nisonen abgestattet, wo dann der Kronprinz die Offiziere sich vor=
stellen ließ, nicht ohne seine Würde und Höhe hervorzukehren,
herablassend „wie ein König". Die Teilnahme an dem Ordens=
feste, das der neuernannte Herrenmeister der Johanniter, der junge

Markgraf Karl, in Sonnenburg abhielt, verbot sich durch „ein
kleines Non-plus-ultra", eine Weisung des Königs an Wolden.
Desto heiterer und ausgelassener wurde am 19. September des
Herrenmeisters Durchreise durch Küstrin gefeiert: an den König
wurde nur von den Scherben berichtet, in die man die auf sein
Wohl geleerten Gläser geschlagen habe; gegen gute Freunde aber
hat der Kronprinz ausgeplaudert, daß auch wieder einige Fenster
als Opfer der festlichen Stimmung eingeworfen wurden.

Erst mit der Zeit durften die Ausflüge auf mehrere Tage
ausgedehnt werden und führten nun den Kronprinzen auch in die
entfernteren Orte der Neumark, bis an das polnische und schlesische
Gebiet, denn die Vertrautheit mit den Verhältnissen der Grenz-
striche betrachtete der König als besonders erforderlich. Eine
Illumination in Frankfurt, einen Fackelzug, den die Studenten-
schaft ansagte, hätte der hohe Gast, um jeden Anstoß bei seinem
königlichen Vater zu vermeiden, gern abgelehnt, aber die patriotischen Musensöhne, „dieses freie Völklein", wie Friedrich, vielleicht nicht ohne Neid, schreibt, wollten sich ihr akademisches Recht,
dem jugendlichen Thronfolger zu huldigen, nicht nehmen lassen.

Der Ort aber, den der Kronprinz im ganzen Kammerbezirke
am liebsten besuchte, lag kaum eine Stunde vor den Thoren von
Küstrin. Am 27. August speiste er zum erstenmal in Tamsel bei
dem Obersten von Wreech; der anmutig gelegene Herrenhof in der
Wartheniederung wurde für ihn, um mit Wolden zu reden, die
Insel der Kalypso. Das Herz des Neunzehnjährigen ward von
der dreiundzwanzigjährigen Schloßfrau in feste Bande geschlagen.
Es war eine halb erziehende, halb bestrickende Gewalt, welche die
geistreiche junge Dame über ihren erlauchten Verehrer ausübte;
kleine gesellschaftliche Ungezogenheiten gingen dem launenhaften
Prinzen nicht leicht hin: er mußte in aller Form Verzeihung
einholen. Gleich in den ersten Tagen der Bekanntschaft war
eine Art Freundschaftsvertrag abgeschlossen worden, kraft dessen
der prinzliche Gast seine liebenswürdige Wirtin als Cousine an-
redete und sich in seinen Briefen als ihr Vetter zeichnete. Wie
zu erwarten stand, offenbarte sich der neue Verwandte seiner Cousine sofort in seiner Eigenschaft als Poet, auf die er so großes

Gewicht legte und in der er vor kurzem auch der Gräfin Finckenstein, einer jungen Witwe, eine Huldigung dargebracht hatte. In
Tamsel meldete sich eine Masseneinlagerung geflügelter Insekten an,
„schlimmer und gefährlicher als ein Heuschreckenschwarm, Vielfüßler
mit scharfen Zähnen und gestrecktem Körper, Verse genannt", ge-
radenweges vom Parnaß angelangt, von wo der gute Geschmack
sie vertrieben hat, denn sie sind von der schlechten Sorte: trotzdem bitten sie um freundliche Aufnahme und nachsichtige Beurteilung. Aber Frau von Wreech sollte nicht bloß kritisieren, sondern vor allem inspirieren: der Sänger bat um die Erlaubnis,
sie als seine Muse anrufen zu dürfen, und bezeichnete es als unzweifelhaft, daß die neun gelehrten Schwestern eine so würdige
Zehnte gern in ihre Mitte aufnehmen würden. Wenn eine der
Oden, die nach Tamsel geschickt wurden, einen ziemlich unum-
wundenen Liebesantrag enthielt, so erteilte die junge Frau, gleichfalls in gebundener Rede, eine Antwort, die mehr noch ihrem
sicheren Takt, als ihrem poetischen Witz Ehre macht. Eine Huldigung, die im Munde jedes andern beleidigend sein würde, erklärt Frau von Wreech als einen graziösen Scherz des „großen
Friedrich" — denn sie zuerst hat unsern Helden also angeredet —
sich gern gefallen lassen zu wollen; daß aber der schwache Versuch
einer Erwiderung in französischen Versen überhaupt gewagt wird,
dafür weiß sich die Schreiberin noch Dritten zu Dank verpflichtet:

C'est toute ma maison qui y a concouru!

— „das ganze Haus", also auch der würdige Herr Gemahl —
eine heilsame Abkühlung für den allzu stürmischen Liebhaber.

Immerhin hat Frau von Wreech, als der Kronprinz von
Küstrin und den neumärkischen Freunden schied, sein Bild gern
als Andenken angenommen. In einem Briefe voll warmer Empfindung, der das Geschenk begleitete, wurde sie gebeten, das Er-
innerungszeichen ab und zu eines Blickes zu würdigen und dabei
zu denken: „Es war im Grunde ein guter Junge, aber er wurde
mir zum Überdruß, denn er liebte mich zu sehr und brachte mich
mit seiner unbequemen Liebe oft in hellen Zorn." In einem
Sonett aber, welches das Bild begleitete „wie der Dolmetsch den

Gesandten", schlug diese Liebe noch einmal ihre leidenschaftlicheren
Töne an, um endlich schmerzvolles Schweigen, stilles Martyrium
zu geloben:

> Doch halt, o Lieb, verrate nicht zu viel,
> Verhülle lieber hinter heitrem Spiel
> Den Schmerz des Abschieds und des Herzens Wunde,
>
> Verhülle deiner Wünsche liebstes Ziel,
> Verschweige, daß nur Eine Dir gefiel,
> Um die Du sterben möchtest jede Stunde.

Mit dem Ausgang des Jahres stand es fest, daß der Kron=
prinz Küstrin bald verlassen werde. Ende November wurde ihm
zunächst erlaubt, zu der Hochzeit der Prinzessin Wilhelmine und
des Markgrafen von Baireuth — denn die britische Heiratsverhand=
lung war nicht wieder aufgenommen worden — auf einige Zeit
nach Berlin zu kommen. Den Augenzeugen ist der Moment un=
vergeßlich geblieben, wie Friedrich Wilhelm den Sohn mitten durch
die Hochzeitsgäste auf die Königin zuführte: „Seht Ihr, Madame,
da ist nun der Fritz wieder." Der Prinz hatte sich während der
langen Zeit, da er bei Hof unsichtbar gewesen war, sehr verändert;
er war stärker geworden und noch gewachsen. Die Haltung war
gesetzter, sein „air de marquis" hatte sich verloren, sein Schritt
erschien Unbefangenen „fest und leicht", obgleich der König noch
immer fand, daß sein Sohn auf den Zehen gehe „und auf solche
Art, als ob er etwas hinke und wackle".

Tags darauf, am 24. November, erschien der Kronprinz bei
der Parade, von der Bevölkerung freudig begrüßt. Am 27. gingen
sämtliche in Berlin anwesende Generale unter Führung des Fürsten
von Dessau zum Könige, die Wiederaufnahme des Thronfolgers
in die Armee zu erbitten. Friedrich Wilhelm versprach ihm die
Inhaberschaft des seit kurzem erledigten Golzischen Infanterie=
regiments in Ruppin und erlaubte ihm, „den blauen Rock" wieder
anzulegen.

Mit der bestimmten Aussicht auf ein Regiment war viel ge=
wonnen, denn es war damit ausgesprochen, daß der Kronprinz
nicht wieder unter die stete Aufsicht des Vaterauges zurückkehren
würde. Das wäre seinem offenen Geständnis nach das furchtbarste

für ihn gewesen. Deshalb hatte auch Wolden frühzeitig dem
entgegengearbeitet und den General Grumbkow schon im vorigen
Januar mit Nachdruck darauf hingewiesen, wie die traurigen Folgen
des früheren beständigen Zusammenseins allzu offen zu Tage lägen,
als daß man in der Zukunft nicht die Wiederholung fürchten
müßte. Grumbkow begriff das vollständig. Er wie Seckendorff
und der Holländer Ginkel sprachen es als ihre feste Überzeugung
aus, daß, wenn Vater und Sohn wie zuvor beisammenleben
würden, die Aussöhnung nicht von langer Dauer sein könnte.
Friedrich Wilhelm selbst gab zu, daß eine getrennte Hofhaltung
ratsamer sei: „Es wird dann jedesmal etwas Neues für uns sein,
wenn wir uns sehen."

Einstweilen mußte der designierte Oberst — sein Patent erhielt
er erst am 29. Februar 1732 — die Uniform noch einmal mit
dem Civilrock vertauschen. Da indes seine Tage bei der Kammer
gezählt waren, so begann der Direktor Hille, der sich vorzugsweise
als des Prinzen Küstriner Erzieher betrachten durfte, das Ergebnis
der Festungs= und Lehrzeit zu überschlagen.

Seine Abneigung gegen den Kleinbetrieb der Verwaltung hatte
der Kronprinz nicht zu überwinden vermocht; darüber bleiben die
Klagen von Anfang bis zu Ende sich gleich. Hilles Beobachtung
(13. Januar 1731): „Die Beschäftigung mit der hohen Politik
hält er für viel nobler und viel wichtiger als die mit den Finanzen",
traf völlig zu; wegwerfend schreibt Friedrich, indem er seinem
Freunde Natzmer jenen großen politischen Zukunftsplan vorlegt:
er lasse dabei die Einkünfte der neuzuerwerbenden Länder gänzlich
außer Betracht, das seien Sachen, welche die Finanzleute oder
eigentlich nur die Kommissariatsbeamten angingen. Und die Ver=
waltungsbehörde, deren Mitglied er zur Zeit war, feierte er mit
den wenig schmeichelhaften Versen:

La chambre et les commissaires,
Qui font le métier des corsaires.

Wenn etwas den Wunsch, wieder Soldat zu werden, in ihm
rege gemacht hat, so war es das drückende Gefühl, jetzt selbst zu
den „Blakisten" zu gehören, zu diesen tintenkleckfenden Civilbeamten,

die in dem Staate des größten preußischen Verwaltungskönigs
nun doch einmal nicht als voll angesehen wurden. Der Kronprinz
war damals noch der Meinung, wenn er geschickte Leute für die
Finanzgebarung sich auswähle und sie gut bezahle, so werde er
sich auf ihre Müheleistung verlassen können, und selbst wenn sie
ihn hier und da betrügen sollten, würde der Schade so gar groß
nicht sein, da das Geld im Lande bliebe und immer auf natürlichem Wege in die Truhen des Monarchen zurückkehren würde.
Im September 1731 erklärte er dem Grafen Schulenburg, der
die Grenadiere zu Pferde in dem benachbarten Landsberg kom-
mandierte, daß er als Herrscher allerdings einen guten Teil seiner
Zeit auf die Geschäfte verwenden würde, aber zu diesen Geschäften
würden „Pachtanschläge" jedenfalls nicht gehören, darin wolle er
sich auf andere verlassen. Das hieß die Ermahnungen zur Treue
im kleinen, die ihm der Vater fort und fort erteilte, gründlich in
den Wind schlagen; Friedrich Wilhelm, der sich auch in den geringsten Dingen nicht auf andere verlassen wollte, legte auf Pachtanschläge und Anschläge überhaupt gerade den größten Wert; er
hatte noch vor kurzem dem Sohn geschrieben, er solle fleißig acht
geben, „wie man einen Anschlag machen und die Sachen, die
nöthig sind, wohlfeiler kaufen und also jedesmal etwas ersparen
könne", und zu den „soliden" Kenntnissen rechnete er vor allem
die Wissenschaft, „wieviel Groschen zu einem Thaler gehören und
wieviel Mühe es einem Bauern kostet, einen Thaler zu verdienen".
Selbständig einen Pachtanschlag zu machen, hat der Kronprinz in
Küstrin doch thatsächlich nicht gelernt, und Hille blieb der Meinung,
daß er sich um die kleinen Einzelheiten als Regent nicht kümmern
werde.

Ein ungleich lebhafteres Interesse wandte Friedrich den Fragen
der Handelspolitik zu. Er begegnete sich hier mit der persönlichen
Liebhaberei seines Meisters und bewunderte an demselben das
„eigenartige Genie" für Handels- und Verkehrsangelegenheiten;
er nennt ihn den Ersten in seinem Fache. Eine größere wirt-
schaftliche Aufgabe, die Friedrich gegen Schluß seiner Studienzeit
bearbeitete, ist eben diesem handelspolitischen Gebiete entnommen:
der am 18. Dezember 1731 dem Könige überreichte „Plan wegen

des Commercii nach Schlesien". Da auch der Grundriß noch er=
halten ist, an den Hille mit seinen mündlichen Vorträgen an=
knüpfte, so ermöglicht sich willkommner Weise die Vergleichung der
Anleitung des Lehrers mit der ersten Anwendung des Erlernten
durch den Schüler.

In den aufgeklärten Anschauungen der naturrechtlichen Schule
wurzelnd, läßt Hille den künftigen Selbstherrscher alle Einkünfte
des Landesherrn lediglich als Gegenleistungen der Unterthanen
für den ihnen gewährten Schutz auffassen; der Landesherr wiederum
verwendet stets einen beträchtlichen Teil der Einnahmen wieder
unmittelbar für die Unterthanen. Die so cirkulierende Geldmasse
bedarf, wenn das Land nicht verarmen soll, der Vermehrung, und
als das einzige Mittel, neues Geld in das Land zu bringen, er=
scheint das Commercium. „Die gemeine Sage, Commercia müssen
frei sein (eine Ansicht, die auch innerhalb des preußischen Beamten=
tums Vertreter fand) ist universellement nicht wahr," denn ein
Handelszweig, welcher mehr Geld außer Landes bringt als ein=
führt, würde mehr schädlich als nützlich sein. Der Grundriß gibt
dann die merkantilistische Einteilung des Handels nach dem Grade
der Nützlichkeit: Ausfuhr der Rohprodukte oder Industrieerzeugnisse
nur gegen bares Geld, Austausch derselben gegen fremde Waren
mit einem Barüberschuß, vorteilhafter Transitohandel mit aus=
ländischen Waren, Einkauf fremder Rohstoffe behufs Verarbeitung
in den heimischen Manufakturen. Bevor die aufgestellten allge=
meinen Grundsätze auf die Mark Brandenburg angewendet werden,
schaltet Hille eine „kleine Historie des Commercii dieser Landen"
ein. In großen Zügen wird dargelegt, wie die Stadt Frankfurt,
der Mittelpunkt des brandenburgischen Handels, vor alters die
Levantewaren über Venedig und Augsburg erhielt und der große
Stapelplatz für Polen, die Mark selbst, Preußen, Pommern und
Mecklenburg war, wie aber infolge der Entdeckung des Seeweges
nach Ostindien die Erzeugnisse des Orients mit den nordischen
und baltischen Waren „zu Einem Loche", durch die Nordsee und
Ostsee, nach Deutschland eingeführt wurden, wie dadurch die Stadt
Frankfurt ihr altes Hinterland, das Ostseegebiet, verlor, den Ver=
lust aber durch die „Oberländer", Schlesien, Böhmen u. s. w.,

denen jetzt aus Italien nichts mehr zugeführt wurde, eine Zeitlang
ausglich. Bis dann die Fahrt auf der unteren Oder durch die
Mißgunst der pommerschen Herzoge und ihrer schwedischen Rechts-
nachfolger immer ärger behelligt wurde, während die Anlage des
neuen Grabens, die Eröffnung des Spree = Oder = Kanals, durch
welche den Stettinern ihr Handel „aus den Händen gedreht"
werden sollte, doch nur den ganzen Handel zwischen der Oder
und der Nordsee an die durch die niedrigen Sätze der sogenannten
Krossenschen Zollrollen (von 1678 und 1691) allzusehr begünstigten
Schlesier brachte und die Konkurrenz der Einheimischen völlig aus-
schloß. Die 1724 gegen diesen „gräulichen Querstrich" geschaffene
Abhilfe zu Gunsten der Landeskinder war nur eine vorübergehende,
da der König 1727 dem kaiserlichen Hof einen Handelsvertrag
gewährte, der den Krossener Zoll wieder erheblich herabsetzte. Hille,
der seinen Grundriß vor Beginn des Lehrkursus dem Könige unter-
breiten mußte, besaß doch Freimut genug, die letzte Entschließung,
bei der die neumärkische Kammer nicht gefragt worden sei, als
verfehlt zu bezeichnen. Ein Glück noch, daß der Oberhandel über
Stettin den Schlesiern, die nach dem Aufhören der schwedischen
Herrschaft auch hier mit Privilegien sich einzunisten trachteten, bisher
nicht preisgegeben worden sei.

Die Nutzanwendung, die sich dem Kammerdirektor aus der
märkischen Handelsgeschichte ergab, war: „daß kein rechtschaffener
Handel in der Mark Brandenburg zu hoffen sei, so lange die
Schlesier von ihrem Immediathandel durch dieselbe nicht debus-
quiret sind, welches, wie es zu effectuiren, man höhern und klügern
Männern billig überläßet."

Hilles damaliger Schüler hat später die Aufgabe, die der
preußischen Handelspolitik hier vorgezeichnet war, auf die durch-
greifendste und einfachste Art gelöst, indem er den Oderstrom in
seinem ganzen Laufe dem preußischen Handelsgebiete einfügte.
Zur Zeit beschied er sich damit, in seinem „Plan wegen des
Commercii nach Schlesien" lediglich dasjenige zu entwickeln, was
er in Hilles Unterricht gelernt hatte. Die Anlehnung an den
Grundriß des Lehrers ist unverkennbar. Auch enthält der Plan
nicht sowohl Änderungsvorschläge, als die Befürwortung des Fest-

haltens an einer Taktik, die durch eine Königliche Verordnung
seit dem April bereits eingeleitet war; man wollte durch Herab=
setzung der Oberzölle die Stettiner und Frankfurter Kaufleute gegen
die Konkurrenz der Schlesier in den Stand setzen, die Kolonial=
waren gleich billig oder billiger auf den binnenländischen Markt zu
bringen.

Mit welchem Eifer der Kronprinz bei seiner Arbeit war, läßt
einer seiner Briefe ersehen: „Ich sitze jetzt bis über die Ohren in
meinem schlesischen Handel, und er macht mich so zerstreut, daß
wenn man mich fragt, ob ich Senf zum Rindfleisch haben will,
ich im Stande bin zu antworten: Sehen Sie in der neuen Zoll=
rolle nach. Ja, das hat etwas auf sich. Ich kann mich einer
Sache nicht halb ergeben, ich muß immer kopfüber hinein.“

Das hatte Hille schon nach kurzer Beobachtung verbürgen
wollen, daß sein Schutzbefohlener niemals arbeitsscheu sein und
es möglich machen werde, seine Vergnügungen mit fleißiger Werk=
thätigkeit in Einklang zu bringen. Fernerstehende hatten einen
andern Eindruck; jener Graf Schulenburg urteilte, daß die Ver=
gnügungen dem Prinzen mehr am Herzen lägen als alles andere,
und fürchtete, daß seine Leidenschaften ihn einst ganz beherrschen,
daß nur diejenigen, welche diesen Leidenschaften schmeichelten, bei
ihm gern gesehen sein würden. Friedrichs Sucht, an jeder=
mann sofort eine lächerliche Seite herauszufinden, sein Hang zu
verletzender Neckerei, schienen Schulenburg gefährliche Eigenschaften
für einen Fürsten, der die Schwächen der Menschen zwar ergrün=
den solle, die gewonnene Menschenkenntnis aber vor niemandem
merken lassen dürfe.

Daß der künftige Monarch in der Wahl seiner Berater nicht
immer glücklich sein werde, befürchtete auch Hille. Zunächst machte
ihn, den Bürgerlichen, die unverhohlene Geringschätzung bedenklich,
mit welcher der Kronprinz auf die „Roture“ herabsah. Als der
Kammerdirektor eines Tages von den eben an ihn eingegangenen
Berichten eines adlichen Landrats sprach, erlaubte sich der Aus=
kultator die Bemerkung, er finde es seltsam, daß ein Edelmann
Bürgerlichen Rechenschaft ablegen müsse. Hille, der sich überhaupt
auf seinen Freimut etwas zugute that, hat ihm geantwortet,

die Welt sei in der That eine verkehrte, das sähe man am schla=
gendsten angesichts der Erscheinung, daß Fürsten, welche nicht
recht klug wären, oder sich nur mit Tand abgäben, gleichwohl
vernünftigen Leuten Befehle zu erteilen hätten. Kein Wunder,
daß Friedrich seitdem den Kammerdirektor als einen abgesagten
Feind von allem, was adlich heiße, verschrie. In der Charakteri=
stik, die Hille von dem Prinzen beim Scheiden zu entwerfen ver=
suchte, spricht er von der Vorliebe für den Adel nicht, sieht aber
aus einem anderen Grund Mißgriffe in der Wahl der Ratgeber
voraus. „Da er alle Leute nach dem beurteilt, was glänzt, oder
was die Franzosen Esprit nennen, so wird der, welcher nichts
als den nackten gesunden Menschenverstand hat, in den Wettbewerb
nicht eintreten können, besäße er gleich sämtliche Kenntnisse, Tüchtig=
keiten und Tugenden. Eine Ansicht, deren Vortrag ein Bonmot,
eine Pointe würzt, wird es über die allersolideste davontragen,
die schlicht und nackt vorgetragen wird." Genau noch dasselbe
Urteil, das Hille gleich im Anfang abgegeben hatte: „Sagt ihm,
was Ihr wollt, wenn nicht einige Körnchen Esprit als Würze
beigegeben sind, so hält er sich darüber auf; im andern Falle aber
bewundert er und wägt auf das Genaueste ab, ob des attischen
Salzes zu viel oder zu wenig ist: was sachliches daran ist, das
festzustellen hält er überhaupt nicht der Mühe wert." In dieser
Beziehung meinte Hille, es sei geradezu schade, daß der Kronprinz
soviel Esprit „im Sinne der Franzosen" habe.

Seine Bewunderung für die Franzosen war während des
Küstriner Aufenthalts um nichts schwächer geworden. „Die
Teutschen", sagt unsere Charakteristik, „kennt er so gut wie gar
nicht. Sein früherer Potsdamer Umgangskreis hat dem Ideal
geistreichen Wesens und seiner Form, das er sich durch die Lektüre
französischer Bücher gebildet hat, nicht entsprochen. Daher die
seltsame Vorliebe für die Franzosen: er glaubt, daß sie so sind,
wie sie in ihren Büchern sich selbst schildern. Die Franzosen, die
er zu sehen bekommen hat, bringen ihn von diesem irrigen Vor=
urteil nicht zurück; denn entweder sagt er, sie sind durch den Um=
gang mit Deutschen bereits etwas verdorben, oder er entdeckt
Verdienste an ihnen, die ihnen selbst unbekannt geblieben sind."

Daß er selbst außerordentlich viel Esprit besitze, davon sei er
überzeugt, sei auch für die darauf anspielenden Schmeicheleien
nicht unempfänglich: „Damit wird man seine Freundschaft leichter
gewinnen, als durch alles andere, und wäre es ein Rekrut von
drei und einer halben Elle."

„Außerdem thut er sich auf eine überaus peinliche Höflichkeit
etwas zu Gute, selbst Leuten gegenüber, die tief unter ihm stehen.
Im Allgemeinen ist seine Gesinnung edel und hilfbereit; viel eher
wird ihn übel angebrachtes Mitleid abirren lassen, als der ent=
gegengesetzte Fehler."

„Ich wünsche sehnlich," damit schließt Hille seine für Grumb=
kow bestimmte Charakteristik, „daß dieser Prinz alle andern über=
treffen möge, zum Wohl des kommenden Geschlechtes, und dazu
bedarf es nur noch eines Geringen."

Auch Wolden sprach sich sehr hoffnungsvoll gegen Grumbkow
aus. „Mit seinem eindringenden Verstand ist er zu allem befähigt,
und ich kann wohl sagen, daß sein Küstriner Aufenthalt ihm nicht
ganz ohne Nutzen gewesen ist. Denn davon abgesehen, daß die
Trübsal ihm Kopf und Herz gebildet hat, so beginnt er doch auch
eine richtige Vorstellung von sehr vielen Dingen zu gewinnen, von
denen er vorher keine Ahnung hatte. Der liebe Gott wolle nur
Seine Majestät noch einige Jahre leben lassen, damit der Kron=
prinz ausreifen kann, dann wette ich, daß er einer der größten
Fürsten sein wird, die das Haus Brandenburg hervorgebracht hat."

Beinahe hätten noch die letzten Tage des Küstriner Aufent=
haltes einen neuen verderblichen Sturm entfesselt. Der Prinz
schien nicht übel Lust zu haben, da anzuknüpfen, wo er vor dieser
Zeit der Prüfung abgebrochen hatte. Der Heiratsfrage kam an
der Verfeindung zwischen Vater und Sohn ihr verhängnisvoller
Anteil zu; jetzt tauchte das tückische Gespenst von neuem auf, um
an dem Werk der Aussöhnung im letzten Augenblicke zu rütteln.

Als Friedrich Wilhelm im Mai 1731 dem Kronprinzen die
Verlobung seiner Schwester Wilhelmine mit dem Markgrafen von
Baireuth mitteilen ließ, versprach er zugleich, ihm für die eigene
Vermählung zwischen mehreren ihm zu bezeichnenden Prinzessinnen
die Wahl zu lassen. Bald darauf kam Grumbkow mit bestimmten

Vorschlägen, wonach der Prinz in den Häusern Sachsen-Gotha
oder Eisenach und Braunschweig-Bevern Brautschau halten sollte.
In Wien wünschte man seine Verlobung mit Elisabeth Christine
von Bevern, der Nichte der Kaiserin. Prinz Eugen sah in der
Bevernschen Heirat das einzige Mittel, den preußischen Thronerben,
dem es „an Lebhaftigkeit und Vernunft" gar nicht zu fehlen scheine,
an das habsburgische Interesse zu binden. Einmal durch die Not
seiner Lage dahin gebracht, sich der Führung eines Grumbkow
und eines Seckendorff völlig zu überlassen, erklärte sich Friedrich
im Juni 1731 bei Grumbkows Küstriner Besuche mit der ihm
von dem letzteren ausgewählten Partie einverstanden, immer unter
der Bedingung, daß die Braut weder dumm noch widerwärtig
sein dürfe. War er doch in augenblicklicher Erregung, ungeduldig,
weil die Haft kein Ende nehmen wollte, eines Tages so weit gegangen, sich gegen Grumbkow zu der Verbindung mit einer österreichischen Erzherzogin bereit zu erklären.

Wäre es nach seinen persönlichen Neigungen gegangen, so
hätte man ihn mit allen Anträgen zunächst verschonen müssen;
aber er sah außer einem Ehegelöbnis keine Möglichkeit, von seiner
Küstriner „Galeere" loszukommen. Seine Ansicht über das Heiraten entwickelte er gleich in den ersten Wochen seiner Thätigkeit
bei der Kammer mit den Worten: „Mein Vater hat mir selber
geraten, mich nicht jung zu vermählen, und solch Bettelweib, das
alle Jahre älter und häßlicher werden würde, müßte mir bald
überdrüssig werden. ... Ich werde mich als Vierziger mit einer
Prinzessin von fünfzehn Jahren, deren Schönheit noch im Zunehmen begriffen ist, verheiraten." Und späterhin erklärte er geradezu, er sei jung und wolle noch sein Leben genießen. Aus
seiner Empfänglichkeit für weibliche Reize machte er kein Hehl;
doch sagte er wohl, wenn man ihn damit neckte, er sei nicht der
Held, für den man ihn halte.

Unter allen Umständen erschien es seinen Küstriner Freunden
von vornherein sehr zweifelhaft, ob er gewillt sein werde, wie
Hille und Wolden mehr als einmal schreiben, „die Katze im Sack
zu kaufen".

In der That, je näher die Stunde der schließlichen Entschei-

dung heranrückte, desto schwieriger wurde der Kronprinz. Zu Be=
ginn des neuen Jahres kam er gegen Grumbkow noch einmal auf
das früher von ihm Angeregte zurück: „Die Kaiserin würde mir
einen größeren Gefallen thun, wenn sie mir statt einer ihrer
Nichten eine ihrer Töchter gäbe. Allemal erkläre ich mich bindend
über nichts, und solange man mich Junggesell bleiben läßt, werde
ich Gott danken, es noch zu sein." Trotzig fügte er dem Briefe
die Nachschrift zu: „Ich werde niemals eine Frau nehmen, es sei
denn aus den Händen der Frau Markgräfin von Baireuth."

Am liebsten hätte er, wie er Grumbkow verrät (8. Jan. 1732),
die Prinzessin Anna von Mecklenburg, die Enkelin des Zaren
Iwan, mit einer Mitgift von zwei bis drei Millionen Rubeln
geheiratet, falls sie sich entschließen könnte, auf die Nachfolge in
Rußland zu verzichten; die ihm zugedachte Prinzessin von Bevern
sei, wie selbst aus den dortigen Hofkreisen verlaute, ganz und gar
nicht schön, dazu unbeholfen wie ein Klotz, und spreche wenig.

In einem der folgenden Briefe (26. Januar), schrieb er noch
entschiedener: „Was die Prinzessin von Bevern anbelangt, so kann
man darauf rechnen, daß sie, wenn man mich zur Ehe mit ihr
zwingt, verstoßen werden wird, sobald ich Herr sein werde, und
ich glaube, daß die Kaiserin darob nicht sehr befriedigt sein würde.
Ich will nicht, daß meine Frau eine von den dummen ist, ich
muß mich mit ihr vernünftig unterhalten können, oder es ist
nicht mein Fall."

Am 4. Februar gegen Mitternacht kam ein Eilbote mit einem
Schreiben des Königs nach Küstrin. Der Kronprinz wurde aus
dem Schlaf geweckt und las in dem Briefe sein Schicksal:

„Ihr wißt, mein lieber Sohn, daß wenn meine Kinder gehor=
sam sind, ich sie sehr lieb habe, so, wie Ihr zu Berlin gewesen,
ich Euch alles von Herzen vergeben habe, und von der Berliner
Zeit, daß ich Euch nicht gesehen habe, auf nichts gedacht, als auf
Euer Wohlsein und Euch zu etablieren, sowohl bei der Armee,
als auch mit einer ordentlichen Schwiegertochter, und Euch suchen
bei meinem Leben noch zu verheiraten. Ihr könnt wohl persua=
bieret sein, daß ich habe die Prinzessinnen des Landes durch andere,
soviel als möglich ist, examinieren lassen, was sie für Conduite

und Education; da sich denn die Prinzessin, die älteste von Bevern, gefunden, die da wohl aufgezogen ist, modeste und eingezogen, so müssen die Frauen sein. Ihr sollet mir cito Euer Sentiment schreiben. — Die Prinzessin ist nicht häßlich, auch nicht schön. — Indessen werde sehen Gelegenheiten zu machen, daß Ihr Euch etliche Mal sehet in allem Honneur, doch damit Ihr sie noch lernet kennen. Sie ist ein gottesfürchtiges Mensch, und das ist alles, und comportabel sowohl mit Euch als mit den Schwiegereltern."

In welchem Sinne der Kronprinz antwortete, wissen wir, da der Brief nicht mehr vorliegt, nur aus seiner Mitteilung an Grumbkow: "Ich habe in aller Unterwürfigkeit geantwortet und gesagt, daß der König meinen Gehorsam in allen Stücken sehen würde; da er es für gut befunden hätte, daß ich dieses häßliche Geschöpf sehen sollte, so würde er alsdann selber darüber urteilen, ob sie mir zusagt; übrigens würde ich nicht verfehlen, seinen Geboten zu gehorchen." Er setzt hinzu: "Ich bedaure diese arme Person, denn damit wird eine unglückliche Prinzessin mehr in der Welt sein."

Daß der König alsbald ihm eröffnet hatte, die Hochzeit werde im kommenden Winter noch nicht stattfinden können, war ein kleiner Trost: "Nous avons donc du temps multum," schrieb er im nächsten Briefe an Grumbkow (9. Februar).

Dann aber kam es über ihn wie Fieberangst. Fünf Briefe, die er binnen acht Tagen an Grumbkow richtete, schlagen alle Tonarten an: Vorstellung, Bitte, Warnung, Drohung, rohen Cynismus, wildeste Verzweiflung. Er führt das Beispiel seiner zweiten Schwester an, die wider ihren Willen dem Markgrafen von Ansbach vermählt ist und unglücklich lebt: "Mein Gott, hat man denn nicht an dem einen Falle genug!" Er beruft sich auf das frühere Versprechen, wonach ihm die Wahl zwischen drei Prinzessinnen freistehen sollte; will sich denn der König selber ein Dementi geben? "Meine Schwester Wilhelmine in ihrem Arrest hat zwischen drei Prinzen wählen dürfen, und mich will man zwingen, mich für die eine Einzige zu entscheiden. Ein Vater kann zu seinem Sohne sagen: ich will nicht, daß Ihr die oder jene heiratet, aber er kann ihn nicht zwingen, eine bestimmte Person zu nehmen." Man gebe

ihm die Prinzessin Christine von Eisenach. „Der König soll doch
daran denken, daß er mich nicht für sich verheiratet, sondern für
mich." Er bittet Grumbkow, sich die peinliche Verlegenheit auszu=
malen, in die er kommen werde, vor einer „stummen Häßlichkeit"
den Amoroso zu machen: „denn auf den guten Geschmack des
Grafen Seckendorff verlaß' ich mich in diesem Fache nicht viel."
Dann erklärt er wieder: „Ich will lieber das gemeinste Weibstück
von ganz Berlin haben, als eine Betschwester mit einem Gesicht
wie ein halb Dutzend Mucker zusammengenommen." Wenigstens
soll das „Corpus delicti" sofort von ihrer bigotten Mutter getrennt
werden und womöglich zur reformierten Lehre übertreten. Dann
aber wird auch die bedingte Zusage zurückgezogen (19. Februar):
„Sie können dem Herzog sagen lassen, mag kommen was da will,
ich nehme sie nie. Ich bin unglücklich gewesen mein ganzes Leben
lang und ich glaube, es ist mein Verhängniß, unglücklich zu bleiben...
Ich habe genug ausgestanden für ein Verbrechen, das nichts als
eine Verirrung war, und ich will mich nicht verwetten, mein Leib
bis in alle Zukunft auszudehnen; ich habe noch Mittel, und ein
Pistolenschuß kann mich befreien von meinem Leib und von meinem
Leben, und ich glaube, daß der liebe Gott mich deshalb nicht ver=
dammen und aus Erbarmen mir statt des elenden Lebens das
ewige Heil geben würde."

In ruhigeren Augenblicken gab er sich wieder der sanguinischen
Hoffnung hin, durch sein persönliches Eingreifen das über ihn
Bestimmte rückgängig zu machen: „Ich werde bald nach Berlin
kommen, und dann wird es vielleicht heißen: Veni, vidi, vici."

Es fehlte viel daran. Zunächst erklärte Grumbkow sehr be=
stimmt, in der Don=Carlos=Tragödie, die der Kronprinz aufführen
zu wollen scheine, nicht mitspielen zu können: „Nein, Monseigneur,
das Hembe ist mir näher als der Rock... Mich zwischen Vater
und Sohn einzwängen zu wollen, die so entgegengesetzte Triebe
haben, das wäre ein Unterfangen, das dem vorbedachtesten Manne
den Hals kosten würde." Der unmittelbar bevorstehenden Ankunft
des Prinzen sah er mit Schrecken entgegen. „Die zwei letzten
Nächte habe ich nicht schlafen können," klagt er am 23. verstört
seinem Herrn und Meister Seckendorff, ohne dessen Wissen er fast

keine Zeile nach Küstrin richtete: „Bleibt der Prinz hier auf der
Berliner Bühne, so ist er nicht so weit Herr über seine Leiden=
schaften, um sich nicht zu verraten, und hier vor so vielen Beob=
achtern wird der Vater bald treulichst von Allem Bericht erhalten,
noch dazu von Leuten, die anscheinend ganz auf die Gedanken des
Sohnes eingehen werden. Selbst den sieben Weisen Griechenlands
würde ich die Kunst nicht zutrauen, sowohl dem Vater wie dem
Sohne es zu Dank zu machen."

An den Hofmarschall Wolden aber, der ihm den Prinzen in
seinem ungebärdigen Eigensinn zu bestärken schien, schrieb er mit
schneidender Ironie: „Ich hoffe, Sie werden es so herrlich weit
bringen, daß wir die alten Scenen von neuem erleben. Mag doch
Se. Königliche Hoheit Madame von Eisenach oder die vollkommenste
Venus heirathen, mir ganz einerlei. Ich bitte Sie nur um die
eine Gnade, zu vergessen, daß wir uns je geschrieben haben, und
Se. Königliche Hoheit zu vermögen, mich gänzlich zu vergessen."

Da Grumbkow sich vor allem über die unvereinbaren Wider=
sprüche in der Sprache des Kronprinzen beklagte, der dem Vater
noch soeben wieder unbedingten Gehorsam gelobt habe, so ließ ihm
Friedrich durch Wolden antworten, daß er dem König gegenüber
füglich nicht in der Lage sei, eine Einrede zu wagen, dagegen
doch meine, an Grumbkow offenherzig schreiben zu dürfen: er habe
gehofft, daß es dem Manne des königlichen Vertrauens noch möglich
sein werde, in einem günstigen Augenblick den König von seinem
Entschlusse zurückzubringen. Wenn Grumbkow sich an seine Brust
schlug, so mußte er sich sagen, daß lediglich er und Seckendorff,
die eigennützigen Urheber und geschäftigen Mittler dieser politischen
Konvenienz=Ehe, die jetzige traurige Verwickelung geschaffen hatten.

Also verließ der Kronprinz am 26. Februar sein ihm fast
lieb gewordenes Küstrin mit schwerem Herzen. Denselben Tag
wurde der junge Herzog Franz von Lothringen, der allgemein als
des Kaisers künftiger Schwiegersohn und Erbe betrachtet wurde
in Berlin als Gast erwartet. Zu lebhaft waren noch die Eindrücke
der früheren Schreckenstage, als daß Friedrich nicht mit un=
heimlicher Empfindung an die Möglichkeit hätte denken sollen,
wieder wie einst im sächsischen Lager in Gegenwart Fremder ge=

mißhandelt oder doch ausgescholten zu werden. „Procul a Jove, procul a fulmine,“ schreibt er resigniert bei diesem Gedanken. Auch wußte er nicht recht, wie er sich gegen den Lothringer verhalten sollte, beschloß aber, des Guten lieber zu viel als zu wenig zu thun, lediglich um dem König wohlgefällig zu sein. Dazu schuf er sich Sorgen, die ihn füglich nichts angingen. „Mein Gott, was wird der gute Herzog und sein Gefolge sagen, wenn sie unseren erbärmlichen Hof sehen, sie, die eben aus Frankreich und England kommen.“ Sein einziger Trost war, daß er jetzt selbst als Fremder an den Hof zurückkehre und daß man ihn für nichts verantwortlich machen könne. Der Herzog Franz hat ihm nachher den Eindruck der Unbedeutendheit hinterlassen.

Die „Quarantäne in Potsdam“, auf die Friedrich sich gefaßt gemacht hatte (um erst das Äußere eines „accuraten Offiziers“ wiederzugewinnen), blieb ihm erspart. Der König ging vielmehr mit möglichster Eile zu Werke und warb bereits am zweiten Tage nach der Ankunft des Kronprinzen bei den Braunschweiger Herrschaften, die sich in Berlin eingefunden hatten, für seinen Sohn um die Hand der Prinzessin Elisabeth Christine. Der Brautkuß wurde vertagt, bis ein Kurier die Antwort des kaiserlichen Oheims der Braut auf die Anzeige eingeholt habe; der Bräutigam schrieb inzwischen (6. März) an seine Schwester Wilhelmine: „Die Person ist weder schön noch häßlich, aber sehr schlecht erzogen, schüchtern und ohne Lebensart. Diese Schilderung ist nach der Natur; Du magst darnach beurteilen, ob sie nach meinem Geschmack ist oder nicht.“ Zu Grumbkow sagte er: „Ich habe keine Abneigung gegen die Prinzessin, sie ist ein gutes Herz, ich will ihr nichts Böses, aber ich werde sie nie lieben können.“ Als am 10. März in Gegenwart von dreihundert geladenen Zeugen die feierliche Verlobung stattfand, fiel an dem Bräutigam das gedrückte Aussehen auf; beim Ringewechsel traten ihm die Thränen in die Augen. Wohldienerische Zungen sprachen von Freudenthränen. Sobald die Beglückwünschungen vorüber waren, wandte sich Friedrich von seiner Braut ab und trat einige Schritte zurück zu einer jungen Dame, die von den Eingeweihten als die Gebieterin seines Herzens bezeichnet wurde; immer wieder richtete er unvorsichtig

genug das Wort an sie, während er seine Verlobte nicht einmal
ansah.

Graf Seckendorff aber, auf dessen ästhetisches Urteil Friedrich
freilich nichts geben zu wollen erklärt hatte, berichtete an den
Prinzen Eugen: „Ich hoffe, es soll der Kronprinz die Prinzessin
bei dem ersten Wiedersehen an Gestalt und Manieren dergestalt
verändert finden, daß sie ihm besser als nun gefallen wird. —
Denn da sie in der That die schönsten Traits von Gesicht, auch
in der That einen wohlgeschaffenen Leib hat, so wird die Schönheit
im Gesicht ohnfehlbar zunehmen, wenn die übrigen Flecken, so
die Blattern zurückgelassen, vergehen und der Hals bei zunehmenden
Jahren etwas vollkommner wird." Und weil der Bräutigam
geäußert hatte, seine Braut tanze wie eine Gans, so ersuchte
der wohlmeinende Seckendorff einen berühmten Dresdener Tanz=
meister, für einige Monate seinen Aufenthalt in Wolfenbüttel zu
nehmen.

„Des Grumbkows Ehrlichkeit," so rühmt der kaiserliche Diplo=
mat in einem anderen Berichte, „ist wohl nun größten Teils der
Sache glücklicher Ausgang zuzuschreiben." Der Mann, welcher,
wieder nach Seckendorffs Zeugnis, „seinen Kopf, Freiheit und
Ehre" bei dieser Handlung gewagt hatte, erhielt als Belohnung
seiner treuen, der Hofburg geleisteten Dienste eine allerhöchste kaiser=
liche „Begnadigung" von 40000 Gulden. „Wenn Jemand in der
Welt Gnade verdient, so ist es dieser Mann," damit befürwortete
Seckendorff gleichzeitig die Fortzahlung des jährlichen Ehrensoldes
von 1000 Dukaten an Grumbkow.

Der nächste Auftrag, den Prinz Eugen (16. April) dem er=
folgreichen Unterhändler erteilte, war, in den Hofstaat des Kron=
prinzen solche Leute zu bringen, „die eines Teils die nöthigen
Qualitäten haben, um bei dem Kronprinzen sich beliebt zu machen,
und von denen man andererseits versichert sei, daß sie keine anderen
als ehrliche und dem kaiserlichen Interesse gemäße Principia ihm
beibringen, auch von des Grumbkow und Ew. Excellenz Anhang
abhangen." Doch wurde nicht Graf Schulenburg, den Prinz Eugen
als geeignete Persönlichkeit bezeichnete, Hofmarschall, sondern Wolden
behielt auch fortan die Stellung, die er in Küstrin gehabt hatte,

durchaus im Sinne des Kronprinzen, der ihn zwar für geschwätzig
und unvorsichtig hielt, aber als wohlmeinend erprobt hatte. Der
junge Natzmer aber, dem Grafen Seckendorff längst ein Dorn im
Auge, ward von dem kronprinzlichen Hofstaat getrennt, gar sehr
zu Friedrichs Bedauern. Auch der Wunsch, seinen früheren Stall=
meister Keyserlingk wieder zu seiner Gesellschaft zu erhalten, wurde
dem Kronprinzen nicht gewährt.

Die Gnadenfrist von etwa einem Jahre, die ihm bis zu seiner
Vermählung blieb, mochte er anwenden, sich in Nauen und Ruppin
mit seinem Dienste als Oberst vertraut zu machen und darauf zu
sehen, „daß sein Regiment kein Salatregiment wäre“, wie des
Königs Worte waren. Der junge Regimentschef sprach von dem
„Exerciertenfel“ im preußischen Dienste und von der „Universität
Potsdam“ als der hohen Schule der Drillkunst unehrerbietig genug
und rühmte seine militärische Ambition zunächst noch mit einiger
Ironie. Eben in Nauen angekommen, schreibt er an Grumbkow
(25. April): „Wir exercieren hier comme il faut, neue Besen
kehren gut, ich muß doch meine neue Würde illustrieren und zeigen,
daß ich ‚ein tüchtiger Offizier‘ bin.“ In seinem Gefallen an
äußerem Flitter hätte er auch jetzt noch ein reiches Prachtgewand
der knappen Uniform vorgezogen.

Von seinem täglichen Leben in der kleinen Garnisonstadt
entwirft Friedrich anläßlich gewisser nachteiliger Gerüchte, die nach
Potsdam gedrungen waren, die launige Schilderung (23. Oktober
1732): „Gott weiß, daß ich jetzt so eingezogen lebe, wie nur irgend
möglich. Ich widme mich dem Regiment; viel Exercieren; die
wirtschaftlichen Aufgaben, die mir der König gestellt hat, geben
mir auch zu thun; dann kommt die Essenszeit, dann die Parole;
darauf fahre ich entweder auf irgend ein Dorf oder ich unterhalte
mich mit Lesen oder Musiciren. Um sieben Uhr komme ich mit
den Offizieren zusammen, da spielen wir Karten. Um acht Uhr
esse ich, um neun ziehe ich mich zurück, und so vergeht ein Tag
wie der andere“ — ausgenommen die beiden Tage in der Woche,
an denen die Post aus Hamburg anlangt. Sie bringt die Ham=
burger Kapaunen, die Steinbutten und die englischen Austern, zu
denen drei oder vier gute Freunde eingeladen werden; ginge es

nach dem Wunsche des Herzens, so würden zehn gebeten werden,
„aber so viel Gäste mit so kostbarem Futter zu sättigen, dazu reichen
meine Mittel nicht aus."

Ein halbes Jahr später schreibt er: „Ich komme vom Exercieren,
ich exerciere, ich werde exercieren. Das sind alle Neuigkeiten, die
es zu berichten giebt, indessen liebe ich es sehr, mir einige Augen=
blicke zur Erholung zu gönnen und ziehe vor, hier von der Morgen=
dämmerung bis zur Abenddämmerung zu exercieren, als zu Berlin
als reicher Mann zu leben."

In die Nöte der Stellung eines Regimentschefs unter König
Friedrich Wilhelm I. gewährt der verzweiflungsvolle Brief in
Friedrichs gebrochenem Deutsch einen drastischen Einblick, den der
Hauptmann von Hacke in Potsdam im Juli 1732 aus Ruppin
erhielt: „Mein lieber Herr von Hacke, mein Gott, was hat mir
Buddenbrock für eine Zeitung gebracht! Ich soll nichts aus Bran=
denburg kriegen, mein lieber Hacke? Ich habe darauf dreißig
Mann aus der Kompagnie ausrangieret, und wor soll ich sie nun
wieder kriegen? Ich wollte wohl dem König eben so wohl, wie
der Dessauer, große Kerls geben, aber Geld habe ich nicht, und
kriege und prätendiere auch nicht sechs Mann vor einen. So
heißt es wohl recht: Wer da hat, dem wird gegeben, und wer
nichts hat, dem wird genommen von dem, das er hat. Das ist
keine Kunst, daß des Fürsten und die magdeburgischen Regimenter
schön sind, wenn sie Geld vollauf haben und kriegen darnach noch
einige dreißig Mann umsonst. Ich armer Teufel aber habe nichts
und werde auch mein Tage nichts kriegen. Bitte Ihn, lieber
Hacke, bedenke Er doch das; und wor ich kein Geld habe, so führe
ich dem Könige künftiges Jahr Asmus allein als Rekruten vor
und wird mein Regiment gewiß Krop sein. Sonsten habe ich ein
deutsches Sprichwort gelernt, das heißet: Versprechen und hal=
ten 2c. Ich verlasse mich allein auf Ihn, mein lieber Hacke; wor
Er nicht hilft, wird es schlecht aussehen. Heute habe ich wieder
angeklopfet, und wor das nicht hilft, so ist es gethan. Wenn ich
noch könnte Geld geliehen kriegen, so wäre es noch gut, aber
daran ist nicht zu denken; so helft mir doch, lieber Hacke."

Hacke war früher, wie erwähnt, von dem Kronprinzen eben

nicht zu seinen Freunden gezählt worden. Der baumlange, un=
geschlachte Hüne, der Gästen gegenüber die einzige Höflichkeits=
formel „Setzt Euch“ hatte, mit derselben aber nur die Damen zu be=
ehren pflegte, war für Friedrichs Witz stets eine dankbare Zielscheibe
gewesen. Jetzt aber galt es, den Mann, der bei dem Könige viel
vermochte und, wie wir eben sahen, auch sonst nützlich sein konnte,
warm zu halten, und so hatte sich mit „illustrissimus Häkchen“
(crochet) ein Briefwechsel angesponnen: „Wir zeigen uns gegen=
seitig die Sammetpfötchen.“ Auch mit seinem alten Gegner Der=
schau wußte Friedrich sich jetzt zu stellen, weil er dessen Einfluß
auf den König fürchtete: „Derschau und Hacke sind meine In=
timen,“ schrieb er an seine Schwester nach Baireuth (5. September
1732), „aber trau, schau, wem! Seckendorff und Grumbkow stehen
vortrefflich mit mir und thun Gutes an mir — abgesehen von
der Heiratsgeschichte.“ Als Seckendorff ihn vierzehn Tage darauf
in Ruppin besuchte, sprach er „von seiner Dulcinea“ kein Wort.

Um so weniger hielt er gegen Grumbkow in dieser leidigen
Angelegenheit mit beißenden Sarkasmen in dem leichtfertigen Tone
eines jungen Offiziers zurück. „Man will mich verliebt machen
mit Stockschlägen; da ich aber nicht das Naturell der Esel habe,
so fürchte ich, daß man nicht erfolgreich sein wird. — Mein Gott,
man soll sich doch ein klein wenig daran erinnern, daß mir diese
Ehe nolens volens vorgeschlagen worden ist und daß die Freiheit
der Kaufpreis war. Ich will nicht hoffen, daß sich der König,
wenn ich erst verheiratet bin, in meine Sachen einmischt. Die
Ehe macht mündig; sobald ich es werde, bin ich Souverän in
meinem Hause, und meine Frau hat nichts zu sagen. Es lebe
die Freiheit!“ Er wirft die Frage auf: „Bin ich denn von dem
Holze, aus dem man die guten Ehemänner schnitzt? Ich liebe
das schöne Geschlecht, aber meine Liebe ist sehr flatterhaft; ich bin
für den Genuß, nachher verachte ich sie. Ich werde mein Wort
halten, ich werde mich verheiraten, aber dann ist es genug:
Bon jour Madame, et bon chemin.“ Wenn dann seiner Mutter,
der Königin, schlimme Dinge über ihn zugetragen wurden, so sagte
er: „Ich weiß nicht, wie es kommt, daß alle Welt so viel über
mich spricht; ich leugne nicht, daß das Fleisch bisweilen schwach

ist, aber für die geringste kleine Sünde wird man gleich als der
größte Wüstling der Welt verschrieen! Ich thue mein möglichstes,
um mit der Zeit vernünftig zu werden, aber ich glaube nicht, daß
Cato Cato war, als er jung war.“

Der König tadelte seinen Sohn, weil er der Braut nicht oft
genug schrieb. „Was soll ich ihr denn schreiben?“ seufzte er resig=
niert. Er begann nun, seine Liebesbriefe durch kleine Scherze zu
würzen; „wir bezahlen ihn mit gleicher Münze“, schreibt der künf=
tige Schwiegervater an Grumbkow (6. Oktober). In angemessenen
Zwischenräumen tauschten die Verlobten Geschenke aus. Die Braut
schickte einmal eine Tabaksdose, die zerbrochen ankam, ein ander=
mal, mehr wirtschaftlich als empfindsam, Braunschweiger Würste;
selbstverständlich machte der so Beschenkte im stillen seine boshaften
Randbemerkungen. Ende Januar eröffnete ihm der König, daß
sie zu Beginn des nächsten Monats einen Besuch in Wolfenbüttel
abstatten würden. Friedrich äußerte, daß er bis zu der Reise keine
große Ungeduld spüre: „Ich weiß schon im voraus, was meine
Stumme mir sagen wird; aber ich werde die Braunschweiger Ko=
mödie so spielen, daß nichts daran fehlen soll.“ Der König war
nachher sehr mit ihm zufrieden: „Die Verliebten sind recht ver=
liebt,“ schreibt er aus Braunschweig.

Ob der Kronprinz im geheimen seufzte und murrte und
lästerte, auf jegliche Umtriebe gegen die Bevernsche Heirat hatte
er gänzlich verzichtet. Wohl aber drohten Ränke und Tücken von
einer Seite, von der Friedrich Wilhelm sie am wenigsten hätte
erwarten können.

Die Politik, welche die Verlobung gestiftet hatte, wollte jetzt
zu der Vermählung nicht ihren Segen geben. Einen mit so viel
Kunst gegen England geführten Schachzug wünschte man in Wien
zurückzunehmen, nachdem seit 1731 die Wiederherstellung der poli=
tischen Solidarität mit den Seemächten der vornehmste Wunsch der
kaiserlichen Staatsmänner geworden war. Noch immer konnte man
sich in London nicht von dem Gedanken an die britisch=preußische
Doppelheirat trennen. Drum forderte England von den neuen
Freunden in Wien einen Liebesdienst in dieser Angelegenheit, und
die kaiserliche Diplomatie nahm es wirklich auf sich, die erforder=

lichen Anträge bei dem König von Preußen zu stellen. Doch
fiel man nicht mit der Thür ins Haus, sondern war vorsichtig
genug, zunächst einen Fühler auszustrecken.

Schon vor der Verlobung des Kronprinzen mit seiner Be=
vernschen Braut war zwischen den Eltern eine zweite Familien=
verbindung vereinbart worden, eine Ehe des Erbprinzen Karl von
Bevern und der Prinzessin Charlotte, der vierten Tochter Fried=
rich Wilhelms I.; die Ehepakten waren unterzeichnet. Jetzt sollte
den augenblicklichen Bedürfnissen der österreichischen Politik zu
Gefallen Prinz Karl auf Lottinens Hand zu Gunsten des Prinzen
von Wales, der zuvor um Wilhelmine gefreit, verzichten und zum
Ersatz die Prinzessin Anna von England nehmen. Selbst ein
Seckendorff betrachtete den Vorschlag als hochbedenklich, und
Grumbkow, an den er sich wie immer zuerst wandte, verweigerte
mit dem Kraftworte: „Der König ist nicht so dumm, wie Ihr
denkt“, entschieden seine Mitwirkung. Als Seckendorff auf die
wiederholten und kategorischen Befehle des Prinzen Eugen sich
Anfang Dezember 1732 endlich mit seiner Botschaft hervorwagte,
entlud sich das Wetter, das er vorausgesehen hatte. Bei Hofe
und im Tabakskollegium wollte man den König Zeit seines Lebens
nicht „in einer solchen Rage“ gesehen haben. „Man will mit Ge=
walt haben, ich soll gut englisch werden,“ sagte er zu Grumbkow.
„Denkt, denkt, wer hätte das sollen denken von Leuten, die mich
kennen sollten und die ich gewiß besser kenne und gekannt habe,
als sie glauben.“ Das nage ihm am Herzen und werde ihn noch
töten. Fast ein Monat verging, ehe Seckendorff nach einer so
starken Erschütterung seines Kredits mit Friedrich Wilhelm „seinen
Frieden geschlossen“ hatte.

Die Erfahrung hätte in Wien zu etwas mehr Zurückhaltung
mahnen können; aber Robinson, der englische Gesandte, drängte
immer ungestümer, und angesichts der näher und näher tretenden
Möglichkeit einer Verwickelung mit den bourbonischen Kronen schienen
dem kaiserlichen Hofe der gute Wille und die Hilfe der Seemächte
ganz unentbehrlich. Seckendorff, er mochte wollen oder nicht,
wurde von neuem vorgeschickt, und zwar diesmal mit einem Auf=
trage, der den ersten an Dreistigkeit noch übertraf: statt des Ge=

ringeren, das nicht gewährt worden war, forderte man keck jetzt
das Ganze.

Der Tag der Hochzeit des Kronprinzen war festgesetzt, die
bevorstehende Feier in allen preußischen Landen von den Kanzeln
verkündigt worden. Der König mit der Königin und der Bräu=
tigam selbst waren in dem herzoglichen Lustschloß zu Salzdahlum
eingetroffen, die ganze Hochzeitsgesellschaft war versammelt. Auch
Seckendorff befand sich unter den Gästen. Am 11. Juni, dem
Morgen vor dem für die Trauung angesetzten Tage, kam ein
Kurier aus Wien und brachte dem Grafen ein Schreiben des
Prinzen Eugen vom 5. Juni; es enthielt den Befehl, die Ver=
lobung rückgängig zu machen. In großer Erregung eilte Secken=
dorff zu seinem Grumbkow, der ihm den guten Rat gab, mit diesem
Anbringen unterwegs zu bleiben und das für den König bestimmte
Handschreiben des Prinzen Eugen ad acta zu legen. Trotz aller
Vorstellungen wagte Seckendorff die Verantwortung für die Nicht=
ausführung seiner „so positiven“ Aufträge nicht auf sich zu nehmen.
Der König lag noch im Bette, als der kaiserliche Gesandte um
9 Uhr früh vor ihn gelassen wurde. „Mit lächelndem Munde,“
so berichtet Seckendorff selber, bat er um die Erlaubnis, Ihrer
Majestät Eröffnung über eine importante Sache zu thun; vorher
aber ließ er sich („weil diese Vorsichtigkeit bei einem so hitzigen
Herren auf alle Weise zu beobachten“) das Versprechen geben,
„daß Ihro Majestät mich mit Geduld anhören, sich nicht darüber
ereifern, und eine zwar selbstbeliebige, jedoch der gemeinen Wohl=
fahrt heilsame Entschließung ohnverzüglich darüber nehmen, vor=
nehmlich aber das Geheimniß bei sich behalten wollten.“

Und nunmehr trug er, ganz wie vor drei Jahren Sir
Charles Hotham, auf die Vermählung des Kronprinzen Friedrich
mit der Prinzessin Amalie von England an.

Friedrich Wilhelm in seinem Bette erwiderte (Seckendorff führt
die Antwort dem Prinzen Eugen wörtlich an): „Wenn ich Ihn
nicht so wohl kennete und wüßte, daß Er ein ehrlicher Mann, so
glaubte ich, Er träumte. Hätte man vor drei Monaten so ge=
sprochen, so wüßte nicht, was aus Liebe vor Ihro Kaiserliche
Majestät nicht gethan, ohnerachtet wider Dero, auch wider mein

Interesse, daß mein ältester Sohn sollte an eine englische Prin=
zessin vermählt sein. Aber nun, da ich mit der Königin schon
hier bin, und ganz Europa weiß, daß morgen das Beilager ge=
schehen soll, so ist es abermal eine englische Finesse, mich vor der
ganzen Welt als einen wankelmütigen Menschen ansehn zu machen,
der weder Ehre noch Parole zu halten gewohnt ist."

Da der König gegen seine Gewohnheit sehr gelassen blieb,
so ließ sich der Unterhändler nicht sofort abschrecken, meinte, es
sei nichts Ungewöhnliches, daß solche große Mariagen im letzten
Augenblicke aufgeschoben worden seien, und schloß: „ob zwar an
dem, daß die Vollziehung der Heirat zwischen dem Kronprinzen
und der Bevernschen Prinzessin auf morgen schon angestellt und
alle Präparatorien allhier zu Salzthal dazu vorgekehret, so könnte
doch meines Bedünkens eine Abänderung inzwischen soweit ge=
macht werden, daß vor jetzo, statt des Kronprinzen Vermählung,
des Prinzen Karl seine mit der Prinzessin Charlotte vor sich ginge
und nach der Hand zu gleicher Zeit die des Prinzen Wallis mit der
Prinzessin von Bevern und des Kronprinzen mit der englischen
Prinzessin Amalie vorgenommen werde."

Der König wies jetzt den zudringlichen Diplomaten an seine
Minister und sagte nur noch, „daß er durch keine Vorteile in
der Welt sich würde bewegen lassen, seiner Ehre und Parole einen
solchen Schandfleck anzuhängen und die in vierundzwanzig Stun=
den zu vollziehende Heirat aufzuschieben." Die vorgeschlagene
Abänderung wäre wider sein Gewissen.

Von Grumbkow hörte Seckendorff nachher, daß der König
über den Antrag doch aufgebrachter war, als er es den Gesandten
hatte merken lassen. Noch einmal regte sich Friedrich Wilhelms
Argwohn gegen seinen Sohn und gegen die Königin. Grumbkow
mußte den Kronprinzen zur Rede stellen. Friedrich beteuerte seine
Unschuld an dem neuesten Winkelzuge der kaiserlichen Politik und
ließ dem Könige erklären, daß nichts als der Tod sein der Prin=
zessin=Braut gegebenes Wort lösen solle. Den Abend des ereignis=
reichen Tages verherrlichte die Aufführung eines Schäferspieles,
in welchem Friedrich in Bauerntracht als zärtlicher Liebhaber mit=
wirkte und von Apoll den Preis des Flötenspiels zuerkannt er=

hielt. Am nächsten Tage fand die Trauung statt. „Just diesen
Augenblick ist die ganze Ceremonie zu Ende, und Gott sei Lob
und Dank, daß alles vorbei ist," schreibt der Kronprinz um zwölf
Uhr in der Nacht an seine Schwester Wilhelmine.

Auf Befehl des Königs wurde die Notifikation der Vermäh=
lung an den englischen Hof unterlassen. Von Hannover und
London aus verbreiteten sich dagegen in den nächsten Wochen
„allerhand satirische Piecen über die zu Salzthal vollzogene Heirat".

In Berlin folgte den Einholungsfeierlichkeiten unmittelbar
das Hochzeitsfest des zweiten Paares, des braunschweigischen Erb=
prinzen und der Prinzessin Lottine, die vorher im Verein mit
ihrer Mutter, der Königin, mit liebevoller Sorglichkeit die Einrich=
tung des dem kronprinzlichen Paare bestimmten Hauses überwacht
hatte: es war das bisherige Kommandanturgebäude gegenüber dem
Zeughaus. Zugleich schenkte der König seiner Schwiegertochter
das Lustschloß Schönhausen mit seinem gut gepflegten Parke; der
Kronprinz kehrte nach einigen Wochen, wie er es sich gewünscht
hatte, nach Ruppin in seine „geliebte Garnison" zurück.

Da die Herren von dem bisherigen Ruppiner Hofstaat, „Don
Silva" (Wolden) an ihrer Spitze, von jetzt ab in Berlin den Dienst
bei der Kronprinzessin hatten, so hielt es der König für nötig,
einen erfahrenen und zuverlässigen Offizier, den Oberstlieutenant
von Bredow, seinem Sohn an die Seite zu stellen, denn „ich finde
ihn noch nicht im Stande, daß ich ihn so allein gehen lassen könnte".
Bredow erhielt die Weisung, auf Ordnung und Haushaltung zu
sehen und dem Kronprinzen „durch vernünftige Vorstellung und
ein gutes Exempel gute Sentiments beizubringen". Auch sollte
seine Gegenwart dazu beitragen, „daß die jungen Offiziers in
Sprechen und Umgang so viel mehr Menagement gebrauchen, denn
Ihr werdet Euch schon als ein alter, erfahrener Oberstlieutenant
den nötigen Respekt verschaffen." Begreiflicherweise betrachtete der
prinzliche Oberst diesen „militärischen Mentor" mit Mißtrauen
und schalt ihn wegen seiner Berichterstattung nach Potsdam einen
Argus und Zeitungsschreiber.

Das Einerlei des Friedensdienstes sollte bald eine Unter=
brechung erfahren. Noch im Herbst 1733 überschritten die Fran=

zofen den Rhein und nahmen Kehl, um durch eine Diverfion in
Deutschland die polnische Königswahl Leszczynskis, des Schwiegervaters Ludwigs XV., gegen die Höfe von Wien, Petersburg und
Dresden aufrecht zu erhalten. Im Frühling des nächsten Jahres
stießen 10 000 Preußen als Hilfstruppen zu dem kaiserlichen Heere
am Neckar. „Ich hoffe", sagte der König, „daß sie sich so werden aufführen, wie sich ein Brandenburger aufzuführen gewohnt
ist." Am 30. Juni ging der Kronprinz aus Berlin in das Hauptquartier ab, „als Volontär".

Er brannte vor Kampflust und Ruhmbegierde. Noch lieber
freilich hätte er es gesehen, wenn der Krieg unmittelbar der Sache
des Königs, den Interessen Preußens gegolten hätte. Als vor
zwei Jahren das Gerücht den Tod des Kurfürsten von der Pfalz
als unmittelbar bevorstehend ankündigte, und somit die Entscheidung wegen der jülich-bergischen Erbschaft ganz nahe gerückt
schien, da jubelte Friedrich: „Ich würde entzückt sein, die schöne
Armee des Königs handeln zu sehen und das Kriegshandwerk inmitten seiner siegreichen Waffen zu erlernen. Welch glücklichen
Erfolgen darf man sich nicht versprechen, im Kampf für eine gerechte Sache und beseelt durch die Ruhmbegierde! Ich versetze mich
schon im Geiste auf die Gefilde von Jülich und Berg und sehe
unsere neuen Unterthanen zu den Füßen ihres neuen Herren, so
daß wir mit dem Schrecken unserer Waffen nur das Herz unserer
feigen Neider zu erfüllen brauchen." Der Einundzwanzigjährige
glaubt 1733, daß es die höchste Zeit für ihn ist, etwas für die
Unsterblichkeit zu thun: „die Kraft meines Armes verdirbt in der
Unthätigkeit; jetzt könnte ich noch ein Kriegsschüler werden, mit
dreißig Jahren hat man keine Anlage mehr zum Lernen, und ein
Handwerk wie das kriegerische verdient mehr als die Spätlinge des
Greisenfleißes: man muß darin erzogen und aufgewachsen sein."

Gerade die Wahrnehmungen, die er in der nächsten Zeit
machen sollte, bestärkten ihn in der Ansicht, „daß dasselbe wunder-
kräftige Feuer, das einen Condé, einen Marlborough, einen Eugen
in ihrer Jugend zu Helden schuf, ihre Kraft auch allzu schnell
verzehrte".

Die Instruktion, die er 1734 in das Feldlager mitnahm,

hielt ihn zu fleißigem Verkehr mit den alten erfahrenen Kriegs=
obersten des Kaisers an, mit Generalen wie Wallis und Schmettau
und vor allem mit dem Prinzen von Savoyen selbst. So oft der
Prinz Eugen ausritt, sollte er sich bei demselben einfinden und
auf jede seiner Anordnungen achtgeben, auch bei den Begleitern
des Feldherrn sich stets nach den Gründen der erteilten Weisungen
erkundigen: „des Prinzen Eugenii Durchlaucht selbst darum zu
fragen, ist wider den Respekt und muß dahero nicht geschehen."
Am Tage einer Schlacht sollte der Kronprinz dem Altmeister zur
Seite halten und erst nach Eintritt der Entscheidung zu der
preußischen Infanterie reiten.

Wie wenig entsprach der Verlauf des Feldzugs von 1734
den Voraussetzungen dieser Instruktion und den hochgemuten Er=
wartungen Friedrichs, der den Prinzen Eugen in Wiesenthal
(7. Juli) mit den Worten begrüßte, er wolle zusehen, wie ein
Held Lorbeeren sammele. Das Feld, in das er kam, war „an
Lorbeeren sehr unfruchtbar", und der Sieger von Zenta und Turin
„vegetierte nur noch": „Die, welche ihr ganzes Leben lang an den
Ruhm sich gewöhnt und an siebzehn Ehrentagen ihn behauptet
hatten, mußten diesmal ohne neue Kränze heimkehren." Immer=
hin war der Eindruck, den der greise Held allein durch seinen An=
blick auf die lebhafte Einbildungskraft des jungen Kriegers machte,
ein tiefer: „Noch der Schatten des Prinzen Eugen", sagte Friedrich
ein paar Jahre später, „flößte den Feinden Ehrfurcht ein; alle
diese berühmten Schlachten traten vor ihr Auge, wo sie seine
Tapferkeit, seine Kriegserfahrung und seine Sieghaftigkeit an sich
erprobt hatten. Da man allzeit ihn als Sieger gesehen, so ver=
wechselte man ihn mit dem Siege selbst, und die Franzosen fürch=
teten den einzigen Prinzen Eugen mehr als die gegen sie ver=
einigte Gesamtkraft des Reiches." Ausdrücklich verwahrte sich der
Kronprinz hier im Lager dagegen, „als ein kleiner Eugen" kritteln
und klug reden zu wollen, und meinte, daß Seckendorff und die
andern Generale den Generalissimus, der ihnen zu alt schien, mit
ihrer Weisheit nur zu Dummheiten veranlassen würden. Man
wollte bemerken, daß er die lakonische Sprechweise des großen
Siegers sich aneignete. Als ein persönlicher Zug an dem Alten

blieb dem Volontär von 1734 unvergessen, daß in Gegenwart
Eugens nichts zu seinem Lobe gesagt werden durfte.

Die Hauptausbeute des militärischen Kursus blieb bei alle=
dem, wie Friedrich noch im Lager feststellte: „Unser Feldzug ist
eine Schule, in der man aus der Verwirrung und Unordnung, die
in dieser Armee herrscht, eine Lehre ziehen kann." Wie vor Zei=
ten der junge Moritz von Sachsen als Teilnehmer an dem Heeres=
zuge Karls V. nach Frankreich den Eindruck gewinnen konnte, daß
ein Waffengang mit diesen Kaiserlichen nicht allzu gefährlich sein
dürfe, so machte auch hier unter den Truppen des sechsten Karl
der militärische Scharfblick eines deutschen Prinzen eine Nutzan=
wendung für die Zukunft. Dem Freiherrn von Riedesel gönnte
Friedrich, als derselbe aus dem österreichischen Dienst in den
preußischen übertrat, das Kompliment, er sei ihm als der Einzige,
dessen Regiment bei der Rheincampagne in Ordnung gewesen,
sehr wohl in Erinnerung; für jetzt aber bot die Prahlerei und
das unkriegerische Aussehen der kaiserlichen Musketiere und Reiter
dem mimischen Darstellungstalente des preußischen Kronprinzen
dankbaren Stoff.

Übrigens hatte die Anwesenheit der Preußen die Wirkung,
daß der „Exerzierteufel" zu Friedrichs Schadenfreude auch in die
Kaiserlichen fuhr: „Der Prinz Eugen exerziert nun ärger wie wir;
er ist öfter drei Stunden selber dabei, und fluchen die Kaiserlichen
so viel auf uns, daß es grausam ist."

Das volle Vierteljahr, das der Kronprinz vor dem Feinde
stand, genügte, ihn, wie seine Instruktion es verlangte, mit dem
Feldbdienst im kleinen und im großen völlig vertraut zu machen,
so daß er wußte, „wie die Schuhe der Musketiere sein sollen, wie
lange ein Soldat solche tragen kann und wie lange er in einer
Campagne damit auskommen muß, desgleichen von allen Kleinig=
keiten, so zu den Soldaten gehören, und so ferner bis zur hundert=
pfündigen Kanone, auch endlich bis zu dem großen Dienst und
bis zu des Generalissimi Dispositiones." Auch an Gelegenheit,
persönlichen Mut zu bewähren, fehlte es in diesem Scheinkrieg
doch nicht ganz. Auf einem Rekognoszierungsritt im Walde vor
Philippsburg kam Friedrich mit seinen Begleitern den französischen

Kugeln nahe genug; die Kaltblütigkeit, mit der er die Bäume um sich herum zersplittern sah, ohne im Gespräch innezuhalten, machte viel von sich reden.

Da der König sein Kontingent, bei welchem er einige Tage nach dem Sohne eingetroffen war, bald wieder verließ, so hatte der Kronprinz volle Freiheit der Bewegung. Die lachenden Gefilde am Neckar und Rhein, die er vor vier Jahren qualvoll und mit finsteren Gedanken durcheilt hatte, wurden jetzt für ihn der Schauplatz lustigen, ausgelassenen Lebensgenusses. In diesem Heidelberger Lager, wo man den Ernst des Krieges kaum wahrnahm, tummelte sich die Blüte der deutschen adeligen Jugend. Zwar warnte den preußischen Kronprinzen seine Instruktion vor dem kordialen Umgang mit den vielen „Fürstenkindern, jungen Grafen und anderen jungen Leuten von Extraction, worunter gemeiniglich mehr böse als gute sind". Indes, wo ließ sich da eine Grenze ziehen? Die Erinnerung an die etwas wüste Gemütlichkeit der österreichischen Magnaten bei einem Gelage, das Friedrich in einem gewürzten Briefe schildert, mag ihm nach Jahren einige Züge für seine übermütigste Dichtung, das Palladion, geliefert haben, und das Ördek teremtete, den kernigen Nationalfluch der Kinder der Puszta, führte er in der nächsten Zeit mit Behagen im Munde. Durchaus im Kriegsknechtston sind auch die Verse gehalten, die hier vor Heidelberg entstanden sind. Friedrichs tübeste Muse verspottet ebenso derb wie holprig einen der „Schreiber" daheim hinterm Ofen, den alten Küstriner Gefährten Natzmer:

> . . . . Wer nicht kann Kartaunenknall' und Stücken hören brausen,
> Dem rathe ich er bleibe zu Haus
> Und lause der Mutter den Zipfelpelz aus.
> Zum Zipfel, zum Zapfel,
> Znm Scherber, zum Pfriemen,
> Bei der Jungfer Christinen
> Zum Dachfenster rein.

Ähnlich wird einer der Kameraden von dem in der Garnison zurückgebliebenen kronprinzlichen Regimente, der tolle Hans Heinrich von der Gröben, „im Namen der ganzen gesamten und von

vielen unterschiedlichen Herren, Ländern, Örtern und Provinzien
versammelten und conföderirten Kriegsvölkern und Soldaten kräftig-
lichst mit den bis heute nicht veralteten Schlagwörtern des Kasernen-
hofes ausgescholten: „daß du Teufel zu Hause sitzest" u. s. w. u. s. w.;
die deutschen Alexandriner aber, die der Regimentschef dem Lieutenant widmet, brechen jählings ab, denn:

> Der edle Rebensaft stieg mir heut ins Gehirne,
> So daß ich gar vergeß den Lauf derer Gestirne.
> Also schließet Poet, wünschet dir gut zu leben,
> Und wird dir tausend Mal sonst gute Nacht gegeben.

Aus dem Felde heimgekehrt, fand Friedrich den Vater schwer
krank. Ende Oktober gaben ihm die Ärzte nur noch vierzehn Tage
zu leben, die Wassersucht machte schnelle Fortschritte. Der Kranke
übertrug dem Kronprinzen einen Teil der Regierungsgeschäfte, die
Unterschrift der Verfügungen in Verwaltungsangelegenheiten. Erst
um die Wende des Jahres änderte sich sein Befinden unerwartet
zum Besseren.

Seit dem April 1735 hielt Friedrich um die Erlaubnis an, auch
in diesem Jahre den Feldzug der Kaiserlichen bei dem preußischen
Hilfscorps mitzumachen. Endlich erhielt er die Zusage und schrieb:
„Ich glaube, dem Prinzen Eugen wird die ganze Campagne nicht so
viel Mühe bereiten, als mir die Einholung der Erlaubniß gekostet
hat." Der König nahm sein Wort wieder zurück. Immer von
neuem, immer dringlicher trug der Kronprinz ihm seine Bitte vor.
Gerade weil der vorige Feldzug so ruhmlos gewesen, meinte er
die erneute Gelegenheit zur Auszeichnung nicht ungenutzt lassen
zu dürfen. Er erinnerte Friedrich Wilhelm an die eigene Jugend:
hatte ihm doch der Vater selbst immer erzählt, „wie er sich vordem Mühe gegeben, um von seinem Herrn Vater die Permission
zu erhalten, in Campagne zu gehen". Als Ende August gar die
Nachricht kam, daß Eugen über den Rhein gehen wolle, schrieb der
zum Stillsitzen Verurteilte: „Mein allergnädigster König sei so
gnädig und considerire die Schande, so ich haben würde, wenn
nun da was vorgehet und ich wäre nicht dabei! Die ganze Welt
weiß, daß ich vom Soldaten Profession mache, und da hier Ge-

legenheit wäre, was Rechtes zu lernen, so bliebe ich zu Hause."
Friedrich Wilhelm legte dem Ungeduldigen freundlich und väterlich
die Gründe dar, aus denen er, so herzlich lieb er den Sohn habe,
ihm diese Bitte versagen müsse. Auf die „Ausstreuung vorhabender
Bataillen" sei nichts zu geben, vielmehr würde der Prinz am
Rhein wieder nur wie im Vorjahre „ein Zeuge der kaiserlichen
Inaction" sein, „welches eben nicht glorieux für einen Kron=
prinzen von Preußen sein kann". Das Hauptbedenken, das die
Antwort andeutet aber nicht ausspricht, lag in den politischen Ver=
hältnissen. Friedrich Wilhelm war in seinem Vertrauen zu dem
kaiserlichen Hof stark erschüttert worden. Er sagte, sein Sohn
würde bei der Armee des Prinzen Eugen zu gut kaiserlich werden.

Daß es ihm schwer wurde, dem kriegerischen Ehrgeize des
Sohnes den Lieblingswunsch zu versagen, beweist die Anfrage, die
er gleichsam tröstend an den Kronprinzen richtete: ob er sich freuen
würde, auf fünf bis sechs Wochen eine „Lustreise" nach Preußen
zu machen. Friedrich nahm das Anerbieten an, aber verstimmt
genug: „Eine Sendung nach Preußen," murrte er, „ist etwas
anständiger als eine Sendung nach Sibirien, aber nicht viel. Die
geheimen Hinderungsgründe scheinen in der That sehr geheim zu
sein, offenbar kennt er sie selbst nicht."

Immerhin bot ihm die preußische Reise des Lehrreichen und
Interessanten genug. Die Vollmachten, mit denen er ausgerüstet
wurde, führten ihn bei den Provinzialbehörden und bei den Truppen=
kommandeuren als den Vertreter des Souveräns ein. Mißstände
in den Kammern und Ämtern und bei den Regimentern entgingen
seinem prüfenden Auge nicht und blieben nicht ungerügt. Die
Feldwirtschaft, das noch arg vernachlässigte Schulwesen, alles fand
sorgsame Beachtung und einsichtige Beurteilung. Der König äußerte
über die an ihn einlaufenden Reiseberichte seine volle Genugthuung.

In Königsberg weilte damals der Fürst ohne Land, der vor
den Waffen der Russen und Sachsen aus Polen geflüchtet war,
König Stanislaus Leszczynski, der zum zweitenmal Entthronte,
umgeben von dem Hofstaat der ihm gefolgten Getreuen: die Drei=
stadt Königsberg glich fast dem Sitz eines polnischen Reichstages.
Die wiederholten Besuche, die der preußische Kronprinz ihm ab=

stattete, wurden von den „Antistanislaiten" als eine Demon=
stration Preußens gegen den Kaiser, den Verbündeten des wetti=
nischen Gegenkönigs, aufgefaßt. Auf der Fahrt durch das Polnische
begegnete Friedrich noch überall den Spuren des Durchzugs der
Fremden und gewann in Danzig keine besonders hohe Meinung
von der militärischen Einsicht, die Marschall Münnich bei der Be=
lagerung gezeigt hatte. Die Bilder des Krieges, die hier in Polen
vor sein Auge traten, mahnten ihn von neuem schmerzlich an
seine Verurteilung zu friedfertiger Thatenlosigkeit: „Ich, der ich
nicht die gewichtige Last der Sorge für das Wohl eines Staates
auf mir habe, ich könnte sehr gut, ohne daß Jemand deshalb
etwas zu verlieren hätte, dabei sein und ruhig meinen Hirn=
schädel dran wagen. Aber das Schicksal hat es auf mich abgesehen,
denn ich, der vor Eifer für den Soldatenberuf brennt, kann nie
dazu kommen, die geringste Kleinigkeit mitzumachen."

Im November war Friedrich wieder in Ruppin. Inzwischen
näherte sich die Bauarbeit ihrem Abschluß, mit der man seit
Jahr und Tag in dem benachbarten Städtchen Rheinsberg be=
schäftigt war. Bald nach der Vermählung des Kronprinzen hatte
der König, einem Wunsche seines Sohnes entgegenkommend, die
anmutig gelegene Herrschaft Rheinsberg angekauft; den Ausbau
und die Einrichtung des verfallenen Schlosses leitete Friedrich mit
großer Liebe persönlich. Kemmeter rüstete das Vorderhaus und
den Seitenflügel mit dem alten Klingenberg, dem Turm am See,
stattlich zu und verdrängte die verwitterte Gotik durch Formen,
wie sie der moderne Geschmack forderte; Sello brachte Licht und
Ordnung in die Wildnis der Buchen und Eichen rings um das
Wasser, und Pesne ließ auf dem Deckengemälde des Musiksaales
den Sieger Apoll lichtbringend durch die Morgennebel aufsteigen.
Als dann Knobelsdorf von einer Studienreise aus Italien zurück=
kehrte, verhalf er der Schloßanlage durch Aufführung eines zweiten
Flügels zu Ebenmaß und verband den vorspringenden Giebelturm
dieses Neubaues mit dem gegenüberliegenden Klingenberg durch einen
den Innenhof schließenden Säulengang. Über die Eingangspforte
aber schrieb der Baumeister: Friedrichs Feierstille — Friderico
tranquillitatem colenti.

Rheinsberg.

„Ein Hauptmann von der Leibwache des Kaisers Commodus wurde ohne Grund vom Hofe verwiesen. Als er in der Verbannung den Tod vor sich sah, setzte er seine Grabschrift auf: Hier liegt, der sieben Jahre gelebt hat. In Wahrheit hatte er siebenundsechzig Jahr gelebt, aber nur die letzten in der Verborgenheit. Wenn ich heute meine Grabschrift machte, so würde sie lauten: Hier liegt, der ein Jahr gelebt hat."

Es war im Oktober 1737, daß Friedrich diese Worte schrieb. Seit dem Herbst 1736 also datiert er sein Leben, seit seinem Einzuge in Rheinsberg.

Die äußerlich merkbarste Veränderung, die seine Lebensweise mit dem Ortswechsel erfuhr, war die Vereinigung seiner bisherigen bescheidenen Offizierswirtschaft mit der höfischen Haushaltung der Kronprinzessin. Die junge Fürstin mit ihrem Hofstaat hatte in Ruppin nie residiert. Wie die meisten preußischen Offiziere jener Zeit führte der Kronprinz dort in seiner kleinen Garnison ein Dasein, dessen Geselligkeit nur die derbere Würze des Spieles und des Trunkes kannte. Jetzt in Rheinsberg erhielt das gesellschaftliche Leben durch die Gegenwart des schönen Geschlechts nicht nur neue Formen, sondern auch neuen Inhalt. „Die Frauen breiten einen unbeschreiblichen Reiz über den täglichen Verkehr aus": so und ähnlich klingt es jetzt in Friedrichs Briefen. „Ganz abgesehen von dem holden Minnedienste, sind sie für die Gesellschaft durchaus unentbehrlich; ohne sie ist jede Unterhaltung matt."

Wenn es ans Witzeln ging, stimmte zwar der Prinz dem Ver=
gleich zu, den ein Spötter zwischen dem verdorbenen Geschmack der
vornehmen deutschen Frauen und dem durch die Schminke zer=
störten Teint der Französinnen gezogen hatte; aber unter den
Damen', die stetig oder vorübergehend in Rheinsberg weilten,
waren doch einige, deren Witz und deren Antlitz ihm „nicht ver=
werflich" schienen. Die kokette Frau von Brandt that sich als
Briefstellerin durch Witz und anmutigen Ausdruck hervor; an
der „jugendlichen Iris", einem Fräulein von Walmoden, pries
Friedrichs Muse die blendende Schönheit, die bald genug einen
der Ruppiner Offiziere in die Banden der Ehe schlug. Der Baronin
von Morrien hat Friedrich noch nach langen Jahren ein Gedicht
gewidmet, um sie an den schönen Rheinsberger Lebensfrühling zu
erinnern, da sie den Namen Wirbelwind (Tourbillon) erhielt und
aus ihrem unerschöpflichen Vorrat reiner Fröhlichkeit aller Welt
mitteilte. Am meisten aber wurde die „kleine Tettau" ausge=
zeichnet, mit ihrem Kindergesicht und ihrem spitzigen Wesen; auch
war sie eine bewunderte Schauspielerin. Sie taufte der Kronprinz
Finette und das geschäftige Gerücht bezeichnete bereits das Fräulein
von Tettau als die künftige Gunstdame des preußischen Hofes.
Eine Bekanntschaft aus der Kinderzeit war Frau von Kannen=
berg; die Tochter des Grafen Finckenstein wird in dem elterlichen
Hause mit dem sechs Jahre jüngeren Prinzen, dem Zögling ihres
Vaters, oft genug gespielt haben. Eine geborene Gesellschaftsdame,
wie Friedrich sagt, bildete sie bei Besuchen mit ihrem ritterlichen
Gemahl „eine Zierde des Rheinsberger Kreises". Die älteste
Freundin blieb leider fern, die treue Frau von Rocoulle; Friedrich
konnte sie nur in Berlin sehen. Hielt er sich im Winter dort
längere Zeit auf, so fehlte er nicht leicht in dem „verehrungs=
würdigen Mittwochskollegium", der kleinen auserlesenen Gesell=
schaft, die im Hause seiner „lieben guten Mama" sich ein wöchent=
liches Stelldichein gab; denn obgleich jetzt den Achtzigen nahe,
war die alte halbtaube Dame mit ihrem Hörrohre in ihrer liebens=
würdigen Munterkeit noch immer „das Entzücken der Jugend".

Zu den Rheinsberger Damen, deren Witz und Schönheit der
Kronprinz rühmte, hat er seine junge Gemahlin nicht gezählt. Er

hat sie auch nicht in zierlichen Versen besungen, und in dem Briefwechsel zwischen ihm und seinen Schöngeistern geschieht der Kronprinzessin wie nach stillschweigender Übereinkunft nie mit einem
Worte Erwähnung. Gleichwohl waren die Rheinsberger Jahre
die Lichtzeit dieses unfreiwilligen Bundes. Der Kronprinz hatte
sich gegen das Joch der Ehe insgemein und gegen die Vermählung mit dieser Prinzessin insbesondere gesträubt, aber die wirkliche
Begründung des häuslichen Herdes hier in Rheinsberg hat an
der harmonischen Gesamtstimmung der nächsten Jahre ohne Frage
ihren Anteil gehabt. Hat doch Friedrich später die Verheiratung
als das sicherste Mittel betrachtet, die allzu stürmische Art eines
seiner jüngeren Brüder zu größerer Stetigkeit zu gewöhnen; er
kannte den erziehlichen Einfluß der Ehe aus Erfahrung. Elisabeth
Christine hatte nichts, was bestechen und fesseln konnte, aber ihre
anspruchslose Hingebung, ihre stille Freundlichkeit ließen sich auf
die Dauer nicht kalt zurückstoßen. Der Gatte mußte sich sagen,
daß er über dieses harmlose Wesen, auf welches er sich nun einmal angewiesen sah, unbillig geurteilt hatte; er bekannte schon
vor den freundlicheren Rheinsberger Tagen ohne Vorbehalt: „Ich
müßte der niedrigste Mensch auf dem Erdboden sein, wenn ich
meine Frau nicht aufrichtig hochschätzen wollte, denn sie ist das
sanfteste Gemüth, so gelehrig, wie sich nur denken läßt, und gefällig bis zum Äußersten, sodaß sie mir alles an den Augen ab-
sieht, womit sie glaubt, mir Freude machen zu können." Aber
demselben Vertrauten, vor dem er dieses Loblied anstimmte, sagte
er zum Schluß von alle dem, daß er dieser Gemahlin gegenüber
nie etwas von Leidenschaft empfinde, daß er nie in sie verliebt
gewesen sei.

Die Macht der Gewohnheit, die Gemeinschaft des täglichen
Lebens in ländlicher Abgeschlossenheit schuf dann zwischen den beiden
Gatten ein Verhältnis, das mehr als ein konventionelles war,
dem es selbst an Herzlichkeit nicht fehlte. Wenn der Kronprinz
während der wenigen Jahre dieses ehelichen Zusammenlebens sich
auf Tage oder Wochen von der Gemahlin trennte, hat er ihr post-
täglich geschrieben, um ihr seine Reiseerlebnisse mitzuteilen oder
ihr kleine Besorgungen aufzutragen, wie sie einer guten Hausfrau

in Abwesenheit des Mannes zufallen. Sie schrieb ihm wieder, und er sagte wohl, wenn er die Briefe las, daß sie doch ganz guten Witz habe. Die Sprache seiner eigenen Briefe ist immer freundlich und ungezwungen; selbst der Ton ritterlicher Verbind= lichkeit wird mitunter angeschlagen: „Ich freue mich sehr auf Rheinsberg, und noch mehr auf das Vergnügen, Sie zu umarmen." Es geschah keineswegs aus bewußter Abneigung gegen die Ge= mahlin, daß Friedrich später die gemeinsame Hofhaltung der Rheins= berger Zeit auflöste; aber auch eine tiefere Zuneigung kann er selbst in Rheinsberg nie für Elisabeth Christine gehegt haben, wenn er so schnell nicht bloß räumlich ihr fern trat, sondern auch sein Herz wieder fremd und frostig abwandte und sich nicht mehr die Mühe gab, die innere Gleichgültigkeit zu verhehlen. Die Verein= samte aber blieb sich gleich, hoffte immer, daß sich noch alles wieder wenden werde, und zehrte von der wehmütigen Erinnerung an die Rheinsberger Zeit, „da ich volle Befriedigung empfand, freundlich aufgenommen von einem Gebieter, den ich zärtlich liebe und für den ich mein Leben hingeben würde." —

In der vorletzten Woche des August 1736, nicht lange nach dem Hausherrn, war die Kronprinzessin mit ihren Damen in Rheinsberg eingezogen; ein erster Besuch des Königs — er ist später nur noch einmal als Gast gekommen — gab Veranlassung, durch ein geräuschvolles ländliches Fest mit Hetzjagd, Fischzug und Vogelschießen die neue Residenz einzuweihen. Dann umfing stiller Friede das Schloß am See und seine Bewohner.

„Ich habe noch nie so glückliche Tage verlebt, wie hier," schrieb Friedrich nach dem ersten Vierteljahr seines Rheinsberger Aufenthaltes an seinen alten Freund Suhm. Sein Gemüt ge= wann die Freiheit und Zufriedenheit, die seine Freunde bisher an ihm vermißt hatten. „Ich lebe jetzt wie ein Mensch," äußert er abermals nach einigen Monaten, „und ziehe dieses Leben der majestätischen Gewichtigkeit und dem tyrannischen Zwang der Höfe weitaus vor. Ein Leben nach der Elle ist nichts für mich." Er nannte Rheinsberg sein „Sanssouci."

Schnitt der Kronprinz sein Tagewerk auch nicht nach der Elle zu, so fehlte es doch keineswegs an einer geregelten Zeiteinteilung.

Man unterschied am Rheinsberger Hofe zwischen den nützlichen
und den angenehmen Beschäftigungen. Zu den nützlichen zählte
das Studium der Philosophie, der Geschichte, der Sprachen; die
der Erholung bestimmten Stunden wurden mit Musik, Theater-
spiel und Maskeraden ausgefüllt. „Den ernsten Beschäftigungen
bleibt aber immer die Prärogative," sagt Friedrich gleichsam ent-
schuldigend; „ich kann versichern, daß wir für die Vergnügungen
nur vernünftige Anwendung haben: wir ziehen sie nur heran, um
den Kopf nicht zu überanstrengen, und als Gegengewicht gegen gelehrte Verdrießlichkeit und gegen das Zuviel der philosophischen
Gravität, die sich die Denkerstirn nicht ganz gutwillig durch die
Grazien glätten läßt." Er findet, daß ein Übermaß von Weisheit
und ein Übermaß von Narrheit gleich lächerlich sind: „um uns
am Tollhause glücklich vorbeikommen zu lassen, müssen Ernst und
Scherz sich paaren."

Die vier Rheinsberger Jahre sind Friedrichs fruchtbarste
Studienzeit gewesen. Nur zu vieles hatte er nachzuholen, was
er einst in Duhans Schule versäumt hatte; jetzt beim Eintritt in
den „Sommer des Lebens" beklagte er dem alten Lehrer gegenüber
die einst so unbesonnen vergeudete Zeit und legte ihm das Bekenntnis ab, daß er die verständigen Mahnungen überhört, daß
er allzusehr sich den Zerstreuungen hingegeben habe. Duhan hatte
damals seinem Schüler eine Bibliothek angelegt, die bis 1730 auf
3775 Bände angewachsen war und deren Katalog noch vorhanden
ist. Da finden wir Encyklopädien und gelehrte Zeitschriften, Lehr-
bücher der Rhetorik und Poetik und Reimwörterbücher, eine vollständige Sammlung der alten Klassiker in französischen Übersetzungen, zahlreiche Erscheinungen der französischen und englischen
Belletristik, auch einzelne italienische Gedichte und Romane, sowie
in französischen Texten den Don Quichote und die Novellen des Cer-
vantes; sodann naturwissenschaftliche, mathematische, geographische
Werke, eine reiche historische Litteratur zumal für das Altertum
und die französische Geschichte; endlich philosophische und auffällig
viel theologische Werke, auch mystische Litteratur und Erbauungs-
schriften. Alles in allem eine Sammlung, die ein systematisches
Studium, die Erwerbung einer umfassenden Bildung ermöglicht

haben würde. Aber selbst wenn Friedrichs eigenes Geständnis nicht vorläge und wenn wir nicht in Küstrin Hilles Klagen über des Prinzen krasse Unwissenheit in der Geschichte gehört hätten, so wäre leicht zu ermessen, daß ihm damals im Hause des Vaters die Sammlung und die äußeren Voraussetzungen zu irgendwie gründlicherem Studium fehlen mußten. Das Verbot der Lektüre war ein so strenges, daß Friedrich, seiner eigenen Erzählung nach, nur des Nachts, wenn sein Militärgouverneur schlief, nicht ohne Fährlichkeiten zu lesen wagte. Der König durfte von dem Vorhandensein der Bibliothek nichts erfahren; sie war in Berlin aufgestellt, in einem Hause der Schloßfreiheit, bei dem Geheimen Finanzrat von Pehnen, einem Mann von wissenschaftlichem Interesse, einem der Kuratoren des Joachimsthalschen Gymnasiums. Der Kronprinz war den größten Teil des Jahres in Potsdam, und kam mit dem Vater auf längere Zeit nur während des Winters nach Berlin. Unter diesen Umständen konnte ein flüchtiges Blättern in Tausenden von Büchern nur dahin führen, ihn zerfahren zu machen. Am meisten haben ihn auch damals noch, wie es scheint, die in reicher Zahl vertretenen französischen Romane angezogen. Als dann nach dem Fluchtversuch das Geheimnis des Prinzen an den Tag kam, ließ der König den ganzen Büchervorrat in Fässer packen und in Amsterdam unter den Hammer bringen, und Duhan wurde zur Strafe nach Memel geschickt und erhielt erst nach zwei Jahren die Erlaubnis zum Übertritt in braunschweigische Dienste. Dem Kronprinzen war während seiner Haft das Lesen, wie wir sahen, strenger verboten als je. Doch ist er in der letzten Küstriner Zeit schon zu den Büchern zurückgekehrt und hat auch in Ruppin fleißig gelesen. Aber erst in Rheinsberg scheinen seine Studien Planmäßigkeit angenommen zu haben, wenigstens hat er selbst immer diese Darstellung seines Bildungsganges gegeben.

Es galt, „unter Büchern vergraben", noch so gut es ging einen Mundvorrat von Kenntnissen und Wahrheiten anzuhäufen. Friedrich bildete sich seine eigene Lernmethode. Er hat später erzählt, daß er in Rheinsberg Lesen und Schreiben im Laufe des Tages mit einander abwechseln ließ, so etwa, daß er um vier Uhr früh sich vom Lager erhob, nach sechsstündiger Lektüre zwei Stunden excerpierte, nachmittags zu der Arbeit zurückkehrte, ja in später Stunde noch einmal sein Buch zur Hand nahm, um mitunter erst um die zweite Morgenstunde die Ruhe aufzusuchen. Der kühne Versuch, sich des Schlafes gänzlich zu entwöhnen, wovon Friedrich gleichfalls gern zu erzählen pflegte, mußte nach vier Tagen aufgegeben werden.

Mit der Betriebsamkeit und dem Sitzvermögen allein war es freilich nicht gethan. „Kann Er lesen?" so fragte einmal der „alte" Fritz einen seiner jungen Adjutanten und gab dann dem Erstaunten zu der seltsamen Frage die Erläuterung: „Lesen heißt denken." Friedrich las, hier in Rheinsberg und später, mit der Feder in der Hand, um was ihm zu denken gab einstweilen anzustreichen, auch wohl, um die zuströmenden Gedanken sofort in geschriebene Worte abzuklären und den Rand des Buches mit eiligen Bemerkungen anzufüllen. Mehr als eine seiner schriftstellerischen Arbeiten ist unmittelbar durch die Lektüre eines Autors, der seine Zustimmung fand oder seinen Widerspruch herausforderte, angeregt worden. Regelmäßig aber wurden aus den gelesenen Büchern Auszüge gemacht; sie dienten als Grundlage für die Wiederholung, für die Aneignung des Inhalts der Lektüre. Einige dieser Zusammenstellungen, wie er sie nach und nach sich anlegte, hat Friedrich später zu seinem Handgebrauch drucken lassen: einen Auszug aus Bayles Lexikon, einen gedrängten Abriß der Kirchengeschichte Fleurys, eine Blumenlese aus den heute halbverschollenen Dichtungen des Anakreontikers Chaulieu und der Madame Deshoulières.

Mit Vorliebe hat sich Friedrich ob seiner Ausdauer im Lesen den emsigen Benediktinermönchen verglichen, und so durfte er sein Schloß, trotz der Gegenwart der Damen, sein kleines Kloster nennen. Es kamen Tage, wo er an seinem Studiertische nicht zu sagen wußte, wie draußen das Wetter aussah, weil „auf der Hin und Herreise zwischen dem Arbeitsraum und der Bücherei" sich zu meteorologischen Beobachtungen keine Gelegenheit bot. Seine Ärzte hätten ihm das allzueifrige Studium zu Zeiten mit Rücksicht auf seine Neigung zu Magenkrämpfen gern untersagt, aber er erklärte, lieber krank am Körper als am Geiste sein zu wollen: „Wenn ich nicht lesen und schreiben kann, bin ich wie die starken

Tabakschnupfer, die vor Unruhe sterben und tausendmal mit der Hand in die Tasche fahren, wenn man ihnen ihre Dose ge=
nommen hat."

Wie der Tag, so hatte auch das Jahr seine bestimmte Ordnung. „Die Leser meines künftigen Geschichtsschreibers werden nur drei Epochen zu unterscheiden brauchen: Exercierzeit, Reisezeit und Rheinsberg." Die Exercierzeit fiel in die Frühlingsmonate vom März bis zum Juni; dann blieb der Regimentschef oft tagelang in Ruppin. Seine Reisen führten ihn, abgesehen von Besuchen in Berlin und Potsdam, 1736 und 1739 nach Preußen und Litauen, 1738 an den Rhein und nach Holland. Weitaus der größte Teil des Jahres gehörte Rheinsberg, den Studien und den Freunden.

Friedrich hat sich nie zu der Ansicht zu bekennen vermocht, die einst einer seiner Freunde aufstellte, daß ein Gelehrter, der inmitten seiner Bücher lebe, auch ohne Freunde glücklich sein könne, daß die Freundschaft zum menschlichen Glücke nicht unbedingt not=
wendig sei. Sehr bestimmt erklärte er gegen diese Behauptung: „Ein Mensch, der die Wissenschaften pflegt und ohne Freunde lebt, ist ein gelehrter Bärwolf." Was ihm in Ruppin bei dem Be=
ginne des Studiums gefehlt hatte, war die Anregung, welche die unmittelbare Berührung der Geister, der mündliche Gedanken=
austausch mit Gefährten von gleichartiger Bildung, verwandten Interessen und sympathischer Persönlichkeit gibt. Das geistige Leben in der kleinen Garnison war nicht minder öde gewesen, als das gesellschaftliche. Friedrichs abwesende Freunde bedauerten damals, daß ihm nicht erlaubt wurde, seinen Umgang nach Be=
lieben zu wählen; sie sagten, daß unter den Ruppiner Offizieren kaum drei seien, die vier vernünftige Worte zu schreiben ver=
möchten. Wenn er nicht seinem Vater zu Gefallen sich die meiste Zeit auf den Umgang mit den jungen, der Mehrzahl nach höchst unbändigen und höchst unwissenden Regimentskameraden ange=
wiesen sähe, sondern mit verständigen und geistvollen Männern verkehren könnte, so würde er eines der schönsten Genies seiner Zeit werden und die seiner Geistes= und Herzensbildung noch an=
haftenden kleinen Fehler leicht abstreifen. Jetzt endlich in Rheins=
berg wurde ihm für die Wahl seiner Gesellschaft kein Zwang mehr

auferlegt. Im Begriff, in sein neues Heim überzusiedeln, macht
er Suhm erfreut die Mitteilung, daß Jordan und Keyserlingk,
Fouqué und der Major Stille seine Hausgenossen sein werden.
Mit ihrem Einzuge wurde der Musensitz Rheinsberg vor allem
das Heiligtum der Freundschaft: ihr habe er diese Stätte geweiht,
erklärte der Besitzer, nicht anders als einst ein König von Frank=
reich sein Reich der heiligen Jungfrau zu eigen gegeben habe.

Jordan, damals sechsunddreißig Jahre alt, hatte die Welt und
die Menschen gesehen. Eine Reise durch Frankreich, Holland und
England, die er nach dem Tode seiner jungen Gattin und nach
Niederlegung seiner uckermärkischen Pfarrstelle unternahm, hatte
ihn mit den Häuptern der geistigen Bildung Europas, Fontenelle
und Voltaire, Pope und s'Gravesande in persönliche Berührung
gebracht. Mit seinem allgemeinen Wissen, seinem sicheren Ge=
dächtnis, seiner glücklichen Gabe, der Gelehrsamkeit ein gefälliges
Gewand umzuhängen, war dieses bewegliche Kind der Berliner
französischen Kolonie ganz die Persönlichkeit, die der Kronprinz
für seine Zwecke brauchte. Jordan wurde sein Sekretär, in Wirk=
lichkeit sein litterarischer Berater: „Copist und Kritiker in einer
Person", wird er im Scherz von seinem Gebieter angeredet; und
in der That, Friedrich hat mehr als einmal seine litterarischen
Versuche Jordan zur Begutachtung und Verbesserung vorgelegt
und seine französischen Briefe vor der Absendung von ihm durch=
sehen lassen. In der an sich durchaus untergeordneten Stellung,
die nach ihm Darget, de Prades, Catt einnahmen, ist Jordan in
vollstem Maße Friedrichs Freund geworden. Mehr als Geist und
Gelehrsamkeit galt ihm an Jordan der Charakter, die Herzensgüte,
der unerschöpfliche Fonds von Menschenliebe. Dieselben Eigen=
schaften, die dem Prediger einst die allgemeine Verehrung seiner
Pfarrkinder eingetragen hatten, gelangten jetzt bei Hofe zu nicht
minder einstimmiger Anerkennung. Was dem nicht fehlen durfte,
der dem Prinzen näher treten wollte, die weltmännische Sicher=
heit des Auftretens, die Gabe der leichten, anregenden Unterhaltung,
das hatte Jordan gleichfalls ganz zu eigen. So war er seinem Ge=
bieter und Freunde das Ideal eines Gelehrten, der kein Pedant
ist, wenn Friedrich auch gern über die staunenswerte Belesenheit

spottete, mit der jener „berühmte" Autoren citierte, „die Niemand zu kennen die Ehre hat". Auch des Jordans Furcht vor dem Weltuntergang, den das Erscheinen eines großen Kometen herbei= führen sollte, gab zu fortwährenden Neckereien Veranlassung.

> Der gute Jordan liebt nächtlich gelehrtes Wachen:
> Cäsarion zieht vor, die Flaschen leer zu machen, —

in diesen Versen stellt der Kronprinz seinem Freunde Jordan den Mann gegenüber, der mehr noch als jener sich seiner Zuneigung zu erfreuen hatte. Wenn Friedrich diejenigen, welche er gern sah, für den scherzhaft=vertraulichen Verkehr umzutaufen liebte, so hat in seinem Munde keiner den ihm erteilten Beinamen so ausschließlich geführt, als Cäsarion = Keyserlingk. Dietrich von Keyserlingk hatte nach den Küstriner Tagen seinen Dienst bei der Person des Kronprinzen, trotz des von diesem geäußerten Wunsches, nicht wieder erhalten, sondern war bei seinem Regiment in Rathenow geblieben. Erst jetzt erlaubte ihm der König, zu dem Prinzen zurückzukehren; ja er soll sein Gefallen daran geäußert haben, daß sein Sohn an Keyserlingk sich am engsten anschloß. Friedrich begrüßte Cäsarions Erscheinen „wie den Durchbruch der Sonne durch den frostigsten Winternebel". Er gab sich dem um vierzehn Jahr älteren Freunde mit einer Spur von Empfindsam= keit hin, die an die Freundschaften der Genieperiode unserer Litte= ratur erinnert; er sagte, daß Cäsarion sein Alles sei. Von seinen leider bisher nicht bekannt gewordenen Briefen an diesen Freund versicherte ein Zeitgenosse, der ihrer eine Anzahl gesehen hatte, „daß die allernachlässigsten darunter zum Muster in der zärtlichen Schreibart dienen könnten". Wiederum hat von allen seinen Freunden wohl keiner mit solcher Hingebung ihm angehört, als dieser kurländische Edelmann. Erschien ein Fremder, so ließ sich Keyserlingk nichts angelegener sein, als alle Vorzüge seines Gebieters in das strahlendste Licht zu stellen: „er wollte, daß alle Welt Friedrich sähe, kennen lernte, lieben lernte." Seine Leb= haftigkeit hatte etwas Stürmisches: „wie Boreas im Rosenballet" wirbelte der untersetzte, dunkelbrünette Kavalier durch den Schwarm der Gäste. Die Kenntnisse, die er sich erworben, wußte er in der

geschicktesten Weise glänzen zu lassen. Auf der Schule hatte er als
Wunderkind gegolten, die Universitätszeit in Königsberg hatte er gut
genutzt, und ein zweijähriger Aufenthalt in Paris gab endlich seiner
Bildung den eleganten Schliff, der den Kronprinzen entzückte. Für
die Rheinsberger Gesellschaft war er in seiner Vielseitigkeit unent=
behrlich: leidenschaftlicher Jäger, unermüdlicher Tänzer, wackerer
Zecher, dabei Sänger, Komponist, Dichter, der horazische Oden
und die damalige Mode=Epopöe, den „Lockenraub", ins Französische
übertragen hat. Das Entscheidende für sein Verhältnis zu Fried=
rich blieb, daß mit den glücklichen Talenten und der sprudelnden
Beweglichkeit sich die Vornehmheit der Formen und der Adel der
Gesinnung, bewährte Zurückhaltung, und Verschwiegenheit verbanden,
alle Eigenschaften des vollendeten Edelmannes.

Beinahe gleichen Alters wie Keyserlingk waren die beiden
anderen militärischen Gesellschafter des Kronprinzen, Stille und
Fouqué. Auch Christoph Ludwig von Stille hatte als junger Mann
die Universität bezogen; da brach der Krieg gegen Karl XII. aus
und der Helmstädter Student stellte sich unter die preußischen
Fahnen. Seinen Studien und seinen schöngeistigen Liebhabereien
blieb er in seinem neuen Berufe treu. Aus dem Felde heim=
gekehrt, hat er Urlaub genommen, um als Lieutenant die hallischen
Hörsäle zu besuchen; abgesehen von militärwissenschaftlichen Ar=
beiten, hat er sich in Übersetzungen aus dem Englischen und Fran=
zösischen und noch als Kavalleriegeneral in deutschen Versen ver=
sucht. Ein wackerer Degen und zugleich ein Kenner der Friedens=
werke, war dieser Offizier in Rheinsberg an seinem Platze; nicht
eine blendende Erscheinung wie Keyserlingk, war er vielleicht gründ=
licher in seinen Kenntnissen, und vor allem als Charakter ebenso
zuverlässig; seiner Frömmigkeit legte niemand etwas in den Weg.

Mit Heinrich August de la Motte=Fouqué war zunächst eine
schätzbare Kraft für die Rheinsberger Liebhaberbühne gewonnen,
ob immer dieser Schauspieler noch im späten Alter erklärte, der
mangelhaften Durchführung seiner Rolle in Racines Mithridates
sich schämen zu müssen. Nun beschränkten sich die Rheinsberger
Freunde nicht auf die Wiedergabe fremder Kunstschöpfungen, sie
wußten auch die eigne Lebenssphäre durch das Spiel der Einbil=

bildungskraft poetisch auszuschmücken. An Fouqués Namen knüpft
sich ein Stück Romantik in Friedrichs Jugenbleben. Schon war das
prosaische Rheinsberg von seinen jetzigen Bewohnern in ein sagen=
haftes Remusberg umgetauft worden, weil ein Pedant des siebzehnten
Jahrhunderts die Entdeckung gemacht haben wollte, daß Remus,
von seinem Bruder vertrieben, bis über die Elbe gelangt und der
Gründer von Rheinsberg geworden sei. Notwendig gehörte auf
den Remusberg eine der örtlichen Überlieferung würdige Ritter=
schar. Das Prinzenschloß wurde der Sitz des Bayardordens, der
Mannen ohne Furcht und Tadel; Fouqué aber wurde der Groß=
meister des Ordens. In vieler Mummerei ein Kern von Ernst;
als allzu gewichtig aber werden wir die Bestrebungen dieser Brüder=
schaft kaum auffassen dürfen. Die wenigen Urkunden, die, zufällig
erhalten, einen Einblick in das Treiben der Bayardritter eröffnen,
zeigen doch nur, daß die Söhne des Ordens in ihren Briefen der
Nachahmung eines altertümlichen Französisch sich befleißigten.
Immer hat die Vereinigung weit über die Rheinsberger Tage
hinaus bestanden und hat von Zeit zu Zeit neue Mitglieder auf=
genommen, und Fouqué rühmte sich noch nach einem Menschen=
alter in einem Briefe an Friedrich der „beständigen“ Freundschaft,
die dieser ihm bewiesen: eine Huldigung zwischen den Zeilen für
den „Beständigen“ (le Constant), denn so hieß Friedrich im
Bayardorden.

Fouqué, der eine Compagnie im Regiment Leopolds von An=
halt hatte, konnte nicht ununterbrochen in Rheinsberg weilen.
Das Jahr 1739 schien ihn seinen Freunden ganz rauben zu wollen.
Als er infolge eines Zerwürfnisses mit einem der Söhne des
alten Dessauers die Gunst seines Regimentschefs verlor, erwirkte
ihm Friedrich, der den grimmen „Schnurrbart“ als rachsüchtig bis
gegen das dritte Glied kannte, bei dem Könige die Entlassung in
Gnaden, und vermittelte zugleich durch seine persönlichen Beziehungen
zu dem dänischen General Löwenörn, dem früheren Gesandten
Christians VI. in Berlin, Fouqués Eintritt in den Dienst Däne=
marks. Sehr schnell eröffnete dann der Wechsel des nächsten
Jahres dem Großmeister des Bayardordens neue Aussichten in
der preußischen Heimat, und „Christian mußte sich bescheiden,

einen wackeren Mann ein volles Jahr sein eigen genannt zu
haben".

Keyserlingk und Fouqué erschienen 1737 einem Besucher als
die beiden „Helden" der Rheinsberger Gesellschaft. Noch ein
„Matador" — Friedrich hat selbst den Ausdruck gebraucht — war
„der verschlagene Normanne, der heute der Diana, morgen der
Venus seine Dienste weiht", Franz Isaak von Chasot. Wenn der
Kronprinz von einer Gruppe in seiner Umgebung spricht, die für
ihn jage und für die er studiere, so war Chasot unter den Nim=
roden unübertroffen. Er war während des Rheinfeldzuges von
1734 vor Philippsburg wegen eines Duells aus dem französischen
Lager in das Hauptquartier Eugens geflüchtet. Von Friedrich
wurde er zu der unbarmherzigen Schar der geborenen Spötter
gezählt; seine Redeturniere mit Jordan wurden zum Ergötzen der
Anwesenden Abend für Abend neu aufgenommen. Weniger er=
freulich ist Chasots Flötenspiel den Insassen des Schlosses gewesen,
da er, wie der Hausherr die Anklage erhebt, dem sanften Instru=
mente bei Tag und bei Nacht die schmetternden Töne der Trom=
pete entlockte und seinem Zimmernachbaren Wylich zu Kopfschmerzen
verhalf. Friedrich von Wylich „mit dem pockennarbigen Gesicht",
war einer der Offiziere, die aus der Ruppiner Garnison zu der
Rheinsberger Geselligkeit herangezogen wurden. Er stand inner=
halb des Offiziercorps mit Hans von Buddenbrock dem Regiments=
chef am nächsten; beide wurden nach dem Thronwechsel königliche
Adjutanten.

Die Zahl der Hausgenossen wechselte. Im ersten Winter
bestand die Tafel für gewöhnlich aus zweiundzwanzig bis vier=
undzwanzig Gedecken. Friedrichs Grundsatz war: „Ein kleines
Häuflein voller Geist ist die Gesamtheit in der Quintessenz."
Gäste von außerhalb waren deshalb nur in dem Falle willkommen,
daß „die Materie den Geist nicht überwog"; ein sächsischer Kavalier,
bei dem dies nicht verbürgt werden konnte, blieb ohne die von ihm
erwartete Einladung. Auch der kaiserliche Geschäftsträger, des
alten Seckendorff Neffe, galt als „unconversabel". Desto heller
strahlten die gesellschaftlichen Talente des Vertreters von Frank=
reich, des Marquis de la Chetardie. „Nächste Woche besucht uns

der Marquis", schreibt Friedrich im Februar 1738; „das ist
Bonbon für uns." Der Adonis unter den Diplomaten seiner
Zeit begnügte sich nicht mit der Bewunderung, welche andere und
vor allen die Damen den Vorzügen seiner Erscheinung in reichem
Maße zu teil werden ließen, sondern war selber sein aufrichtigster
Bewunderer: angesichts eines Spiegels, so wurde behauptet, verlor
er die Aufmerksamkeit selbst für das interessanteste Gespräch.
Übrigens gab man damals dem Kronprinzen die gute Lehre, „daß
jeder fremde Minister, so ergeben er auch scheinen und so liebens=
würdig er auch sein möge, doch stets Alles dem kleinen Ver=
dienst opfern werde, seinen Auftraggebern Neuigkeiten erzählen zu
können".

Wer als Gast in Rheinsberg zugelassen wurde, rühmte die
völlige Freiheit, die einem jeden dort für sein Thun und Treiben
gelassen werde. Niemand verstehe vortrefflicher den liebenswür=
digen Wirt zu machen, als der Kronprinz. Grumbkow erklärte in
einem überschwenglichen Briefe, die Gastfreiheit der Germanen des
Tacitus in Rheinsberg wiederaufleben zu sehen, der trockene Pro=
fessor Formey vom Collège Français feierte in französischen
Alexandrinern, die zum Glück nicht mehr erhalten sind, den Hof
des Kronprinzen als die Republik Platons, und der Hamburger
Kaufmannssohn Bielfeld, der 1738, bei Friedrichs Rückkehr von
der holländischen Reise, in Braunschweig der Aufnahme des erlauchten
Novizen in den Freimaurerbund beigewohnt hatte und demnächst
eine Einladung nach Rheinsberg erhielt, glaubte in die stimmungs=
volle Welt der Genrebilder Watteaus hineinzutreten.

Unfrieden in das harmonische Stillleben brachte ab und zu
nur das unruhige Geschlecht der Künstler, die dem Kronprinzen
für seine Konzerte unentbehrlich waren. „Diese Menschenrace",
klagt er, „ist schwer zu regieren; das erfordert öfter mehr Klug=
heit, als die Regierung der Staaten ... Sobald ein Künstler ein
klein wenig geschickt ist, gesellen sich Stolz und Ungezogenheit zu
seiner Kunst, und von diesen weniger würdigen Begleitern seines
Verdienstes hat der Herr, dem er angehört, dann gewöhnlich zu
leiden. Die Ansprüche steigern sich in dem Maße, als die Grillen
sich durch die Geschicklichkeit im Besitze eines Freibriefes glauben,

und die Begehrlichkeit kennt keine Grenzen mehr. Diesen schönen
Eigenschaften wird noch ein Körnlein niedriger Eifersucht beige=
mengt, welche sich den hochtönenden Titel edler Wetteifer zulegt.
Besagter edler Wetteifer betrachtet dann der Regel nach die Neben=
buhler des Ruhms als die geschworenen Feinde, und der Krieg
ist da. Man kann den Brand für einige Zeit eingrenzen, aber
man kann ihn nicht löschen, und früher oder später muß geschieden
sein." Nach einem ersten, glücklich niedergeschlagenen „Aufstand"
der „Kinder Euterpens" las Friedrich die Geschichte der Secession
auf den heiligen Berg und studierte die Rede des Menenius
Agrippa, um bei wiederkehrender Gelegenheit davon Gebrauch
machen zu können. Der unruhigste schien ihm Franz Benda, der
Violinist. Hinsichtlich seines alten Lehrers Quantz beschränkt er
sich auf die Bemerkung (1738), „daß seine Flöte unendlich viel
besser spreche als er selbst". Friedrich war unter Quantz' Anleitung
schon im Sommer 1735 soweit vorgeschritten, daß er eine Sym=
phonie zu setzen vermochte. Auf die alte Schule sahen die Rheins=
berger Virtuosen stolz herab: „Für Händel sind die schönen Tage
vorbei, sein Kopf ist erschöpft und sein Geschmack außer Mode."
Da später Quantz und Benda und die beiden andern berühmten
Musiker, die schon der Rheinsberger Kapelle angehörten, die Brüder
Graun, stets treu zu Friedrich gehalten haben, so haben seine
Befürchtungen wegen einer Secession sich als unbegründet er=
wiesen.

Der Nestor des ganzen Kreises, wie Quantz einer von Fried=
richs ehemaligen Lehrern, war „der alte Major", der stelzfüßige
Ingenieur Senning, jetzt bereits ein Sechziger. Als jugendlichster
Kavalier aber kam gegen den Schluß der Rheinsberger Zeit
Christoph Alexander von Münchow an das kronprinzliche Hof=
lager. Vor neun Jahren hatte er zu Küstrin in den Taschen
seines langen Kinderrocks allerlei verbotene Waren in die Zelle
des Gefangenen eingeschmuggelt; jetzt bestimmte der Kronprinz
den Präsidenten Münchow, den Sohn nicht auf eine Universität,
sondern auf den Remusberg zu schicken, und die gelehrte Schloß=
gemeinde teilte sich in die Lehrfächer, in denen der neue Ankömm=
ling unterrichtet werden sollte. Friedrich selbst, dem das Lehren

Zeit seines Lebens Freude gemacht hat, übernahm die Vorträge
über Metaphysik.

Die Philosophie war hier in Rheinsberg sein Lieblings=
studium geworden; sie diente zu seinem stillen Frieden am
meisten.

Schon 1728, während seines ersten Dresdener Aufenthaltes,
hat Friedrich in einem Briefe, den er im Hause des philosophischen
Grafen Manteuffel schrieb, sich als „Frédéric le Philosophe“
unterzeichnet. Die Spekulation wandte sich, wie es zu geschehen
pflegt, zunächst gerade den Lehren zu, die im Religionsunterrichte
als unanfechtbare Wahrheiten gelernt waren. Mit seinem Freunde
Katte disputierte der Prinz oft über religiöse Fragen, mündlich
und schriftlich. Katte versicherte in einem seiner Verhöre, daß
Friedrich in der Religion „sehr ferm“ gewesen sei. Man wird
in Anbetracht der Umstände, unter denen diese Angabe gemacht
wurde, ihr nicht allzuviel Gewicht beilegen wollen. Die Äußerungen
dieser jungen Männer waren doch so frei, daß Katte, wie er kurz
vor seinem Tode äußerte, in seinem Bekanntenkreise für einen
Atheisten galt; er beteuerte, es niemals gewesen zu sein, nur
könne er nicht leugnen, daß er öfter, um geistreich zu erscheinen,
eine These verteidigt habe, von der er selbst nicht überzeugt
gewesen sei: das habe zum guten Ton gehört. In jenem Ver=
mächtnis an den Kronprinzen warnte Katte seinen Freund vor
der Gottesverachtung, sprach von der Nichtigkeit der menschlichen
Anschläge, die ohne Gott gemacht würden, und bat ihn, wie wir
uns erinnern, den Glauben an eine Fatalität fahren zu lassen
und der Vorsehung und Regierung Gottes auch in allen Kleinig=
keiten gewiß zu sein.

Der Fatalitätsglaube in der Form des kirchlichen Prädesti=
nationsdogmas war das erste abweichende Ergebnis, zu dem
den Prinzen der Zweifel führte. Sein Anschluß an die ortho=
doxeste Formulierung der reformierten Lehre war mehr philo=
sophischer als theologischer Natur, nicht die Wirkung des Religions=
unterrichtes, wie der König im ersten Augenblick annahm, sondern
die Frucht des Grübelns und der Lektüre von Büchern wie
Bossuets Wandlungen der reformierten Kirche. Bezeichnend ist,

daß er in den Gesprächen mit dem Feldprediger Müller in den
Tagen nach Kattes Hinrichtung nicht bei den Bibelstellen stehen
blieb, die er für seine Ansicht anführen konnte, sondern alsbald
die Streitfrage auf das dialektische Gebiet hinüberspielte und die
Widerlegung durch Gründe forderte.

Dann hatte der Prinz seinen Widerruf leisten müssen. Seit=
dem wußte er aus eigener Erfahrung und vergaß es nicht, was
Gewissenszwang heißt.

Dort in Küstrin sollte er nach des Königs Gebot des Sonn=
tags dreimal die Kirche besuchen: zur Frühpredigt um 5 Uhr,
zum Hauptgottesdienst und zur Nachmittagspredigt. Außerdem
schickte ihm der Vater die Predigten, die er selbst gehört hatte,
in Niederschriften zur Lektüre. Die gezwungenen Andachtsübungen
riefen die entgegengesetzte Wirkung hervor. Graf Schulenburg
nahm nach Ablauf des ersten Festungsjahres einmal Veranlassung,
dem Prinzen zu sagen, die vornehmste Sache, die er ihm empfehlen
müsse, sei die Gottesfurcht: „wenn man versucht, ein Christ zu
werden, kann man alle Übel ertragen und wird auch Herr seiner
Leidenschaften. Alle Welt sagt, daß Eure Hoheit die Gesinnungen
eines anständigen Menschen hat: das ist der Anfang, aber ohne
Gottesfurcht ersticken die Leidenschaften selbst die edelste Gesinnung.“
Auch Hille äußerte sich damals ähnlich: „Gott flöße ihm nur
mehr Frömmigkeit ein, und alles wird gut gehen.“

Bald nach der Rückkehr aus Küstrin ließ sich der Kronprinz
ein unvorsichtiges Wort entfahren, das bei dem Vater vieles
wieder hätte verderben können. Er äußerte im Gespräch mit
einem Berliner Geistlichen, man dürfe den Predigern nicht einen
blinden Glauben schenken, sondern jeder müsse seines eignen
Glaubens leben. Grumbkow, der die Strenggläubigkeit stark
betonte, machte ihn bei diesem Anlaß auf seine fortdauernd sehr
prekäre Lage aufmerksam, und Friedrich antwortete (27. April 1732):
„Ich werde Ihren Rath befolgen und es mir gesagt sein lassen,
daß es ziemlich tollkühn von mir war, über Religion zu sprechen.“
Wenn er nun jedes Wort genau abwägen mußte und wenn das
wenige, was er äußerte, meist auf einen bestimmten Zweck be=
rechnet war, so wird jede dieser Äußerungen, ehe man Schlüsse

daraus ziehen mag, der genauesten Prüfung bedürfen. Selbst in
den anscheinend vertraulichsten Briefen an Grumbkow glaubte der
durch seine traurigen Erfahrungen Gewitzigte mitunter Versteckens
spielen zu müssen. Wie er einmal, als die Rede von der Politik
ist, Kaiser Karl VI. „die Bewunderung Europas" nennt, so
spricht er auch von heiligen Dingen bisweilen, gleichsam plötzlich,
mit einer Salbung, welche Grumbkow kaum als aus dem Herzen
kommend betrachtet haben wird: wenn etwa Friedrich in seiner
Charakteristik des Küstriner Kammerdirektors als ersten und
schwersten Fehler anführt, daß Hille seit Jahren nicht zum Abend=
mahl gegangen sei.

Das ist gewiß, daß sich Friedrich den Katholischen gegenüber
sehr lebhaft als Protestant und den Lutheranern gegenüber als
Reformierter fühlte. Wenn er in Küstrin in der Verzweiflung
daran gedacht hat, durch den Verzicht auf die Erbfolge und die
Verheiratung mit einer Erzherzogin sich die Freiheit zu erkaufen,
so machte er die Beibehaltung seines Glaubens unter allen Um=
ständen zur Bedingung. „Die Religion wird er nie ändern, und
könnte er auch alle Schätze der Welt dadurch gewinnen", das
war der Eindruck, den seine Umgebung damals hatte. So wenig
wie von dem römischen, wollte er von einem lutherischen Papst=
tum wissen, und seine lutherische Braut hätte er gern zur
reformierten Lehre übertreten sehen. Aber mit den armen flüch=
tenden Lutheranern aus dem Salzburgischen möchte er (1732)
Hab und Gut bis aufs Hemd teilen, „da sie lieber alles Elend
der Welt gelitten haben, als daß sie die einzige Religion ver=
läugnet hätten, die uns die Wahrheiten unseres Heilands erkennen
läßt". Als er zwei Jahre darauf nach Heidelberg kommt, so
blutet ihm das Herz, daß er die Stadt, „die vordem ganz zu
unsrer Religion gehörte", mit Jesuitenseminaren und katholischen
Klöstern übersät sieht; er hätte nicht übel Lust, diese Verräter,
welche Unschuldige verfolgen, gründlich zu brandschatzen. Dem
Prinzen von Oranien, den er freilich als sehr empfänglich für
hohe Worte kannte, spricht er seine Anerkennung aus, weil er
in einem Alter, wo die Religion nur schwache Eindrücke auf uns
zu machen pflegt, so viel Eifer und so viel Glut für die Sache

des Glaubens zeigt. Dem Hause Preußen aber hatte er in seiner frühesten politischen Denkschrift gewünscht, daß seine Erhebung die protestantische Religion im Reiche und in Europa blühen lassen möge: fallen soll dies Haus, schneller denn es gestiegen, wenn je ungerechter Sinn und religiöse Lauheit sein Teil werden.

Unverkennbar aber war dieser sein Protestantismus mehr ein politischer als ein religiöser, ganz wie der in Küstrin von ihm bekannte Fatalismus trotz seiner Berufung auf die Lehre von Dordrecht weniger dogmatischen als spekulativen Ursprungs war. Wie ganz sein reformierter Standpunkt jede konfessionelle Färbung verlor, beweisen am besten die Worte, welche er 1737 an den einzigen Berliner Geistlichen, dessen Predigten Eindruck auf ihn machten, den greisen Beausobre richtete: „Man braucht weder Luther noch Calvin, um Gott zu lieben."

Wer ihn des Atheismus zeihen wollte, den strafte Friedrich Lügen. „Man kann fröhlich sein", schreibt er anläßlich solcher Beschuldigungen schon im April 1732, „man kann die Freuden und das Vergnügen lieben, aber nichts desto weniger muß man vor allen Dingen Gott geben, was Gottes ist. Alles in Allem würde ich glauben, selber am meisten bestraft zu sein, wenn ich die Ansichten teilte, die man mir zuschreibt. Gott sei Dank, Alles ist falsch, und mein Gewissen wirft mir in dieser Beziehung nichts vor." Ein halbes Jahr später wurde er von neuem als Gottes= leugner verdächtigt: er sollte Spinoza gelesen haben. Er beteuerte, diesen Philosophen nie in der Hand gehabt zu haben, und in seiner 1730 ihm geraubten Bibliothek ist derselbe allerdings nicht vertreten gewesen.

Das philosophische System, dem er sich zuerst anschloß, war vielmehr das cartesianische. Schon sein Lehrer Duhan scheint ihn in dasselbe eingeführt zu haben. Weitere Förderung verdankte er dem alten Bibliothekar La Croze in Berlin. La Croze, der aus seinem Kloster entflohene Pariser Benediktiner,

> Des massige Gestalt auf die Erkenntnis lenkt,
> Daß die Materie denkt —

hatte den Kronprinzen, der dieses Epigramm auf ihn gemacht, zunächst durch sein erstaunliches Gedächtnis und durch seine unüber=

troffene Gabe, interessante Geschichtchen zu erzählen, persönlich
angezogen; Friedrich entdeckte in ihm „das Repertorium des
gesamten gelehrten Deutschlands, ein wahres Magazin der Wissen=
schaften". La Croze kannte alle philosophischen Systeme und
schwor selbst auf den durch Cordemoy weitergebildeten Cartesianis=
mus. Aus Descartes entnahm sich nun Friedrich seinen Beweis
für das Dasein Gottes.

Er hat denselben in einem Brief vom 10. November 1735
seiner Schwester Wilhelmine entwickelt; er erklärte ihr ihn für un=
umstößlich. „Der Atheismus ist ein Dogma, dem man nur anhängen
kann, wenn das Gehirn in Verwirrung geraten ist; man muß
auf das Licht des Verstandes und der Vernunft verzichten, die
Augen schließen, sich die Ohren verstopfen und allen Organen des
Körpers ihre Function untersagen, damit sie nicht gegen das
Geschöpf zu Gunsten eines Schöpfers Zeugniß ablegen, da es
notwendig und unzweifelhaft ist, daß die Welt einen Ursprung hat."

Die Kehrseite zu diesem Bekenntnisse gibt ein Brief, den
Friedrich an demselben 10. November an Grumbkow richtete.
Dort die Genugthuung über die Unumstößlichkeit eines durch die
Philosophie erbrachten Beweises, hier die Klage über die Un=
sicherheit und zugleich die Anmaßlichkeit der Religionssysteme.
„Wenn wir in Sachen der Religion um eines Strohhalmes Breite
uns täuschen, dann werden unsre Fehlschlüsse durch ewige Flammen
bestraft, und die Unzulänglichkeit des kleinsten Beweisgrundes
kostet uns die Qualen ohne Ende, welche die Verdammten leiden.
Ich ziehe den Schluß, daß man, um politisch zu sein, jedes Pünktchen
seiner Religion auf das allergenaueste abwägen und sich durch den
Zweifel leiten lassen muß, um dem Irrtum und dem Vorurteile
vorbeizugehen und den Pfad der Wahrheit zu finden, und daß
man schließlich das, was bei der Auswahl das Richtigste und
Vernünftigste scheint, ruhig glauben und sich dabei auf das Er=
barmen des Schöpfers verlassen muß."

Grumbkow scheint mit dieser Religion nicht zufrieden gewesen
zu sein. Auf seine Entgegnung, die leider nicht erhalten ist, ant=
wortete der Kronprinz nur (15. Nov.): „Mein sehr lieber General,
ich bin von Ihrem sehr schönen und sehr christlichen Briefe sehr

erbaut gewesen, und sicher würde der Papst höchstselbst mit seinen
siebzig Cardinälen mir nicht bessere Dinge sagen können. Wenn
ich noch zu bekehren wäre, so würden Sie die ganze Ehre meiner
Bekehrung davontragen, aber Dank dem Himmel gehören wir zu
derselben Religion und weichen nur in Kleinigkeiten von einander
ab, die für das Heil nichts ausmachen."

Wenn Friedrich von dem Dasein Gottes die volle Überzeugung
hatte, so schien ihm ein anderes der großen Probleme, denen er
eine unmittelbare Beziehung auf sich selbst geben konnte, um so
dunkler. In nächtlichen Unterhaltungen zu Berlin während des
Karnevals von 1736 bemerkte sein Freund Suhm, daß die Einwände des Materialismus gegen die Unsterblichkeit der Seele
großen Eindruck auf ihn gemacht hatten. Die Predigten, die
Achard vor dem Prinzen über das ewige Leben hielt, genügten
ihm nicht; ebensowenig ein langer philosophischer Aufsatz, in
welchem der Geistliche das Gebäude seiner Predigten durch die
Zeugnisse der alten Heiden zu stützen suchte. Friedrich bezeichnete
Achards Argumente gegen Suhm als Sophismen, und verhehlte
dem Prediger nicht, daß sein Glaube sehr schwach sei. Gleichzeitig aber kündigte er ihm an (27. März 1736), daß eine neue
Fackel ihm zu leuchten begonnen habe, bei deren Schein er Ge-
wißheit zu erlangen hoffe: die Wolffsche Philosophie.

Neben Suhm war es vornehmlich Graf Manteuffel, bei dem
der Kronprinz für seine Studien und in seinen Zweifeln sich Rat
und Belehrung holte. Seit Friedrich den Grafen vor sieben Jahren
in Dresden gesehen, hatte derselbe seine Stellung als sächsischer
Kabinettsminister verloren und war zu dauerndem Aufenthalt nach
Berlin in die preußische Heimat zurückgekehrt. Wenn der Kronprinz ihm sein Vertrauen schenkte, so geschah es, wie Manteuffel
annahm, „aus vier Gründen": erstens vermöge seines ungewöhn-
lichen Triebes, sich zu unterrichten, zweitens aus etwas guter
Meinung für Manteuffel, drittens in der Voraussetzung, daß derselbe
ein unabhängiger und uninteressierter alter Mann sei, und endlich, weil dieser alte Mann nie im Lehrton zu ihm sprach. Manteuffel
wollte nicht als Wissender gelten, sondern bezeichnete sich als
„Quinze-vingt", als einen der fünfzehnmalzwanzig Blinden des

Pariser Hospitals. Es freute ihn, als Friedrich in seinen Briefen nicht mehr bei der Poesie und andern Kleinigkeiten sich aufhielt, sondern Fragen der Moral und Religion anzuregen begann. Er erzählte demselben nun, auch er habe einst an der Unsterblichkeit gezweifelt, und empfahl ihm als bündigsten philosophischen Beweis für dieselbe Wolffs Metaphysik, die „Vernünftigen Gedanken von Gott, der Welt und der Seele des Menschen“. Der Rat fiel eben jetzt auf besonders fruchtbaren Boden.

Wolff war vor dreizehn Jahren, dank den Umtrieben seiner Widersacher und Neider, von Friedrich Wilhelm I. aus Halle vertrieben worden. Als der König 1733 mit ihm in Verhand= lungen wegen Zurückberufung nach Preußen trat, setzten sich die Gegner von neuem in Bewegung. Abermals war die Universität Halle der Schauplatz erbitterter Kämpfe, in denen für Wolff dessen Schüler, der junge Professor Baumgarten, mit Schärfe und Ge= wandtheit eintrat. Wolffs alter Feind Lange erhielt eine Audienz beim Könige und befürwortete die Unterdrückung der Wolffschen Schriften und das Verbot der Baumgartenschen Vorlesungen über Wolffs Philosophie. Der Kronprinz ließ seiner Entrüstung über diese „zweite Verfolgung“ den schärfsten Ausdruck. „Also Ver= bot des Gebrauches der Vernunft“, schrieb er an Manteuffel (20. April 1736). „Was soll man denn von einer Religion denken, die sich auf die Unwissenheit und den dummgläubigen Aberwitz gründen will? Nicht der größte Erzketzer pflanzte jemals ein gefährlicheres Panier auf.“ Er dankte Grumbkow für den Mut und Edelmut, womit derselbe der Sache Wolffs sich an= nehme (28. April).

Schon saß er voll Wissensdranges über der Metaphysik des Verketzerten. Man kann nicht sagen, daß die formale Seite der Philosophie Reiz auf ihn ausgeübt hätte. Er bezeichnete damals die philosophische Wissenschaft als der Annehmlichkeiten bar; ihr Emblem ist das eines strengen Greises. Es verging einige Zeit, bis er die Hauptsätze Wolffs, ohne die sich dem Gedankengange nicht folgen ließ, dem Gedächtnisse einzuprägen vermochte. Dann aber sagt er, daß es mit jedem neuen Tage wie Schuppen von seinen Augen falle. „Was sind doch die Sätze vom Widerspruch,

und vom zureichenden Grunde für herrliche Grundlagen! Sie
sind die Arme und Beine meiner Vernunft, ohne welche sie dem
Krüppel gleichen würde, sodaß ich wie der große Haufe auf
den Krücken des Aberglaubens und des Irrthums einherhinken
müßte."

Suhm hatte es übernommen, Wolffs Schrift für Friedrich
ins Französische zu übersetzen. Diesem sächsischen Diplomaten,
einer weichen, ein wenig melancholischen Natur, blieb bis an
seinen frühen Tod die Freundschaft des preußischen Königssohnes
unverändert erhalten. Sein schwächlicher Körper war, nach
Friedrichs Ausdruck, der Bewahrer einer feinen, durchgeistigten,
leichtbeschwingten Seele. In jedem Gespräch mit Suhm und in
jedem Briefe von ihm bewunderte Friedrich das leicht ausgestreute
Salz; wenn sein Freund auf den Einfall gekommen wäre, von
Stund an nur noch chinesisch zu sprechen und zu schreiben, so
wäre der Kronprinz „Manns genug gewesen, chinesisch zu lernen,
um die Unterhaltung nicht entbehren zu müssen". Wie beklagte
er Suhm, als dieser Ende 1736 von seinem Hofe nach Rußland
geschickt wurde, in ein Land, wo die Münze, mit der er im Verkehr der Geister zu zahlen pflege, nicht gangbar sei. Für jenen
wiederum war es eine Befriedigung und eine Lust, wie dieser
Prinz, den er seit den Knabenjahren kannte, immer mehr an Geist
und an Herz sich entwickelte; er preist das Bestreben des für den
Thron Bestimmten, das Glück vorerst in sich selbst zu finden, um
dereinst andere glücklich machen zu können. Das gemeinsame
Studium Wolffs schuf jetzt ein neues Band zwischen beiden.
„Wenn die Philosophie mich aufklärt", schreibt Friedrich an Suhm,
„so thut sie es durch Sie; Sie haben die Schranken niederge-
rissen, die mich von der Wahrheit trennten:

> Mein Geist verkümmerte in dunkler Nacht,
> Bis Deine Hand die Fackel angefacht,
> Die lodernd in die Seele Licht gebracht.
> Vom Himmel senkte sich die hehre Wahrheit
> Mir in das Herz mit ihrer Kraft und Klarheit.

„Nächst Gott", schreibt er gleich im Anfange seiner neuen
philosophischen Studien, „dankt meine Seele Ihnen ihr Dasein."

Seine Seele ist ihm jetzt mit Wolff das einfache und unteilbare
Ding, das Gott auf einmal und nicht durch wiederholte Hand=
lungen geschaffen hat und das nur Gott durch einen einheitlichen
Akt seines Willens vernichten kann, aber nicht vernichten wird.
„Ich habe mich nie kleiner gefühlt, als seitdem ich den Satz von
dem einfachen Wesen gelesen habe.“

Bereits am 18. April 1736 legte Friedrich in einem Briefe
an Manteuffel das folgende „Glaubensbekenntniß“ ab: „Es genügt
mir, daß ich von der Unsterblichkeit meiner Seele überzeugt bin,
daß ich an Gott glaube und an den, welchen er gesandt hat, die
Welt aufzuklären und zu erlösen; daß ich mich tugendhaft zu
machen bestrebe, soviel als ich durch meine Kräfte wirken kann;
daß ich die Dienste der Anbetung verrichte, welche das Geschöpf
seinem Schöpfer schuldet, und die Pflichten erfülle, die ich als
guter Bürger gegen Meinesgleichen, die Menschen habe. Dann
kann ich sicher sein, daß die Zukunft mir nicht verderblich sein
wird; nicht als ob ich glaubte, den Himmel durch meine guten
Werke zu verdienen, was widersinnig und der Gipfel der Lächer=
lichkeit sein würde, sondern in meiner festen Überzeugung, daß
Gott ein Geschöpf nicht ewig unglücklich machen wird, das ihn
mit aller der Erkenntlichkeit liebt, welche die Wohltat, von Gott
geschaffen zu sein, verdient, ein Geschöpf der Fehler und Sünden
voll, deren Ursache aber in seinem Temperament und nicht in
seinem Herzen liegt.“

Manteuffel nannte dies Bekenntnis „orthodox, obgleich in
eigenartiger Form ausgesprochen“. Gleichsam als wenn er die
Grenzlinie gegen den Bibelglauben jetzt um so schärfer ziehen zu
müssen geglaubt hätte, schrieb Friedrich wenige Tage später (28. April)
an Grumbkow, er würde in Verzweiflung sein, einen Vormittag
bei der Lektüre des Tobias, der Makkabäer oder der Apokalypse
zuzubringen: „Ich erkenne Gott durch das Licht der Vernunft;
sein Gesetz ist in mein Herz geschrieben; das Gesetz der Natur,
das alleinig wahre, das einzige, welches seine Reinheit bewahrt
hat, und dies Gesetz ist es, das mir meine Pflichten lehrt. Damit
verbinde ich die christliche Moral, und das genügt mir. Habe ich
Kummer, den ich mir selbst zugezogen, so lerne ich davon, um

weiser zu werden; bin ich an meinem Kummer ohne Schuld, so
nehme ich ihn hin nach dem Willen des höchsten Wesens, welches
unsere Geschicke lenkt und diese Widerwärtigkeiten der Rolle, die
ich zu spielen habe, mit zugeteilt hat. Und was den Tod anbetrifft,
so fürchte ich ihn nicht; denn ich weiß, daß mein Schöpfer ein
Geschöpf nicht vernichten wird, welches ihn mit der Verehrung
liebt und anbetet wie ich. Es handelt sich nicht darum, in der
heiligen Schrift zu lesen, sondern es gilt, die Pflichten der erkennt=
lichen Creatur gegen den Schöpfer und des guten Mitbürgers
gegen Seinesgleichen auszuüben: das ist mein ganzer · Moral=
cursus, und ich bin überzeugt und vergewissert, daß ich mit diesem
Glauben mein Heil machen werde."

„Endlich einmal", damit umschreibt er seinen Standpunkt nach
beiden Seiten hin, „kann man die Philosophie bekennen erhobenen
Hauptes und ohne Furcht so vor dem Gespenst der Irreligiosität
wie vor den zuchtmeisterlichen Verdammungsstrahlen eines zum
rachsüchtigen Tyrannen verzerrten Gottes." (3. Juli 1736.)

Ohne Frage bedeutete nach Friedrichs bisheriger Entwickelung
sein Anschluß an Wolff eine entschiedene Wiederannäherung an
die positive Religion. Und doch war es so, wie er sagte: „Wir
studieren Wolff unsern Priestern zum Ärgernis." Wieder wurde
dem Könige zugetragen, daß sein Sohn ein Mensch ohne Religion
sei, und Suhm und Manteuffel wurden als die Verführer ver=
dächtigt.

Das war gerade zu der Zeit, da der Kronprinz die Lehren,
mit welchen jene beiden ihn bekannt gemacht hatten, voll Eifer
gegen die empirisch=materialistische Weltanschauung verfocht, zu
deren litterarischen Vorkämpfer sich Voltaire gemacht hatte.

Am 8. August 1736 richtete Friedrich seinen ersten Brief
nach Cirey, Voltaires Einsiedelei. Wenige Tage später äußerte
er gegen Manteuffel seine Freude über die neu gewonnenen Be=
ziehungen zu dem liebenswürdigen, eleganten, geistreichen Voltaire.

Die Manteuffel und Grumbkow sahen das neu aufsteigende
Gestirn mit verdrossenem Auge an. Sie machten den Marquis
de la Chetardie dafür verantwortlich, im Juli während der gemein=
samen Reise nach Königsberg die Bekanntschaft des Prinzen

mit Voltaires Schriften vermittelt zu haben. Aber der Prinz kannte diese Schriften seit lange, seine vor 1730 gesammelte Bibliothek enthielt den 1728 erschienenen ersten Band der Werke Voltaires und zwei Ausgaben der Henriade, Citate aus der letzteren waren ihm ganz geläufig, und auf die Geschichte Karls XII. war er gleich nach dem Erscheinen des Buches durch Grumbkow selbst aufmerksam geworden; der Gegenstand an sich, wie Glanz und Lebhaftigkeit der blumenreichen Darstellung hatten ihn gleich= mäßig gefesselt, ohne daß er sich den ästhetischen Genuß wie später durch die kritische Bemerkung beeinträchtigte, der Ver= fasser habe seine militärischen Studien im Homer und Virgil gemacht. Als Voltaires Briefe über die Engländer erschienen, hatte Manteuffel den Prinzen geflissentlich auf eine in Holland veröffentlichte scharfe Kritik hingewiesen. Jetzt ließ er sich um so mehr angelegen sein, seinem jungen Freunde vorzureden, daß die erste Begeisterung sich bald ernüchtern werde, und daß Voltaires Prosa tief unter seiner Poesie stehe.

Zunächst hat Friedrich geglaubt, Berührungspunkte zwischen Voltaire und den älteren Freunden schaffen zu können. Gleich dem ersten Briefe, den Friedrich an Voltaire schickte, war die Verteidigung Wolffs gegen die Anklagen der hallischen Eiferer beigeschlossen; die Zusendung der systematischen Schriften wurde in Aussicht gestellt. Junge Bekanntschaft ist warm, und Fried= rich bezeichnete deshalb ohne weiteres den deutschen Denker, in dessen Schriften er seit einigen Monaten schwelgte, als den ersten Philosophen der Gegenwart. Voltaire hatte von diesem berühmten Zeitgenossen bisher nichts gewußt oder doch nichts gelesen. Er hatte seine philosophischen Studien in England gemacht, und die Predigt, die er dort vernommen, hatte mit der deutschen Philosophie nichts gemein und verkündete von „der goldenen Kette, die Himmel und Erde verbinden sollte", nichts. Zu der Verschiedenheit der Weltanschauungen trat zwischen ihn und Wolff in gewissem Grade ein persönlicher Gegensatz. Voltaire war nicht bloß Lockes Jünger, er wollte auch sein Apostel sein; da stieß er auf Wolff, den Apostel von Leibniz. Hier stand der französische Schöngeist, der mit der Leichtigkeit und dem

einschmeichelnden Reiz seiner Rede eine internationale Hörer=
schaar für Lockes Empirismus bestach, dort der deutsche Pro=
fessor, der den spiritualistischen Lehren von Leibniz durch syste=
matische Ausbildung und hausbackene Einkleidung bei den deutschen
Landsleuten ihre Stätte sicherte.

Friedrich sandte Wolffs Metaphysik stückweise nach Cirey, sowie
die Übersetzung der einzelnen Abschnitte fertig war. Erst im
Oktober 1737 war das Manuskript vollständig in Voltaires Händen.
Er war nicht sonderlich erbaut von dieser „etwas langen, etwas
zu sehr mit Alltäglichkeiten angefüllten, übrigens aber bewunderns=
werten, sehr gut geordneten und oft sehr tiefen Metaphysik". Sein
Urteil ist kurz und bündig: „Ich verstehe von Wolffs ‚einfachem
Wesen' auch nicht die Probe; ich sehe mich wie auf einen Schlag
in ein Klima versetzt, in welchem ich nicht atmen kann, auf
einen Boden, wo ich nicht festen Fuß fassen kann, zu Leuten,
deren Sprache ich nicht verstehe." Übrigens gewahrt er sofort,
„daß Wolff fast ganz die Grundsätze von Leibniz teilt", und
bekämpft demgemäß in der nun sich anspinnenden Diskussion
immer unmittelbar den Führer der gegnerischen Schule: „Sehen
wir, ob die Clarke, Locke, Newton mich aufklären sollen, oder
ob die Leibniz, Prinzen oder Nicht=Prinzen, meine Leuchte sein
werden." Locke bezeichnet er als den größten aller Metaphysiker,
den er kenne, und leugnet mit demselben die angebornen Vor=
stellungen.

Der Prinz hatte ihn aufgefordert, seine eigne Metaphysik zu
entwickeln. Voltaire begann mit der Übersendung eines Aufsatzes
über die Willensfreiheit; das sei die interessanteste Frage, die sich
aufwerfen lasse, weil von ihr die ganze Moral abhange. Voltaire
will das Leibniz=Wolffsche Prinzip des zureichenden Grundes, der
gesetzmäßigen Verkettung alles Geschehenden, gelten lassen, aber
er erklärt, dadurch sei die menschliche Willensfreiheit nicht aus=
geschlossen. Damit war die Lanze in das Lager des Leibnizischen
Determinismus geworfen, nach welchem auch der menschliche
Wille sich dem, was geschehen muß und geschehen soll, nicht ent=
ziehen kann.

Friedrich stutzte. Schon die ersten vorläufigen Einwände,

die Voltaire ihm erhoben, hatte er genau mit Voltaires Worten
sofort dem Manne entgegengehalten, dem er seine Bekanntschaft
mit Wolff verdankte. „Wolff sagt ohne Frage gute und schöne
Sachen", schrieb er schon am 16. November 1736 an Suhm, „aber
sie lassen sich doch bestreiten, und sobald wir zu den letzten Grün=
den hinabsteigen, bleibt uns nichts übrig, als unsre Unwissenheit!
zu bekennen."

Trotzdem trat er in den Kampf für Wolff ein. Er entschuldigt
sich wohl bei Voltaire, daß er durch seine Polemik ihn in der Bau=
thätigkeit, zu der er selbst ihn aufgefordert hatte, störe und ihn
zwinge, mit der Kelle in der einen Hand und dem Schwert in
der andern, wie die alten Juden beim Tempelbau, an die Auf=
richtung seines metaphysischen Gebäudes zu gehen.

In seinem Küstriner Gefängnis hatte er zur Verfechtung
des reformierten Prädestinationsglaubens gegen den lutherischen
Prediger das Gleichnis von einem Uhrwerk gebraucht, das nicht
anders gehen könne, als der Mechanismus seiner Räder es be=
dinge. Dasselbe Gleichnis hält jetzt sein philosophischer Determinis=
mus Voltaire entgegen. „Der Mensch hat die Freiheit eines
Pendels; er hat seine gewissen Schwingungen, er kann Handlungen
vornehmen, aber sie sind sämtlich seinem Temperament und seinem
weniger oder mehr beschränkten Denkvermögen unterworfen. Auch
der Stupideste wird immer einen Grund für seine Handlungen
anführen; ein Grund bestimmt ihn, er handelt also nach einem
Gesetz, dem Ton gemäß, auf den der Schöpfer ihn gestimmt hat." —
„Alles war durch die Gottheit vorhergesehen, alles war festgestellt,
aber der Mensch, der die Zukunft nicht kennt, bemerkt nicht, daß
während er scheinbar unabhängig handelt, alle seine Handlungen
darauf abzielen, die Beschlüsse der Vorsehung zu erfüllen." —
„Ein Gott, der sich mit der Weltregierung befaßt, läßt sich auch
auf die kleinsten Kleinigkeiten derselben ein; was würde sonst aus
der Unendlichkeit Gottes?" Ein solcher Gott erscheint dem Prinzen
bewundernswürdiger, als ein Gott, welcher nach dem Beispiel der
nur der Muße hingegebenen spanischen Granden sich um nichts
kümmert, oder welcher mit armseligen Zeitungsschreibern im Kaffee=
hause über die politische Lage debattiert und auf die neuesten

Nachrichten gespannt ist, um zu erfahren, ob er sich bei dem freien
Spielraum des menschlichen Willens in seinen Vermutungen nicht
betrogen hat. Was aber die schlechten Handlungen der Menschen
anbetrifft, so meint Friedrich, daß sowohl die Anhänger der abso=
luten Fatalität wie die der freien Selbstbestimmung nicht umhin
können, Gott dafür verantwortlich zu machen. „Mag Gott uns
die Freiheit lassen, übel zu thun, oder mag er unmittelbar uns
zum Verbrechen drängen, das kommt ungefähr auf dasselbe heraus."
Alles in allem erklärt er, eine Art Trost in dieser absoluten
Fatalität zu finden, „in dieser Nothwendigkeit, die alles ver=
fügt, unsere Handlungen lenkt und die Geschicke bestimmt".

Für Friedrich hatte seine Philosophie allzeit eine praktische
Bedeutung. So ist auch dieses Wort, daß er in der absoluten
Fatalität eine Art Trost finde, ganz aus persönlicher Erfahrung
gesprochen. Noch oft ist ihm dieser Überzeugungsglaube in schweren
Stunden zum Labsal seines Herzens geworden. Zunächst, als
die Widerwärtigkeiten noch einmal an ihn herantraten, die er
längst hinter sich geglaubt hatte, während eines längeren Zusammen=
seins mit dem Vater im Winter von 1738 auf 1739.

„Ich weiß zu wohl", schrieb er damals aus Berlin an einen
seiner älteren Freunde, „daß man sich den unwiderruflichen Ge=
setzen des Geschickes nicht entziehen kann, daß der Strom folge=
richtiger Ereignisse uns willenlos mit sich fortreißt, und daß es
Thorheit wäre, sich dem widersetzen zu wollen, was Notwendig=
keit ist und was von aller Ewigkeit her also geordnet war. Frei=
lich ein Trost, der aus der Unvermeidlichkeit des Übels genommen
wird, ist nicht sehr geeignet, das Übel leichter zu machen; aber
es liegt doch etwas Beruhigendes in dem Gedanken, daß das
Bittere, was wir schmecken müssen, nicht die Wirkung unsrer Ver=
schuldung ist, sondern zu der Absicht und Ordnung der Vorsehung
gehört."

Wer tief im Innersten die Dinge so betrachtete, der durfte
auch nicht eigentlich sagen, wie Friedrich dies in seinem Streite
mit Voltaire thut, daß er keinen persönlichen Grund habe, sich
lieber auf die Seite der absoluten Fatalität als auf die der Frei=
heit zu stellen. Das erneute positive Bekenntnis seines alten

fataliſtiſchen Glaubens, das Friedrich im Januar 1739 ablegt,
läßt denn auch erſehen, daß der völlige Rückzug auf das neutrale
Gebiet der Skepſis, den er vorher Voltaire angekündigt hatte,
doch nur ein ſcheinbarer war. Wenn Friedrich in den verſchiedenen
Syſtemen Gründe und Gegengründe abwog, dann allerdings ver=
mochte ſein Verſtand kein Genüge zu finden, und er klagte, daß
die Widerſprüche hüben und drüben ihn in einen entſetzlichen
Pyrrhonismus würfen; er ſchalt die Metaphyſik ein undurch=
meſſenes Meer, welches durch Schiffbrüche berüchtigt ſei, ohne daß
ſich die gehofften Entdeckungen machen ließen; er erklärte, ſchließ=
lich noch nicht in dem Alter zu ſein, um zwiſchen Kopernikus,
Descartes, Newton und Leibniz Partei zu nehmen, und hielt es
deshalb mit Bayle, „dem erlauchten Skeptiker, der mit ſeiner
Dialektik ſchwerbewaffnet gegen die Doctoren alle in die Turnier=
ſchranken tritt“ und lediglich über das Für und Wider berichtet,
ſtatt leichtfertig abzuurteilen. Wenn aber nicht der Verſtand,
ſondern das Gemüt Genüge haben wollte, dann lieh Friedrich
noch immer derjenigen Philoſophie am liebſten Gehör, mit welcher
der geheimnisvolle Zug ſeines Herzens eine Berührung fand, ſein
alter Glaube an des Geſchickes Mächte.

Trotz des Nachdrucks, mit dem ſich Friedrichs fataliſtiſche
Grundſtimmung der ihr entgegengeſtellten Einwände gleichſam
konvulſiviſch erwehrte, enthielt die engliſch = franzöſiſche Philo=
ſophie, für die man um ihn warb, doch auch vieles, was ihn
anſprach. Die philoſophiſche Diskuſſion mit Voltaire wurde ſeit
dem Sommer 1738 nicht mehr ſyſtematiſch fortgeſetzt. Im ſtillen
aber ſann und ſuchte Friedrich weiter, um zu den einmal an
ihn herangetretenen Fragen eine beſtimmtere Stellung zu gewinnen.
Eine Erkrankung im Februar 1739 wurde ihm Veranlaſſung,
Voltaire zuzugeſtehen: „Die Wechſelwirkung zwiſchen Geiſt und
Körper, ihre enge Verbindung, iſt ein ſtarker Beweis für die
Anſicht Lockes. Der Geiſt ſcheint leider nur ein Anhängſel des
Körpers zu ſein, er gerät in Unordnung zugleich mit der Or=
ganiſation unſerer Maſchine, und die Materie kann nicht leiden,
ohne daß der Geiſt in Mitleidenſchaft gezogen würde.“ Die hier
zum erſtenmale anklingende Anſchauung bildete in ſpäteren Jahren

eine Lieblingsthese Friedrichs. So schlug er sich allmählich die
Brücke, die ihn, immer mit dem ganzen Gefolge seiner Bayleschen
Zweifel und Vorbehalte, in das Land Lockes hinüberführte. Bald
bedeutete ihm Lockes Auftreten die Vollendung der neuen philo=
sophischen Entwicklung: „Ein Weiser erschien in England, der
jedes Vorurteil abstreifte und nur am Faden der Vernunft durch
den Irrgarten der Metaphysik sich leiten ließ; Locke riß die Binde
des Irrtums hinweg, die der skeptische Bayle und der scharf=
sinnige Leibniz gelockert hatten." So urteilte er schon 1746 in
den Denkwürdigkeiten zur Geschichte seiner Zeit. Und als er
dann nach einem Menschenalter diese Memoiren umschrieb, da
schweigt er von dem deutschen Philosophen und nennt nur noch
Bayle als den Vorläufer Lockes; die Streichung des Namens
Leibniz an dieser Stelle bezeichnet am prägnantesten die Wendung,
welche Friedrichs Philosophie genommen hatte.

Durch die Beschäftigung mit der englischen Philosophie wurde
Friedrich in seinen Rheinsberger Jahren auch auf physikalische
Studien geführt, wieder unter unmittelbarer Anregung von Cirey
her. Newtons „Mathematische Prinzipien der Naturphilosophie"
wurden ihm, der des Lateinischen nicht mächtig war, erst durch die
Übersetzung zugänglich, welche Voltaires gelehrte Freundin, die
Marquise du Châtelet, in Cirey verfaßte. Als die Marquise ihre
Abhandlung über das Feuer schrieb, spendete er der „göttlichen
Emilie" begeistertes Lob und beklagte, daß sie noch keine allge=
meine Anerkennung finden könne, weil Descartes mit seinen ver=
wünschten Wirbeln noch allzu sehr in den alten Schädeln der
französischen Akademie spuke. Gleichzeitig warb für Newton
der junge Venetianer Algarotti, der den Newtonismus „für die
Damen" popularisierte. Freilich meinte Wolff verächtlich: „die
Damen werden dadurch nicht vernünftiger werden, als sie sind;"
er bedauerte, daß ein Mann „von dergleichen Kaliber" bei Friedrich
empfohlen wurde. Dieser aber war von Algarotti, der ihn zuerst im
September 1739 mit Lord Baltimore in Rheinsberg besuchte,
entzückt: „Wir haben von Geometrie, von Poesie, von allen Wissen=
schaften und von Spielereien gesprochen, kurz von allem, wovon
man überhaupt sprechen kann. Er hat viel Feuer, viel Lebhaftigkeit

und viel Weichheit; mir so zusagend, wie nur irgend möglich.''
In dem Briefwechsel, der seitdem unterhalten wurde, grüßte man
sich mit geometrischem Gruße. Schon 1738 hatte der Prinz sich eine
physikalische Bibliothek angelegt; auch ein Observatorium erhielt
Rheinsberg. Er experimentierte an der Luftpumpe, bemühte sich,
meteorologische Gesetze zu entdecken, und ließ sich von Kirch und
Lieberkühn in Berlin Unterricht erteilen. Gleichwohl blieben die
Erfahrungswissenschaften, wie ein einsichtiger Beurteiler bemerkt
hat, stets die „Achillesferse'' seiner Bildung. Gegen die Geometrie
hegte er von Anfang an eine unüberwindliche Abneigung: „Ich
gestehe, daß ich diese Wissenschaft fürchte'', schrieb er an Voltaire
(Januar 1738); „sie trocknet den Geist zu sehr aus, und wir
Deutschen haben ihn schon trocken genug. Unser Geist ist ein dürrer
Boden, den man künstlich pflegen und ohne Unterlaß anfeuchten
muß, wenn er Früchte tragen soll.''

Die Abwendung von der deutschen Philosophie zu der eng-
lisch-französischen war nur eine Seite in der Entwickelung, durch
die Friedrichs Geistesbildung in diesen Jahren ein immer be-
stimmteres Gepräge erhielt. Je klarer ihm der Vorsprung zur
Wahrnehmung kam, den die westeuropäische Kultur vor der deutschen
damals gewonnen, um so fester und bewußter wurde sein Vorsatz,
durch Aneignung der fremden Bildungselemente sich über das
Niveau seiner Landsleute zu erheben und wenigstens an seinem
Teile die vorgeschrittenen Nachbarn einzuholen. Es mag paradox
klingen, aber es geschah von dem preußischen Kronprinzen in einer
Art nationalen Ehrgeizes, daß er die glänzende Rüstung der Franzosen anlegte, um unter fremden Farben kämpfend dem Auslande
die geistige Ebenbürtigkeit eines Deutschen zu beweisen. Voltaire
hat diesen Ehrgeiz in den verschiedenen Erscheinungsformen, die
derselbe angenommen hat, völlig richtig erkannt, wenn er zwanzig
Jahre später, nach dem Tage von Roßbach, ingrimmig schrieb:
„Jetzt hat er alles erreicht, was er immer sich ersehnt hat, den
Franzosen zu gefallen, sich lustig über sie zu machen, und sie zu
schlagen.''

Die Umschau, die Friedrich von Rheinsberg aus 1737 im
litterarischen Deutschland hielt, zeigte ein ödes Bild. Die kurze

Blüte der Künste und Wissenschaften, die „der gute, obgleich höchst
beschränkte" König Friedrich I. für Preußen heraufgeführt hatte,
war dahin. „Die Fürsten verachten allgemein den Gelehrtenstand,
und das Urteil des Herren wird von seinen Höflingen allzusehr
verehrt, als daß sie sich in den Sinn kommen ließen, anders zu
denken, und so stoßen sie in dasselbe Horn und verachten die=
jenigen, die tausendmal vollwertiger sind, als sie selbst." Das vor=
handene Treffliche in dem geistigen Leben der Nation, aus dem ein
mehreres sich entwickeln konnte, entging dem Prinzen keineswegs.
Er berührt sich mit dem kompetentesten Urteil, das über die damalige
deutsche Bildung gefällt worden ist.   Wie Goethe an der voran=
gegangenen Generation im Gegensatz zu der großen Unsicherheit
in Sachen des Geschmacks die lebhaft einsetzenden Regungen des
gesunden Menschenverstandes als bemerkenswert hervorhob, so sagt
Friedrich 1737: „Mangel an Geist ist der Fehler der Deutschen
nicht; der gesunde Menschenverstand ist ihnen zu Teil gefallen, ihre
Eigenart ist der der Engländer ziemlich verwandt.   Die Deutschen
sind arbeitsam und tief."   Nur tadelt er das damit zusammen=
hängende Übermaß der Gründlichkeit.   „Ihre Bücher sind von
einer erdrückenden Weitschweifigkeit.   Könnte man meine Lands=
leute von ihrer Schwerfälligkeit heilen und eine etwas vertrautere
Bekanntschaft zwischen ihnen und den Grazien vermitteln, so
würde ich nicht daran verzweifeln, daß meine Nation noch große
Männer hervorbringt."

Seinen Entschluß, deshalb in die Spuren der Franzosen zu
treten, teilte er Voltaire gleich in einem seiner ersten Briefe mit.
„Frankreich und England sind die beiden einzigen Staaten, wo
die Künste in Ansehen stehen.   Bei ihnen also müssen die andern
Nationen lernen.   Die, welche jenen Ländern nicht einen persön=
lichen Besuch abstatten können, müssen wenigstens in den Büchern
Eurer berühmten Schriftsteller Kenntnisse und Belehrung suchen
und demgemäß die Sprachen studieren, zumal die französische, die
nach meinem Urteil in Eleganz, Feinheit und Energie und in allen
ihren Wendungen eine eigenartige Anmut besitzt."

Unendlich viel bot Frankreich allein durch sich selbst, durch
seine klassische und nachklassische Litteratur Friedrichs ästhetischem

Bedürfnisse. Gleichzeitig aber diente ihm seine Lieblingssprache auch außerhalb Frankreichs als Dolmetscherin: wie sie ihm die Kenntnis der modernen englischen Philosophie vermittelte, so erschloß sie ihm auch den Schacht der Antike, in den er anders nicht einzudringen vermocht hätte. Denn die deutsche Sprache auf ihrer damaligen unentwickelten Stufe wäre unfähig gewesen, ihm den Mittlerdienst zu leisten; die französische dagegen vermochte, an den klassischen Mustern gebildet und des ganzen deklamatorischen Pompes der Latinität fähig, Form und Geist der Alten kongenial wiederzugeben, wie denn das stolze klassische Drama der Franzosen in gewissem Grade eine Nachdichtung der Stoffe und der Anschauungen des kaiserlichen Roms gewesen war. Bald versuchte Friedrich selber, Horazische Oden in französische Schale zu fassen; ja seine ganze Poesie hat einen der feinsinnigsten Kenner des römischen Dichters horazisch anmuten wollen. Horaz, Lukrez und Cicero mit den Tuskulanen wurden seine Lieblinge, und auch zu der Lektüre der römischen und griechischen Historiker ist er wieder und wieder zurückgekehrt. Der lateinischen Sprache infolge der ihm gegebenen Erziehung unkundig, ward er gleichwohl heimisch im alten Rom; diese römische Welt bot seiner praktisch-politischen Geschichtsbetrachtung ungleich mehr Anregung als das griechische Altertum. Schon in den Küstriner Tagen waren „Marius, Sulla, Cinna, Cäsar, Pompejus, Crassus, Augustus, Antonius und Lepidus" während einer Krankheit seine Gesellschafter gewesen; Ciceros Briefe an Atticus zeigten ihm dann das überraschende Kehrbild zu den Historikern, und während des Türkenkrieges in Ungarn beglückwünschte er sich, „die Perserkriege und die punischen und eine Unzahl anderer" ohne jedes Blutvergießen geführt zu haben. Nun kamen Montesquieu und Rollin und vereinigten die dem Prinzen wohlbekannten Thatsachen zu einem Gesamtbilde, welches die Antike in den Kreis des modernen Empfindens und politischen Räsonnements rückte, der fernsten Vergangenheit eine subjektive Beziehung zur unmittelbaren Gegenwart gab. Voll Bewunderung vertiefte sich Friedrich in die „Betrachtungen über den Verfall der römischen Größe," die er ein Werk von vollendeter Schönheit nannte, welches mehr Gedanken als Worte enthalte, „die

Quintessenz dessen, was der menschliche Geist an philosophischen Gedanken über die römische Geschichte hervorbringen kann". Wie in so vielen anderen Litteraturzweigen, hatten die Franzosen damit auch auf dem Gebiete der Geschichtsschreibung die Palme unter den Modernen errungen.

Am augenfälligsten zeigte sich den Deutschen gegenüber die Überlegenheit der gallischen Nachbarn doch in der Dichtkunst. Die Namen der Führer der deutschen Litteratur waren dem Kron= prinzen nicht unbekannt, aber er spottete über die „verunglückten Schöngeister" in Berlin, „welche Haller über Horaz stellen und Gottsched als den Herrscher des Parnaß verehren". Das relative Verdienst, das Gottsched um die deutsche Bühne sich erwerben sollte, stand noch aus, der Hanswurst war von den Brettern noch nicht vertrieben. Die wenigen Besuche, die Friedrich der deutschen Komödie gegönnt hat, reichten hin, ihn mit Widerwillen gegen ihre teils rohen teils schalen Späße zu erfüllen, und in seiner Erinne= rung blieb immer nur die typische Schneidernatur Kilian Brustfleck der Vertreter der Nationalbühne. Seine nachmalige Versicherung, er habe von Jugend auf kein deutsches Buch gelesen, ist nicht eben wörtlich zu nehmen; aber Suhm hat sich doch 1736 vergeblich bemüht, ihn zum Studium Wolffs in der Ursprache zu vermögen. Die Wahl zwischen Gottsched und Voltaire konnte ihm unter keinen Umständen schwer fallen.

Anfänglich hatte er gewünscht, den Epiker Gresset, an dessen heiterer Muse er großes Gefallen fand, für seinen Rheinsberger Hof zu gewinnen. Jetzt war keiner der Geister zweiten Ranges, sondern der König im Reiche des Geschmackes sein Lehrer geworden; in wessen Schule konnte der Königssohn freudiger lernen?

Indes schickte Friedrich seine poetischen Versuche das erste Mal nicht ohne ein gewisses Zagen nach Cirey. Voltaire, der sich da= mit vor die Aufgabe gestellt sah, nicht bloß Kunstrichter, wie der Prinz es wünschte, sondern einfach auch Sprachlehrer zu sein, war vor allem Weltmann genug, um allen Anforderungen gerecht zu werden und gleichwohl nicht anzustoßen. Die Kunst, mit der er an die Lobsprüche, an seine überschwenglichen Lobsprüche, allmählich Aussetzungen zu knüpfen begann, ist von unvergleichlicher Fein=

heit. Einer Berichtigung elementarer Sprachfehler, die im Munde
jedes andern pedantisch klingen würde, weiß er stets irgend eine
prickelnde Wendung zu geben, in welcher selbst die Rüge den Schüler
nicht verstimmen konnte, sondern ihm ein zustimmendes Lächeln
abgewinnen mußte. Friedrich war einsichtig genug, um sich zu
sagen, daß er von den Lobsprüchen stets „drei Viertel" abzuziehen
habe: die Ausstellungen ließ er sich voll und ganz gesagt sein. Und
als nun der Meister für die Vorlegung der Schülerarbeiten, die
er mustern sollte, mit der Zusendung seiner vollendeten Kunstwerke
dankt, da stellt der erfreute Empfänger diesen ungleichen Austausch in eine Linie mit dem amerikanischen Handel der Holländer, die für die Glasscherben, welche sie den Wilden geben,
Gold einheimsen. Oder er entlehnt seine Bilder der Mythologie
und vergleicht sich dem Prometheus, aber nur darin, daß er das
Feuer entlehnen muß, wenn seine Muse sich erwärmen soll; dann .
glaubt er wohl einen Augenblick, daß Voltaires Fittich ihn trägt:

> Doch nein, Ikarus fällt, schon decken ihn die Wogen.

Es waren glückliche Tage und Jahre, da dieser Austausch
zwischen Rheinsberg und Cirey stattfand. Noch trübte keine Enttäuschung die junge Freundschaft. Friedrich verehrte in Voltaire
aufrichtig den freien Denker, den anmutigsten der Dichter und
den vielseitigsten der Schriftsteller; er glaubte, auch die liebens-
würdigste Persönlichkeit, den lauteren Charakter, den selbstlosen
Freund in ihm gefunden zu haben. Und Voltaire empfand zum
erstenmale den Reiz, dem er nie in seinem Leben zu widerstehen
vermocht hat: er sah sich durch einen der in Purpur Geborenen
des vertraulichen Verkehrs gewürdigt und mit Weihrauch bestreut.
Freilich berechnete Voltaire, daß auf hundert Menschen neunzig
Dummköpfe kämen und erst auf zwanzig Millionen Menschen ein
Monarch, daß also achtzehn Millionen gegen zwei zu wetten seien,
ein König werde ein armseliger Tropf sein; und Friedrich selbst
scherzte, er sei kein Großmannskandidat, seine Name werde allem
Anschein nach nur dazu dienen, irgend einen genealogischen Stamm-
baum zu zieren, um alsbald in das Dunkel der Vergessenheit zu
sinken; höchstens in Voltaires Schriften werde er auf die Nach-

welt kommen. Wie aber, wenn der Prinz, der einen Voltaire
zum Mentor wählte, wirklich der aus Millionen einmal heraus=
gefundene Eine war? Dann mochte die Stunde da sein, das po=
litische Ideal des Mentors zu verwirklichen, das Ideal des auf=
geklärten weltbeglückenden Despotismus, wie es der Dichter der
Henriade in dem Helden seines Epos aufgestellt hatte. „Er wird
das Glück seiner Unterthanen besiegeln mit derselben Hand, mit
der er Wahrheiten in Verse bringt; er wird bei Gelegenheit
Schlachten gewinnen.“ Ein Buch mit weißen Blättern lag die
Zukunft dieses Adepten, der so empfänglich und begeisterungsfrisch
sich dem Lehrer hingab, vor Voltaires dichterischer Phantasie:
was wird die Geschichte auf diesen Blättern verzeichnen?

Voltaire mochte hoffen, auch bei den großen Welthändeln
künftig seine Hand im Spiele zu haben; weihte ihn doch der Erbe
eines Thrones jetzt nicht bloß in seine litterarischen und wissen=
schaftlichen Bestrebungen ein, sondern auch in seine Gedanken über
die politischen Vorgänge.

Die Politik des Kronprinzen.

Unter den Kleinodien, die Voltaire aus seinen Schreinen von Zeit zu Zeit nach Rheinsberg mitteilte, befand sich auch der handschriftliche Entwurf seines Zeitalters Ludwigs XIV. Friedrich schrieb an einen Freund, dieses Manuskript interessiere ihn mehr, als die ganze Politik der Gegenwart. Und doch folgte er gerade damals, im Jahre 1738, den politischen Vorgängen mit der gespanntesten Aufmerksamkeit, ja mit leidenschaftlicher Erregung, und die Depeschen der preußischen Gesandten, die ihm Grumbkow aus Berlin zuschickte, boten ein hinreichendes Material für die Beurteilung der allgemeinen Lage sowohl, wie der Aufgaben der preußischen Politik.

Freilich der Vergleich der Gegenwart mit den Zeiten, die Voltaire schilderte, fiel kläglich aus. Die großen Gestalten der Epoche Ludwigs XIV. hatten einem schwächlichen Epigonengeschlecht den Platz geräumt. „In unserem Jahrhundert", klagte Friedrich, „gilt, uns zum Unglück, die Unterhandlung mehr als der Krieg." Bei der physischen Abspannung der Staaten nach dem letzten großen Kriege war in Europa das goldene Zeitalter einer Diplomatie angebrochen, die sich als den allein maßgebenden Faktor im Völkerleben zu betrachten gewöhnte, alles durch ihre Verhandlungen, ihre Künste und Handgriffe machen zu können glaubte und es in diesen allerdings zur höchsten Routine brachte. Es ist die Diplomatie der Palliativmittel und Kompromisse, die alles nach dem Grundsatze der gegenseitigen „Konvenienz" begleicht, für jede Ver-

wickelung ihr Elixier hat und jeder Entscheidung mit dem Schwerte
sorgsam vorbaut; die Zeit der diplomatischen Abenteurer und ge=
heimen Agenten, die Zeit der Kongresse, die Jahre lang tagen und
nichts zum Abschluß bringen.   Der witzige Lord Chesterfield hatte
gesagt, 1725 sei Europa toll geworden; seitdem war die Tollheit
offenbar noch im Zunehmen, die politischen Augenblicksbilder wichen
und wechselten wie im Wirbeltanz, und Kronprinz Friedrich meinte
1739 mit Hinweis auf den Ausspruch Chesterfields, 1740 werde
es an der Zeit sein, Europa in das Irrenhaus zu sperren.

Chesterfields Jahr 1725 war etwa die Epoche, bis zu der
Friedrichs eigene politische Wahrnehmungen zurückreichten.   Aus
den miterlebten Wandlungen der europäischen Politik und ihren
Rückwirkungen auf die Stellung Preußens zwischen den großen
Mächten ergab sich dem preußischen Kronprinzen sein politischer
Katechismus.

Noch immer waren die Fluten nicht ganz zerronnen, die zu An=
fang des Jahrhunderts der spanische Erbfall geschwellt hatte.   Gegen
die erdrückende Übermacht Ludwigs XIV. hatte sich damals eine
europäische Koalition zusammengefunden, die Schöpfung Wilhelms
des Oraniers, das später vielgepriesene „alte System", mit der
Losung der Aufrechterhaltung des europäischen Gleichgewichts. Als
dann das stolze Frankreich tief gedemütigt war, und nun der letzte
vom Stamme Habsburg ehrgeizig die Wiedervereinigung des ganzen
Erbes Karls V. anstrebte, da hatte man in London die mobifizierte
Gleichgewichtstheorie aufgestellt, daß die beiden Seemächte, Eng=
land und Holland, berufen seien, zwischen den beiden kontinentalen
Militärmächten, Frankreich und Österreich, die Wage zu halten.
Das Verständnis zwischen England und Frankreich, das unter
diesem Gesichtspunkte den Utrechter Vertrag herbeiführte, hielt
auch nach dem Friedensschlusse an.   Zögernd hatte dann auch der
kaiserliche Hof seinen Frieden mit Frankreich geschlossen; er blieb
im Kriegszustande mit der neuen bourbonischen Nebenkrone.
Spanien unter den Willen Europas zu beugen, schlossen die vier
großen Mächte, wie man sie jetzt nannte, 1718 ihre Quadrupel=
allianz.   Ein Kongreß sollte alle noch obschwebenden Händel
schlichten.   Aber während zu Cambray beraten und gestritten wurde,

fanden die beiden Mächte, welche die Fürsorge der anderen hatte versöhnen wollen, sich ohne fremde Vermittelung zusammen: der Kaiser und der bourbonische König von Spanien gingen zu Wien ein Bündnis ein. Durch die enge Verbindung der österreichischen und der spanischen Macht fühlten sich die Seemächte, zumal da sie ihre Handelsinteressen geschädigt glaubten, kaum minder beun= ruhigt, als 1712 durch die Aussicht auf eine unmittelbare Ver= einigung der beiden großen Reiche. Dieselben Erwägungen, die damals zu dem Utrechter Frieden führten, veranlaßten jetzt Frank= reich und England zu der Bildung des Gegenbundes von Herren= hausen gegen die Alliierten von Wien. Der frühere Kriegs= zustand zwischen Österreich und Spanien wurde nunmehr durch die Eröffnung der Feindseligkeiten zwischen Spanien und England ab= gelöst.

Nun wiederholen sich zu Soissons die Vorgänge von Cambray. Wieder fällt die Entscheidung nicht vor dem Forum des euro= päischen Kongresses, der sie für sich beansprucht, sondern hinter= rücks; wieder findet Spanien gerade da, wo es Händel hatte, eine Thür zur Verständigung offen: wie vor vier Jahren Österreich, so schließen 1729 die drei andern Großmächte heimlich einen Sondervergleich mit dem Madrider Hofe und entgelten durch ihren Vertrag von Sevilla dem Kaiser das Werk von 1725. Spanien ist von Österreich getrennt, die Wiener Koalition gesprengt, die Politik der Gegenliga von Herrenhausen hat triumphiert. Unter der Ägide ihrer mächtigen Verbündeten besetzen die Spanier Parma und Piacenza. Isoliert muß Kaiser Karl VI. zum Kampfe sich bereiten, bis er sich im letzten Augenblicke entschließt, die beiden italienischen Herzogtümer einem der Söhne der spanischen Königin, der ehrgeizigen Farnesin, zu überlassen und auf seine maritime Politik zu verzichten; er begnügt sich mit prekären Garantien der von ihm für seine Reiche erlassenen Erbfolgeordnung.

Dieser Wiener Friede von 1731 schloß erst endgültig die Kriegs= epoche ab, die mit dem Jahre 1700 für Europa hereingebrochen war; jetzt vollendete sich das, was zu Utrecht und Rastadt, zu Cambray und Soissons Stückwerk geblieben war, die allgemeine Pazifikation ohne Ausschluß irgend einer Macht.

Nicht zwei Jahre vergingen, und der Kriegsruf erklang von neuem. Als König Ludwig XV. dem Wiener Hofe den Frieden aufsagte, um in Polen die Wahl seines Schwiegervaters gegen den von Österreich und Rußland erhobenen Gegenkönig aufrecht zu erhalten, da war auch Spanien, des soeben abgeschlossenen Vertrages uneingedenk, schnell wieder zur Stelle, den italienischen Besitz des Infanten Karl auf des Kaisers Kosten zu erweitern. Bei den Seemächten fand Karl VI. die gehoffte Hilfe nicht. Da ward der politischen Welt eine Überraschung, die alle vorange=gangenen weit hinter sich ließ. Zum viertenmale in einem Menschenalter wurde ein Separatfrieden geschlossen. Wie England und Holland 1713 das alte System fallen ließen, wie 1725 Österreich von der Quadrupelallianz sich trennte, und wie Spanien 1729 das Bündnis mit dem Kaiser preisgab, so war es jetzt Frankreich, das über seine Verbündeten hinweg sich mit seinem Gegner, dem Erbfeinde der Lilienkrone, verständigte.

Nirgends machten die Wirkungen dieses Ereignisses sich fühl=barer als in Berlin.

Zehn Jahre vorher, als die Koalitionen von Wien und Herrenhausen ganz Europa in zwei große Heerlager spalteten, war die Freundschaft Preußens vielumworben gewesen, denn die preußische Militärmacht konnte den Ausschlag geben. Heute war Preußen isoliert.

Damals hatte sich Friedrich Wilhelm zunächst für die West=mächte erklärt, entsprechend dem scharfen Gegensatze, in welchem während der ganzen ersten Hälfte seiner Regierung sein landes=herrliches Selbstgefühl gegen die imperialistische Politik Karls VI. stand. Als er dann aber zu bemerken glaubte, daß die Ver=bündeten von Herrenhausen ihn als ihren „Gallopin" betrachteten, der „die Kastanien aus dem Feuer holen" sollte, ging er seit 1726 zu der Partei des Kaisers über. Graf Seckendorff war es, wie wir sahen, dessen diplomatische Gewandtheit die Verträge von Wuster=hausen und Berlin zu stande brachte.

Der Preis, mit dem Friedrich Wilhelms Bundesgenossenschaft sich erkaufen ließ, war immer die Anerkennung der preußischen Ansprüche auf die jülisch=bergsche Succession. Nach dem klevischen

Erbvergleich zwischen Brandenburg und Pfalz-Neuburg von 1666,
der das Jahr darauf von Kaiser und Reich bestätigt und garantiert
worden war, stand der männlichen Nachkommenschaft des Großen
Kurfürsten beim Erlöschen des neuburgischen Mannsstammes die
Nachfolge in den Herzogtümern Jülich und Berg zu. Kurfürst
Karl Philipp von der Pfalz, der letzte männliche Sproß des Hauses
Neuburg, war bereits 1661 geboren. Sein sehnlichster Wunsch
war, auch die beiden niederrheinischen Herzogtümer an die Erben
der Kurlande, die Linie Sulzbach, zu bringen, deren Prinzen er
deshalb erst seine älteste Tochter, dann auch seine Enkelin ver-
mählte. In Berlin wurde die pfälzische Auffassung des Vertrages von 1666, nach welcher auch die weibliche Descendenz des
neuburgischen Stammes zur Erbfolge berufen sein sollte, mit Nachdruck zurückgewiesen.

Aber das Haus Pfalz hatte mächtige Fürsprecher. Alle Großmächte mißgönnten dem rasch angewachsenen preußischen Staate
eine neue Vergrößerung. Frankreich glaubte die Festung Düsseldorf mit dem Rheinübergang nicht einer militärisch widerstands-
fähigen Macht überlassen zu dürfen. Holland fürchtete jeden starken
Nachbaren an seinen Grenzen und fühlte sich bereits durch den
preußischen Besitz von Cleve beängstigt. England konnte mit
Rücksicht auf sein Nebenland Hannover eine Vermehrung der
preußischen Macht in Nordwestdeutschland nicht wünschen. Österreich betrachtete bereits jetzt die Ausdehnung des brandenburgischen
Hausbesitzes im Reiche mit Mißbehagen, und wollte das Gebiet
eines katholischen Fürstenhauses nicht in protestantische Hände fallen
lassen, und die Kurie that das Ihre, den Kaiser in diesen Gesinnungen zu bestärken. Dazu kam, daß die Wittelsbacher, Bayern
wie Pfälzer, als treueste Parteigenossen der französischen Politik
besondere Rücksicht von Versailles erwarten durften, und daß der
Kaiser, der die wittelsbachischen Ansprüche auf die österreichische
Erbfolge mit seiner pragmatischen Sanktion durchkreuzte, das Ge-
samthaus Pfalz-Bayern wenigstens in der jülich-bergischen Erbfrage
zu begünstigen wünschte.

Bei dieser Haltung der Mächte sah sich Preußen, wenn es
seine Ansprüche durchsetzen wollte, auf den Weg der diplomatischen

Verhandlung hingewiesen und mochte froh sein, falls es durch den Anschluß an eine der großen europäischen Parteien wenn nicht sein ganzes Recht, so doch einen Teil desselben rettete. Auf dieser Grundlage wurde 1726 und 1728 mit dem Kaiser verhandelt und abgeschlossen. Friedrich Wilhelm übernahm in dem sogenannten ewigen Bündnis von Berlin (23. Dezember 1728) die Garantie der pragmatischen Sanktion Karls VI. und entsagte seinen Rechten auf Jülich, der Kaiser garantierte ihm dagegen die Erbfolge in Berg.

Preußen war nach diesen Verträgen, da gerade jetzt Spanien von dem Wiener Bündnis abfiel, der einzige Verbündete, auf den der Kaiser gegen die Masse seiner Feinde sicher zählen konnte; denn auch Rußland, auf dessen Unterstützung man in Wien eine Zeit lang gerechnet hatte, riet Anfang 1730 zur Begleichung der Streitpunkte mit den Westmächten.

Aber der Wert der preußischen Freundschaft sank bereits, als 1731 die Verständigung mit England erreicht wurde. Wir haben gesehen, wie die Abwandelungen des Verhältnisses zwischen Österreich und England auf die Haltung der kaiserlichen Politik in der Frage der Vermählung des preußischen Kronprinzen zurückwirkten. Zu Beginn des nächsten Jahres leistete Friedrich Wilhelm dem Kaiser den letzten Dienst, der von ihm geheischt wurde; dank seinen Bemühungen garantierte der Reichstag die pragmatische Sanktion, gegen den Einspruch Sachsens und der wittelsbachischen Kurhöfe von München und Mannheim. Im August darauf sahen sich Karl VI. und Friedrich Wilhelm in Böhmen. „Die Zusammenkunft zu Prag wurde das Grab der Freundschaft mit dem Kaiser," schrieb nachmals der preußische Minister Podewils; auch Grumbkow datierte den Umschwung von diesem Zeitpunkte her. Mit dürren Worten wurde dem Könige von Preußen in Prag erklärt, daß er sich mit einem Teile des Herzogtums Berg begnügen, auf die Hauptstadt Düsseldorf verzichten müsse. Prinz Eugen sprach zu den Begleitern des Königs, als ob die Waffengenossenschaft der preußischen Armee für den Kaiser ohne jeden Wert wäre; er legte in Gegenwart der Preußen die Hände auf die Schultern der Vertreter Englands und Hollands und rief: „Gebt mir diese hier, und wir wollen der ganzen Welt trotzen."

Das Jahr 1733 brachte neue Enttäuschungen für Friedrich Wilhelm. Am 31. Januar starb König August II. von Polen. Je gespannter in den letzten Jahren sein Verhältnis zu dem kaiserlichen Hofe gewesen war, um so weniger hatte man vor dem Tode des Königs in Wien gewünscht, die polnische Krone bei dem sächsischen Hause bleiben zu sehen; ja man hatte im Verein mit Rußland den König von Preußen zu einem Abkommen aufgefordert, kraft dessen bei der nächsten Erledigung des polnischen Thrones ein sächsischer Prinz von der Wahl ausgeschlossen sein sollte, was zwischen Preußen und Rußland ohnehin durch drei ältere Verträge verabredet war. Noch ehe das neue Abkommen vollzogen werden konnte, war das Interregnum in Polen da. Der Sohn des verstorbenen Königs, der neue sächsische Kurfürst, bot in Wien die Anerkennung der pragmatischen Sanktion, und von Stund an war er der Kandidat der beiden Kaiserhöfe, die ihn durch eine kleine Minderheit des polnischen Adels zum Gegenkönig gegen Stanislaus Leszczynski wählen ließen. Friedrich Wilhelm fühlte sich schwer verletzt und verweigerte der Wahl des Sachsen seine Anerkennung.

Wenn dagegen nun der Kaiser, aus Anlaß eben dieser polnischen Vorgänge, von Frankreich mit Krieg überzogen wurde, so hielt Friedrich Wilhelm die Verpflichtungen des Vertrages von 1728 getreu ein. Gern wäre er mit seiner ganzen Kriegsmacht dem Kaiser zu Hilfe gezogen, aber in Wien dankte man für sein Anerbieten und forderte nur die Stellung der vertragsmäßigen 10 000 Mann. Friedrich Wilhelm durchschaute, daß man ihn nicht als einen Gleichstehenden, sondern als einen Untergeordneten behandelte, daß man von der Vereinigung der preußischen Streitkräfte am Rhein nichts wissen wollte und sie dort wegen der Nachbarschaft von Jülich und Berg nur mit Mißtrauen betrachtet hätte. Gekränkt und mißmutig, wie an sich selbst irre geworden, schrieb er an den Fürsten von Anhalt: „Sagen Sie mir, hätten Sie sich das vorgestellt, einen französischen Krieg zu erleben, und daß die Alliierten dann Preußen in der Inaction ließen? Das hätte ich mein Tage nicht geglaubt, also ist es nichts in dieser Welt, nun ist Alles umsonst. Wo ich nun nicht mehr hätte, als die 10000 Mann, und ließe keine Contributionen zahlen, also wäre mein Land das reichste in Deutschland. Ich bin ganz chagrin."

Als die Einstellung der Feindseligkeiten gegen Frankreich erfolgte, wurden die Präliminarien dem preußischen Bundesgenossen nicht einmal mitgeteilt. Das Berliner Bündnis von 1728 war dem Kaiser jetzt vollends ohne Wert, und in den Bestimmungen wegen Berg nur zur Last. Ganz zur Unzeit gab der preußische Gesandte in Wien im Dezember 1735 die Erklärung ab, daß der König mit Freuden sich bei jeder Förderung der pragmatischen Sanktion beteiligen werde, dagegen sich aber auch gewiß verspreche, daß Kaiserliche Majestät bei Gelegenheit des jetzt bevorstehenden Friedensschlusses das bequeme Tempo nicht aus der Hand lassen werde, das dem Könige in der Jülichschen Sache Versprochene in Erfüllung zu bringen. Seit der Kaiser mit Frankreich versöhnt und verbündet war, erschien seinen Beratern die Zufriedenstellung der Pfälzer um so notwendiger. Zudem befand sich der Wiener Hof dadurch in einem eigentümlichen Dilemma, daß er vor dem Abschluß der Verträge von Wusterhausen und Berlin sich schon gegen Karl Philipp von der Pfalz verpflichtet hatte (16. August 1726), die Erbfolge in beiden rheinischen Herzogtümern den Sulzbachern zu verschaffen. Es war ein geschicktes Auskunftsmittel, das nur nicht mit den bestehenden Verträgen, weder mit des Kaisers Verpflichtungen gegen die Pfalz noch mit denen gegen Preußen, übereinstimmte, wenn jetzt die österreichische Staatskunst durch ein gemeinsames Vorgehen der Großmächte die Lösung der jülich-bergischen Frage herbeizuführen versuchte. Auf Frankreich durfte man ohne weiteres rechnen; aber auch die Seemächte England und Holland, die ein Interesse daran hatten, neben dem Bunde der beiden großen Militärmächte des Kontinents sich ihren Platz im europäischen Konzert zu sichern, ließen sich nach einigen Schwierigkeiten für einen Kollectivschritt gegen Preußen gewinnen.

Der König von Preußen wußte voraus, was die vier großen

Mächte, die Quadrilleurs, wie er sie nannte, gegen ihn vorhatten, und erfuhr auch, daß der 10. Februar 1738 für die Überreichung der vier identischen Noten in Aussicht genommen war. Er wies einige Tage vorher seine Minister an, die Gesandten mit ihren Schriftstücken „höflich und mit vielen Reverenzen" zu empfangen und die Noten ihm dann versiegelt einzuschicken. Er habe nicht die Absicht, zu antworten, sondern werde es machen, wie Wallenstein, der die kaiserliche Ordre zwar ehrerbietig geküßt, aber auf den Kamin gelegt habe. An dem bezeichneten Tage erschienen, wie man erwartet, die vier Diplomaten nach einander in dem Konferenzzimmer des auswärtigen Ministeriums, Freiherr von Demeradt als Residend des Kaisers, Ginkel im Auftrage der Generalstaaten, Chetardie und Guy Dickens mit den Noten Frankreichs und Englands. Die gleichlautenden Schriftstücke enthielten die Forderung, daß der König seinen Gesandten im Haag beauftrage, mit den dortigen Vertretern der vier unparteiischen Mächte in Conferenz zu treten, um durch die Vermittelung dieser Mächte zu einem gütlichen Vergleich in der jülichschen Sache zu gelangen; daß der König weiter sein Wort gebe, während der Zeit der Konferenzen jeden Versuch zur Besitznahme der strittigen Länder zu unterlassen. Aus den zugleich mitgeteilten Abschriften der entsprechenden, in Mannheim überreichten Noten konnte der König ersehen, daß für den Todesfall des Kurfürsten von der Pfalz die Mächte dem Pfalzgrafen von Sulzbach in beiden Herzogtümern die einstweilige Besitzergreifung zugestanden. Sowohl in den Noten an die Pfalz, wie in denen an Preußen war zum Schluß die Erwartung ausgesprochen, daß der andere Teil dem Vorschlage sich nicht widersetzen werde und sich nicht die gerechten Vorwürfe vier so ansehnlicher Mächte werde zuziehen wollen, „die den Vorsatz haben, gemeinsam und mit Nachdruck den Charakter der Unparteilichkeit aufrecht zu erhalten, den sie heute in den gemeinsam sich angeeigneten Grundsätzen kundgeben."

Der König war zuerst der Meinung, daß er auf diese Zumutung überhaupt nicht antworten dürfe. Auf die Vorstellungen seiner Minister befahl er indes, eine kurze, ausweichende Antwort zu entwerfen. Die am 19. Februar dem Vertreter der

vier Mächte zugestellte Note besagte, daß der dem Pfalzgrafen von
Sulzbach zugedachte provisionelle Besitz mit der Unparteilichkeit der
Vermittelung nicht zu reimen sei; der König erwarte deshalb von der
Billigkeit der vier Mächte, „daß sie die Güte haben werden, sich
über diesen Artikel in der Art zu erklären, daß Se. Majestät Ihre
weitere Antwort auf die Memoires zu ertheilen im Stande sind."
Gleichzeitig wurde in den Zeitungen bekannt gemacht, daß die
Befehle zur Zusammenziehung von 40 000 Mann im Clevischen
erteilt seien.

Eines der Gutachten, das dem Könige von seinen Ministern
vorgelegt war, hatte hervorgehoben, man wisse, wie es mit den
vier Mächten und ihrer Harmonie bestellt sei; sie seien weit davon
entfernt, einen Krieg zu wünschen; man müsse die Sache hinziehen
und Zeit gewinnen; daß sie einen Termin setzen sollten, sei nicht
zu befürchten, sie würden sich zehnmal bedenken, gegen einen Staat
wie Preußen eine so ungewöhnliche Methode zu brauchen.

Äußerlich blieb die Einigkeit der „Quadrilleurs" die voll-
ständigste. Anfang Juni stellten der Kaiser und Frankreich den
Antrag auf Eröffnung der Konferenz im Haag: „Da die völlig unerwartete Antwort des Königs von Preußen erkennen lasse, daß er
entschlossen und gerüstet sei, beim Tode des Kurfürsten von der Pfalz
die Ruhe Europas trotz der ebenso zweckmäßigen wie unparteiischen Absichten der vier Mächte zu stören, so sind die vier Mächte
Europa Rechenschaft schuldig über die Folgen eines so eklatanten
Schrittes, wie sie ihn diesem Fürsten gegenüber gethan; sie sind
es sich selbst und ihrer Ehre schuldig, zu zeigen, daß sie nicht
vergebens ihren Willen kundgethan." Und am 13. Januar des
folgenden Jahres unterzeichnete der kaiserliche Gesandte in Versailles einen Vertrag, durch den der Kaiser und Frankreich noch
einmal gemeinsames Vorgehen sich zusagten, zugleich gegenseitigen
Schutz und Unterstützung für den Fall, daß wegen dieses Vor-
gehens einer der beiden Teile angegriffen werden könnte.

Aber schon seit dem April 1738 hatte der französische Bot-
schafter im Haag insgeheim eine Verhandlung mit dem dortigen
Vertreter Preußens angeknüpft. Er eröffnete demselben jetzt, daß
man den Abschluß dieses neuen Vertrages dem Kaiser nicht gut

habe abschlagen dürfen: „die Furcht vor Eurer Rache und vor
den preußischen Kriegsvorbereitungen haben den Wiener Hof so
beunruhigt, daß wir ihm diese Genugthuung nicht haben versagen
können." Auch in Petersburg hörte der preußische Gesandte im
Mai 1739, der Kaiser habe sich deshalb Schutz von Frankreich
zusagen lassen, weil er fürchte, daß Preußen einen Angriff gegen
ihn beabsichtige und für Jülich und Berg seinen Regreß auf
Schlesien nehmen werde.

Friedrich Wilhelm durfte die Hand, die ihm Frankreich zur
Verständigung bot, nicht zurückweisen. Der Kaiser hatte das Bei=
spiel gegeben, wenn er in einer Reichsangelegenheit, wie die jülich=
bergische Erbfrage, die Einmischung des Auslandes zuließ, ja den
Franzosen geradezu die Entscheidung zuwies. Friedrich Wilhelm
machte sich dieses Beispiel zu nutze. Vom Kaiser verlassen, sah er
sich genötigt, am Ende seiner Tage der Macht sich zu nähern,
gegen die er Zeit seines Lebens die größte nationale und persön=
liche Abneigung gezeigt hatte. Der Gewinn, den Frankreich ihm
versprach, war bescheiden genug: der Vertrag vom 5. April 1739
garantierte ihm einen Teil von Berg, ohne die Hauptstadt Düsseldorf.

Wegen eines Vorwandes für den Bruch hatte man sich zu
Wien nicht verlegen gezeigt. Um über die unbequeme Garantie
für Berg, die man im Augenblicke der Not anderen Verpflichtungen
zuwider dem Könige von Preußen gegeben hatte, hinwegzukommen,
hatte man mit Advokatenfeinheit in den Vorgängen der Feldzüge von
1734 und 1735 allerhand Dinge entdeckt, die da dienen mußten, nicht
im Wege offener Aussprache, sondern mittelst geheimnisvoller An=
deutungen dem preußischen Bundesgenossen zu imputieren, daß er
dem Vortrag von 1728 nicht volle Genüge gethan habe. Man
bedachte nicht, daß man durch Leugnung der Rechtsbeständigkeit
dieses Vertrages das Fundament des eigenen Baues abgrub: man
entband damit Preußen der für die pragmatische Sanktion ge=
leisteten Garantie. Wie verhängnisvoll solch armselige Politik für
den Wiener Hof war, hat die nächste Folgezeit bewiesen. In
unbegreiflicher Kurzsichtigkeit verschleuderte Kaiser Karl Königreiche
und Länder, um Frankreichs und Spaniens Garantie für seine
Erbfolgeordnung zu gewinnen, stürzte sich der russischen Garantie

zuliebe in einen Türkenkrieg, der ihm Serbien und die kleine
Wallachei kostete, und dem bis an die Zähne gewaffneten Nachbarn,
der den Stoß in das Herz der österreichischen Monarchie führen
konnte, mißgönnte er das versprochene kleine Herzogtum am Rhein,
das er nicht einmal von seinem österreichischen Eigen geben sollte.

Die neidische und feindselige Politik des Verbündeten von
1728 ist, wie wir heute zurückschauend sagen können, am letzten
Ende nur zu Preußens Vorteil ausgeschlagen, weil sie diesem
Staate beim Tode Karls VI. die Politik der freien Hand ließ;
sie hat darum dem Herzeleid Friedrich Wilhelms I. von seiner
Bitterkeit nichts genommen. Seiner Kaiserlichen Majestät so ge=
treu zu sein als Prinz Eugenius selber, des hatte er sich einst
gerühmt, und noch 1733, als er bereits mißtrauisch zu werden
begann, beteuerte er Seckendorff: „der Kaiser muß mich mit Füßen
wegstoßen, sonsten ich mit Treu und Blut sein bin und bis in
mein Grab verbleibe.“ Nach einem Gespräch, das er mit Secken=
dorff im Dorfe Priort bei Potsdam hatte, scheint er zuerst ganz
klar gesehen zu haben. „Mein lieber Sohn,“ sagte er im Oktober
1734 zu dem Kronprinzen, „ich sage Dir, daß ich meinen Tod zu
Priort geholt habe, und ich bitte Dich um alles in der Welt, traue
den Leuten nicht, die auch noch so viele Versprechungen machen.
Ja, den Tag, da kam ein Mann zu mir, das war, als wann
man mir einen Dolch im Leibe umgewandt hätte.“ Jenes prophe=
tische Wort „da steht Einer, der mich rächen soll“, welches er einst,
auf seinen Sohn weisend, zornig ausstieß, er hat es auch in
ruhigeren Augenblicken immer von neuem variiert, und wohl
traten ihm die Thränen in die Augen, wenn er auf die ihm wider=
fahrene Unbill zu sprechen kam. Als er während des französi=
schen Krieges sich und seine Streitmacht verächtlich beiseite ge=
schoben sah, schrieb er an Seckendorff rund heraus: „Ich für meine
Person habe alle Veneration für Kaiserliche Majestät, aber nach
meinem Tode wird das Haus Brandenburg den Kaiser abandon=
nieren und eine andere Partei nehmen, weil das Haus Branden=
burg so lädiert, also daß Preußen wie ein Papagei im Käfig sitzt;
das muß das Haus Brandenburg auswetzen.“ Die große „Spe=
cies Facti“ über seine Politik seit dem Jahre 1725, die er im

Februar 1736 seinem Sekretär in die Feder diktierte, um die ver-
steckten Beschuldigungen der Österreicher zurückzuweisen, dieses denk-
würdigste politische Schriftstück, das von Friedrich Wilhelm erhalten ist, schließt mit den Worten: „Ein neues Zeichen von der
verdienten Dankbarkeit! Indessen ist dieses eine Warnung vor des
Königs Sohn, den Kronprinzen, wie er sich zu hüten habe, daß
man ihn künftig nicht auf gleiche Weise herumführen möge, wie
itzo geschehen." An den Kronprinzen selbst aber schrieb er in
diesen Tagen (6. Februar 1736): „Das ist der Dank für die ge-
stellten zehntausend Mann und alle Deference, so ich für den Kaiser
gehabt, und könnet Ihr daraus sehen, daß es nichts helfe, wenn
man sich für denselben auch sakrifizierte. So lange man uns
nötig hat, so lange flattieret man; sobald man aber glaubet, der
Hilfe nicht mehr zu gebrauchen, so ziehet man die Maske ab, und
weiß von keiner Erkenntlichkeit. Die Betrachtungen, so Euch dabei einfallen müssen, können Euch Gelegenheit geben, Euch künftig
in dergleichen Fällen zu hüten."

So warnte er, noch bevor der Wiener Hof in der jülich-bergischen
Frage das Konzert der Großmächte gegen Preußen aufbot. Als nun
die identischen Noten in Berlin übergeben waren, schrieb Friedrich
Wilhelm an seinen Gesandten in Wien: „Es scheinet wohl, daß
nachdem man dort, in betreff unser, Treu und Glauben einmal
gänzlich auf die Seite gesetzt, man den macchiavellistischen Prin-
cipiis folgen und nicht méchant à demi sein wolle."

Wenn Friedrich Wilhelm 1735 geäußert hat, er wolle nicht,
daß sein Sohn zu gut kaiserlich werde, so ist doch zu einer Befürch-
tung in dieser Richtung wohl nie ein Anlaß vorhanden gewesen.

Der Kronprinz war durch den Widerstreit der Interessen, der
die politische Welt erfüllte, einst persönlich in Mitleidenschaft gezogen worden. Die Frage seiner Vermählung hatte die Bedeutung einer Haupt- und Staatsaktion gewonnen und ward unter
dem Gesichtspunkte der politischen Konvenienz gelöst. Hatte er sich
die Aufgaben der preußischen Politik nach seinen persönlichen
Wünschen und Neigungen zurechtlegen wollen, so hatte die rauhe
Wirklichkeit ihn belehrt, daß es in einem Konflikte zwischen der
Politik und der Romantik nicht an der ersteren zu sein pflegt, sich

unterzuordnen. Er hatte ein teures Lehrgeld in der Schule der
großen Welt bezahlt, aber nicht umsonst. Nach einer ersten hart=
bestraften Regung der Gefühlspolitik hat er sich als Politiker von
ähnlichen Anwandlungen nicht wieder betreten lassen.

Zunächst gab es für ihn nach der grausamen Erfahrung nur
die eine politische Weisheit: beobachten und stillschweigen. Er pries
sich glücklich (1733), mit dem ganzen politischen Gebrodel nichts
mehr zu thun zu haben. Vielleicht war die durch die Umstände
gebotene Methode gerade die beste zur Übung in den Künsten
der Politik und Diplomatie. Der Prinz gewann die Herrschaft
über seine Zunge und über seine Mienen. 1734 schrieb ein
fremder Diplomat: „Seit den schweren Prüfungen, welchen der
Kronprinz vor einigen Jahren unterlag, hat er sich äußerst zurück=
haltend benommen und selbst hinsichtlich der unbedeutendsten Dinge
dem einen nicht mehr Vertrauen als dem andern gezeigt." Ver=
gebens erschöpfte man sich in allen möglichen Vermutungen, wer
nach der Thronbesteigung bei ihm „der Allmächtige" sein werde,
ob General Schulenburg, ob Graf Alexander Wartensleben von
der Potsdamer Garde, ob gar der alte Dessauer. Friedrich selbst
sagte 1737: „Mein Leben ist ein Gewebe von Widerwärtigkeiten
gewesen, und die Schule des Unglücks macht umsichtig, diskret und
mitfühlend. Man überlegt sich die kleinsten Schritte, wenn man
an die Folgen denkt, die sie haben können, und man erspart
andern gern den Verdruß, den man selbst gehabt hat." Als König
hat er geäußert, wer seine Geheimnisse erfahren wolle, der werde
nicht seine Vertrauten, sondern ihn selbst bestechen müssen. Schon
in Rheinsberg und Ruppin hätte er das von sich sagen dürfen.
Was half es nun dem Kaiser, daß er dem Grafen Manteuffel
für seinen „Fleiß, Eifer und heimliche mannigfaltige Korrespondenz"
ein schweres Jahrgeld zahlte, wenn der Kronprinz selbst vor diesem
Genossen seiner philosophischen Studien mit der „Verstecktheit eines
Tiberius" sich zurückzog: Manteuffel fand dieses Mißtrauen wenig
am Platze den besten Freunden gegenüber, denn zu diesen rechnete
er sich, trotz der Rolle des bezahlten Spions, die er spielte. Das
Eine sah Manteuffel schon 1734 klar, daß der Thronwechsel eine
große Umwälzung herbeiführen werde: der Erbe sei viel hochmütiger,

viel lebhafter, viel kühner, viel verschlagener und viel unberechen=
barer geartet, als der jetzige König.

Die kaiserliche Politik hatte 1732 mit der braunschweigischen
Verlobung des Kronprinzen von Preußen einen großen Sieg davon=
getragen; aber den Siegern ward bei ihrem Erfolge doch bange,
ob er von nachhaltiger Wirkung sein werde. Prinz Eugen be=
ruhigte sich in der Selbsttäuschung, daß der Bräutigam schließlich
immerhin „mit guter Art" zu seinem Jawort vermocht worden
sei; wäre, so schrieb er an Seckendorff, „die Eheverlöbnis mit des
Kronprinzen Widerwillen erfolgt, so wäre der Groll immerdar im
Herzen ihm geblieben und eher eine schlimme als gute Heirat,
mithin auch eher ein schlimmer als guter Effekt vor den kaiser=
lichen Hof davon zu vermuten gewesen." Wie tief wirklich der
Groll „im Herzen zurückblieb," lassen noch nach mehr als zehn
Jahren Friedrichs brandenburgische Memoiren ersehen, die wahrlich
das Andenken des Vaters in jeder Weise pietätsvoll schonen, den
einen Vorwurf aber nicht unterdrücken, daß Friedrich Wilhelm
seinem ältesten Sohne die Braut dem Wiener Hof zu Gefallen aus=
gewählt habe. Zunächst glaubte man in Wien den Kronprinzen
dadurch zu Dank verpflichten zu können, daß man ihm „durch
versteckte Wege" Geld zur Bezahlung seiner Schulden zukommen
ließ. Graf Seckendorff hielt es dabei für zweckmäßig, den Em=
pfänger, wie sein Ausdruck ist, zappeln zu lassen, ehe er ihm bei=
sprang. Der Kronprinz durchschaute die argen Mittel und den
argen Zweck und vergaß dem Mann, der bald in dieser bald in
jener Rolle mehr als irgend ein anderer dazu beigetragen hat, ihm
seine Jugend zu verbittern, von alle dem nichts. Im persönlichen
Verkehr war man gegeneinander nach Friedrichs Rückkehr aus
Küstrin die Herzlichkeit selbst, aber jeder Teil wußte, was er von
dem andern zu halten hatte, und als 1734 Seckendorffs Neffe den
Oheim auf dem Berliner Posten ablöste, sagte Friedrich, er habe
gegen den neuen Gesandten persönlich nichts, nur sei zu bedauern,
daß er den Namen Seckendorff trage.

Schadenfrohe Beobachter, wie der Vertreter Frankreichs in
Berlin, glaubten sich mit der Hoffnung schmeicheln zu dürfen, daß
der Kaiser an dem preußischen Thronfolger einst einen unversöhn=

lichen Feind finden werde; der Kaiser könne nur wünschen, daß
dieser Prinz so bald nicht zur Regierung gelange.

Wenn nun die Versuche der kaiserlichen Politik, dem Prinzen
Vertrauen abzugewinnen und „eine mehrere Neigung zu Kaiser=
licher Majestät beizubringen", den angewandten Mitteln nach nicht
zum Ziele führen konnten, so war doch auch von Sympathien für
den englischen Hof, dem zuliebe er vormals des Kaisers Feind=
schaft herausgefordert und seines Vaters Zorn getragen hatte, bei
Friedrich nicht mehr die Rede. Der König hatte recht gehabt,
wenn er seines Sohnes platonische Schwärmerei für die nie von
demselben gesehene Base von England in das Lächerliche zog. Sehr
bald sah der entnüchterte Liebhaber klar darüber, daß der Held
in absentia jenes Liebesromans nur ein Werkzeug zu politischen
Zwecken in der Hand der eigenen Mutter und der zärtlichen
Verwandten aus London gewesen war. Schon 1734 sagte er zu
seiner älteren Schwester, er werde als König die größten Rück=
sichten für seine Mutter haben und sie mit Ehrenbezeugungen über=
häufen, aber in die Geschäfte solle sie sich nicht mischen dürfen;
versuche sie es, so werde sie sehen, mit wem sie es zu thun habe.
Es blieb hinfort sein ausgesprochener Grundsatz, noch als Greis
hat er denselben wiederholt, daß es nicht gut sei, wenn das Weib
sich in Staatssachen mische; den Prinzessinnen vom Hause England
aber trug er zeitlebens ein besonderes Mißtrauen entgegen. Einer
der ersten Schritte, welche er als König that, war, daß er dem Bruder
nicht eine britische Braut zuführte, wie die Königin=Mutter sie den
Söhnen 1740 wie 1732 gewünscht hätte, sondern eine Prinzessin
aus Wolfenbüttel, die Schwester seiner eigenen Gemahlin: von
Friedrichs Seite die schärfste Kritik der hannöverischen Haus= und
Heiratspolitik, der er selbst hatte zu Dienst sein sollen. Gegen
Georg II., den „Cäpten", konnte er bald seine persönliche Animosität
ebensowenig unterdrücken wie sein Vater, und, wie er selbst sagte,
der Widerwille gegen den Monarchen übertrug sich auf die Unter=
thanen: „Gott soll mir verzeihen, ich habe eine Abneigung gegen das
englische Geschlecht, von der ich mich nicht bekehren kann; das sind
die Sünden des Fürsten, die auf sein Volk zurückfallen." Er er=
götzte sich über die Flut von schwerzüngigen Briten, die auf der

Reise von oder nach „Hénouvér" die Berliner Gasthäuser unsicher machten und bei denen kein Samenkörnlein Bolingbrokeschen oder Chesterfieldschen Geistes zu entdecken war; er beglückwünschte sich, daß er trotz einiger Anlage zum Spleen unangenehme Eindrücke und Nachrichten, die zum Selbstmorde von zwanzig Engländern genügt haben würden, noch glücklich zu verwinden vermochte, und hielt einem englischen Emigranten seine Schwermut als einen Rest des heimischen Blutes zugute, das erst in der zweiten Generation sich aufheitere.

Unendlich viel sympathischer blieben ihm im Gegensatz zu diesen steifen und trübseligen Briten die glatten, beweglichen, lachenden Franzosen; aber sein Urteil über die französischen Staatslenker und ihre Politik ist durch die Vorliebe für die Nation zu keiner Zeit auch nur in der leisesten Weise beeinflußt. In seiner Stimmung gegen den ersten Minister Ludwigs XV. nach dem Friedensschlusse von 1735, durch den Frankreich seine Verbündeten preisgab, paarten sich Zorn und Verachtung: „der Herr Kardinal Fleury", so schreibt er am 15. November an Grumbkow, „giebt mit dieser Verhandlung von der feinsten Hinterlist, zu der je ein Minister gegriffen hat, eine Probe. Aber denken Sie an mich, Sie werden sehen, daß er durch diese Treulosigkeit Frankreich mehr Schaden als Gewinn bereiten wird. Wer soll noch Leuten trauen, welche die Kundgebungen, die sie selbst erlassen haben, Lügen strafen und welche sich nur deshalb zu Bürgen der polnischen Freiheit gemacht haben, um unter diesem schillernden Vorwand sich selbst zu vergrößern! Und wie will sich denn der Kaiser auf die Garantie verlassen, welche sie ihm für die pragmatische Sanktion versprechen, nachdem sie für die Verwirklichung ihrer Garantie für Polen nicht die geringste Anstrengung gemacht haben! Alles dies zusammengehalten, werden Sie mit mir den Schluß machen, daß der Kaiser für eine ungerechte Sache eingetreten ist, dieselbe aber seinen Verpflichtungen gemäß durchgeführt hat, daß dagegen Frankreich bei seiner Erklärung für die gerechte Sache der Wahl von Stanislas nur einen Deckmantel für seine Umtriebe und seine unersättliche Vergrößerungsgier gesucht hat und keiner seiner Verpflichtungen gegen die Republik Polen gerecht

geworden ist." Noch nach Jahr und Tag (Okt. 1737) nannte er diesen
Friedensschluß der Franzosen einen schimpflichen, der ihnen bei den
spätesten Geschlechtern ewigen Unglimpf bereiten werde. Das ganze
Getriebe der Politik der Gegenwart mit seinen Künsten, Listen und
Ränken wollte ihm ein kindisches Knabenspiel dünken, in welchem der
gewinnt, der am feinsten getäuscht hat. „Der offene, ungeschickte
Bruch von Treue und Glauben, die Verleugnung des Edelmutes
und die offene Hervorkehrung der Interessenpolitik lassen die ganze
Schlechtigkeit des menschlichen Herzens, die selbst über den äußeren
Schein der Tugend sich hinwegsetzt, zu Tage treten."

    Grumbkow, der alte Praktiker, glaubte solchem idealen Rigo-
rismus gegenüber die Gegenwart in Schutz nehmen zu müssen.
Er antwortete dem Kronprinzen: „Ich kann wohl sagen, daß ich
fast immer dasselbe gesehen habe, nur daß man ein größeres De-
corum gewahrt hat. Aber im Grunde haben die beiden Balanciers
des europäischen Gleichgewichts, die Häuser Österreich und Bourbon,
regelmäßig alle Art unerlaubter Auskunftsmittel angewendet, um
einander zu schaden. Und die, welche Ludwig XIV. getadelt
haben, weil er den Unterschied zwischen dem Buchstaben und dem
Geist der Verträge gemacht hat, haben fast stets das Gleiche
gethan, das heißt, man betrachtet einen Vertrag nur so lange
als bindend, als er mit dem Interesse des Abschließenden übereinstimmt. Ja es scheint eine stillschweigende Übereinkunft zwischen
den Souveränen zu bestehen, wonach jener Grundsatz als anerkannt
gilt, da die modernen Anschauungen denjenigen fast lächerlich erscheinen lassen, der sich der Praxis nicht anbequemt."

    Der Kronprinz traute der öffentlichen Meinung Europas
Macht genug zu, um ihre Bundesgenossenschaft nicht zu ver-
schmähen. Als 1738 infolge der neuen Freundschaft Österreichs mit
Frankreich die Wendung eintrat, durch welche die Interessen und
die Würde Preußens so brutal bedroht wurden, schrieb er sein
erstes politisches Flugblatt, um gegen dieses Frankreich, das, wie
er empört rief, an Macht und Vermögen sich Gott dem Vater
selber gleich dünkte, Alarm zu schlagen. Es galt, durch eine
Einwirkung auf die Stimmung in England und in Holland die
Seemächte zur Einsicht und Umkehr zu bringen, das Konzert der

vier Großmächte, durch welches Preußen am unmittelbarsten ge=
fährdet war, zu sprengen. Wie sich versteht, durften der preußische
Ursprung und die preußische Sendung der Schrift nicht erkannt
werden. Friedrich wählte die Maske eines Engländers und ent=
schuldigte bei seinen Lesern dies oder jenes zu freie Wort, welches
in den „Betrachtungen über den gegenwärtigen Zustand Europas"
gebraucht sein könne, mit der Erklärung, daß die Frucht stets
ihren Erdgeschmack bewahre und daß es dem Sohne eines freien
Landes erlaubt sein müsse, sich mit eblem Freimut und einer
der Verstellung unfähigen Aufrichtigkeit auszusprechen, „welche die
Mehrheit der Menschen nicht kennt." Dort in England dachte er
seine „Betrachtungen" in einer englischen Bearbeitung drucken zu
lassen, worauf sein Original in Holland als Übersetzung aus
dem Englischen erscheinen sollte.

Die „Betrachtungen" gehen davon aus, daß nach der Been=
digung großer Kriege Umformungen des Staatensystems, neue
Allianzgruppierungen sich zu vollziehen pflegen. Die neueste Ab=
wandlung der europäischen Politik, das Bündnis zwischen dem
Kaiser und Frankreich, ist den Einungen der römischen Triumvirn
vergleichbar, weil es seinen Abschluß durch Proskriptionen weiht;
hat doch der Kaiser den Franzosen das Opfer gebracht, seinen
Schwiegersohn aus dem lothringischen Erblande zu vertreiben.
Wer wird in dem so besiegelten Bunde die Rolle des Augustus
spielen? Offenbar nicht der Kaiser, sondern Frankreich.

Die Aussichten der Franzosen sind die günstigsten. Das
alte Vorurteil, das ihnen so viel geschadet, das allein die glän=
zendsten Entwürfe Ludwigs XIV. gehemmt hat, das Vorurteil, daß
Frankreich nach der Universalmonarchie strebe, es ist glücklich mit
der Wurzel ausgerottet: darin vornehmlich hat Frankreichs Glück=
stern oder Schutzengel sich gezeigt. Der Kardinal Fleury hat sein
Meisterstück geleistet, hinter dem die Kunst Richelieus und Mazarins
weit zurückbleibt, indem er der Welt den Glauben an Frank=
reichs Friedfertigkeit und Uneigennützigkeit zu geben verstand.
Nur aus Friedfertigkeit und Uneigennützigkeit nahm Frankreich
Lothringen vom Kaiser an, um Deutschland von einer Provinz
zu befreien, die demselben allerdings seit undenklicher Zeit gehörte,

deren unbequeme, abgetrennte Lage ihm aber immer zur Last
war; zudem, wie konnte Frankreich seine Friedensliebe besser be=
kunden, als wenn es ein Land auf einmal sich nahm, das in
deutschem Besitz stets ein Zankapfel zwischen Deutschland und
Frankreich sein mußte! Wer diese edlen Motive Frankreichs nur
unbefangen würdigen will, wird nicht länger bestreiten können,
daß es die bestimmten Versprechungen, die es 1733 in seinem
Kriegsmanifest für seine Uneigennützigkeit gemacht hat, auch voll
und ganz gehalten hat!

Anhangsweise zu dem über die Haltung Frankreichs in diesem
letzten Kriege Gesagten, beleuchtet der Verfasser, sehr deutlich an
die Adresse Englands sich wendend, die Politik der zweiten bour=
bonischen Macht. Spanien war keineswegs so bescheiden und ohne
ehrgeizige Entwürfe, wie man glauben mag. Der Angriff auf
die italienischen Besitzungen des Hauses Habsburg, die alten
spanischen Nebenlande, war sehr wohl vorbereitet durch den Ver=
trag von Sevilla, durch den die Engländer allzu vertrauensselig
den Spaniern die Besetzung von Parma und Piacenza zugestanden.
Man sage nicht, daß dieser Vertrag hier bei den Haaren herbei=
gezogen werde: er läßt wie durch einen Schleier die Absichten
Spaniens hindurchschimmern, er war die Voraussetzung für die
italienische Eroberungspolitik der Spanier, die mit diesem Ver=
trage einen festen Fuß im Lande hatten.

Die Gesichtspunkte der Politik endlich des Kaisers sind leicht
zu erkennen. Seit den Tagen Ferdinands I. und Ferdinands II.
arbeitet das Haus Österreich an dem Plan, seine Souveränetät,
den Despotismus, in Deutschland zu begründen. Die neuesten
Beweise dafür sind während des letzten Krieges die vier Ver=
letzungen der kaiserlichen Wahlkapitulation: die Hineinziehung
des Reichs in einen um fremder Interessen willen, wegen Polens,
geführten Krieg; die Einladung fremder Kriegsvölker, der Russen,
nach Deutschland; die Unterzeichnung der Präliminarien ohne des
Reiches Zustimmung; die Abtretung des Reichslehens Lothringen.

So lassen sich aus den Wirkungen die Ursachen, aus den
Handlungen die Motive dieser Mächte ableiten. Umgekehrt wird
man nach Aufhellung der Ursachen die noch zu erwartenden

Wirkungen die Ereignisse der Zukunft ergründen können; denn „täuschen wir uns nicht, Glück und Zufall sind Worte, die nichts wesenhaftes bezeichnen; das wahre Glück Frankreichs, das ist der Scharfblick und die Voraussicht seiner Minister, samt den guten Maßregeln, welche sie treffen". Wolffs Gesetz vom zureichenden Grunde wird hier durch Friedrichs Pragmatismus auf das politische Leben und die geschichtliche Entwickelung angewendet: „Da es gewiß ist, daß Alles einen Grund für sein Dasein haben muß und daß man die Ursache der Ereignisse in anderen findet, die ihnen vorausgegangen sind, so muß auch jede politische Erscheinung die Folge einer vorangegangenen sein, die sozusagen ihre Geburt vorbereitet hat."

Vorweg zeigt die verschiedene Haltung der Höfe von Wien und Versailles während der letzten Wirren, daß der Charakter der kaiserlichen Politik ein gewaltsamer ist, während die Franzosen verschlagen, schmeichlerisch, im Gewande der Sanftmut ihre Opfer zu ködern suchen. Ohne Frage ist die letztere Taktik weitaus die gefährlichere. Das System des Kaiserhofes ist so einfach, daß es keiner langen Darlegung bedarf. Um so komplizierter ist das System des Hofes von Versailles.

Der beständige Grundsatz der Fürsten ist, sich möglichst zu vergrößern. Frankreich, durch die Pyrenäen und Alpen und das Meer mit natürlichen Grenzen umgeben, kann nur nach Osten sich vergrößern. Elsaß und Lothringen, vom Reich abgegliedert, haben die Schranken der französischen Herrschaft nach dem Rhein zu zurückgedrängt. Es wäre zu wünschen, daß der Rhein vollends die Grenzlinie bildete. Da gilt es nur ein kleines Herzogtum Luxemburg zu besetzen, ein kleines Kurfürstentum Trier oder Bistum Lüttich zu erwerben, etwa durch einen Vertrag oder einfach nach dem Recht der einladenden Lage; die holländischen Barriereplätze, Flandern und ein paar ähnliche Kleinigkeiten müßte man notwendigerweise in diese Reunion miteinbegreifen. Frankreich braucht dazu nur einen maßvollen und milden Mann als Minister, welcher der Politik seines Hofes seinen eignen Charakter sozusagen borgt, welcher bei seinen Kunstgriffen alle Ränke und alle ungeraden Wege auf die Rechnung seiner untergeordneten Mit-

arbeiter fallen läßt und so unter Hervorkehrung eines ehrbaren
Äußeren seine Absichten zum glücklichen Ende führt. Frankreich
übereilt sich nicht; fest auf dem Sinne beharrend, wartet es die
günstigen Zeitläufte ab, und die Eroberungen müssen sich ihm
gleichsam auf natürlichem Wege anbieten. Frankreichs auswärtige
Politik wird glänzend geleitet; dazu kommt ein Zusammenwirken
günstiger Umstände. Was würden Richelieu und Mazarin sagen,
wenn sie heute wiederauflebten und die allgemeine Entartung
der Nachfolger ihrer großen Gegner, der Leute, denen die Geschicke
der Völker in Krieg und Frieden heute anvertraut sind, schauten?
Ehedem hatten die Franzosen den Bund und die Verschwörung von
ganz Europa zu bekämpfen und schuldeten ihre Eroberungen ihrer
Tapferkeit allein; heute danken sie ihre schönsten Erfolge ihren
Verhandlungen und der Schwäche ihrer Feinde.

Die Schlußseiten der „Betrachtungen" lassen die Einwirkung
der Lektüre Montesquieu's erkennen, wie denn die Flugschrift
wohl schon im Titel an die Considérations des französischen
Denkers sich anlehnt. Friedrich nennt die Franzosen die modernen
Römer, er vergleicht sie weiter mit den Makedoniern Philipps; denn
der menschliche Geist ist derselbe in allen Ländern und in allen
Jahrhunderten und die Politik der großen Staaten ist immer die
gleiche. Hätte Philipp die Griechen in festgeschlossenem Bunde
zu bestehen gehabt, er würde ihnen nicht gewachsen gewesen sein;
deshalb streute er den Samen der Zwietracht aus. Dasselbe thut
Frankreich, um zur Universalmonarchie zu gelangen. Mit wie
bewundernswerter Geschicklichkeit untergräbt es die Bedeutung der
Seemächte, schüchtert sie, wenn es darauf ankommt, ein, oder
hält sie mit Kleinigkeiten hin, dieweil es seine großen Schläge
führt. Schon sind Deutschlands Thermopylen, Elsaß und Straß=
burg, an den modernen Philipp verloren, schon Deutschlands
Phokis, Lothringen. Als die Athener sich mit der Hoffnung auf
Philipps Tod trösteten, warnte sie Demosthenes: „Wenn ihr ihn
nicht mehr habt, so werdet ihr einen andern Philipp bekommen."
Darum möge Europa heute nicht von dem Tod des greisen
Staatsmannes Rettung hoffen, der Frankreichs Politik so geschickt
leitet — wie die phlegmatischen Holländer es thaten, nach deren

Meinung das Werk des Kardinals mit seinem Tode zusammen=
brechen sollte.

Und wie nun Rom zum Tribunal der Welt sich aufwarf,
so suchen auch die modernen Römer jeden Streit in Europa vor
ihren Richterstuhl zu ziehen, auch den Streit zwischen Preußen
und Pfalz um Jülich und Berg. Selbst in der äußern Form des
Verhandelns gleichen die französischen Diplomaten den Alten von
Rom. Wenn Frankreich am Ziele ist und die Rücksichten nicht mehr
nötig hat, dann lassen seine sonst so geschmeidigen Unterhändler
Stolz und äußerste Überhebung gewahr werden. Das neueste
Memoire, durch das Frankreich die Entscheidung der jülichschen
Streitfrage für sich in Anspruch nimmt, erinnert an die Sprache
des Popilius Länas, den die Römer an Antiochus schickten und
der den Syrerkönig sich nicht eher von der Stelle rühren lassen
wollte, als er Ja oder Nein gesagt haben würde.

Voltaire, dem der Verfasser sein Manuskript mitteilte, spen=
dete den „Betrachtungen" reiches Lob, durch das indes unwill=
kürlich ein leiser Ton nationaler Empfindlichkeit hindurchklang.
Er zog die Zugehörigkeit Lothringens zum Reiche in Zweifel und
meinte, daß Frankreich 1733, den Augenblick bevor es die Karten
zum Spiel in die Hand nahm, noch nicht gewußt habe, ob es
sich einlassen solle; er erklärte von dem, was die „Betrachtungen"
über den Glücksstern Frankreichs sagten, tief ergriffen zu sein, und
überging mit Stillschweigen die andere Stelle, wo das Glück Frank=
reichs mit dem Scharfblick und der Voraussicht seiner Minister um=
schrieben war. Frankreichs Sünden in Polen wurden zugegeben;
man habe Stanislas gegen die Dame und den Turm mit einem
Bäuerlein decken wollen, so daß der König, den man nicht fallen
lassen und nicht stützen wollte, matt werden mußte. Schließlich
verglich Voltaire Frankreich mit einem steinreichen Manne, dessen
Nachbaren sich Schritt für Schritt zu Grunde richten; er kauft
dann ihre Güter zu einem Schleuderpreise. So etwa habe dieser
gewaltige Körper unter einem selbstherrlichen Haupte Roussillon,
Elsaß, die Freigrafschaft, halb Flandern, Lothringen nacheinander
verschluckt.

Ein Vergleich, der Friedrichs vollen Beifall hatte. Im

übrigen aber antwortete er dem französischen Patrioten: „Es bedurfte Ihrer ganzen Beredsamkeit, um die Haltung Ihres Ministeriums in der polnischen Frage so wacker, wie Sie es thun, zu verteidigen und zu bemänteln. Sie würden Ihrem Vaterlande einen ausgezeichneten Dienst leisten, wenn Sie soweit gelangten, Europa davon zu überzeugen, daß die Gesinnungen Frankreichs mit dem Manifest von 1733 allzeit in Übereinstimmung gewesen sind; aber Sie glauben gar nicht, bis zu welchem Grade man gegen die gallische Politik eingenommen ist, und Sie wissen zu gut, was Voreingenommenheit bedeutet."

Wenn Friedrich die beabsichtigte Veröffentlichung seiner „Betrachtungen" schließlich unterlassen hat, so geschah es wahrlich nicht, weil sein Urteil über die französische Politik sich geändert hätte. Wohl aber hatte er auf den Wechsel der politischen Lage Rücksicht zu nehmen, der schon mit dem April 1738 einsetzte und zu jener Annäherung zwischen Preußen und Frankreich führte. Der Leiter der französischen Politik blieb dem preußischen Kronprinzen nichtsdestoweniger „der Macchiavell in der Kutte, der Gott dient und die Welt betrügt", — als solcher erscheint der Kardinal in einem Gedicht an Voltaire aus dem April 1740. An Fleury vor allen andern dachte Friedrich, ebenso wie bei den „Betrachtungen", wenn er sich im März 1739 niedersetzte und gegen Macchiavell und seine neueste Schule zu schreiben begann; das Manuskript seiner Arbeit, die der Öffentlichkeit nur in sehr abgeschwächter Form übergeben werden konnte, enthält einen unverhüllten Angriff gegen „den weisen und geschickten Minister, der in Frankreich am Staatsruder sitzt und dem es bei den Lehren Macchiavell's viel zu wohl geworden ist, als daß er jetzt auf halbem Wege sollte einhalten wollen".

Eine Nachwirkung der Henriade nennt Friedrich seinen „Antimacchiavell". Der vierte Heinrich in Voltairescher Verklärung sollte dem Fürstenbilde die Züge leihen, das Friedrich dem Cesare Borgia entgegenhalten wollte. Nur daß durch das Leben niemand so kinderrein dahinwandelt, wie durch die Idealwelt eines patriotischen Heldengedichtes.

Der Antimacchiavell will keinen doppelten Maßstab für die

öffentliche und für die private Moral zulassen; seine Feder gibt
„ebensowenig der Schurkerei der Könige Quartier, wie der Un=
redlichkeit der gewöhnlichen Sterblichen". Dem Florentiner wird
der Vorwurf gemacht, daß die Moral für ihn in der Politik nicht
vorhanden ist: „das Interesse ist das Schlagwort dieses politischen
Systems". Aber Friedrich selbst sagt schon hier: es genügt nicht,
den Menschen die Tugend zu zeigen, man muß auch die Trieb=
federn des Interesses ins Spiel bringen, sonst werden die wenigsten
sich bestimmen lassen. Um also den Macchiavell mit seinen eigenen
Waffen zu schlagen, müssen statt seiner Ratschläge andere erteilt
werden, bei denen ohne Verletzung der Moral doch wieder das
Interesse ebenso gut oder wo möglich noch besser seine Rechnung
findet. Es bleibt die Frage offen, was die menschliche Schwäche
thun wird, wenn Moral und Interesse sich nicht also in Einklang
bringen lassen. Der Antimacchiavell braucht den Vergleich mit
einer Spielpartie, bei der sich ehrliche Partner, aber auch Falsch=
spieler befinden; ein Fürst, der von solcher Partie zu sein hat,
muß die falschen Kniffe kennen, nicht für die Anwendung, sondern
um sich von den Mitspielern nicht hinter das Licht führen zu
lassen. Aber in einem andern Bilde wird doch bedingungsweise
auch die Anwendung erlaubt: man mag sich der „Finessen" be=
dienen, wie eine belagerte Festung der Feuerschwärmer, zur Auf=
hellung der Anschläge des Feindes, im Stande der Notwehr. Auch
die Vertragstheorie des Antimacchiavell sieht sich doch schließlich
vor die Thatsache gestellt, daß nach allem, was die Moral und
mehr noch die Klugheit für die gewissenhafte Einhaltung der Ver=
pflichtungen sagen, das gegebne Wort sich nicht immer halten läßt,
daß also die politische Moral und die bürgerliche nicht immer zu=
sammenfallen: „Immerhin kann es traurige Notlagen geben, in
denen ein Fürst nicht umhin kann, seine Verträge und Bündnisse
zu brechen, nur soll das dann auf gute Art geschehen, mit recht=
zeitiger Benachrichtigung der Verbündeten, und nie ohne daß das
Landeswohl und eine starke Notwendigkeit es gebieterisch erheischen."
Ohne langes Besinnen willigte Friedrich in die Veröffent=
lichung seines Werkes, die der entzückte Voltaire wünschte. Ein
österreichischer Publizist ist es dann 1741 gewesen, der zuerst mit

einer hämischen Bemerkung über den Gegensatz zwischen der Theorie
des Antimacchiavell und der politischen Praxis seines Verfassers
hervortrat. Nur beflissen, Widersprüche zu entdecken und auszu=
schreien, haben die Zeitgenossen davon abgesehen, die Fürstenart
und Fürstenthätigkeit des neuen preußischen Königs auf dasjenige
hin zu prüfen, was mit dem Inhalt des Antimacchiavell überein=
stimmte. Was eine Widerlegung des Principe sein sollte, ist als
solche ein Streich in die Luft, weil Erfahrungen, wie sie der große
Praktiker Macchiavell formuliert, nicht zu widerlegen sind, weil die
Unerbittlichkeit der Thatsachen sich nicht aus dem Wege räumen
läßt; aber diese aphoristischen Randbemerkungen zu einzelnen her=
ausgerissenen Sätzen des Macchiavell, oft in sehr loser Beziehung
und ohne Gegensatz zu denselben, enthalten ein positives Programm.
Friedrichs Gedanken schweiften gern in die dunkel vor ihm liegende
Ferne. Schon 1734, damals als der Vater schwer krank dar=
niederlag, hatte der Prinz einem Freunde vertraut, wie er künftig
sein Fürstenregiment im großen und im kleinen einzurichten ge=
denke, was er ändern oder belassen werde: „Ja mein liebes Gräflein,"
sagte er zu Alexander Wartensleben, „ich werde eines Tages viel
Arbeit haben, aber ich hoffe, damit fertig zu werden, und es soll doch
eine Lust sein, ganz allein in Preußen König zu sein." Ein Nieder=
schlag von Friedrichs fortgesetzter Beschäftigung mit seinem Zu=
kunftsreiche war jetzt die Dienstpragmatik des Fürstenamtes, die
sich aus dem bunten Durcheinander des Antimacchiavell leicht zu=
sammenstellen läßt, ein politisches Glaubensbekenntnis voll hohen
königlichen Selbstbewußtseins und Pflichtgefühles, ein Fürstenspiegel,
der nur ein Idealbild zeigen soll und doch schon, wie jener Zauber=
spiegel, durch welchen kommende Königsgeschlechter ziehen, die Zu=
kunft, des Ideales Verwirklichung schauen läßt.

Es gibt zwei Arten Fürsten in der Welt, schreibt der Erbe
des preußischen Thrones, die, welche alles mit eigenem Auge sehen
und ihre Staaten selbst regieren, und die, welche sich auf die Red=
lichkeit ihrer Minister verlassen und sich von dem regieren lassen,
der über ihren Sinn Macht gewonnen hat. Die Fürsten von der
ersten Art sind gleichsam die Seele ihres Staates; das ganze Ge=
wicht ihres Herrscheramtes lastet auf ihnen, wie die Welt auf dem

Rücken des Atlas, sie regeln die innern Angelegenheiten wie die
auswärtigen. Alle Befehle, alle Gesetze, alle Verordnungen gehen
von ihnen aus, sie versehen gleichzeitig den Posten des ersten
Wärters der Justiz, des Oberbefehlshabers der Streitmacht, des
Leiters der Finanzverwaltung. Nach dem Bilde Gottes, dem mehr
als menschliche Einsicht zur Ausführung seiner Willensschlüsse dient,
ist ihnen Schärfe des Verstands und Arbeitssinn eigen, das zu
gestalten, was sie erdacht, und was sie im großen entworfen,
bis in das kleinste auszuführen. Solcher Fürsten Minister sind
im Grunde nur Werkzeuge in den Händen eines weisen und geschickten Meisters.

Unter allen Pflichten des Fürsten ist die Rechtspflege die erste,
denn das Fürstentum ist seiner Entstehung nach Richteramt. Zunächst zur Aufrechterhaltung der Rechtsordnung setzte sich das Volk
den Herren, der vielmehr des Staates erster Diener ist.

Die nächstwichtige Obliegenheit des Fürsten ist seines Staates
Verteidigung, und diese Aufgabe ist so verantwortungsvoll, daß
der Fürst sie nur sich selbst anvertrauen sollte. Nicht weniger
als die Pflicht, erheischt diesen Einsatz der eigenen Person
das Interesse und der Ruhm. Das Interesse, denn die Anwesenheit des obersten Kriegsherrn im Hauptquartier wird von
selbst Einheitlichkeit und Autorität in die Heeresleitung und Ordnung und Pünktlichkeit in das Verpflegungswesen bringen, ohne
welches ein Cäsar an der Spitze von hunderttausend Streitern
nichts Großes und nichts Heldenhaftes auszurichten vermag. Die
Gegenwart des Staatsoberhauptes in der Schlacht, wo es seine
Sache gilt, wird den Mut und die Zuversicht der Truppen heben.
„Da mag der Fürst zeigen, daß der Sieg von seiner Kriegskunst
unzertrennlich ist, daß sein Scharfblick das Glück festgekettet hält;
da mag er den Seinen ein leuchtendes Beispiel geben, wie man
Gefahren, Drangsale, ja selbst den Tod verachten muß, unter dem
Gebot der Pflicht, der Ehre und unsterblichen Ruhmes."

Allerdings, nicht jeder ist zum Soldaten geboren, und viele
Fürsten verfügen weder über soviel Verstand noch über soviel Erfahrung, um ein Heer befehligen zu können. Immer aber wird
die Anwesenheit des Fürsten im Lager das leisten, daß sie den

Anordnungen eines tüchtigen Generals den Nachdruck der höchsten
Autorität verleiht. Damit übt der Fürst wieder nur eine seiner
Pflichten, die Aufrechterhaltung der Disziplin, der Ordnung und
Unterordnung in der Armee. Übung und Fleiß vermögen zudem
die Anlage zu wecken und zu entwickeln; es ist mit dem Geist
nicht anders als mit dem Körper, der durch Leibesübungen Geschick erhält; darum übe der Fürst fortwährend das Kriegshandwerk, um sich und seine Soldaten geschickt zu machen.

Die besten Soldaten, die ein Staat haben kann, sind ohne Frage
die Landeskinder. Der wehrhafteste Staat ist der, wo ein Jeder
Soldat ist; daher die Erscheinung, daß nach einem Bürgerkriege,
wo alles zur Wehr gegriffen hat, ein Volk seinen Nachbarn an
Kriegstüchtigkeit überlegen zu sein pflegt. Volksarme Länder werden
den Mangel an natürlichen Verteidigern durch Werbungen zu ersetzen suchen müssen. Nie aber darf die Zahl der Fremden im
Heere die der Landeskinder überschreiten. „Es gibt einen König
im Norden, dessen Heer in dieser Weise gemischt ist, und der deshalb nicht minder mächtig und furchtbar erscheint." Und Frankreichs Heere würden ohne ihren Beisatz von Schweizern und
Deutschen den Gegnern weit weniger gefährlich sein.

Führt der Fürst seine Truppen in Person vor den Feind
und leitet er den Krieg selbständig, dann soll er vorsichtig und
verwegen sein, jedes an seinem Orte: vermöchte er beides, so wäre
er schier unbezwinglich. Ein Hannibal mußte schlagen, ein Fabius
mußte zaudern. Die Schlacht bei Höchstädt hätte sich für die
Franzosen und Bayern vermeiden lassen, hier frommte nicht Verwegenheit, sondern Vorsicht. Verwegenheit wird für das Erobern
gelten, Vorsicht für das Behaupten.

Nicht anders als in der Kriegsführung ist es in der Politik.
Um jede Wendung der Ereignisse auszunutzen zu können, müßte
ein Herrscher lernen, sich nach dem Wetter zu richten wie ein
geschickter Lotse, der bei günstigem Winde alle Segel aufhißt,
aber bei Sturm sie refft oder gar den Mast einzieht, nur bedacht,
sein Schiff in den ersehnten Hafen zu führen, gleichviel ob so
oder so. Es gibt Umstände, unter denen es für einen Fürsten
rühmlicher ist, sein Verhalten zu ändern; er muß es sogar, so

oft er bemerkt, daß er Fehler gemacht hat. Wenn die Fürsten unfehlbar wären, wie der Papst es zu sein glaubt, dann wäre stoische Unerschütterlichkeit an ihrem Platze; so aber kann dieselbe noch mehr schaden, als der Verlust von Schlachten, wie das Beispiel Karls XII. gezeigt hat.

Karl XII., dieser außerordentliche Mensch, dieser Abenteurerkönig aus der alten Ritterzeit, dieser Landstreicher unter den Helden, stand unter dem Banne eines verderblichen Beispieles; seit seiner Jugend trug er das Leben Alexanders des Großen bei sich, und eigentlich war es Quintus Curtius, der Polen verheerte. Nichts verhängnisvoller für die Ruhe der Welt, als ein Ehrgeiz, der keinen Zügel findet, als eine Ruhmsucht, die über die Grenzen tritt, die Sucht nach falschem Ruhme. Kein Mensch ist ohne Leidenschaften. Wenn sie gemäßigt sind, tragen sie alle zum Glück der Gesellschaft bei; ein Fürst soll sich beherrschen lernen. Wer aus Leidenschaft, aus Ehrgeiz zum Eroberer wird, der wird sich auf die erste Eroberung nicht beschränken, er wird unersättlich und deshalb stets mit sich unzufrieden sein.

Anders der, welcher nicht aus Temperament, sondern aus Notwendigkeit zum Eroberer wird. Es gibt Eroberungen, die im gerechten Krieg gemacht werden. Die Fälle, in denen der Krieg gerecht ist, lassen sich scharf umschreiben. Unschuldig an dem vergossenen Blut ist der Fürst, der einem Angriff wehrt, der vorenthaltene Rechte mit den Waffen geltend macht, der einer drohenden Gefahr, so lange es noch Zeit ist, entgegentritt, ehe die Vorbereitungen seiner Gegner fertig sind; „denn es ist ein gewisser Grundsatz, daß es besser ist zuvorzukommen, als sich zuvorkommen zu lassen."

Für die Sicherung einer eroberten Provinz wird die stärksten Garantieen die Einquartierung von Truppen geben, die bei guter Mannszucht weder die Bevölkerung vergewaltigen noch den Garnisonsorten zur Last sein werden. Dem Nutzen der Truppen ist gleichwertig der der Festungen; nach verlorenen Schlachten kommt von ihnen das Heil, während in offenen Ländern der Ausgang eines Tages oder doch zweier Feldzüge das Schicksal ganzer Königreiche entscheidet.

Wo bei einer Veränderung der Landesherrlichkeit die Bevöl-

kerung selbst mitwirkte, da wird der neue Herrscher das Ver=
trauen rücksichtslos erwidern müssen. Als Muster wird das Ver=
halten Wilhelm III. in England hingestellt; unwillkürlich denkt
man an die Sympathieen der evangelischen Bevölkerung in Schlesien,
welche die preußische Besitzergreifung des Landes so wesentlich
erleichtern sollten; bemerkenswerth aber ist, daß Friedrich jetzt
noch für die moralische Eroberung einer neuen Provinz das
religiöse Moment nicht ausgenützt wissen will: „Es ist sehr ge=
fährlich für einen Fürsten, seine Unterthanen zu lehren, daß es
gerecht ist, für Glaubenssachen zu kämpfen; das heißt auf einem
Umwege den Klerus zum Herren über Krieg und Frieden und
zum Schiedsrichter zwischen Fürst und Volk machen. Die Po=
litik eines Souveräns will vielmehr, daß er an den Glauben
seiner Völker nicht rührt, und daß er, soweit es in seiner Macht
steht, die Geistlichkeit seiner Staaten und seiner Unterthanen auf
den Geist der Milde und Duldung führt.“

Ganz verkehrt ist die Meinung, daß ein Fürst besser fahren
wird, wenn er sich gefürchtet macht, als wenn er geliebt wird.
Ein Fürst, der anders nur die Gabe hat, sich lieben zu lassen,
wird nicht über Sklaven herrschen, sondern über freie Herzen.
Dazu kommt, daß es mit der Zeit der Aufstände und Revolu=
tionen gänzlich vorbei zu sein scheint; selbst in England hat der
König nichts mehr zu fürchten, wenn er nicht selbst den Sturm
heraufbeschwört.

Allemal bleibt noch ein anderes Mittel zur Vergrößerung
der Macht, als der Eroberungsweg, das ist die Thatkraft des
betriebsamen Fürsten, der alle Werkthätigkeiten und alle Wissen=
schaften in seinem Lande zur Blüte bringt, die dasselbe kräftiger
und gesitteter zu machen vermögen, Ackerbau, Handel und Manu=
fakturen auf der einen Seite, und auf der andern die Geometrie,
die Philosophie, die Beredsamkeit, die Poesie und die Gesamtheit
der sogenannten schönen Künste. Die Agrarpolitik hat zweierlei
ins Auge zu fassen, die Urbarmachung jeglichen Geländes, um
auch das kleinste Fleckchen auszunutzen, und die Erschließung eines
weiten und vorteilhaften Marktes. Die Manufakturen sind für
den Staat vielleicht unter allem das nützlichste und einträglichste;

sie hemmen das Ausströmen des Geldes und befördern sein Ein=
dringen.

In der Finanzwirtschaft ist der Fürst der Verwalter öffent=
licher Gelder und als solcher seinen Unterthanen verantwortlich.
Er soll hinreichenden Geldvorrat ansammeln, damit er in Kriegs=
zeiten seinem Volke keine außerordentlichen Steuern aufzuerlegen
braucht. Je mächtiger ein Fürst ist, desto freigebiger kann er
sein; aber die Freigebigkeit soll immer nur das Wohl des Staates
bezwecken, den Gewerbfleiß ermutigen, das Verdienst auszeichnen.
Fürsten, deren Verhältnisse knapper sind, müssen in ihren Ein=
künften strengste Ordnung halten und ihre Freigebigkeit nach
ihren Mitteln bemessen; die Einnahme sei das Barometer der
Ausgabe.

Noch gibt es kleinste Fürsten, die einen wirklichen Anspruch
auf den Namen eines Fürsten nicht haben, die Principini des
Macchiavell, an denen auch Deutschland so reich ist. Sie vollends
können, zumal wenn ihre Familie zahlreich ist, die Sparsamkeit
nicht weit genug treiben, mögen unverständige Leute darin immer=
hin Geiz sehen. Sie sind Zwitterwesen zwischen Souveränen
und Privatleuten, thäten auch am besten, nur als Privatleute
von behäbigem Zuschnitt in der Welt zu figurieren, von ihren
Hochmutsstelzen herabzusteigen und höchstens zur Verscheuchung
des Diebsgesindels eine Garde zu unterhalten. Der Verfasser
des Antimacchiavell spricht hier einen Rat allgemein und öffentlich
aus, den er im Vertrauen früher der eigenen Schwester für den
beteiligten Baireuther Hof erteilt hatte. Die Prinzessin Wilhel=
mine ist über die schonungslose Offenherzigkeit ihres Bruders bei
diesem Anlasse sehr empört gewesen, aber es war nicht anders,
als wie Friedrich drastisch sagte: „die meisten der kleinen deutschen
Fürsten richten sich durch ihren unverhältnismäßigen Aufwand
zu Grunde und kommen durch ihre Eitelkeit auf den Weg zum
Spittel; der Nebensproß vom Nebensproß einer auf Leibgeding ange=
wiesenen Linie bildet sich ein, eine Art Ludwig XIV. zu sein, baut
sein Versailles, küßt seine Maintenon und unterhält seine Armeen.“
Teilte doch der Herzog von Weimar seine Miniaturstreitmacht
in verschiedene Waffen ganz nach dem Muster des französischen

Gardecorps ein; leider war jedes dieser Truppenteilchen für sich, so spottet der Antimacchiavell, nur durch ein Vergrößerungsglas zu erblicken, und die Gesamtmacht war gerade groß genug, eine Theaterschlacht aufzuführen.

Wenn in Friedrichs Idealstaate den Ministern nur die bescheidene Rolle von Werkzeugen in der Hand des Meisters zufallen sollte, so erforderte ihre Auswahl darum nicht mindere Sorgfalt. „Es gibt Menschen, die mit viel Geist, Schmiegsamkeit und vielen Anlagen die schwärzeste und undankbarste Seele verbinden; es gibt andere, welche alle Eigenschaften des Herzens besitzen, ohne den lebhaften und glänzenden Instinkt, der das Genie kennzeichnet." Friedrich will im allgemeinen die, welche sich durch Lebhaftigkeit und Feuer auszeichnen, im diplomatischen Dienst verwendet wissen, wo Rechtschaffenheit nicht in dem Grade erforderlich sei, wie Gewandt= heit und Geist; er will diejenigen, bei denen die Eigenschaften des Herzens vorwiegen, der innern Verwaltung vorbehalten, in welcher es mit der Ehrenhaftigkeit allein gethan sei. Später, als König, hat Friedrich erklärt, daß er auch in seiner obersten Ver= waltungsbehörde lieber anschlägige Leute von zweifelhafter Recht= schaffenheit haben wolle, als achtbare Dummköpfe. Den Grund= satz gewisser Fürsten, daß die Zwietracht ihrer Minister notwendig für ihr Interesse sei, teilt der Antimacchiavell nicht: mag die gegenseitige Eifersucht der Minister dem Herrn eine Art von Garantie gegen Übervorteilung durch ihren Eigennutz bieten, so wäre der Gewinn doch zu gering gegen die Nachteile, die aus beständigen Reibereien dem Gesamtwesen erwachsen müssen. In Belohnung der Dienste seiner vornehmsten Mitarbeiter sei der Fürst ebenso freigebig, wie nachsichtig in Beurteilung ihrer Fehler und kleinen Versehen. „Die Souveräne, welche keine Philo= sophen sind, werden leicht ungeduldig, sie ereifern sich über die Schwächen ihrer Diener, entziehen denselben ihre Gnade und verlieren sie. Die Fürsten, die tiefer urteilen, sind bessere Menschen= kenner; sie wissen, daß Jeder menschlicher Bedürftigkeit seinen Zoll zahlt, daß es nichts Vollkommenes in der Welt gibt, daß die großen Vorzüge mit großen Fehlern sich sozusagen das Gleich= gewicht halten, und daß der Mann von Genie sich alles zu Nutzen zu machen versteht. Und deshalb behalten die verständigen Fürsten die Minister mit ihren guten und mit ihren schlechten Eigenschaften, immer vorausgesetzt, daß keine Pflichtvergessenheit vorliegt, und geben den alten, welche sie erprobt haben, vor den neuen, welche sie bekommen könnten, den Vorzug, wie geschickte Musiker die Instrumente, deren Stärke und deren Schwäche sie kennen, lieber spielen, als die, deren gerühmte Güte ihnen noch nicht bekannt ist." Ein Grundsatz, den Friedrich am Ende seines Regentenlebens in dem Gleichnis wiederholte: „Habe ich ein Pferd, das stolpert, sonst aber gut ist, so behalte ich es lieber, als daß ich ein neues nehme, dessen Fehler ich nicht kenne: dasselbe muß von den Ministern gelten, nämlich daß man mit ihnen so wenig wie möglich wechseln soll."

Zu der ganzen Höhe fürstlichen Pflichtbewußtseins steigt der Verfasser wieder empor, wo er von dem Fürsten fordert, daß er gleichsam unpersönlich, ganz in den Staatsgedanken aufgegangen, zu handeln und zu sein verstehen soll. „Vorliebe für die eine Nation, Abneigung gegen die andere, Weibervorurteile, persönliche Mißhelligkeiten, untergeordnete Interessen, Kleinlichkeiten dürfen den Blick derer nicht trüben, welche ganze Völker lenken sollen. Für sie gilt es, auf das Große zu schauen, und ohne Zaudern das Kleinere der Hauptsache zu opfern. Wirklich große Fürsten haben stets ihr eigen Ich vergessen, um nur an das Gemeinwohl zu denken, das heißt sie haben jeder Voreingenommenheit sorgsam sich entwöhnt, um ihre wahren Interessen um so mehr zu erfassen."

Keine Vorliebe für eine bestimmte Nation, das war der Standpunkt, den der Kronprinz für sich persönlich, wie wir sahen, nunmehr erreicht hatte.

Wenn er nach dem Abschluß der Präliminarien von 1735 an der französischen Politik die Preisgebung der Bundesgenossen scharf verurteilte, das Verhalten des Kaisers dagegen als korrekt bezeichnet hatte, wenn er noch am 14. Februar 1737 für die Verwirklichung der preußischen Ansprüche auf Berg dem Zusammengehen mit dem Wiener Hofe das Wort redete, so gab er sich seit dem folgenden Monat über die wahren Gesinnungen der Öster-

reicher gegen Preußen keiner Täuschung mehr hin: Anfang März
erfuhr man in Berlin, daß der Kaiser den König von Frankreich
zu gemeinsamer Regelung der jülich-bergschen Frage aufgefordert hatte.

Begreiflich, daß sich jetzt der Kronprinz ob der Mißerfolge
der kaiserlichen Waffen im Kampfe gegen die Türken nur freute:
„Es scheint, daß der Kaiser nunmehr noch recht gut Provinzen in
Ungarn verlieren kann, wie er im vorigen Kriege in Italien
Königreiche verloren hat. Das ist seine Sache und seiner Minister
Sache; ich bin höchst gespannt darauf, zu sehen, wie sich dieser
herrische Hof anlassen wird, wenn er unten zu liegen kommt, und
ob seine Anmaßung und seine Überhebung angesichts des schlechten
Fortganges seiner Unternehmungen sich nicht erheblich senken
werden."

Schon damals hat Friedrich das Ereignis scharf ins Auge gefaßt, das ihn drei und ein halbes Jahr später an den „Rubikon"
führte. Am 24. März 1737 schrieb er an Grumbkow: „Zu dem
Hochmute des Wiener Hofes habe ich mir meine Anmerkung gemacht.
Blättern Sie in der Geschichte, wo Sie wollen, stets werden Sie
finden, daß das Übermaß des Hochmuts für die Reiche der Vorläufer
ihres Verfalls oder ihres Sturzes gewesen ist. Die Lage, in der sich
das Haus Österreich befindet, ist kritisch genug. Wenn der Kaiser
heute oder morgen stirbt, welche Umwälzungen wird man nicht
in der Welt erleben! Jeder würde von seiner Verlassenschaft mit-
genießen wollen, und man würde ebensoviel Parteien wie verschiedene Souveräne erstehen sehen." Schon erwog er auch die
Frage, ob Preußen in dem nächsten europäischen Kriege auf der
Seite Frankreichs sein Glück suchen oder nach dem alten System
Wilhelms von Oranien eine Koalition gegen Frankreich zu bilden
suchen solle: es ist die Frage, die er nach dem Tode Karls VI.
seinen Beratern vorlegte, während er gleichzeitig an seinen Freund
Algarotti schrieb: „Eine Bagatelle wie der Tod des Kaisers erfordert
nicht viel Aufhebens. Alles war vorhergesehen, alles vorbereitet,
also gilt es nur die Entwürfe auszuführen, die ich seit lange in
meinem Kopfe bewegt habe."

Außer jenen Andeutungen in den Briefen an Grumbkow

hat sich der Kronprinz über seine Entwürfe damals kein Wort ent=
fahren lassen.

Wie hoch er von vornherein sich das Ziel gesteckt hatte,
läßt jene halb im Scherz, aber mit der Sicherheit des Genius
entworfene Skizze „über die gegenwärtige Politik Preußens" er=
ersehen, durch die der Gefangene von Küstrin 1731 seinem Freunde
Natzmer den Beweis für die „politische Notwendigkeit" erbringen
wollte, das langgestreckte und in Enklaven verzettelte Staatsgebiet
durch neue Erwerbungen abzurunden: durch das polnische Preußen,
das alte Zubehör des jetzt königlichen Ordenslandes und die
natürliche Verbindung desselben mit Hinterpommern und der Neu=
mark; durch das schwedische Pommern, welches das preußische
Schwesterland von jenem Mecklenburg trennt, wo man nur das
Erlöschen des herzoglichen Hauses geduldig zu erwarten hat,
um ohne weitere Ceremonie Besitz zu ergreifen; durch Jülich und
Berg, Gebiete, deren Erwerbung unbedingt erforderlich ist, um
die armen Lande Cleve und Mark nicht allein und ohne Gesell=
schaft zu lassen und verteidigungsfähig zu machen. Ein Zukunfts=
traum, wie nachmals die Rêveries überschriebenen Abschnitte in
Friedrichs politischen Testamenten. Lachend verglich sich der Ver=
fasser mit Alexander, der immer neue Welten zur Eroberung in
Aussicht nimmt; der Prinz Eugen in Wien, der den flotten Ent=
wurf zu sehen bekam, sprach nachdenklich von den weitaussehenden
Ideen „dieses jungen Herren", welcher mit der Zeit seinen
Nachbarn gefährlich werden könne. Bald kamen noch weitere
territoriale Pläne zum Vorschein. Wenn der Kronprinz in Küstrin
wiederholt die Vermählung mit einer Erzherzogin zur Sprache
brachte, so drückte er zugleich die Erwartung aus, daß ihm der
kaiserliche Schwiegervater dann ein paar schlesische Herzogtümer
als Mitgift überlassen werde, und wollte nichts davon hören, daß
dies dem Kaiser nach der pragmatischen Sanktion gar nicht mög=
lich sei. Oder er hielt seinen Küstriner Freunden, hinter den Wein=
flaschen sitzend, einen beredten Vortrag über die Vorteile einer
Erwerbung der Ober= und Niederlausitz.

Im Antimacchiavell stellt es Friedrich für jeden Politiker als
unbedingte Regel auf, „die kleinen Staaten und die großen nicht

mit einander zu verwechseln". Der Zukunftsplan von 1731
zeigt, daß er selber über das Wesen des Staats, den er einst re=
gieren sollte, nie in Unklarheiten befangen gewesen ist. Später
hat er das Preußen, dem Friedrich I. den Glanz der Königs=
krone erworben hatte, ein hermaphroditisches Geschöpf genannt,
mehr Kurfürstentum als Königreich: er spricht von dem Keim des
Ehrgeizes, den der Stifter des Königtums in die Seele seiner
Nachkommen gesenkt habe, von dem beständigen Stachel, die leere
Würde wesenhaft und standfest zu machen, die Natur des „Zwitter=
wesens" zu entscheiden.

Wehe dem, der an diese empfindliche Stelle zu rühren, der
diesen Stachel herauszufordern wagte. Als die vier Großmächte
ihre anmaßenden Noten in Berlin übergeben hatten, rief der
Kronprinz erregt: „Ich würde ihnen antworten, der König von
Preußen ist wie der edle Palmbaum, du willst ihn beugen, aber
hoch schnellt er seinen stolzen Wipfel." Er war ganz und gar
nicht der Meinung des lehrhaft zur Vorsicht mahnenden Grumb=
kow, daß ein preußischer König allzeit das Fuchsfell nötiger
haben werde als die Löwenhaut, und die klug berechnete, aber
zahm klingende preußische Erwiderungsnote empörte seinen stolzen
Sinn: „Ich gestehe, daß ich in der Antwort einen Widerstreit
zwischen Größe und Erniedrigung wahrnehme, mit dem ich mich
nicht einverstanden finden kann. Die Antwort gleicht der Erklärung
eines Mannes, der sich zu schlagen keine Lust hat und doch den
Anschein erwecken möchte. Es gab nur zwei Entscheidungen: ent=
weder mit edlem Stolz antworten, ohne Winkelzüge durch kleine
Verhandlungen, deren wahren Wert man bald erkennen wird,
oder sich beugen unter das entwürdigende Joch, das man uns
auferlegen will. Ich bin nicht der feine Politiker, ein Gegen=
einander von Drohungen und Unterwürfigkeiten zusammen zu
paaren, ich bin jung, ich würde vielleicht dem Ungestüm meines
Temperaments folgen; unter allen Umständen würde ich nichts
halb thun."

Geflissentlich rasselte er seinen Freunden im Auslande gegen=
über mit dem preußischen Degen. Voltaire forderte er zu einem
kleinen Ausfluge in das preußische Feldlager auf (14. September

1738), wenn im nächsten Frühjahre der Marsch nach Jülich und
Berg erfolgen werde, und dem Prinzen von Oranien schrieb er,
falls Frankreich Truppen in die beiden rheinischen Herzogtümer
legen sollte, dann werde der Ruhm des Königs von Preußen er=
fordern, seine Kräfte mit denen des Königs von Frankreich zu
messen und Gewalt mit Gewalt abzutreiben. „Herr von Fenelon
(der Gesandte im Haag) und vielleicht mehr als einer von den
französischen Diplomaten wird überrascht sein, welch kraftvolle
Entschließungen der König beim Eintritt des Erbfalles fassen wird;
man geht von wenig begründeten Voraussetzungen aus, man glaubt
den König von mehr Furchtsamkeit beraten, als es thatsächlich der
Fall ist. Zu allen Jahrhunderten würde man solche Mäßigung
an einem mächtigen, von einem Furcht einflößenden Heere geschirmten
Fürsten gepriesen haben, und mir scheint, man muß gar sehr
tugendhaft sein, um an der Billigkeit festzuhalten, wenn man
imstande ist, die Gewalt hervorzukehren; aber die Geduld, die
Verträglichkeit kann aufs Letzte getrieben werden, und eine Natur
von dieser Eigenart lenkt nicht so leicht wieder ein."

Wie freute er sich im voraus dieses Krieges, den er für das
Jahr 1739 — denn der Kurfürst von der Pfalz schien den Winter
nicht überleben zu können — in der That erwartete. Was war das
für ein Ruhm, welcher durch Pünktlichkeit im Friedensdienste sich
erwerben ließ, gegen den, welcher „am Abend einer siegreichen
Schlacht nach Niederstreckung der feindlichen Scharen" winkte! Die
nächste Revue hoffte er nicht bei Berlin abgehalten zu sehen, son=
dern bei Düsseldorf in der Ebene des Rheins, und das sollte eine
andere Jagd werden, die nach den Lorbeeren, welche mit dem Blut
erkauft sein wollen, als jetzt die Jagd mit dem Geld nach ein
paar langen Leuten. Manches Mal ist er in dieser schlaffen
Friedenszeit, die den alten brandenburgischen Ruhm vergessen zu
haben schien, von Ruppin nach dem nahen Fehrbellin geritten,
von dem Drillplatz auf die historische Wahlstatt, bis er von den
Vorgängen der Schwedenschlacht so genau Bescheid zu wissen er=
klärte, als wäre er selbst dabei gewesen; da mag es durch seine
Seele gezuckt sein, daß von hier aus ein Weg sich finden lassen
müsse nach Hohenfriedberg und Leuthen.

Der französische Geschäftsträger in Berlin schrieb um diese
Zeit: Er wird die Künste und Wissenschaften, den Handel und den
Ackerbau begünstigen, einen zahlreichen, glänzenden Hof halten;
aber dem Weisen und dem Vater des Vaterlandes wird er den
Helden hinzufügen: der wahre Gegenstand seiner Wünsche ist der
Ruhm, und zwar der Kriegsruhm; er brennt vor Begierde, in den
Spuren seines Ahnherrn, des Kurfürsten Friedrich Wilhelm, ein=
herzugehen. Der jüngere Seckendorff, der 1737 nach Wien zurück=
ging, verkündete dort: „Sein Grundsatz ist mit einem großen
Schlage zu beginnen." Und der englische Gesandte schrieb schon
1736, daß man in Berlin jetzt seltsame Dinge zu hören bekomme.
„Man zieht hier häufig Vergleiche zwischen dem preußischen Heere
und dem makedonischen." Wenn Alexander der Große mit einer
Handvoll wohlgeübter Soldaten Wunderdinge vollbrachte, was
würden die Preußen nicht unternehmen können, da ihr Heer
ohne Zweifel das beste und trefflichste in Europa sei? Selbst
ein so nüchterner Mann wie der greise Kabinettsminister von
Borcke hatte sich gegen Mitglieder des diplomatischen Corps mehr
als einmal in diesem Sinne vernehmen lassen.

Dem Engländer klang das „romantisch". Aus Rheinsberg
aber schrieb der neue Alexander: „Gott weiß, daß ich dem Könige
ein langes Leben wünsche; wenn aber die Stunde unserer An=
sprüche nun nicht mehr bei seinen Lebzeiten schlagen sollte, dann
wird sich zeigen, daß man mich nicht soll anklagen können, meine
Interessen fremden Mächten zu opfern. Ich fürchte vielmehr, daß
man mir eher ein Übermaß von Verwegenheit und Lebhaftigkeit
vorwerfen wird. Es scheint, daß der Himmel den König bestimmt
hat, alle Vorkehrungen zu treffen, welche Weisheit und Vorsicht
vor dem Eintritt in einen Krieg erheischen. Wer weiß, ob für die
ruhmvolle Anwendung dieser Vorbereitungen die Vorsehung nicht
mich vorbehält."

Späteres Verhältnis zum Vater.

Die Befürchtungen derer, die 1732 beim Weggang des Kron=
prinzen von Küstrin die Wiederkehr der früheren traurigen Vor=
gänge zwischen Vater und Sohn voraussagten, waren nicht in
Erfüllung gegangen.

Schon im August 1731, gleich nach jenem Besuche des Königs
in Küstrin, hatte Grumbkow für den Kronprinzen eine förmliche
Instruktion für sein künftiges Verhalten aufgesetzt, und wir dürfen
annehmen, daß Friedrich die Ratschläge dieser Instruktion während
der nächsten neun Jahre allzeit vor Augen gehabt haben wird.

Grumbkow stellte den allgemeinen Satz voraus: „Je einfacher,
natürlicher und ehrerbietiger das Benehmen des Kronprinzen gegen
den König sein wird, um so mehr wird es demselben gefallen; je
heller das Gesicht, je sicherer und ungezwungener das Auftreten,
um so lieber wird es gesehen werden.“

Die Antworten auf seine Fragen wollte der König kurz und
bündig haben, ohne Hin= und Herreden. Ansichten, mit denen er
nicht einverstanden war, hörte er, falls er ausdrücklich gefragt
hatte, ruhig an; nur durfte in der Form der Antwort nichts
verfehlt werden. Grumbkow riet dem Prinzen für solche Fälle zu
Wendungen wie: „Wenn Ew. Majestät es mir befehlen und ich
meine Ansicht sagen soll, so ist sie so und so, ich kann mich indes
sehr wohl irren und meine geringe Erfahrung kann mich leicht
täuschen.“ Die Anrede Majestät — bisher hatte der Kronprinz
den König Papa genannt — hielt Grumbkow jetzt für unerläß=
lich, denn auch Friedrich Wilhelm hatte seinen Vater in einem

gewissen Alter Majestät angeredet. Grumbkow riet weiter, in
Gegenwart des Königs die Spottsucht zu unterdrücken und alle
verletzenden Scherze zu vermeiden, selbst in Bezug auf den ge=
ringsten der Dienstboten; andererseits aber sollte der Prinz nicht
mit gestrenger Miene, zugeknöpft und versunken dasitzen, worüber
sich der König oft beklagt hatte. „Man kann fröhlich sein, ohne
ausfallende Spötterei, und ein lachendes Gesicht zur guten Stunde
gefällt dem Könige ungemein." Für sehr zweckmäßig hielt es
Grumbkow, wenn der Prinz, so oft es sich schicklich thun lasse, den
Vater bitten werde, ihn auf das, woran es noch fehle, aufmerk=
sam zu machen. „Übrigens muß der Kronprinz bei allem, was
er in Gegenwart des Königs vornimmt, sich den Anschein geben,
es gerne zu thun, selbst wenn dies nicht der Fall sein sollte; ein
anderes ist, in Gegenwart der Oberen sich Zwang auferlegen, ein
anderes, über gewisse Dinge ausdrücklichen Beifall zu äußern; das
erste ist in der Ordnung und hat das Gute, daß ich sehr oft darüber
hinwegkomme, über gewisse Dinge meine Meinung zu sagen; wenn
man dagegen ein grämliches Gesicht zeigt, so sieht sich ein Oberer
leicht veranlaßt, Euch zu zwingen, über etwas, was Euch nicht
behagt, Gefallen zu äußern."

Für den Verkehr mit der Umgebung des Königs, Offizieren
wie Beamten, erhielt der Prinz den Rat, sie ganz als Gleich=
stehende zu behandeln, sich dabei aber vorzugsweise zu den Offi=
zieren zu halten: „eine kleine huldvolle Miene, ein verbindliches
Lächeln wird bei den Civilisten diese Bevorzugung ausgleichen."
Jede Auszeichnung der bei dem Könige schlecht Angeschriebenen,
alles überhaupt, was auch nur den leisesten Anschein von Gegen=
sätzlichkeit hatte, mußte natürlich in Zukunft um so mehr ver=
mieden werden, als der König sein Mißfallen darüber ja sehr be=
stimmt zu erkennen gegeben hatte. Wir erinnern uns auch, daß
Friedrich Wilhelm auf die größere Liebe, die sein Sohn der Mutter
gezeigt hatte, geradezu eifersüchtig war; deshalb Grumbkows War=
nung: „Es ist nicht notwendig, dem Kronprinzen einzuprägen,
daß er die Königin vor dem Könige nicht sozusagen bevorzugen
darf; die gemachten Erfahrungen haben Sr. Königlichen Hoheit
hinreichend gezeigt, daß der Verdacht wegen solcher Bevorzugung

so der erlauchten Mutter wie dem vielgeliebten Sohne sehr viel
Verdrießlichkeiten zugezogen hat."

Wenn etwas dazu beitrug, die Stellung des Kronprinzen zu
befestigen, so war es sein stetig zunehmender Eifer im Dienste und
seine gewissenhafte Sorge um das seiner Führung anvertraute
Regiment. Wir sahen ihn schon in seinen Rekrutennöten: allzu
gut kannte er die Wirksamkeit der „Interzession der Kolosse" und
die Beweiskraft der „Argumente von sechs Fuß Länge". Sein
treuer Kircheisen, der preußische Legationssekretär in Wien, that
das Seine, langen Kerlen für das kronprinzliche Regiment auf die
Spur zu kommen; aber der Prinz verließ sich nicht auf ihn allein:
„Sollten auch alle Kircheisen der Welt mich verlassen, ich werde
Rat schaffen und bei der Revue nicht ohne neues Grün sein." Daß
er durch die Anziehungskraft von 6000 Thalern aus den tiefsten
Gründen Hollands einen Körper von sechs Fuß vier Zoll seinem
Ruppiner Centrum zu gravitieren läßt, meldet er seinen Freunden
freudig als ein Ereignis: „ein Phänomen seltener und außerordent=
licher als ein langschweifiger Komet". Nun mochten die bösen Zungen
ihn immerhin wegen seiner philosophischen Studien bei dem Könige
anschwärzen: „Stramme Griffe, ein wenig Mehl auf das Haupt
der Soldaten ausgestreut, Kerls von vollgemessenen sechs Fuß und
viel Rekruten sind stärkere Argumente gewesen, als die meiner Ver=
läumber." Schon 1734 rühmte der königliche Kriegsherr nach
der Revue das Regiment seines Sohnes nebst zwei andern als
solche, die nicht wieder zu erkennen seien: „in besserer Ordnung,
gute Rekruten und alles sehr schön" — welch ein Lob, wenn ein
Friedrich Wilhelm es gegen einen alten Dessauer ausspricht. Bei
der Revue des nächsten Jahres erregte es Aufsehen, daß der König
den Kronprinzen vor der Front umarmte; kurze Zeit darauf er=
nannte er ihn zum Generalmajor. 1738 schreibt Friedrich: „Unsere
Revue ist Gott sei Dank sehr gut abgelaufen. Der König ist zu=
frieden gewesen, und seine Zufriedenheit hat das ganze Regiment
mit Freude erfüllt: von der Zeder bis zum Ysop, vom Chef bis
zu dem letzten Pfeifer." Schon hatte er an dem Gamaschendienst
des Exerzierplatzes eine höhere Seite entdeckt: „Wir sind hier be=
schäftigt," schreibt er 1739, „Menschen zu bilden aus Geschöpfen,

die bisher nur das Antlitz vom Menschen haben. Militärische Ge=
setzgeber, üben wir uns drum nicht minder in der Kunst, Menschen
zu erziehen: ein beständiges Studium des menschlichen Geistes mit
dem Endzweck, die stumpfesten Seelen für den Ruhm empfänglich
zu machen, aufsässige und unruhige Gemüter unter die Zucht zu
beugen, lockere Burschen, Libertiner und Verbrecher sittlich zu
heben. So undankbar diese Arbeit scheinen kann, man thut sie
mit Vergnügen. Dies Traumbild, das man Ruhm heißt, dieser
Abgott der Kriegsleute, spornt und ermutigt, eine zügellose Truppe
der Ordnung fähig und dem Gehorsam zugänglich zu machen. Man
sieht Feldzüge und Belagerungen und Schlachten aus der Ent=
fernung, und die Einbildungskraft, die sich an diesen Gegenständen
erhitzt, malt Euch Siege und Trophäen und Lorbeeren." Wir
hörten, wie begeistert Friedrich gleichzeitig im Antimacchiavell die
militärischen Pflichten des Fürsten im Krieg und Frieden preist.
Mit diesem Idealismus durfte Friedrich Wilhelm zufrieden sein.

Das Entscheidende für die Gestaltung des persönlichen Ver=
hältnisses zwischen Vater und Sohn blieb immer, daß der König
1732 auf Grumbkows Vorstellungen in eine räumliche Trennung
gewilligt hatte und daß der Kronprinz auch nach seiner Vermäh=
lung nicht nach Berlin übersiedelte, sondern für gewöhnlich bei
seinem Regiment weilte. „Gott bewahre mich vor Wusterhausen,"
blieb dort sein Stoßgebet ganz wie ehedem. Zum Besuch von
Wusterhausen zwang man ihn jetzt fast nie mehr, aber nach Berlin
oder Potsdam mußte er sich alljährlich mindestens dreimal zu
längerem Besuche begeben: im Winter zum Karneval, im Früh=
jahr zu den Revuen, im Herbst zur Kommunion. Er sagte, daß
es ihm wie ein Vorschmack des Todes sei, wenn der Husar mit
dem Befehl zur Abreise nach Berlin, dieser Unglücksstätte, sich bei
ihm melde; denn damit begann der Zustand peinlicher Ungewiß=
heit, ob der König als „wohlthätige und segenspendende Gottheit"
oder als „donnernder Jupiter" in seiner Hauptstadt aus Potsdam
erscheinen werde. Wenig verlockend war ohnehin die Aussicht auf
die fade Gesellschaft in Berlin, mit der sich höchstens über die
Philosophie der Küche disputieren ließ; verhaßter aber als alles
war dort die verdächtige Gegenwart der Aufpasser und der Schaden=

frohen, eines gewohnheitsmäßigen Lästerers wie Pöllnitz, den der
Kronprinz mit dem geflügelten Worte „divertissant beim Essen,
nachher einsperren" erschöpfend charakterisierte, dessen Gemein=
gefährlichkeit aber gebieterisch gewisse Rücksichten heischte.

Denn noch glimmten unter der Asche Funken genug, die
schnell auflodern konnten, wenn ein Pöllnitz und andere sie an=
bliesen. Eine stete Gefahr lag in dem ungeregelten Zustande der
Kasse des Kronprinzen. Die für seine Haushaltung knapp genug
ihm angewiesenen Gelder wurden zum großen Teil durch die
Werbungen verschlungen, die er für sein Regiment zu machen
genötigt war; wir hörten eben, was ein einziger langer Rekrut aus
dem Auslande kostete. So mußte sich der Kronprinz in Schul=
den stürzen. Die Aufnahme von größeren Summen im Inlande
wurde durch die strengen Mandate erschwert oder unmöglich ge=
macht, welche den Unterthanen das Ausleihen von Geld an die
königlichen Prinzen untersagten. Da seit 1734 die Zahlungen,
mit denen der Wiener Hof seit zwei Jahren ausgeholfen hatte,
eingestellt waren, wandte sich der Kronprinz nach Rußland, wo
Suhm der Vermittler des Geschäftes wurde, und nach England.
„Ein Mensch, der unter die Seeräuber gefallen ist, kann sich in
keiner schlimmeren Lage befinden, als ich," schreibt er noch 1739
an Suhm. Er fürchtete, daß es ihm wie dem Kinde in der Fabel
ergehen werde, welches erst ertrinken muß, bevor der Brunnen
zugedeckt wird. Noch unwilliger womöglich beklagte er die äußere
Lage seiner nach Baireuth verheirateten Schwester; er meinte
1733, der König lasse das junge Paar nahezu verhungern und
ergehe sich dazu geflissentlich in kränkenden Ausfällen gegen den
Schwiegersohn, den er als Dummkopf behandle. Im Innersten
empörte ihn auch jenes ungerechte Los der Internierung im
äußersten Memel, das seinen geliebten Lehrer Duhan getroffen
hatte; der König duldete keine Fürsprache und erklärte nach
Friedrichs Rückkehr aus Küstrin, an die Aufrichtigkeit der
Sinnesänderung sonst nicht glauben zu können. Und wenn Duhan
im Dezember 1732 endlich die Erlaubnis zum Uebertritt in den
braunschweigischen Dienst erhielt, so verbot der König seinem
Sohne, bei dem bevorstehenden Besuche am dortigen Hofe den

ehemaligen Lehrer, falls er desselben ansichtig werden sollte, an=
zureden.

Den stärksten Ausdruck fand das Mißtrauen des Königs,
als er im März 1733 nach dieser Reise zu der Königin sagte,
er würde nicht mitgereist sein, wenn er sich darauf hätte verlassen
können, daß ihm der Sohn nicht wieder „einen Streich" gemacht
haben würde. Dem Kriegsrat Rohwedell, dessen wir uns aus
Küstrin erinnern, wurde eben damals mit der Festung Spandau
gedroht, weil er mit dem Kronprinzen unter einer Decke stecke —
kein ganz unbegründeter Vorwurf, denn der Ruppiner Pacht=
anschlag, durch den der Prinz hatte zeigen sollen, was er in
Küstrin gelernt, war doch nur durch Rohwedells Mitwirkung zu=
stande gekommen. Als Friedrich im April 1733, während eines
Besuches in Potsdam, den König eines Tages auf einem Spazier=
ritt begleitete, kam Friedrich Wilhelm auf seinen Tod zu sprechen
und sagte zu dem Kronprinzen vor den übrigen Begleitern, er
kenne ihn sehr genau und wisse, daß nach seinem Tode die Zeiten
der Komödie und der Oper kommen würden; sein Nachfolger erbe
ja Geld genug zu solchen Thorheiten. Falls aber der Kronprinz
dereinst den wirklichen Herren zu spielen beabsichtige, so werde er
sich notwendig viele Feinde machen, wie er, der König, deren viele
habe. Der Kronprinz war durch das Gespräch peinlich berührt:
„Ich merke sehr wohl, daß die Bemühung, mir ein freundliches
Gesicht zu zeigen, nicht von Herzen kommt, und daß im tiefsten
Grunde noch Gährstoff verborgen liegt." Bei einem Krankheits=
anfall im vorangegangenen Winter hatte der König zu dem Ka=
pitän Hacke geäußert: „Nun werden die Leute sagen, der alte
Menschenquäler wird sterben, aber sagt ihnen, daß der nach mir
kommen wird, der würde sie alle zum Teufel jagen, und das
würden sie davon haben." Bei andern Gelegenheiten wiederum
meinte er, er gebe die Hoffnung noch nicht auf, daß der Kron=
prinz einmal werde gut werden; oder er sagte, sein Sohn werde
entweder ein großer Taugenichts oder etwas Tüchtiges werden.

Später, im Herbst 1734, als der König infolge seiner schweren
Erkrankung auf dem Sterbebette zu liegen glaubte, war die ver=
söhnliche Stimmung durchaus vorherrschend. Mit Ungeduld hatte

der Kranke die Rückkehr des Sohnes aus dem Feldlager erwartet, der Empfang war ein sehr herzlicher. Ein fremder Diplomat, der alles, was er durch seine Zuträger aus Potsdam erfuhr, nicht eben wohlwollend in seinem Tagebuche verzeichnete, konnte nicht umhin, zu bezeugen, daß die Eintracht zwischen Vater und Sohn bewunderungswürdig sei. „Der Kronprinz ist aufrichtig ergriffen von dem Zustand des Königs, hat die Augen immer voll Wasser und hat sich die Augen ganz aus dem Kopf herausgeweint; hat raffiniert, um dem König ein commodes Bett zu schaffen." Der König nannte ihn immer Fritzchen; sonst brauchte er die gemessene Anrede „Sohn". Unser Gewährsmann bucht die Äußerung des Prinzen: „Vorausgesetzt daß der König mich nach meinem Gefallen leben läßt, will ich einen Arm drangeben, sein Leben um zwanzig Jahre zu verlängern."

Am Hofe und im Lande harrte alles in der größten Spannung der Veränderungen, die man unmittelbar bevorstehend glaubte. Die einen hofften, die andern fürchteten. Die Königin bedeutete ihre jüngeren Söhne, daß sie in dem ältesten Bruder allmählich den König zu sehen sich gewöhnen möchten. Eine der in Leipzig erscheinenden politischen Monatsschriften, die sich gelegentlich kleine fürsichtige Nadelstiche gegen hohe Häupter erlaubten, erinnerte anläßlich der Krankheit des Königs von Preußen an die letzten Stunden des Augustus in der Schilderung bei Tacitus, wo Tiberius auf die Gesichter der Großen Achtung gibt: die aber sind einstudiert, um weder zu betrübt, noch zu fröhlich zu erscheinen. Der preußische Kronprinz las den Artikel und beklagte sich lebhaft, daß man ihn mit Tiberius vergleiche. Aber auch der erst sechsundvierzigjährige König, der gern sich an das Leben festgeklammert hätte, mochte in dunklen Stunden trotz der versöhnlichen Grundstimmung solche Vergleiche anstellen, wenn er bitter rief: „Ja, jetzt wäre was zu verdienen, wenn ich sterbe, wer sich auf ein Pferd setzt und als Kurier meinem Sohn die Nachricht bringt."

Gewiß war des Prinzen Trauer am Krankenlager des schwer leidenden Vaters tief und aufrichtig gewesen, aber wie hätte der Kummer und die Pietät die geheimen Regungen einer andern Empfindung ganz niederzudrücken vermocht? Abermals gewahren

wir bei Friedrich die jähe Abwandlung, den Widerstreit der Stim=
mungen: die weiche Nachgiebigkeit gegen die unmittelbaren Ein=
drücke des Schmerzes und des Mitleidens, und hart daneben, nach
dem Stocken des ersten Impulses, die verletzende Schärfe des sein
Recht zurückfordernden menschlichen Egoismus. Zartere und
scheuere Naturen werden sich in solchen Lagen über die peinliche
Wirklichkeit eines innerlichen Konfliktes mit einem frommen und
durchaus verzeihlichen Selbstbetruge hinwegtäuschen; hier aber kam
unhemmbar die herbe Wahrhaftigkeit eines Charakters zum Durch=
bruch, der nach außen hin durch den Zwang der Umstände früh
Verstellung zu üben genötigt war, bei der Abrechnung mit sich
selbst aber jede Beschönigung verschmähte. Ebenso offen wie im
Selbstgespräch, erschreckend offen, durfte Friedrich über diesen
Gegenstand mit der Schwester reden, die so vieles Schwere und
Schreckliche mit ihm gemeinsam durchlebt und wie er selbst unter
der Härte und den Launen des Vaters gelitten hatte. Indem er
der Markgräfin von Baireuth im Januar 1735 die unerwartete
Nachricht mitteilt, daß der König sich gänzlich zu erholen beginnt,
für drei oder vier ißt und in vierzehn Tagen zu Pferde sitzen
wird, fügt er hinzu: „Der liebe Gott muß seine sehr guten
Gründe haben, ihm das Leben wiederzugeben. Ich muß mich nun
seitwärts schlagen." Fast noch schneidender schreibt er ein halbes
Jahr später: „Die Krankheit des Königs ist rein politischer Art;
er ist wohlauf, sobald er Lust dazu hat, und macht sich kränker,
wenn er es für zweckmäßig hält. Ich habe mich anfangs irre
führen lassen, jetzt aber ist mir das Geheimnis klar. Sie können
Sich darauf verlassen, liebste Schwester, daß er die Natur eines
Türken hat und das kommende Geschlecht überleben wird, sobald
er Lust dazu hat und sich nur ein klein wenig schonen will."
Unkindliche, häßliche Worte, das krankhafte Nachzittern des alten
Grolles, der allzu tief sich eingefressen hatte, wie ein Gift, dessen
tückischer Rest sich nie ganz aus dem Körper ausscheiden läßt. Zu
Bitteres hatte Friedrich, halb noch ein Knabe, in seinem Herzen
erfahren. Eindrücke, welche man in diesem Alter empfängt, so
sagt er selbst, verwischen sich nicht so leicht.

Seit dem Jahre 1736 ist der Ton des Kronprinzen ein

veränderter. „Wenn sich die Gedanken viel mit der Fülle der
Größe beschäftigen, die uns eines Tages erwarten mag," schreibt
er im April an den Grafen Manteuffel, „so beginnt man natür-
licherweise, sie sich zu wünschen; da ich mir aber schon aus dem
alleinigen Wunsch ein Kapitalverbrechen machen würde, so weise
ich diese Gedanken weit von mir. Ich stelle mir alle Tage die
zahlreichen Beispiele vor Augen, daß Prinzen im Begriff waren,
an den Platz ihrer Väter zu treten, und von dem Tod vor der
Zeit hinweggerafft wurden." Wiederholt kam er jetzt auf diese
Vorstellung zurück. Im Sommer 1736 sagte er zu Grumbkow,
er sei so zu sagen gewiß, vor dem Könige zu sterben.

Da sich der Kronprinz in seinen Briefen der Stiche gegen
den Vater jetzt gänzlich enthielt, so meinten die Manteuffel und
Grumbkow im Oktober 1736, er habe sich seit etwa drei Monaten
„ein neues System in Bezug auf den Papa" gebildet. Sie schoben
die veränderte Sprache auf sein Mißtrauen gegen sie beide. Wir
werden anders urteilen und die Erklärung im Zusammenhange
der allgemeinen Veränderung finden, die im Jahre 1736, jenem
„ersten Jahre seines wirklichen Lebens", mit Friedrich vor sich ging.
Er hatte Einkehr in sich selbst gehalten und sich selbst wiedergefunden. In den Rheinsberger Weihestunden stiller innerer
Sammlung lernte er auch, sich in seine Lage zu schicken, seine
Ungeduld zu zähmen und seine Stellung zu dem Vater, seine
Pflicht als Sohn noch anders aufzufassen. Von dem neuen System, welches jenen auffiel, ist Friedrich in seinem Verhältnis zu
dem Vater nicht mehr abgegangen. Als ein halbes Jahrhundert
vergangen, machte einer seiner täglichen Gesellschafter die Bemerkung, daß er von seinem Vorgänger durchweg mit großer Verehrung spreche; und nach Friedrichs Tode hat ein Mann, der ihn
von jeher gekannt, ihm bezeugt: das Wort „mein Vater" auf
seinen Lippen schien stets aus dem Grunde des Herzens zu kommen.

Zutreffend war in den Annahmen der Geberdenspäher von
1736 nur das Eine, daß der Kronprinz nicht bloß gegen Manteuffel, sondern auch gegen Grumbkow im Innersten mißtrauisch
war: „er beweist ihm Höflichkeit, aber nicht Vertrauen." Wie
hätte es in dieser Interessenallianz zwischen Friedrich und Grumb-

kow anders sein können? Vergegenwärtigen wir uns noch einmal
Natur und Ursprung dieses Verhältnisses. Seckendorffs Berichte
aus den ersten Jahren seines Berliner Aufenthaltes lassen die
Todesangst ersehen, in der Grumbkow damals wegen seines künf=
tigen Schicksals schwebte. 1727 versicherte er seinem österreichischen
Freunde, die Königin habe ihm sagen lassen, daß sie und ihr
Haus zwar dem Fürsten von Anhalt, aber nimmermehr ihm ver=
zeihen, sondern ihn mit all den Seinen ewiglich verfolgen würden.
Seckendorff beantragte deshalb damals in Wien, Grumbkow im
stillen mit einem Patent als kaiserlicher Feldmarschalllieutenant
zu versehen, „um solches im Falle der Not zu seiner Sicherheit zu
producieren". Grumbkow war seiner Besorgnisse überhoben, seit
er durch seinen großen Erfolg von 1730 den Kronprinzen ge=
zwungen hatte, sich der Gnade des Widersachers zu ergeben, sich
an den Felsen, wo er gescheitert, festzuklammern. Ihr Kompro=
miß war mehr als ein Friedensschluß, es war ein Freundschafts=
vertrag. Von den meisten Dingen durfte Friedrich in Zukunft
zu Grumbkow ganz rückhaltslos reden; in welchem Maße aber er
von diesem Manne abhängig war und wie weit Grumbkow davon
entfernt blieb, in entscheidenden Fragen sein eigenes Interesse den
Wünschen Friedrichs unterzuordnen, das lehrte den Kronprinzen
vor allem Grumbkows Verhalten in jener leidigen Verlobungs=
angelegenheit, die derselbe einfach so löste, wie der Wiener Hof
es durch Seckendorff von ihm verlangte.

Als Grumbkow am 18. März 1739 gestorben war, schrieb
der Kronprinz an die Markgräfin von Baireuth: „Sein Tod ist
für mich der denkbar größte Gewinn. Ich schmeichle mir, daß
wir jetzt nach einem langen Sturm werden aufathmen können."
Er sandte der Schwester ein beißendes Epigramm als Grabschrift
für den Verstorbenen. Ein Vierteljahr später schrieb er nach Bai=
reuth: „Seit Grumbkows Tode ist alles in Berlin verändert; sein
Hingang hat den öffentlichen und den Familienfrieden bei uns
hergestellt. Dem Himmel sei Dank, ich stehe jetzt mit dem Könige
so gut wie irgend möglich."

Auf Grumbkows heimliche Umtriebe führte er die letzte un=
erwartete Trübung seines Verhältnisses zu dem Vater zurück, die

der vorangegangene Winter gebracht hatte. Als Friedrich im Dezember 1738 in Berlin ankam, war ihm bei dem Empfange, den ihm der Vater bereitete, das Herz aufgegangen. Des Königs Stimmung war auffallend verändert; er zeigte sich äußerst wohl= wollend, mild, zugänglich, in seinen Urteilen gerecht; die Wissen= schaften bezeichnete er als löbliche Dinge. Friedrich, dessen kind= liche Pietät nur richtig angefaßt werden wollte, äußerte sich gegen den alten Oberst Camas in Frankfurt, einen bewährten väter= lichen Freund, hochbeglückt. Um so grausamer war zu Anfang Januar die Enttäuschung. Jeder andere Offizier, so klagt er, würde seinen Abschied eingereicht haben — ein Ausweg, der dem Erben der Krone nicht freistand. Friedrich sagte sich, daß die fliegende Gicht und das gallige Temperament des Königs der Hauptanlaß waren; aber gegen seinen Camas konnte er doch wieder die bittere Frage nicht unterdrücken, warum man ihn dann nicht lieber in seiner Rheinsberger Abgeschiedenheit lasse, wenn der König es schon nicht über sich vermöge, dem Sohne gegenüber väterlich zu fühlen, oder wenn seine Physiognomie nun einmal das Unglück habe, dem Vater zu mißfallen. In dem nächsten Briefe an Camas sieht er noch trüber: die verletzende Härte des Königs erscheint ihm als ein neuer Ausbruch des alten Hasses, der nur eine Zeit lang eingeschlummert war. Niemals werde er auf wirklichen Frieden mit einem so leicht reizbaren Vater rechnen dürfen; „nein, ich muß ihn als meinen grimmsten Feind betrachten, der unab= lässig den Augenblick erspäht, daß er mir den Verräterstoß geben kann. Der geringste falsche Tritt, die geringste Unvorsichtigkeit, ein Nichts wird, dick aufgebauscht, hinreichen, mich zu verdammen." Ganz wie vor zehn Jahren kämpft der Prinz mit seinem Stolz, der sich gegen die verletzende Behandlung aufbäumt, mit seiner Empfindlichkeit, seinem hellen Jähzorn. Aber er hat sich beherr= schen gelernt und lernt es täglich mehr; „die jetzige Krankheit des Königs," sagt er, „gilt mir einen vollen Kursus der Sittenlehre." In so gedrückter Stimmung verließ er Anfang Februar 1739 Berlin.

Wie freudig stimmte es ihn nun, als er während der Reise, auf der er im Juli den Vater nach Königsberg begleitete, gewahr wurde, daß die dunklen Schatten des letzten Winters gewichen

waren. „Ich kann den König gar nicht genug rühmen," schreibt
er an seine Gemahlin; „er ist so gegen mich, wie ich es mir
immer gewünscht habe." Noch eine freudige Überraschung hatte
der König seinem Sohne zugedacht, die nach der sonst kargen Art
Friedrichs Wilhelms den vollgültigsten Beweis der väterlichen
Zufriedenheit enthielt. Bei dem Besuch der preußischen Gestüte
gab er dem Kronprinzen die stattlichen Ställe mit all den edlen
Zuchtpferden zum Eigentum, eine Freigebigkeit, durch die der Beschenkte seine Jahreseinkünfte um zehn- bis zwölftausend Thaler
erhöht sah.

Aus Insterburg schickte der Kronprinz an Voltaire einen
Brief, bestimmt, den Empfänger mit einem Lande bekannt zu
machen, das von ganz Europa gekannt zu werden verdiene, „als
eine Schöpfung des Königs, meines Vaters".

„Preußisch-Lithauen, die blühendste unserer Provinzen, wurde
zu Anfang des Jahrhunderts in die wüsteste der Einöden ver-
wandelt durch die Pest und den Hunger, die dreimalhunderttausend
Menschen hinwegrafften, durch die Gleichgültigkeit der Regierung,
die von dem Elend sich nicht unterrichtete und keine Abhilfe
schaffte. Friedrich I. starb über diesen Zeitläuften und ward be-
graben, mitsamt seiner falschen Größe, die nur in einem eitlen
Pomp, in dem prahlerischen Gepränge nichtiger Ceremonien bestand. Mein Vater kam und ward bewegt von dem gemeinen
Elend. Er erschien hier an Ort und Stelle und sah mit eigenen
Augen diese verheerten Stätten, mit all den schauerlichen Spuren,
welche die Seuche, der Mangel und der schmutzige Geiz der Beamten zurückgelassen hatten. Zwölf oder fünfzehn entvölkerte
Städte, vier- oder fünfhundert leerstehende Dörfer ohne Ackerbau
waren das traurige Schauspiel, das sich seinen Augen darbot.
Weit davon entfernt, sich von so schauerlichen Wahrnehmungen
zurückschrecken zu lassen, fühlte er sich von lebhaftestem Mitleiden
ergriffen und beschloß, Menschen, Wohlstand und Verkehr in diese
Gegend zurückzuführen, die das Aussehen eines bewohnten Landes
schier verloren hatte. Seit dieser Zeit hat der König keine Ausgabe gescheut, um mit seinen heilsamen Absichten durchzubringen.
Er entwarf Ordnungen voller Weisheit, er baute auf, was die

Pest veröbet hatte; er ließ aus allen Enden Europas Tausende von Familien kommen. Die Fluren wurden wieder urbar, das Land füllte sich wieder mit Volk, der Verkehr erblühte von neuem, und heute herrscht der Überfluß in diesen fruchtbaren Strichen, mehr denn je. Es gibt mehr als eine halbe Million Einwohner in Lithauen, mehr Städte und auch mehr Vieh als ehedem, mehr Reichtum und Fruchtbarkeit als sonstwo in Deutschland.

„Und alles, was ich Ihnen aufzähle, wird allein dem Könige gedankt, der die Ausführung nicht nur angeordnet, sondern persönlich überwacht hat; dem allein der Entwurf gehört wie die Erfüllung, der alle Sorgen und Mühen, alle Versprechungen und alle Belohnungen, der unermeßlichen Schätze nicht gescheut hat, um einer halben Million denkender Wesen das Glück und das Leben zu sichern: ihm allein schulden sie ihre Wohlfahrt und ihre Versorgung.

„Ich habe," so schließt der Brief an Voltaire, „bei dieser hochherzigen und unermüdlichen Thätigkeit des Königs für die Wiederbevölkerung, Neubefruchtung und Wiederbeglückung dieser Einöde die Empfindung von etwas so Heroischem, daß ich meine, es muß Ihnen auch so sein, wenn Sie die näheren Umstände dieses Herstellungswerkes vernehmen."

Es war das Zeugnis der Reife für die ihn erwartende Aufgabe, welches der Erbe der preußischen Krone durch solches Bekenntnis sich selber ausstellte. Der Prinz, der vordem dem Kleinbetrieb der Verwaltung unverhohlen seine Geringschätzung gezeigt hatte, erkannte an seinem Vater bewundernd, was die Fähigkeit bis zum Kleinsten herabzusteigen für die Zusammenfassung des Einzelnen zu einem einheitlichen Ganzen bedeute. Friedrich hat den Ruhm, das Wesen und die gewaltigen Erfolge der stillen Friedensarbeit des größten inneren Königs der preußischen Geschichte als der Erste laut und freudig gepriesen zu haben, zu einer Zeit, wo dessen Wirken den Einen eine Thorheit und den Andern ein Ärgernis war.

Wie irrten diejenigen in Preußen, die da glaubten, daß demnächst der Thronwechsel eine Veränderung der Regierungsgrundsätze mit sich bringen würde. Wenn in der auswärtigen

Politik die Umgebung Friedrich Wilhelms sich in zwei Parteien
teilte, die Whigs, die es mit dem whiggistischen England hielten,
und die kaiserlich gesinnten Tories, so gab es auch im Innern
schon damals Parteien, nur daß der Opposition zum äußeren
Hervortreten die parlamentarischen Formen der ständischen Aristo-
kratien von England, Polen oder Schweden fehlten. Erst unter
diesem Könige war ja der preußische Absolutismus durchgeführt:
sollte man den gegenwärtigen Zustand als einen endgültigen betrachten? Schwerin, der General, äußerte 1737, eine Rückkehr
zu den alten Verfassungsformen sei für das Land durchaus notwendig; er fragte den Grafen Manteuffel, wie man in Rheinsberg
darüber denken möge.

Wie Friedrich, einstmals selber in „finistren Vorstellungen"
von den Maßnahmen und Zielen seines Vaters befangen, sich in
den letzten Jahren vor seiner Thronbesteigung über die bestehenden Regierungsgrundsätze das Urteil bildete, an dem er später in
allem wesentlichen festhielt, so gewöhnte er sich auch allmählich,
über die Grundsätze, nach denen seine persönliche Erziehung geleitet worden war, wenigstens in vielen Punkten gar anders zu
denken, als in seinen unreifen Knabenjahren. Er hat sich nur
selten unmittelbar über seine Erziehung ausgesprochen, aber wir
vernehmen eine stillschweigende Kritik, wenn wir seine eigenen
Grundsätze für die Ausbildung eines Prinzen, wie er sie zuerst in
seinem Politischen Testament von 1752 zusammenhängend entwickelt hat, in ihren Übereinstimmungen und ihren Abweichungen
und Gegensätzlichkeiten mit der pädagogischen Methode Friedrich
Wilhelms vergleichen.

Der Lehrstoff zunächst, dessen Aneignung Friedrich als notwendig für einen Prinzen ansieht, ist ungefähr derselbe, den die
Instruktion von 1695 für die Erziehung seines Vaters vorgeschrieben hatte. Friedrich nimmt also diejenigen Gegenstände
wieder auf, welche in dem Plan für seinen eigenen Unterricht als
überflüssig gestrichen waren: die römische Geschichte, von der ein
allgemeiner Begriff gegeben werden soll, und das Lateinische. Von
Sprachen mag außerdem das Polnische getrieben werden (bei
anderer Gelegenheit empfiehlt Friedrich auch das Italienische);

doch soll man damit so wenig, wie mit dem Latein, den Schüler
ermüden. In seinen letzten Lebensjahren hat Friedrich gesagt,
jeder, der nicht Gelehrter von Beruf sei, solle lieber die Dinge
studieren, als die Worte, die Sprachen; es sei besser, einen Schrift=
steller in einer guten Übersetzung zu lesen, als ihn in seiner
eigenen Sprache nur mittelmäßig zu verstehen; denn man müsse
doch annehmen, daß der, welcher auf eine Übersetzung einen
Teil seines Lebens verwandt habe, den Sinn besser verstehen
werde, als der, welcher den Schriftsteller zum erstenmale liest. —
Gründlich muß die neuere Geschichte, seit Karl V., erlernt werden.
Mit dem geographischen Unterricht sind Mitteilungen über die
politischen Interessen der einzelnen Staaten, über ihre wichtigsten
Handelszweige, sowie Beschreibungen der Hauptstädte zu verbin=
den. Im Gegensatz zu seinem Vater will Friedrich von der ge=
dächtnismäßigen Aufnahme des historischen Stoffes nichts wissen;
man soll, sagt er einmal, die Geschichte nicht wie ein Papagei
lernen. Mit dem zwölften Lebensjahre haben die Elemente der
Mathematik und Fortifikationskunde als Lehrgegenstände hinzu=
zutreten, außerdem Moral, Physik und Metaphysik — mit der
Forderung der beiden letzten Disziplinen geht Friedrich nicht bloß
über den Lehrplan von 1718, sondern auch über den von 1695
hinaus.

Einst hatte sein Vater ihn gescholten, er sei zu faul, über
seine kleinen Ausgaben selbst Rechnung zu führen; nun legte er
das, wogegen er selbst sich gesträubt hatte, dem zu erziehenden
Prinzen als Verpflichtung auf: derselbe soll sein eigener Kassierer
sein und über ein zu persönlichen Ausgaben bestimmtes Süm=
chen Rechnung ablegen, um sich in seinen eigenen Angelegenheiten
an Pünktlichkeit zu gewöhnen und in all sein Thun Ordnung
hineinzubringen: „die Menschen thun im kleinen fast immer das=
jenige, was sie, wenn sie in der Lage dazu wären, im großen
thun würden."

Der begeisterten Lobrede des Antimacchiavell auf den mili=
tärischen Beruf des Fürsten entspricht in Friedrichs Erziehungs=
plan die Vorschrift: „Vom Militär soll man einem jungen Prinzen

mit der heiligen Ehrfurcht sprechen, mit der die Priester ihrer Offenbarung gedenken."

Der Verzicht auf die Mitwirkung der Religion unterscheidet Friedrichs Grundsätze für die Ausbildung eines Fürsten von denen seines Vaters am einschneidendsten. Den Ausfall dieses Erziehungsmomentes glaubte er ersetzen zu können durch Vertiefung der Herzensbildung und Anspornung des Seelenadels. „Die erste Sorge derer, die den Prinzen umgeben, sei, ihm das Herz zu bilden, ihn erkenntlich zu machen für die ihm geleisteten Dienste, liebevoll gegen seine Freunde, mitleidig für das Unglück, ihn zu erfüllen mit Schwung der Seele und den Regungen des Edelmutes, der Hochherzigkeit und des edlen Ehrgeizes, der die schönen Seelen treibt, ihresgleichen durch das Verdienst zu übertreffen. Vor allem möchte ich, daß man Menschlichkeit, weiches Gefühl, einen Zug zur Milde und Duldsamkeit in ihm entwickelte." Dazu hat er sich rein äußerlich der Höflichkeit und der Rücksichten gegen andere zu befleißigen; denn Verstöße dagegen schaffen den Fürsten mehr Feinde, als das wirkliche Übel, das sie sich zu schulden kommen lassen.

Mit dem zwanzigsten Jahre soll ein Prinz dem Gängelbande ganz entwachsen. Das weitere muß jetzt von der Selbsterziehung und Selbstförderung erwartet werden. Man sieht, wie Friedrich in dem Leben eines jeden Prinzen einmal eine Rheinsberger Zeit möchte anbrechen sehen. „Alles ist gewonnen, wenn es gelungen ist, einem Prinzen Lust zum Lesen beizubringen. Man lernt bei einem Lehrer nie so gut als durch Selbstunterricht, und die Unterhaltung mit den Toten, die man keiner persönlichen Rücksicht zeihen kann, fördert mehr, als die mit den Mitlebenden."

Wie lebhaft hatte Friedrich einst gewünscht, Reisen in das Ausland zu machen. Sein Vater hatte ihm den Wunsch versagt und hatte dem Vorschlag, ihn an der Seite einer britischen Gemahlin in Hannover residieren zu lassen, den gewichtigen Einwand entgegengestellt, daß den Kronprinzen der Aufenthalt in der Fremde seinen künftigen Unterthanen und ihren Anschauungen und den Bedürfnissen seines Staates entfremden würde. Genau aus demselben Grunde will nun Friedrich dem Thronerben nur das Reisen in der Heimat, keine Besuche im Ausland gestatten, wo derselbe nur fremde Sitten annehmen werde: „Die Unterthanen wollen von ihrem Herrn, daß er die Sitten und Gebräuche des Landes habe, keine fremden Gewohnheiten."

Auch darin folgte Friedrich den Grundsätzen, die bei ihm selbst sich bewährt hatten, daß er den Thronfolgern ein Regiment anvertraut wissen wollte mit der Verantwortung eines gewöhnlichen Berufsoffiziers.

Eine Kritik des bei ihm zur Anwendung Gelangten enthält dagegen der Rat, den Zeitpunkt für die Vermählung eines Prinzen bis zum fünfundzwanzigsten oder sechsundzwanzigsten Jahre hinaus=zuschieben: „Die Begründung des Hausstandes, wenn kaum der erste Flaum ums Kinn sproßt, kann nur schlechte Ehen zustande bringen." Mit schneidender Schärfe spricht Friedrich von der Zumutung, daß ein Sohn in dem Augenblick, wo der Vater es verlangt, verliebt werden soll, und zwar in das Wesen, welches jener ihm auswählt, und daß er gegen alle übrigen Frauen so kalt bleiben soll, wie Priamus gegen die schöne Helena.

Wir kommen damit auf den allgemeinsten Gegensatz zwischen der Pädagogik Friedrichs und der seines Vaters. Friedrich ver= langt Anerkennung und Ausbildung der Individualität, Schonung der Eigentümlichkeit, Verzicht auf das stete Meistern und Drein= reden. Er hält diejenigen Eltern für schlechte Erzieher, welche aus ihrem Kinde einen vollendeten Menschen machen wollen: „Um seine Sitten zu vervollkommnen, tyrannisieren sie seine gering= fügigsten Neigungen." Er stellt dem den Grundsatz entgegen: „Wenn der Knabe die Jagd, die Musik, den Tanz, das Spiel, was immer, liebt, so lasse man ihn seiner Vorliebe ungehindert nachgehen, bis er von selbst genug hat: so läßt man ihm das Vergnügen und nimmt ihm die Leidenschaft." Selbst der Leicht= sinn, der von einer Schönen zur andern flattert, scheint ihm weniger gefährlich, als die in Leidenschaft ausgeartete Liebe, die zur Abhängigkeit von einem und demselben Wesen wird. Er führt die blinde Unterwürfigkeit französischer Könige unter die Launen ihrer Mätressen als warnendes Beispiel an; alle Fehler Heinrichs IV. erklären sich ihm aus dieser Schwäche.

„So ist denn nichts wahrer, als das Sprichwort der Italiener, wonach die Fehler der Väter an den Kindern verloren sind; jeder muß sein eigenes Lehrgeld bezahlen."

Friedrich Wilhelm hatte diese Wahrheit übersehen. Er hatte seinem Sohne das Lehrgeld zu ersparen gedacht, indem er nach seinem besten Wissen und seinen trefflichsten Erfahrungen gleichsam jeden Schritt und Tritt ihm vorzeichnete und seinen Bildungsgang just in den Geleisen einsetzen und fortlaufen lassen wollte, in denen er selbst von Jugend an einhergewandelt war. Es liegt eine eigentümliche Tragik darin, daß dieser König, der krasseste, unumschränkteste Selbstherrscher, der in die weitesten Kreise befehlerisch, keinen Widerspruch duldend, mit seiner rauhen Hand sich eindrängte, nun im engsten Bereiche, in seinen persönlichen Verhältnissen als Hausherr und Vater, die Grenzen seiner Allgewalt gewahr werden mußte. Er hatte 1730 dem Sohne den Willen gebrochen und hatte in Küstrin bei dem ersten Wiedersehen nach der Katastrophe nicht unterlassen, den Gedemütigten an die Thatsache, daß er mit seinem harten Kopfe nicht durchgedrungen sei, gar nachdrücklich zu erinnern. Das heiße Blut der Jugend war zum erstenmale abgekühlt, der trotzige Knabe hatte gelernt und hat es für sein ganzes Leben nicht vergessen, daß der Eigensinn mitunter sich bescheiden und daß der Flug der Entwürfe in allzu großer Höhe sich senken muß. Das war eine dauernde Frucht der harten Erziehung, eine heilsame Wirkung jenes grausamen Eingreifens der Vaterstrenge. „Aber," so sagt Friedrich später, „alles, was die Erziehung leisten kann, ist eine Herabminderung der Gewaltsamkeit der Leidenschaften: den Charakter zu ändern, das vermag keine Macht der Welt." Vor dieser Schranke mußte auch Friedrich Wilhelm einhalten. Er begann innezuwerden, daß es dem Menschen nicht gegeben ist, den andern nach seinem Bilde zu schaffen.

„Ich glaube nicht, daß es noch einmal ein solches Paar in der Welt gibt, wie diesen Vater und diesen Sohn," so hatte 1732 ein aufmerksamer Beobachter kopfschüttelnd geurteilt. Weder die Anlage noch die Bildung, weder die Neigung noch die Gewohnheiten stimmten zu einander; schon im äußeren Auftreten zeigte sich die Verschiedenheit, ja selbst in der Stimme, die bei dem Sohne wunderbar weich und klangvoll war und blieb, „wohltönend selbst beim Fluchen," während der Vater auch in der Unterhaltung den schnarrenden, näselnden Kommandoton anschlug, der nach dem Vorgange des Ahnherrn der Armee aus dem preußischen Offiziercorps nie verschwunden ist. Und wenn der Gaumen des Königs die derbe Kost liebte, der des Kronprinzen die Speisen mit feiner Würzung, so war dies gleichsam sinnbildlich für die ganze Art beider. Die Eigenschaft, in der sie sich gleich waren, erleichterte das Verständnis und die Verträglichkeit am wenigsten: die Lebhaftigkeit und Leidenschaftlichkeit, das cholerische Temperament. Lebhaftigkeit und aufwallende Empfindlichkeit ist unser Familienfehler, hat nachmals eine der Töchter Friedrich Wilhelms gesagt. Brauste Friedrich auf, dann wurde man unwillkürlich an den Zorn seines Vaters erinnert: „es ist überraschend, wie er in gewissen Augenblicken unserm Jupiter mit dem Donnerkeil gleicht," sagte der Kammerdirektor Hille in Küstrin schon von dem Neunzehnjährigen. Wo hüben und drüben soviel Zündstoff und soviel Reizbarkeit vorhanden war, da bedurfte es wahrlich acht Jahre hindurch viel guten Willens und großer Selbstbeherrschung von beiden Seiten.

Wir brauchen einer Diplomatie, die klatschsüchtig und boshaft sich ihre Nachrichten sogar von Köchen und Kammermohren zutragen ließ, nicht jedes Wort, das sie als angeblich von Friedrich Wilhelm gesprochen in ihren Depeschen verzeichnet hat, zu glauben. Mit Recht bemerkt 1740 einer der Unbefangeneren unter diesen Diplomaten, der französische Gesandte Valory: „Man ist geneigt, was er Unrecht thut, zu übertreiben, und man schweigt von dem, was er Gutes thut, oder schwächt doch das Verdienstliche so ab, daß nichts übrig bleibt. Die meisten in der Umgebung dieses Fürsten reizen ihn gegen jedermann auf und sind dann die ersten, in ihren Berichten die Vorgänge seines Privatlebens durch die gehässigsten Züge zu entstellen." Eine Nachprüfung des einzelnen ist fast ausgeschlossen. Oft erzählt ist der Vorgang, den Pöllnitz uns überliefert hat: Nach Neujahr 1740 vermochte der schwer leidende König noch einmal sein Tabakskollegium um sich zu ver

sammeln; unerwartet erschien auch der Kronprinz, und die An=
wesenden erhoben sich, gegen das strenge Gesetz der Tabagie, zu
ehrfurchtsvollem Gruße. Ergrimmt ließ der König seinen Roll=
stuhl aus dem Zimmer schieben und sandte den Befehl zurück, daß
die Gesellschaft, die der aufgehenden Sonne gehuldigt habe, aus=
einandergehen solle. Die innere psychologische Wahrscheinlichkeit
ist ohne Frage für diese Erzählung. Die natürliche Reizbarkeit
des schnell losbrausenden Königs war krankhaft gesteigert durch
den zehrenden Gram über die Mißerfolge der auswärtigen Politik,
durch schmerzhaftes körperliches Leiden, durch die düsteren Todes=
gedanken, die nach 1734 — er lebte seitdem nur noch „durch die
Kunst der Ärzte" — nicht mehr von ihm wichen. Aber die ver=
söhnte Grundstimmung gegen den Nachfolger, dem er so früh den
Platz überlassen mußte, ging dem Dahinsiechenden in den dunkeln
Stunden, die nur zu oft über ihn kamen, nicht wieder verloren,
und in dem Glauben an den echten Kern in einer Begabung,
die er mehr ahnte als verstand, verzieh er dem Sohne dasjenige,
was an der Vollkommenheit, wie Friedrich Wilhelm sie verstand,
ihm fehlte. War einst die Abneigung gegen das Weidwerk dem
Kronprinzen als ein großes Verbrechen angerechnet worden, so
hatte der König auch hierin sich still ergeben und schenkte nun
seine „schönen Parforcehunde" wehmütig dem verständnisvolleren
Dessauer, „weil ich in dieser Welt ausgejagt habe und mein
ältester Sohn doch kein Liebhaber der Jagd ist noch werden wird"
(23. März 1740).

Ein Leben ging zur Rüste, köstlich durch Mühe und Arbeit
und köstlicher durch Treue und Wahrhaftigkeit. Am 27. April
1740 ließ sich Friedrich Wilhelm aus dem Berliner Schlosse nach
seiner geliebten Soldatenstadt überführen: „Leb wohl, Berlin,"
rief er, als man ihn in den Wagen hob, „in Potsdam will ich
sterben." Vom 26. Mai, dem Himmelfahrtstage, datiert der letzte
Brief, den er an den Kronprinzen richtete; er sprach die Hoffnung
aus, den Sohn noch umarmen zu können, wenn derselbe zu
Pfingsten ihn besuchen werde. Wohl gleichzeitig mit der Ankunft
dieses Briefes brachte eine Staffette die Nachricht nach Rheins=
berg, daß der Tod als unmittelbar bevorstehend anzusehen sei.

Am 28. ließ sich der König in seinem Rollstuhl vor das Schloß fahren und besichtigte die Bauarbeit am Marstalle, eine große Menschenmenge umgab ihn; da sah er den Kronprinzen kommen und streckte ihm von weitem die offenen Arme entgegen. Der Prinz sank knieend an seine Brust, weinend lagen sich Vater und Sohn in den Armen.

Als der Kabinettsminister von Podewils um 4 Uhr nachmittags zum Könige befohlen wurde, fand er ihn mit dem Kronprinzen allein. In Gegenwart des Ministers begann Friedrich Wilhelm zu dem Sohne von der Lage des Staates, von den Aufgaben der Politik den fremden Mächten gegenüber zu sprechen. Er legte die Gründe dar, die ihn 1725 zum Abschluß des hannöverischen Bündnisses, 1728 zur Allianz mit dem Kaiser und letzthin zu dem geheimen Vertrage mit Frankreich bestimmt hätten. Er warnte den Sohn vor der unvariablen Maxime des Hauses Österreich, Preußen niederzuhalten, von der man in Wien nicht abgehen werde; er mahnte zur Vorsicht auch gegen Georg II., in welchem man stets zwei Personen, den König von England und den auf die brandenburgische Nachbarmacht eifersüchtigen Kurfürsten von Hannover unterscheiden müsse. Und wenn Frankreich dem Vertrage vom Vorjahre eine weitere Ausdehnung zu geben beantragt hatte, so riet der König seinem Nachfolger, ohne bestimmte weitere Zugeständnisse für das bergische Successionsrecht Preußens sich auf nichts einzulassen. Von Rußland werde man sich nie viel versprechen können, doch sei bei einem Kriege mit dieser Macht mehr zu verlieren als zu gewinnen. Nie möge der Nachfolger Allianzen schließen, die im Kriegsfalle durch Stellung von Hilfsvölkern seine Armee zersplittern würden, sonst könne es dahin kommen, daß Preußen nicht mehr bedeute, als ein Kleinfürst, wie der Herzog von Gotha oder Württemberg. Einen Krieg solle man nicht leichthin anfangen, weil man nicht allemal Meister sei, ihn zu endigen; ist aber nach reiflicher Überlegung und mit Gottes Beistand und Segen der Entschluß gefaßt, dann gilt es, die Macht zusammenzuhalten und die einmal ergriffene Partei mit Festigkeit zu behaupten.

Anderthalb Stunden hatte der König gesprochen, trotz seiner

angstvollen Atmungsbeschwerden. Jetzt ließ er die Offiziere und Beamten, die gewöhnlich um ihn waren, wieder eintreten. „Aber thut mir Gott nicht viel Gnade," so rief er ihnen zu, „daß er mir einen so braven und würdigen Sohn gegeben?" Bei diesen Worten erhob sich der Kronprinz von seinem Sessel, ergriff des Königs Hand und benetzte sie mit seinen Thränen. Der Vater umschlang ihn, klammerte sich an seinen Hals fest und schluchzte. „Mein Gott," hörte man ihn sagen, „ich sterbe zufrieden, da ich einen so würdigen Sohn und Nachfolger hinterlasse."

Tags darauf, am Sonntage, ließ der König den Sarg von Eichenholz mit kupfernen Handhaben vor sich niedersetzen, in welchem er zur letzten Ruhe gebettet werden wollte, und händigte dem Kronprinzen die Verfügung ein: „Wie ich will, daß Ihr es mit meinem Leibe halten sollt, wenn der Allerhöchste mich aus dieser Zeitlichkeit wird zu sich nehmen"; denn wie er sein Lebenlang im großen wie im kleinen selbst regiert und reglementiert hatte, so mußte auch in seinem Tode alles streng nach seinem Sinne und Geschmack sein; „und sollen übrigens keine Façons mit mir gemacht oder vorgenommen werden."

Der König war, wie sein Sohn bezeugt, sehr ruhig, sehr ergeben geworden. In der Nacht auf den Dienstag, den 31. Mai, schickte er früh um 1 Uhr zu einem der Geistlichen, die beständig in der Nähe waren: „Ich habe mein Gedächtnis verloren," sagte er ihm, „ich habe alle meine Gebete vergessen." Als der Prediger ihn um 4 Uhr verließ, duldete es ihn nicht länger im Bette. Um 5 Uhr beschied er den Kronprinzen und den Prinzen Wilhelm, den Fürsten von Anhalt, Buddenbrock, Derschau, Hacke und seine anderen militärischen Gesellschafter, Pöllnitz, die Kabinettssekretäre, die Minister Boden und Podewils. Sie blieben stehend, der Kronprinz mußte sich niedersetzen. Des Königs Stimme war so schwach, daß er dem Adjutanten v. Bredow die Worte in das Ohr flüstern mußte. Er entsagte der Regierung und übertrug sie dem Kronprinzen zu voller Souveränetät: „so und solcher Gestalt, als wenn er selbst schon zehn Jahre Todes verblichen und der Kronprinz seit der ganzen Zeit im völligen Besitz der Regierung gewesen wäre". Podewils erhielt den Befehl, eine Abdankungsurkunde auf-

zusetzen. Es bedurfte derselben nicht mehr. Schon trat der Todes=
kampf ein. Zwischen den Ohnmachten fragte der Sterbende den
Chirurgus von seinem Regiment, wie viel Augenblicke er noch zu
leben habe, und ließ sich einen Spiegel reichen, um den Tod auf
seinem Antlitz erscheinen zu sehen. Nach 3 Uhr nachmittags
hatte er ausgekämpft.

„Er starb," sagt sein Sohn, „mit der Festigkeit eines Philo=
sophen und mit der Ergebung eines Christen. Er bewahrte eine
bewundernswerte Geistesgegenwart bis zum letzten Augenblicke
seines Lebens, als Staatsmann seine Geschäfte ordnend, die Fort=
schritte seiner Krankheit verfolgend, wie ein Arzt, und über den
Tod triumphierend als ein Held." Und wenn das Denkmal, das
Friedrich bald nach seiner Thronbesteigung in seiner branden=
burgischen Geschichte dem Vater gesetzt hat, auch die häuslichen
Kümmernisse dieses Fürsten mit einem Worte andeutet, so ge=
schieht es, um Nachsicht zu erbitten für die Fehler der Kinder,
ob den Tugenden eines solchen Vaters.

Auch von Friedrich Wilhelm I. gilt das Wort:

> Und manche Geister, die mit ihm gerungen,
> Sein groß Verdienst unwillig anerkannt,
> Sie fühlen sich von seiner Kraft durchdrungen,
> In seiner Sphäre willig festgebannt.

Willig festgebannt in Friedrich Wilhelms Sphäre, ist sein großer
Sohn, der mehr als andere mit ihm gerungen, nicht bloß der
Nachfolger, sondern der Fortsetzer des Vaters geworden, in der
Fülle blendender Genialität der Wurzeln seiner Kraft allzeit be=
wußt: „Wenn es wahr ist, daß wir den Schatten der Eiche, der
uns umfängt, der Kraft der Eichel verdanken, die den Baum
sprossen ließ, so wird der Erdkreis darin einstimmen, daß in dieses
Fürsten Leben voll Arbeit und in der Weisheit seines Waltens die
Urquellen der Wohlfahrt zu erkennen sind, deren das Königshaus
nach seinem Tode sich erfreut hat." So hoch der Zollernaar
seit 1740 den Flug nahm, sein Horst blieb der Fels von Erz,
auf den König Friedrich Wilhelm I. den preußischen Staat ge=
gründet hat.

Als Friedrich lange nach seines Vaters Tod gegen Europa in den Waffen stand, haben zwei Bilder ihn in Träumen heimgesucht. Einmal erschien der Vater mit Bewaffneten vor ihm, um ihn packen und auf die Festung abführen zu lassen, und als er nach der Ursache fragte, so lautete die Antwort: Weil du deinen Vater nicht genug liebst. Dann aber träumte ihm wieder, daß er mit dem Marschall Daun zu thun hatte, und plötzlich sah er sich nach Charlottenburg versetzt, und vor ihm stand sein Vater. „Habe ich mich gut gehalten?" fragte er, und Friedrich Wilhelm antwortete: „Ja." — „Wohl, dann bin ich zufrieden, Euer Beifall gilt mir mehr, als der der ganzen Welt."

Anhang.

Vorbemerkung. Die zahlreichen bei Lebzeiten Friedrichs des Großen erschienenen biographischen Darstellungen (vgl. meinen Aufsatz in der Zeitschrift für Preußische Geschichte und Landeskunde 1877) enthalten aus der Jugendzeit nur wenige Äußerlichleiten. D. Faßmann macht in seinem 1735 erschienen Leben Friedrich Wilhelms I. einige vorsichtige Andeutungen über die Katastrophe von 1730: „Anfangs, bey dem gemachten Entwurff dieses Werds, hatte ich mir vorgenommen, diese Sache ganz und gar mit Stillschweigen zu übergehen. Weil sich aber doch ganz gewiß Leute würden gefunden haben, die es an dem Werde getadelt hätten, wann ganz und gar nichts davon gedacht worden wäre, habe ich die Begebenheit, so viel als geschehen, mit berühren wollen, der festen Zuversicht lebend, es werde mir desfalls an hohen Orten nichts ungnädig gedeutet werden, weil doch ein vor allemal gewiß, daß auch denen größten Monarchen nicht möglich fället, den Vorwitz derer Leute gänzlich zu unterdrucken, sondern daß es vielmehr llug gehandelt ist, wann man demselben, gewissermassen, den freyen Lauff lässet" (S. 415). Auch die Masse der in den ersten Jahren nach 1786 erschienenen Beiträge brachte über die früheste Zeit nichts Erhebliches. Das aller Orten zerstreute gedruckte Material suchte J. D. E. Preuß (Friedrich der Große. Eine Lebensgeschichte. Bd. I. Berlin 1832) in möglichster Vollständigleit zu sammeln und ergänzte es durch neue Mitteilungen, vor allen durch den wörtlichen Abdruck eines ganzen Bolumens aus den in ihren übrigen Teilen nicht von ihm ausgebeuteten Küstriner Kommissionsalten (Urkundenbuch zu der Lebensgeschichte Friedrichs des Großen, Bd. II. Berlin 1833, S. 149 ff.). Als vermehrte und berichtigte Bearbeitung der entsprechenden Abschnitte der „Lebensbeschreibung" veröffentlichte Preuß „Friedrichs des Großen Jugend und Thronbesteigung" (Berlin 1840). Ein sehr scharfes Urteil über die am Äußerlichen haften gebliebene und bei allem Sammelfleiße zu wenig kritische Geschichtsschreibung des trotz dieser Schwächen treuverdienten Verfassers fällt G. H. A. Stenzel, Geschichte des Preußischen Staats IV, 404. Zwischen dem Erscheinen der ersten und der jüngeren Arbeit von Preuß erfolgten die Publikationen von Fr. Förster („Friedrich Wilhelm I." 3 Bde. Potsdam 1834, 1835, nebst 2 Bänden „Urkundenbuch") mit unschätzbaren Mitteilungen aus dem Seckendorffschen Archiv zu Meuselwitz, und von Fr. v. Raumer „Beiträge zur neueren Geschichte aus dem britischen und französischen Reichsarchiv" (Bd. III, Leipzig 1839, S. 491—584). Demnächst durchmusterte Ranke für seine „Neun Bücher Preußischer Geschichte" (Berlin 1847) u. a. auch die Küstriner Kommissionsakten, ohne nach der Anlage seines Werkes detaillierte Mitteilungen aus denselben in dem seinem Vorgänger Preuß gestatteten Umfange oder auch nur die chronologische Einordnung der aus den Akten sich ergebenden Vorgänge zu beabsichtigen; die lediglich andeutende Art vieler seiner Mitteilungen hat seinen unmittelbaren Nachfolger in der Forschung, Thomas Carlyle, welcher archivalische Studien nur in London angestellt hat, hier und da zu einem Schmerzensschrei über „the vague inert state" dieser Nachrichten aus preußischen Akten veranlaßt. J. G. Droysen hatte in der „Geschichte der Preußischen Politik" seiner Aufgabe nach keine Veranlassung, die auf die persönlichen Verhältnisse bezügliche archivalische Überlieferung einer erneuten Durchsicht zu unterziehen. Für die letzten Jahre vor dem Thronwechsel gab 1871 M. Duncker (Zeitschrift für Preußische Geschichte Bd. VIII.; jetzt in des Verfassers „Abhandlungen zur Preußischen Geschichte aus der Zeit Friedrichs des Großen und Friedrich Wilhelms III." Leipzig 1876) aus dem Briefwechsel zwischen dem Kronprinzen und Grumbkow wesentliche Ergänzungen zu den im 16. Bande der Oeuvres de Frédéric le Grand, Berlin 1846 ff. (Ausgabe der K. Akademie der Wissenschaften, redigiert von Preuß) gedruckten Stücken. In der sorgfältigen Untersuchung aus dem Nachlaß des früh verstorbenen E. Bratuscheck, „Die Erziehung Friedrichs des Großen", Berlin 1885, ist zu dem bekannten Material neues nur vereinzelt herangezogen worden. Außer dem 16. Bande der Oeuvres enthalten vorzugsweise Bd. XVII, XXI, XXV und XXVII Briefe aus der kronprinzlichen Zeit; dem Herausgeber und den bisherigen Benutzern hätte nicht entgehen dürfen, daß die Bd. XXV, 486—501 abgedruckten Briefe nicht mit Manteuffel, sondern mit Grumbkow gewechselt sind.

Unter den für die vorstehende Darstellung benutzten Beständen des K. Hausarchivs und des K. Geheimen Staatsarchivs nenne ich in erster Linie die sehr umfangreichen Untersuchungsakten von 1730, Teile der Kabinettskanzlei König Friedrich Wilhelms I. und den Nachlaß des Feldmarschalls von Grumbkow, darunter die noch ungedruckten Teile seines Briefwechsels mit dem Kronprinzen und mit dem Küstriner Kammerdirektor Hille; aus letzterem waren bisher nur die wenigen Stücke bekannt, die Förster in Meuselwitz fand. Die Durchblätterung der Berichte der preußischen Gesandten aus dem Jahre 1730 bot als Ausbeute einige wie mir scheint nicht unwichtige Marginalien des Königs. Von besonderem Werte war mir auch der Abschnitt über die Erziehung eines Prinzen in dem Testament politique von 1752 wegen der dadurch ermöglichten Vergleichung der Erziehungsgrundsätze Friedrichs des Großen mit benen ſeines Vaters. — In den folgenden Anmerkungen iſt nicht jede Angabe einzeln belegt worden, doch dürften ſie zur Begründung der im Texte gegebenen Darſtellung vorläufig genügen.

Zum erſten Kapitel.

(Seite 1.) **Geburt, Taufe und erſtes Lebensjahr:** Friedrich I. an den Geh. Etatsrat Marſchall von Biberſtein, 30. Jan. Miscellaneen zur Geſchichte Friedrichs des Großen, Berlin 1878, S. 435. Andere Briefe des Königs über ſeinen Enkel: Neues allgem. Archiv für Geſchichtskunde des Preußiſchen Staates III, 358 und daraus wiederholt bei Preuß, Friedrich der Große mit ſeinen Verwandten und Freunden S. 379. Die Herzogin Eliſabeth Charlotte ſchreibt an die Kurfürſtin Sophie von Hannover, 14. Febr. 1712: „Die cron printzess (von Preußen) iſt nicht lang In Kinds-Nohten geweſen, 3 ſtundt und Eine halbe man, kan ja nicht weniger ſein" (bei Ranke, Sämmtl. Werke XIII, 291). Daß der Prinz in der That nur den Namen Friedrich erhielt, kann keinem Zweifel unterliegen. Zu den von Preuß (Neues allgem. Archiv a. a. O. 83) zuſammengeſtellten Beweiſen (Inſchriften auf dem Sargdeckel Friedrichs I. und auf der jetzt im Hohenzollernmuſeum befindlichen Kapſel) tritt noch ein Zeugnis aus Berlin vom Tauftage ſelbſt: Bericht des mecklenburgiſch-ſchwerinſchen Agenten Burmeiſter, 31. Jan.: „Heute Nachmittag umb 3 Uhr iſt der Taufactus des jungen Printzen von Preußen und Oranien in der Hofkapelle mit den gewöhnlichen Solemnitäten vollenzogen und ihm der Name Friedrich beygeleget worden" (Abſchrift aus dem Schweriner Archiv; aus dem Nachlaß von Preuß durch Herrn Dr. Jonas in Berlin mir freundlichſt mitgeteilt). Daß ein Schreiben des Kaiſers von 1731 die Aufſchrift „Jhro Liebden Carl Friedrich Cronprinzen von Preußen u. ſ. w." enthält (Ranke S. W. XXVII—XXVIII, 78), kann nicht entſcheidend ſein und wird darauf zurückgehen, daß ein Teil der gleichzeitigen Zeitſchriften, wie die Europ. Fama, und infolgedeſſen auch genealogiſche Handbücher die Namen Karl Friedrich angaben. Eine Denkmünze von 1712 (vgl. Jahrbücher für die deutſche Armee und Marine XXVI, 1 ff.) hat ebenſo falſch die Namen Friedrich Wilhelm. — Hoffeſt am 24. Jan. 1713: Förſter I, 160. Die Waffen an der Wiege des Kronprinzen: Epître à mon esprit (1749): Dites que mon berceau fut environné d'armes, | Que je suis élevé dans le sein des alarmes (Oeuvres X, 221.)

(Seite 2.) **Bürgerlicher Charakter des Königlichen Haushaltes:** Aubertin, L'esprit public au XVIIIe siècle, 2. éd. p. 55 (über Ludwig XV); Loen, Gef. kleine Schriften I, 3, 27; G. Franckes Tagebuch bei Kramer, Neue Beiträge zur Geſch. A. H. Franckes S. 166; Faßmann S. 927; Fr. von Raumer, Beiträge zur neueren Geſch. II, 435; Cosmar und Klaproth, Der Geheime Staatsrat 223.

(Seite 3.) **Duhan:** Vgl. den Eloge Oeuvres VII, 10 und dazu Bratu-
sched S. 109. In der noch ungedruckten Bestallung vom 31. Januar 1716 (Konzept
in deutscher Sprache) heißt es u. A.: Der Informator soll „ihm die Landkarten
weisen und die Historien von hundert Jahren her, weiter aber nicht, wie auch
die biblischen Historien und absonderlich das Rechnen beibringen". — „Mit der
lateinischen Sprache hat er anzustehen und selbige nicht zu tractieren." Vgl. zu
dem Verbot des Lateinischen das Tagebuch Heinrichs de Catt (Publikationen aus
den Preuß. Staatsarchiven XXII, 350) und Büsching, Charakter Friedrichs II.,
2. Ausg. S. 33.

(Seite 3.) **Hilmar Curas:** Anekdoten und Charakterzüge aus dem Leben
Friedrichs II., Berlin 1787, IV, 24 und Bratuschek 110. Die Landesbibliothek zu
Kassel bewahrt ein Schreibheft des fünfjährigen Prinzen „angefangen am 31. März
1717"; ab und zu sind die kalligraphischen Übungen durch eine Randzeichnung
unterbrochen. Vgl. schon die Notiz in den Halberstädter gemeinnützigen Blättern
1786, II, 253.

(Seite 4.) **Frau von Rocoulle:** „Patente pour la gouvernante auprès
du prince et les princesses royales, Madame Marie du Val de Roccouls"
d. d. Berlin 2. Mai 1714 (Konzept von Wilhelm Heinrich Thulemeier). Der
Erzieherin lag auch die Erteilung des ersten Religionsunterrichts ob; bei etwas
vorgerücktem Alter sollte mit regelmäßigem Lesen in der Bibel begonnen werden.
Im Verhinderungsfall soll für Frau von Rocoulle ihre Tochter aus erster Ehe,
Marie du Maz de Montbail, um die Kinder sein.

(Seite 4.) **Die Militärgouverneure:** Finckenstein: C. F. Pauli, Leben
großer Helden VIII, 255 f. Verhör Finckensteins vom 18. Nov. 1730. Kalckstein ist nicht der Sohn des 1672 hingerichteten Christian Ludwig, wie Beren-
horst (Nachlaß I, 139) angibt, sondern dessen Neffe, Sohn des Christoph Albrecht
von Kalckstein. Daß er „wohl die meiste Arbeit mit dem Kronprinzen gehabt",
sagt Kalckstein in einem Verhör vom 8. Dez. 1730.

(Seite 5.) **Instruktion für die Erzieher,** Berlin 13. August 1718: gedruckt bei Fr. Cramer, Zur Gesch. Friedrich Wilhelms I. und Friedrichs II.
3. Aufl., Leipzig 1835 (aus dem Nachlaß von Kalckstein; der Aktenfaszikel, nach
welchem der Druck erfolgte, befindet sich jetzt im Geh. Staatsarchiv). Das Verhältnis zu der Instruktion von 1695 hat zuerst Fr. Förster (Friedrich Wilhelm I.
I, 77. 354) festgestellt; über die Verwandtschaft der letzteren mit Leibniz' „Plan
zur Erziehung eines Prinzen" von 1693 vgl. Bratuschek S. 3 ff.; doch darf wohl
aus dem S. 107 angeführten Leibnizischen Briefe von 1696 eine direkte Einwirkung von Leibniz auf die Abfassung der Instruktion noch nicht gefolgert
werden; es wäre auffallend, wenn die Erzieher davon nichts erfahren hätten.
— Über Rentzell vgl. Preuß, Jugend 15. — Stolz und Neigung zu Depensen: Der König an Kalckstein, 3. Dez. 1730, bei Cramer 36. Vgl. dazu
Förster, U. B. II, 43. — Die Kabinettsordre an den Kriegsrat von Ilgen
wegen der 150 deutschen Kanzleibriefe ist vom 9. Januar 1722. — Duhans
Abriß der Brandenburgischen Geschichte: Miscellaneen 235. 367. Rankes un-

günftiges Urteil über Duhan geht lediglich auf einen Brief Hilles an Grumbkow vom 18. Dez. 1730 zurück.

(Seite 6. 7.) Zufatinftruktionen: 1) „Reglement, wie mein ältefter Sohn
Friedrich feine Stunden (nicht Studien) zu Wufterhaufen halten foll,“ 3. Sept.
1725 (nicht 1721, wie in dem Abbruck bei Cramer 21). Vgl. Bratufched 23. 24.
Außer der Ausfertigung lagen mir vier Entwürfe vor: A.: „Reglemang wie
mein eltefter Sohn Friderich foll in Wufterhauffen und Poftdam feine ftunden
halten“, von der Hand des Königs; B.: Abfchrift von A von der Hand des
Kabinettsrats Boden mit eigenhändigen Korrekturen des Königs; C.: Das vom
König unterzeichnete Konzept, Abfchrift von B. mit dem eigenhändigen Zufatz
„zu Wufterhauffen“ in der Überfchrift (ftatt des „zu W. und P.“ in A. und B). —
2) „Instruccion wie mein fohn Friderich feine ftunden halten foll in Poftdam“
im eigenhändigen Entwurf des Königs und drei Abfchriften. In der letzteren
Inftruktion die Vorfchrift, daß bei dem Unterricht in Geographie und Moral
Kalckftein „das befte thun“ foll.

(Seite 8.) Ueberanftrengung des Kronprinzen: Bericht Seckendorffs 27.
Juni 1725, Förfter U.-B. II, 43. — Reife nach Cleve 1726: Hallers Tage-
bücher, herausg. von L. Hirzel, Leipzig 1883, S. 64.

(Seite 9.) Religionsunterricht und Einfegnung 1727: Cramer 25. 32.
Kramer, Neue Beiträge 159. 176. — Verfchreibung für Duhan: Oeuvres
XVII, 269. — Über Senning vgl. Graf E. zur Lippe in den Neuen Milit.
Blättern Bd. II, 1873. .

(Seite 9—11.) Wufterhaufen 1727: v. Borcke: Briefe Friedrichs des
Großen und feiner Brüder aus der Zeit von 1727 bis 1762 an die Gebrüder
Friedrich Wilhelm und Friedrich Ludwig Felix von Borcke, Potsdam 1881, S. 12.
G. A. Franckes Tagebuch bei Kramer, Neue Beiträge 161—186.

(Seite 11—13.) Königin Sophie Dorothea: G. Francke a. a. O.; Manteuffel 1718 bei Droyfen IV, 2, 230; Seckendorff bei Förfter, III, 111; Büfching,
Beyträge zu der Lebensgefchichte denkwürdiger Perfonen I, 156; Thiebault, Mes
souvenirs de vingt ans de séjour à Berlin II, 43 (2. Aufl.); Journal de
Seckendorff 145; Oeuvres XIV, 43; XXVI, 586. — Über ihr Verhältnis zu
den Töchtern vgl. die Mitteilungen aus den Briefen der Prinzeffin Luife Ulrike,
Zeitfchrift für Preuß. Gefch. XVIII, 13 ff. — Zu der Prinzeffin Wilhelmine:
vgl. außer Wilhelminens Memoiren Oeuvres XXVII, 1, 31. 48; Journal de
Seckendorff 69. — Die von Carlyle (Buch V, Kap. 1 und 8) fehr ftimmungs-
voll verwerteten Bruchftücke aus der Korrefpondenz zwifchen Sophie Dorothea
und ihrer Mutter, der Prinzeffin von Ahlden, aus den Memoirs of Sophia
Dorothea, consort of George I (London 1845) haben, da eine litterarifche
Myftifikation vorliegt (vgl. A. Köcher in der hiftorifchen Zeitfchrift XLVIII, 27),
unberückfichtigt zu bleiben. Doch fagt auch Seckendorff (Bericht vom 18. Nov.
1726, Förfter U.-B. II, 186), daß die Königin „dem Vernehmen nach allzeit
viel Liebe, Refpect und Devotion vor Dero Frau Mutter gehabt“.

(Seite 14.) **Projekt der englischen Heirat** 1725—1727: Droysen IV, 2, 381. 445. 446.

(Seite 15.) **Seckendorff**, vgl. in seinen Berichten vor allem die Stellen bei Förster U.-B. II, 75. 77. 86. 121. 138. 172. 190. 197; III, 144. 232. 233. 351. 356. 375. 377. 378. — Seine Intrigue gegen das englische Heirats-projekt: Förster II, U.-B. 138; Droysen IV, 2, 421; IV, 3, 88.

(Seite 16.) **Seckendorff gegen die Königin und die weibliche Partei:** Förster III, 204. 339. 347. 351. — Kamele, Wartensleben, Schulenburg, Arnim: Bericht des dänischen Gesandten Prätorius, 8. Juni 1740, in der Neuen Ber-linischen Monatsschrift XI, 99 (1804). — Findenstein: Bericht Seckendorffs, 22. Jan. 1727, bei Förster III, 339. — Kalckstein: Bericht du Bourgays, 10. Dez. 1729, bei Carlyle Buch VI, Kap. 8. — Cnyphausen: Berichte Secken-dorffs bei Förster U.-B. II, 80. 121. 173; III, 337; Bericht Suhms, 7. Dez. 1728 bei Droysen IV, 3, 87; Thulemeier an Grumbkow, Dez. 1729, ebend. Der sächsische Minister Graf Hoym, welcher Cnyphausen von Paris her kannte, fragte 1730 im Radewitzer Lager den Lieutenant von Katte, ob Cnyphausen noch so sehr commode und noch von solcher phlegmatischen Complexion sei. (Kattes Species Facti vom 31. August 1730.) — Ilgen: Förster U.-B. II, 173; III, 362. 368. 375. 409. 421. — Warnungen der Königin: vgl. Seckendorffs Berichte bei Förster III, 349. 350. 409. 414. — Bremen und Verden als Äquivalent für Berg: Karl VI. an Seckendorff, 22. Jan. 1727, Förster III, 331.

(Seite 18.) **Erneute Anfrage an England**, Okt. 1728: Droysen IV, 3, 30 (nach du Bourgays Bericht vom 5. Okt. 1728, bei Carlyle Buch VI, Kap. 4).

(Seite 18.) **Der Kronprinz als Werkzeug der Mutter:** Seckendorff bei Förster III, 339. 375.

(Seite 18, 19.) **Prinzessin Wilhelmine:** Seckendorff bei Förster III, 232. 339; Raumer III, 492; Francke a. a. O. 182. 186. Tagebuch Heinrichs de Catt, Nov. 1759, S. 404. — Über den Beginn des musikalischen Unterrichts durch Quantz und Weiß vgl. die Berichte Suhms bei Ranke 87. — Principe und Principessa: Oeuvres XXVII, 1, 3.

(Seite 20.) **Aeußerungen der Unzufriedenheit des Königs:** an Leopold von Dessau, 4. April 1727, Zeitschrift für Preuß. Gesch. und Landeskunde IX, 470. — Befehl an die vier Offiziere: Borcke S. 10 (Brief des F. L. F. v. Borcke vom 27. Dez. 1727).

(Seite 20.) **Besuch in Dresden** 1728: Zeitschrift für Preuß. Gesch. IX, 473. Mémoires de la margrave de Baireuth (1845) I, 99.

(Seite 21.) **Krankheit des Kronprinzen:** Zeitschrift für Preuß. Gesch. IX, 474. 475.

(Seite 22.) **Gegenbesuch des sächsischen Hofes** (26. Mai bis 17. Juni): Daß der Kronprinz ein Bild der Gräfin Orczelska haben wollte, hat Katte in dem Verhör vom 28. August 1730 ausgesagt.

(Seite 22.) **Reise des Königs nach Preußen:** Kalckstein erhielt für die Beaufsichtigung des Kronprinzen am 16. Juni 1728 eine Instruktion, nach welcher der Kronprinz jeden Vormittag zwei Stunden von Senning in der Ingenieurkunst unterrichtet werden sollte; die Mittagsstunde war 12 Uhr; zu der Tafel, bei der Kalckstein, Senning und der Oberküchenmeister Holwedel zugegen waren, durfte der Kronprinz sechs Gäste nach freier Wahl einladen. Eine halbe Stunde nach dem Essen begann einstündiger Fechtunterricht; darauf bis 4 Uhr wieder Unterricht bei Senning. „Nach 4 Uhr kann er sich divertiren, so gut er will, doch soll er nichts thun, was wider Gottes und Sr. Königl. Maj. Gebot ist. Er kann also schießen, hetzen, jagen, was er will, doch soll der Obriste v. Kalckstein allzeit dabei sein, auch soll er keine Nacht außer Potsdam schlafen. Wenn er auch des Mittags oder Abends zu Gaste gehen will, soll ihm dieses ebenfalls freistehen." Nach der Retraite sollte er sofort zu Bette gehen.

(Seite 22—24.) **Aufenthalt in Wusterhausen 1728:** Auf das Gespräch auf dem Platz vor der Kirche beruft sich Kalckstein in dem Verhör vom 23. Nov. 1730. — Drei Briefe an Borcke bei Borcke S. 14—18. — Der Brief an den Vater nebst der Antwort: Cramer S. 33; Oeuvres XXVII, 3, 9. 10. An Kalckstein schrieb der König gleichzeitig: „Der Oberst von Kalkst. soll dieses an sein untergeben vor lehsen wofern er es nit lessen kan." (Geh. Staatsarchiv.) In dem Vorwurfe, daß der Prinz „mit keinem Menschen spricht, als mit welche" ist das „welche" ein bekannter Provinzialismus für einige, gewisse. — Über die Hubertusfeier Suhms Berichte, 20. 21. Okt., bei Droysen IV, 4, 398—401. Vgl. noch Faßmann 886: „Binden sich Ihro Majestät eben nicht an den Tag Huberti, wie er auf den 3. Novembris im Calender gesetzet ist, sondern Sie celebriren dieses Fest, wan es Ihnen gefällig ist, die Herbstlust in Wusterhausen zu endigen."

(Seite 24.) **Instruktion für Rochow** 17. März 1729: Das Original von Bodens Hand, nach dem Diktat des Königs, mit eigenhändigen Einschiebungen; vgl. Friedrich Wilhelm an Leopold von Dessau, 31. März, Zeitschrift für Preuß. Gesch. IX, 478. Friedr. Wilh. von Rochow geb. 1689. Die Entlassung für Finckenstein und Kalckstein datiert vom 28. März 1729 (Geh. Staatsarchiv).

(Seite 25.) **Rechnungsführung und Schulden des Kronprinzen:** Aussage Kalcksteins, 4. Sept. 1730: Fast vor vier Jahren habe der König dem Prinzen das Geld, wovon er seine Leute bezahlen und seine Sachen unterhalten sollte, in Potsdam übergeben, mit der Ordre, daß der Kronprinz selbst seine Rechnung führen und Sr. Maj. übergeben sollte. — Am 14. Juli 1729 hat der Kronprinz einen Wechsel für Vernezobre über 6500 Thaler ausgestellt. Weiteres bei Preuß, Friedrich der Große I, 38; Förster III, 51. — Die im Text angeführten Worte Friedrich Wilhelms aus den von dem Könige diktierten „Inquisitionalfragen an Inquisito Friderich" (von Eichels Hand); der König nennt die Kabinettssekretäre Boden und Schumacher als seine Zeugen.

(Seite 26, 27.) **Gestaltung des Verhältnisses zu dem Könige:** Die Kritik der Regierungshandlungen seitens des Kronprinzen rügt nach der Katastrophe ein Brief des Königs vom 21. Nov. 1730. Vgl. dazu die Strafrede

Förster III, 50. — Des Königs Äußerung von 1724 aus Suhms Bericht bei
K. v. Weber, Aus vier Jahrhunderten, Neue Folge, I, 104. — Absalom:
Förster III, 56. — „Eifersucht": Dubourgays Bericht, 1. Jan. 1729 bei
Carlyle Buch VI, Kap. 4; Guy Dickens Bericht, 30. Sept. 1730 bei Raumer
III, 541. — Quantz' Erzählung bei Nicolai Anekdoten VI, 147 (2. Aufl.). —
Abneigung gegen die Jagd: Friedrich an Borcke, 3. Sept. 1728, a. a. O.
S. 14 (vgl. dazu oben S. 214; Oeuvres VIII, 225; XV, 101; XVI, 140. 154;
XXIII, 213); Brief des Königs vom 28. Aug. 1731, Oeuvres XXVII, 3, 19;
Catts Tagebuch, 27. Juli 1759, Publ. aus den preuß. Staatsarchiven XXII, 392.
— Friedrich über das Tabakskollegium: an Borcke 5. Sept. 1728, a. a. O.
S. 16; vgl. Oeuvres XVI, 83. 157.

(Seite 28, 29.) **Äußerungen des Königs über die Erziehung**: Zumeist
nach Friedrich Wilhelms Mitteilungen an den Auditeur Mylius vom 4. Sept.
bez. 22. Okt. 1730; dazu das Schreiben an Anhalt, Zeitschrift für Preuß. Gesch.
IX, 593 und Angaben des Kronprinzen über frühere Äußerungen des Vaters
aus dem Verhör vom 2. Sept. 1730. In den Memoiren der Markgräfin von
Baireuth I, 230 (Braunschw. Ausg.) findet sich die stärkste der Äußerungen,
die der Prinz im Verhör anführt, in abgeschwächter Form. Nach der Mobil-
machung von 1729, während welcher der Kronprinz mit dem Potsdamer Regiment ausrückte, berichtet Suhm, 10. September 1729: „Sa Majesté a témoigné
être très satisfaite de la conduite de ce jeune prince . . . il a fait voir
toute l'exactitude et la vigilance qu'on a pu demander à un officier con-
sommé." Droysen IV, 3, 72. Vgl. noch die Berichte Dubourgays vom 30. Juli
und 10. Dez. 1729 bei Carlyle Buch VI, Kap. 6. 8. Die Warnung an Rochow
am Neujahrstage aus Rochows Verhör, 1. Sept. 1730.

Zum zweiten Kapitel.

(Seite 31, 32.) **Konflikt mit Hannover und seine Beilegung**: Droysen
III, 2, 56 ff. — Le dix lépreux de l'Évangile aus einem Briefe Thulemeiers
an Grumbkow vom 19. Oktober 1729 im Geh. Staatsarchiv.

(Seite 32—33.) **Wiederaufnahme der Heiratsverhandlungen und Sendung
Hothams**: Für das nicht vorliegende Schreiben Sophie Dorotheens an Karoline
von England ergiebt sich das Datum 28. Dez. 1729 aus dem bei Droysen IV,
3, 84 Anm. 1 citierten Protokoll; der Inhalt rekapituliert im Memoire für
Hotham vom 16. Juni 1730 (Geh. Staatsarchiv): „Ledit ministre (Hotham) se
souviendra qu'il a été envoyé à la cour de S. M. Pruss. en conséquence
de la lettre que la Reine de Prusse a écrite au mois de décembre de
l'année passée à S. M. la Reine de la Grande-Bretagne, par laquelle on
a fait connoître que, si la cour d'Angleterre pensoit encore au mariage
du Prince de Galles avec la Princesse aînée de Prusse, il seroit temps

de conclure cette alliance, mais sans aucune condition; qu'il y avoit
d'autres parties profitables pour cette Princesse qu'on ne voudroit pas
négliger sans cela." Vgl. Friedrich Wilhelm an Cnyphausen, 5. April (bei
Droysen IV, 3, 90, Anm. 1): „Von der doublen Mariage höre nicht, steht auch
nicht in dem Briefe von meiner Frau." — Hoftafel in Charlottenburg 3. April
1730): Grumbkow an Reichenbach bei Carlyle Buch VII, Kap. 1. — Über des
Königs Bedenken vgl. die Mitteilungen aus seiner eigenhändigen Denkschrift bei
Droysen IV, 3, 89; vgl. ebendaselbst S. 42, Anm. 3. — Projekt der hannöverischen Statthalterschaft: Bericht Hothams, 12. April, Erlaß Townshends,
27. April bei Carlyle Buch VII, Kap. 2; Bericht Hothams, 13. Mai (mit der
preußischen Antwort auf das Anbringen vom 4. Mai) bei Raumer III, 510—512;
Kabinettsordre an Borcke vom 12. Mai bei Droysen IV, 3, 96; Erlaß an
Reichenbach, 13. Mai (Geh. Staatsarchiv): „Anlangend die Affaire von der
Mariage, wovon in der Welt so viel debitieret wird, so füge Ich Euch aus
gnädigem Vertrauen zu wissen, daß diese Sache noch also stehet, wie sie vor
einem halben Jahr gestanden und Ich wohl die simple, aber nicht die double
Mariage zugeben werde; woferne also der dortige Hof vor dem Prinzen von
Wallis Meine älteste Tochter haben will, so halte Ich solches vor eine Ehre vor
Meine Tochter und bin willig zu consentiren. Was aber die double Mariage
anlanget, so ist Mein Sohn noch zu jung, und hat es mit seiner Verheirathung
noch keine Eile, wil Ich gottlob noch zwei Söhne habe. Ich werde also darinnen
nicht consentiren, es sei denn, daß die Sevillianischen Streitigkeiten vollständig
beigelegt sein, wobei Ich auch als eine conditio sine qua non zu verlange, daß
Engelland sich engagiren müsse nach Absterben der drei Brüder auß der Pfalz
Mich mit aller Macht in die würkliche Possession von Jülich und Bergen
zu setzen."

(Seite 33, 34.) **Verhandlungen des Kronprinzen mit den Engländern:**
Schriftliche Zusage während des Winters erwähnt und erneuert in dem un-
datierten Briefe an Hotham bei Raumer III, 513 (Beilage zu Hothams Bericht
vom 27. Mai), denunziert durch Reichenbach an Grumbkow, 14. April, bei Car-
lyle Buch VII, Kap. 2; Grumbkows Antwort, 29. April ebend. Vgl. oben
S. 86. — Versprochene Rückzahlung der Hofhaltungskosten: Townshend an
Hotham, 27. April, bei Carlyle a. a. O.; Bericht Hothams, 6. Mai, bei
Raumer III, 508.

(Seite 35, 36.) **Erste Eröffnungen des Kronprinzen an Katte im Mühl-
berger Lager:** Das Persönliche über Katte zumeist nach dessen eigenen Angaben
in den Verhören des Augusts und Septembers 1730 und in den beiden von ihm
aufgesetzten „Species Facti" vom 28. und 31. August 1730. Katte ist am 21. Febr.
1704 zu Berlin geboren. Vgl. die biographischen Notizen bei Th. Fontane, Wanderungen durch die Mark Brandenburg II, 339 (3. Aufl.), wozu aus den Akten
nachgetragen werden kann, daß Katte von Anfang an bei den Gensdarmen diente.
— Von einem früheren, in den November 1729 fallenden Fluchtplan, dessen
Mitwisser der ältere Keith gewesen sei, spricht der Kronprinz in dem Verhör zu

Wefel am 12. Aug., ebenfo wie von der Beftellung eines Wagens in Leipzig durch Spaen. Über Keiths Verfetzung nach Wefel vgl. die bei Ranke S. 106 citierte Ausfage des Kammerbieners Gummersbach (Verhör vom 2. Sept. 1730). Der englifche Refident Dubourgay vermutet fchon in einem Bericht vom 9. Aug. 1729 (bei Carlyle Buch VI, Kap. 6), daß der Kronprinz zu fliehen beabfichtige. — In der „Species Facti" vom 28. Aug. 1730 unterfcheidet Katte drei Ge- fpräche mit dem Prinzen: abends in Coßdorf; drei bis vier Tage nach der An- kunft im Lager; tags darauf beim Exerzieren. Katte lag in Riefa, die Pracht- zelte des Königs und des Kronprinzen waren bei Radewitz. Über alle Äußer- lichkeiten vgl. die u. a. in der Heldengefchichte Friedrichs des Andern I, 171 abgedruckte offizielle Befchreibung. Der Begegnung mit Kaunitz hat Friedrich an der Tafel zu Sansfouci am 11. Mai 1783 gegen Lucchefini gedacht (Ge- fpräche Friedrichs des Großen, überfetzt von Fr. Bifchoff, Leipzig 1885, S. 237).

(Seite 36, 37.) **Verhandlungen des Königs und des Kronprinzen mit England im fächfifchen Lager:** Mémoire du chevalier Hotham (praes. 14. Juni 1730, Geh. Staatsarchiv) auf Grund der dem Gefandten unter dem 22. Mai a. St. (das Datum ergiebt Carlyle) zugegangenen Weifungen. Dem bei Raumer III, 512 und Droyfen IV, 3, 99 Analyfierten folgen die Worte: „Pour ce qui est du stadhouderat qu'on a proposé pour celle des Prin- cesses laquelle le Prince Royal de Prusse prendroit en mariage, cette offre n'a été faite qu'uniquement comme une chose qu'on croyoit pouvoir être agréable au Roi de Prusse, et, Sa Majesté l'ayant rejetée, le Roi n'y pensera plus, mais il consentira volontiers à ce qu'ils demeurent à Berlin." Die preußifche Antwort liegt mir in einem Schriftftück mit dem Rubrum „dem Chevalier Hotham zugefchickt 16. Juni 1730" abfchriftlich vor, aus dem S. 226 die Stelle über den Brief vom 28. Dez. 1729 mitgeteilt ist. — Die Botfchaft des Kronprinzen bei Raumer III, 516, Carlyle Buch VII, Kap. 3.

(Seite 38.) **Neue Szenen zwifchen Vater und Sohn:** Zumeift nach den Ausfagen Rochows im Verhör vom 1. Sept. und des Kronprinzen in den Ver- hören vom 2. Sept. und 11. Okt. Den Ausfagen des Prinzen, welche fich auf den Vater beziehen, darf unbedingt Glauben beigemeffen werden, weil die Ver- hörsprotokolle fämtlich dem König vorgelegt wurden, der Unrichtigkeiten oder Übertreibungen zurückgewiefen haben würde.

(Seite 38.) **Neue Aufforderungen an Katte:** Daß diefelben in die Zeit nach Abgang von Guy Dickens fallen, ergeben die Ausfagen Kattes vom 28. Aug.; ebenfo gefteht Katte, daß Rochow und der Oberft von Pannewitz ihn ge- warnt. — Hoyms Äußerung wird von Katte in der Verhandlung desfelben Tages erwähnt, Löwenörs Warnung von dem Kronprinzen im Verhör vom 2. Sept. Über Hoym ein fehr freundliches Urteil Friedrichs in dem Briefe an Manteuffel vom 29. April 1736 (nach Hoyms Selbftmord), Oeuvres XXV, 460, fowie in einem ungedruckten Briefe an Grumbkow vom 28. April 1736. Vgl. noch Förfter III, 8. 12; Informatio ex actis bei Preuß, Jugend, S. 87.

(Seite 39.) **König Augufts Verwendung zu Lichtenberg:** Ausfage des

Kronprinzen, 2. Sept. 1730. Friedrich schreibt an Grumbkow, 25. Jan. 1733: „C'est bien le prince de toute l'Europe le plus faux et pour lequel j'aie le plus d'aversion; il n'a ni honneur ni foi, et la supercherie est son unique loi; son intérêt et la division des autres est son étude. Je l'ai appris au camp de Radewitz, et il m'a fait des tours que je n'oublierai de ma vie." Oeuvres XVI, 78.

(Seite 39, 40.) **Fortführung der britischen Heiratsverhandlung in Berlin:** Hothams Audienz am 9. Juli: die schriftliche Deklaration Friedrich Wilhelms von diesem Tage im Auszuge bei Ranke S. 103, Anm. 1; vgl. Droysen IV, 3, 100. — Aus den in London geöffneten Grumbkow-Reichenbachschen Briefen reichliche Mitteilungen bei Carlyle, Buch VII, Kap. 2. Der Übersetzer (Bd. II, 163 der Volksausgabe) bemerkt gegen Ranke mit Recht, daß der am 10. Juli produzierte Brief nicht, wie Grumbkow nachher versicherte, von ihm nur deshalb geschrieben sein kann, um aufgefangen und gelesen zu werden. — Audienz Hothams vom 10. Juli und Abreise: Bericht Hothams vom 11. Juli bei Carlyle Buch VII, Kap. 4, aus dem sich ergiebt, daß Hotham die nachherige Einladung sehr wohl „zu seines Königs Wissenschaft" (vgl. Droysen IV, 3, 102, Anm. 2) gebracht hat. Am 22. Aug. berichtet Graf Degenfeld, Reichenbachs Nachfolger, aus London, man sage ihm, der König von England „würde schon zufrieden sein, wenn ich nur von Ew. Königl. Majestät Ordre hätte, dem König in England das zu wiederholen, was der General v. Borck Namens Dero dem Chevalier Hotham zu Berlin bereits declariret." Eine dementsprechende Weisung erhält Degenfeld am 5. Sept.

(Seite 41, 42.) **Verhandlungen des Kronprinzen mit Hotham und Guy Dickens:** Des letzteren Instruktion bei Carlyle Buch VII, Kap. 4; dazu die Aussagen Kattes am 27. Aug. und 9. Sept., auch die Informatio ex actis bei Preuß S. 89. Die Chronologie der Vorgänge in der ersten Hälfte des Juli bedurfte einer eingehenden Untersuchung. Der Tag der Wiederankunft von Guy Dickens wird nicht direkt bezeugt; da aber die aus England von ihm mitgebrachten Depeschen vom 20. Juni a. St. = 1. Juli n. St. datieren, so kann er erst unmittelbar vor dem 9. Juli, an welchem Hotham behufs Ausrichtung der von jenem mitgebrachten Aufträge seine Audienz hatte, in Berlin angelangt sein (vgl. Carlyle Buch VII, Kap. 4). Daß der Kronprinz sein Gespräch mit Guy Dickens unter dem Schloßportal an demselben 9. Juli gehabt hat, scheint mir schon aus dem inneren Grunde wahrscheinlich, daß tags darauf die Situation durch den Vorfall mit Hotham gänzlich verändert war; Kattes Species Facti vom 28. Aug. besagt, daß der Prinz „folgenden Tags" (nach obigem Ansatze = 10. Juli) Guy Dickens noch einmal habe sprechen wollen, der sich aber excusieret habe; Katte fährt fort: „Den Tag darauf (nach obigem Ansatz = 11. Juli), welches etwa der dritte oder zweite vor der Abreise aus Berlin war, sagten mir Ihre Hoheit, daß Ihre Majestät resolviret hätten, daß er nicht mit von der Reise, sondern in Potsdam bleiben sollte." Die Abreise des Königs und des Kronprinzen aus Berlin nach Potsdam erfolgte, da seine Kabinettsordres vom

12. noch aus Berlin, die vom 13. und 14. aus Potsdam datieren, entweder am Abend des 12. oder wahrscheinlicher am Morgen des 13., wenigstens bezeichnet Katte ausdrücklich den Tag vor der Abreise nach Leipzig, d. h. den 14. Juli, als den zweiten Tag des Potsdamer Aufenthaltes. Unter allen Umständen muß der Kronprinz den Entschluß des Königs, ihn zurückzulassen, am Abend des 11. bereits erfahren haben. Diesem Abend gehören bestimmt zwei Vorgänge an: die Sendung des Briefes an Hotham und die Überreichung des Schuldenverzeichnisses durch Katte an Guy Dickens; die Gleichzeitigkeit der Ausrichtung beider Aufträge bezeugt Katte im Verhör vom 9. Sept., während für die Überreichung des Briefes sich der Termin aus der anderweitigen Angabe Kattes bestimmen läßt, daß er den Brief am Abend vor Hothams Abreise, die am 12. erfolgte, überbracht hat. Über den Inhalt des Briefes an Hotham giebt Katte im Verhör vom 31. August an: „Darin er gebeten, seine Reise nicht zu pressieren und wo es in der Welt möglich, hier zu bleiben, damit die Sachen durch seine Abreise nicht schlimmer würden. Er (der Kronprinz) hoffe, sie würden redressieret werden, und daß dem König vielleicht leid thue, was er gethan; hiesigen Ortes würde man alles thun, um sie zu apaisieren"; der Wortlaut in den Memoiren der Markgräfin ist, wie der wohl aller dort mitgeteilten Briefe, frei erfunden; auch irrt die Verfasserin, wenn sie den Brief aus Potsdam geschrieben sein läßt. — In dem Schuldenverzeichnis figurierten statt der thatsächlich kontrahierten 9000 Thaler ca. 17000: vgl. Zeitschrift für Preuß. Gesch. IX, 593. Von wem Guy Dickens das Geld beschaffen möge, sagte der Kronprinz im Verhör vom 2. Sept., sei ihm gleichviel gewesen, wenn es auch von Schuster und Schneider sein sollte. — Hinsichtlich des Versprechens an Guy Dickens weichen die Aussagen ab: Katte verlegt es an den Schluß der Unterredung unter dem Portal (Verhöre vom 27. Aug., 9. Sept.); der Kronprinz dagegen sagt (Verhör vom 2. Sept.): „Guy Dickens habe dergleichen Versprechen verlanget, so er den ersten Tag (also unter dem Portal) nicht thuen wollen; weil aber Katte auch darauf insistirt, habe er versprochen, wann er in Potsdam bliebe, wolle er nicht weggehen, Katte solle aber hinwieder versprechen, mitzureisen, wann er mit dem König wegginge." — Die beabsichtigte Sendung Kattes nach England wird von diesem in der Verhandlung vom 28. Aug. erwähnt.

(Seite 42.) Kattes nächtlicher Besuch in Potsdam: Die Hauptquelle ist Kattes Species Facti vom 28. Aug. mit den Zusatzaussagen im Verhör von demselben Tage und vom 9. Sept.; dazu die Aussagen des Kronprinzen vom 2. Sept. Daß das Gespräch bis nach Mitternacht dauerte, entnehme ich der gelegentlichen Bemerkung Kattes (Verhör vom 30. Aug.) über eine Mitteilung, die ihm der Kronprinz „Tages der Abreise nach Ansbach des Morgens" gemacht habe. — Die Ankunft des Pagen am Abend des 15. Juli und die Äußerung der Prinzessin Wilhelmine („Je sais que vous partirez, mon frère m'a dit que vous partirez d'ici"), sowie der Empfang der Gelder und des Ordens gleichfalls nach den Aussagen Kattes.

(Seite 43.) **Die Frage an Frankreich:** Sauveterres Bericht vom 18. Juli bei Raumer III, 522.

(Seite 43, 44.) **Anfänge der Reise:** Des Königs Reiseprogramm in dem Brief an Seckendorff vom 9. Juli bei Förster III, 279. Handschriftlich liegen vor ein Brief des Königs an Grumbkow, Meuselwitz 16. Juli („je suis heureusement arrivé ici, mais le vent a été extrêmement fort") und sein ausführlicher Reisebericht, Wesel 13. Aug., an den Herzog Ferdinand Albrecht von Braunschweig-Bevern. Dazu die Artikel aus Leipzig vom 16., Nürnberg 21., Koburg 23. Juli, in der Berlinischen Privilegirten Zeitung.

(Seite 44.) **Besuch am Ansbacher Hofe:** Verhör des Rittmeisters von Katte, Berlin, 5. Sept. 1730; der undatierte Brief desselben an Rochow liegt in Abschrift bei. Verhör Rochows vom 1. Sept. — Für den Brief an Hans Hermann von Katte aus Ansbach ergiebt sich das Datum 23. bez. 24. Juli aus der Angabe des Rittmeisters über die Stunde seines Empfanges durch den Kronprinzen; die beiden Briefe aus Triesdorf (in der Informatio ex actis bei Preuß S. 92 irrtümlich: „aus Ansbach ferner") werden vom 29. Juli sein (die Kabinettsordres des Königs datieren vom 22.—27. aus Ansbach, 27. aus Crailsheim, 29. aus Triesdorf). Der Inhalt der Briefe aus Triesdorf nach den Aussagen Kattes im Verhör vom 30. August. Daß gleichzeitig ein Brief an Keith nach Wesel abging, sagt der Kronprinz am 12. und 13. Aug. aus.

(Seite 45.) **Vorbereitungen mit dem Pagen Keith:** Die Aussagen Keiths auf der Hauptwache zu Wesel, 13. Aug., sind insofern verworren, als derselbe einmal angiebt, der Kronprinz hätte ihn zuerst „5—6 Meilen diesseits Ansbach" mit der Bestellung von Pferden beauftragt, nachher aber erst in Steinsfurt den Auftrag erhalten haben will. Jedenfalls ist der blaue Mantel nach Keiths Aussage in Augsburg, also vor Steinsfurt, gekauft. „Eigentlich wäre der Anfang der gewesen: Der Prinz hätte ihn gefraget, ob man überall Pferde bekommen könne. Worauf er geantwortet: An einigen Orten bleiben noch Pferde übrig, an anderen aber nicht. Ferner hätte der Prinz gefraget, ob er müsse bei dem Wagen bleiben, oder ob er dürfe eine halbe Stunde hinter bleiben oder so weit voraus reiten. Darauf hätte Keith gesaget, er müsse bei dem Wagen bleiben, denn wenn der König aussteige, so fragete er allezeit nach allen Leuten, so bei dem Wagen gehöreten. Darauf hätte der Prinz gesprochen: Keith, bestelle mir Pferde. Er hätte darauf den Prinzen gefraget, wo es denn hingehen sollte. Da denn der Prinz gesprochen: Wo denkst du, daß es hingehen werde? Keith hätte geantwortet: Er wisse es nicht. Da denn der Prinz gesaget: Wenn ich einmal weggehe, so komme ich nicht wieder." — Die Anlegung des roten Rockes während der Fahrt nach der Aussage Rochows, 1. Sept. 1730.

(Seite 46.) **Fluchtversuch am 5. August:** Vgl. die Beilage 1.

(Seite 47.) **Aufenthalt in Mannheim:** Vgl. Beilage 1; Seckendorffs Bericht vom 14. August 1730 bei Förster III, 1—6. Die erneuten Aufforderungen des Prinzen nach den Aussagen von Keith. Der Page ist straflos ausgegangen; in ein Infanterieregiment zu Wesel eingestellt, dankt er am 1. Nov. 1730 für

die königliche Gnade; darauf die Resolution: „Soll ehrlicher sein, als sein
Schelmbruder" (Geh. Staatsarchiv).

(Seite 48.) **Darmstadt, Frankfurt und Bonn:** Seckendorffs Bericht a. a. O.;
Frankfurter Reichspostzeitung vom 11. Aug. 1730.

(Seite 48.) **Keiths Entweichung:** Seckendorff a. a. O. S. 5. Daß der
Kronprinz an Keith, der am 6. August Wesel verließ, einen Zettel mit den
Worten „Sauvez-vous, tout est découvert" hätte gelangen lassen (Angabe des
Freiherrn v. Hertefeld bei Nicolai, Anekdoten VI, 179, 2. Aufl.), ist chronologisch
unmöglich; ebenso die Erzählung Mém. de la Margrave II, 236; Pöllnitz
II, 232.

(Seite 49, 50.) **Vorgänge in Wesel:** Protokoll „Actum Wesel, den
12. August des Abends um ½9 Uhr 1730", mit Continuationen vom 13., 15.,
19. August. — Mosel: Mém. de la Margrave II, 235 und Pöllnitz, Mém. pour
servir à l'histoire des quatre derniers souverains de la maison de
Brandebourg II, 230. — Der Brief an Frau von Kamele nach einer Abschrift
von der Hand des Prinzen Wilhelm, des zweiten Sohnes Friedrich Wilhelms I.;
der Text bei Pöllnitz II, 235 mit dem Schluß: „Plaignez un malheureux
père" erweist sich demnach als nicht authentisch; dasselbe gilt von dem in den
Mém. de la Margrave II, 222 mitgeteilten Texte des Briefes an die Königin;
eine andere Analyse desselben in dem Bericht von Guy Dickens, 19. Aug., bei
Raumer III, 519. 531. Über den weiter gehenden Verdacht des Königs berichtet
Guy Dickens mit Berufung auf Ginkel und Seckendorff am 16. Sept., ebend.
S. 532. — Des Kronprinzen Brief vom 19. Aug.: Oeuvres XXVII, 3, 10. —
„Instruction vor den General Buddenbrock, auf was Art er des Königs
Sohn Friderich von Wesel nach Cüstrin wohlverwahrlich bringen soll," Wesel,
19. Aug. 1730.

(Seite 50.) **Keiths Verfolgung und Rettung:** Berichte Du-Moulins,
Nymwegen 14. Aug., Haag 17., 22. Aug.; Tagebuch desselben, dem Könige über-
reicht Potsdam 10. Sept.; Berichte des Gesandten v. Meinertshagen, Haag
15., 18., 22. Aug. Vgl. auch Seckendorff bei Förster III, 7. 8. Unerheblich ein
mir vorliegender Brief des 1842 gestorbenen Sohnes dieses Peter Karl Christoph
v. Keith, d. d. Berlin 24. Mai 1820. In der Kabinettsordre vom 19. Sept.
1730 an den Gesandten von Degenfeld in London wird Keith beschrieben: „Von
Statur (nicht Natur, wie Preuß, Urkundenb. II, 157 druckt) ist derselbe mittelmäßig, doch schmal und mager; etwas blaß von Gesichte, hat hellbraune Haare
und schielet stark." Über Keiths weitere Schicksale und seine Zurückberufung im
Jahre 1740 vgl. Politische Korrespondenz Friedrichs des Großen I, 16. 17.

(Seite 51.) **Verhaftung Kattes:** Daß Katte entflohen sei, glaubt der König
in einer Kabinettsordre an Meinertshagen vom 19. August. Über die Ankunft
des dem Feldmarschall von Natzmer und dem Generalmajor von Glasenapp,
Gouverneur von Berlin, erteilten Befehls zur Verhaftung liegt ein Protokoll
vom 30. Aug. vor: Glasenapp erklärt, daß er die Königl. Ordre Morgens
zwischen 6 und 7 Uhr am 16. Aug. erhalten habe; der Postmeister Borchward

sagt aus, der Brief sei am 15. um 9 Uhr abends mit der Ordinari-Post aus Wesel angekommen, der Distribuent auf dem Postamt müsse das „per Estafette" auf dem Umschlag übersehen haben, so daß die Bestellung erst am andern Morgen erfolgt sei; der Auditeur Rumpf bezeugt, daß Katte bei der Verhaftung durch Pannewitz „nicht consternirt" gewesen sei. Nach der Tradition (bei Pöllnitz II, 234, Mém. de la Margrave II, 222; vgl. auch Friedrichs eigene Angabe in dem Bericht Mitchells von 1757 bei Raumer II, 434) hat Katte durch sein Zaudern, dessen Gründe verschieden angegeben werden, die Möglichkeit zum Entweichen vorbeigelassen; Thatsache ist, daß er und Lieutenant von Holtzendorff am 15. August durch Natzmer Urlaub zu einem Besuch in Malchow (nicht, wie Pöllnitz und Wilhelmine sagen, Friedrichsfelde) erhalten hatte (Verhör vom 30. Aug.). Die phantasievollste, fast in jedem einzelnen Punkte unrichtige Darstellung, vor der besonders gewarnt werden muß, hat neuerdings Euphemia Gräfin Ballestrem in ihrem Nachtrag zu den „Memoiren des Freiherrn von Natzmer", Berlin 1881, S. 180, gegeben. Den Brief des Kronprinzen aus Triesdorf (Katte sagt in seinen Verhören immer ungenau Ansbach) will K. etwa acht Tage vor der Verhaftung „eines Dienstags oder Mittwochs" (also 8. oder 9. Aug.) empfangen haben (Verhör vom 30. Aug.).

(Seite 52, 53.) **Verhör des Kronprinzen zu Mittenwalde, 2. Sept.:** neben dem Protokoll die Berichte von Seckendorff, Guy Dickens, Sauveterre bei Förster III, 11; Raumer III, 525. 538; für die Angabe Sauveterres, der Kronprinz habe zu Grumbkow gesagt: „Ecrivez seulement, puisque vous n'êtes ici pour autre chose," fehlt die Voraussetzung: Grumbkow hat das Protokoll nicht geführt. — Des Prinzen Eingeständnis, in den Verhören sich sehr vergangen zu haben: Bericht des Feldpredigers Müller an den König, Küstrin, 7. Nov. 1730; Beitrag zur Lebensgeschichte S. 18.

(Seite 53—56.) **Verhör des Kronprinzen zu Küstrin, 16. Sept.:** „Actum 4. Sept. 1730, Schloß zu Berlin", Weisungen des Königs für Mylius, mit dem Schluß: „Ferner hat der König befohlen, die Articul abzufassen in puncto desertionis wider Friderich und Katte: haec suere verba regis." — „Inquisitionsfragen an Inquisito Friderich" (von Eichels Hand nach dem Diktat des Königs), wonach Mylius die 185 Frageartikel redigierte; seine Einrede ist vom 13. Sept. Auf dem Zusatzprotokoll vom 16. Sept. hat Mylius vermerkt: „Dieses haben Se. Maj. selbst also eingerissen."

(Seite 55—57.) **Aeußerungen des Königs über den Kronprinzen:** Gedruckt ist der Brief an Leopold von Anhalt, Zeitschr. für Preuß. Gesch. IX, 593. Wegen Ginkel vgl. ebend. S. 591 und Raumer III, 541; daselbst S. 534 eine Äußerung Seckendorffs über die ihm imputirte Absicht, den Prinzen katholisch zu machen. Das Gerücht von einer beabsichtigten Reise des Kronprinzen nach Wien, um katholisch zu werden, meldet zuerst der Resident Destinon zu Hamburg, 16. Sept., nach den dortigen öffentlichen und geschriebenen Zeitungen. Die Regensburger „Kurzgefaßten Nachrichten zum Behuf der Neueren Europäischen Begebenheiten" Stück 37, bringen unter Wien die Nachricht in folgender Fassung:

„Hiernächst sollen J. M. (Karl VI.) resolviret haben, Dero älteste Durchlauch-
tigste Erzherzogin Mariae Theresiae nächstens eine eigene Hof-Statt beizulegen,
worüber viele ihre Reflexiones machen und muthmassen wollen, es dörffte bald
etwas von einer hohen Mariage zu vernehmen seyn, gleichwie überhaupt eine
vorzunehmende Reise des Königlichen Cron-Prinzens von Preußen nach Wien
und ihrem Vorgeben nach auch nach Rom, wie nicht weniger die jüngst gethane
Reise Jhro Maj. des Königs von Preußen selbsten an verschiedene Teutsche Höfe,
sodann Dero Engagemens mit Jhro Römisch-Kayserlich- und Königliche Pohl-
nischen Majestät in große Consideration gezogen werden wollen." Der preußische
Komitialgesandte v. Broich spricht, Regensburg 21. Sept., bei Einsendung dieses
Zeitungsblattes von der heimlichen Konsternation und Betrübnis unter den
evangelischen Gesandten. Der Redakteur der „Nachrichten", Professor Matheseos
am evangelischen Stadtgymnasium, Lindner, mußte einen Widerruf der „höchst
unverschämten, unbesonnenen und boshaftigen erdichteten Zeitung" bringen,
welche aus dem Kölnischen Journal und einer Schweizer (der Schaffhausener)
Zeitung entnommen sei. 1790 ist die Nachricht in Zimmermanns „Fragmenten
über Friedrich den Großen" (Kap. 3) von neuem aufgetaucht; dagegen: Fr. Nicolai,
Freymüthige Anmerkungen über des Herrn Ritters von Zimmermann Fragmente
über Friedrich den Großen, Berlin und Stettin 1791, I, 77.

(Seite 57.) **Verschärfung der Haft:** Der Befehl an Lepel vom 4. Sept.
im Hausarchiv; Instruktionen für Lepel und Reichmann, vom 19. und 22. Sept.
bei Preuß, Urkundenbuch II, 153. 154; ebend. S. 158 die Rechnung über die
Ausgaben für den Kronprinzen vom 4. Sept. bis 2. Okt. 1730 (32 Thaler,
3 Groschen, 3 Pfennig). Das Essen lieferte der Gastwirt Blochmann für 10 Groschen
täglich; ursprünglich waren in einem Befehl an Lepel vom 25. Aug. 16 Groschen
„vor Essen" und 1½ Maß Bier bewilligt. Statt der Wachslichte durften nach
Vorlegung der ersten Monatsrechnung nur noch Talglichte geliefert werden. Noch
vor der Ankunft des Kronprinzen in Küstrin schreibt der König am 31. August an
Buddenbrock (eigenhändig): „Ich überschicke Euch ein Kleidt, Hoße und Weste, 2 Par
Strümpfe vor den Arrestanten, Jhr sollet seine Mundirung und Kleider wohl ein-
backen in ein Kuffert versiegelt und an mir schicken, die weis und schwartze schnur
umb den Hut sollet Jhr abnehmen und mit schicken, ist meine strenge Ordre."

(Seite 57.) **Antrag des Kronprinzen auf nochmalige Sendung der
Kommission:** Berichte Lepels, Küstrin 20., 24. Sept.; Marginal des Königs auf
Grumbkows Eingabe vom 8. Okt.: „Der G. L. v. Grumbkow, G. M. v. Glasenapp,
Ob. v. Sydow sollen Mittwoch nach Küstrin und verhören, mit Mylius und
Gerbett, und sollen Donnerstag Abends in Wusterhausen sein." Das undatierte
französische Billet an Grumbkow ist präsentiert „11. Okt. 1730"; der König schreibt
an Grumbkow, den Sohn einer französischen Mutter, fast ausnahmslos fran-
zösisch.

(Seite 58.) **Entlassung Cnyphausens:** Kabinettsordre an Borcke und
Thulemeier, Berlin 28. Aug. 1730: sie sollen sich zu Cnyphausen verfügen
und ihm par manière de discours als vor sich selbst insinuieren, „er werde

um gewisser Sr. Königl. Maj. Dienst und Beruhigung angehender Umstände willen wohl thun, wann er bei allerhöchstgedachter Sr. Königl. Maj. umb seine Dimission schriftlich ansuchete und sich darauf längstens binnen drei Tagen mit seiner ganzen Familie nach der Commanderie Liezen begebe, sich daselbst ruhig und stille hielte, und hinfüro er sowohl als seine Eheconsortin sich aller Correspondenz nicht nur hier in Berlin, sondern auch mit Auswärtigen, außer was ihre domestique Affaires anbetreffe, gänzlich enthielte." Cnyphausen erbat den Abschied am 29. Aug. „in Ansehung meiner schwachen Gesundheit". Borcke erwähnt gegen Thulemeier, 29. Aug., die Äußerung des Königs: „qu'il vouloit déraciner tout ce qui lui paroissoit suspect ici." Aus Friedrich Ernst von Cnyphausens Personalakten im Geh. Staatsarchiv. Vgl. Seckendorffs Bericht vom 30. Aug. bei Förster III, 8; Schäfer, Siebenjähr. Krieg II, 2, 747.

(Seite 58.) **Verhör des Kronprinzen**, Küstrin 11. Okt.: Protokoll „Actum Cüstrin 11. Okt. 1730."

(Seite 59.) **Bestellung des Kriegsgerichtes**: Der König verfügt schon auf Mylius' Anfrage vom 21. Sept.: „Das Kris recht soll über Prinz Friderich, über Ltn. Ingersleben, Spahn und Katte gehalten werden und über den Pagen Keut, der die Pferde gebracht hat"; gegen den letzten unterblieb indes die Anklage. Die bei Preuß, Urkundenbuch II, 152 abgedruckte „Proposition vom Praeside der Commission" stammt, was zu beachten, aus dem Kabinett des Königs (Konzept von Eichels Hand). Der Auszug von Mylius führt den Titel: „Gründlicher Unterricht von der wahrhaftigen Ursache und Umständen der Sache, um deren willen Se. Königl. Majestät in Preußen Dero Kronprinz nach Küstrin bringen lassen, und worinnen der gewesenen Lieutenants Katten und Kait Verbrechen bestehet, auf Sr. Königl. Majestät allergnädigsten Spezialbefehl aus denen Acten abgefasset." Am 3. Nov. erinnerte Mylius, daß der König unlängst befohlen habe, die Deduktion mit mehreren Raisons anzufüllen; er wolle warten, bis er von den Vorgängen in Küstrin erfahren haben. Dazu der Vermerk: „Zu gedenken, daß weil hierauf keine Ordre gekommen, auch nichts weiter elaboriret noch gedruckt worden."

(Seite 60, 61.) **Sprüche des Kriegsgerichts**: [Danneil] Vollständige Protokolle des Köpenicker Kriegsgerichts. Aus dem Familienarchiv derer von der Schulenburg, Berlin 1861. Dazu die Protokolle der Verhöre der Lieutenants Spaen und Ingersleben und der Dorothea Elisabeth Ritter, Potsdam 6. Sept. Die Geldgeschenke des Kronprinzen betrugen einmal 10 und ein zweites Mal elf Dukaten. Die Kabinettsordre Potsdam 6. Sept. an den Hofrat Klinte („daß er morgen die in Arrest allhier sitzende Cantorstochter soll auspeitschen lassen und soll dieselbe alsdann ewig nach Spandau in das Spinnhaus gebracht werden") aus den Untersuchungsakten bei Preuß, Urkundenbuch II, 150. Vgl. dazu Raumer III, 539; Preuß, Jugend und Thronbesteigung S. 86. 155. Am 11. Juli 1738 bittet „der gewesene Rector Ritter" um Loslassung seiner Tochter, die zu dreijährigem Gefängnis in Spandau verurteilt; der König resolviert: „Gut." (Geh. Staatsarchiv.)

(Seite 62.) **Nochmaliger Zusammentritt des Kriegsgerichtes in Sachen Kattes**: Danneil a. a. O. S. 35 hat fälschlich angenommen, daß die Bibelstellen V. Mose 2, 8—12, II. Samuel. 18, 10—12, II. Chronik. 19, 5—7, von dem Könige auf die Rückseite des das „Votum Regis" enthaltenden Blattes vermerkt seien, und seine Angabe ist oft wiederholt; schon H. Pröhle, Friedrich der Große und die deutsche Litteratur (1. Ausgabe, Berlin 1872, S. 12), hat den Irrtum erkannt und sagt zutreffend, daß die Joab-Absalom-Stelle die Norm des ganzen Kriegsgerichts war. Vgl. noch Förster III, 15.

(Seite 63.) **Kassation des Urteils über Katte durch den König**: Die Kabinettsordre vom 1. Nov. 1730 ist zuerst 1785 in der Lübecker „Eklektischen Monatsschrift" Heft 2, und in Mosers Patriotischem Archiv III, 162 gedruckt worden; später u. a. bei Preuß, Jugend S. 95 und Danneil S. 35. Vgl. dazu Friedrich Wilhelms Äußerung bei Förster III, 52.

(Seite 64.) **Die Gnadengesuche**: Wartenslebens Brief nebst des Königs Antwort bei Förster III, 13. 14. Kattes Gesuch ist bereits 1731 in der unten S. 239 besprochenen Flugschrift „Wahre Nachricht" gedruckt, zugleich mit den Abschiedsbriefen an den Vater und den Großvater; danach berichtigt sich die Angabe von Nicolai, Freymüthige Anmerkungen über Zimmermanns Fragmente I, 93, daß diese Briefe zuerst in englischer Übersetzung erschienen seien: „The three last letters written by the late unhappy Mr. de Catte, Captain of the Infantry of the King of Prussia, from his Prison at Kustrin, a few days before he was beheaded, for concerning the Journey to England with the Prince Royal of Prussia; now done into english 1734." Spätere Abdrucke in den Neuen Miscellaneen, Leipzig 1781, Stück 13; Eklektische Monatsschrift, Lübeck 1785 Heft 2, S. 28, und seitdem oft.

(Seite 64.) **Urteile über das Schicksal Kattes**: Der Bericht Degenfelds aus London mit dem Marginal des Königs ist vom 24. Nov. 1730. Der Brief Grumblows an Brühl vom 6. Nov. bei Droysen IV, 8, 112, Anm. 2. Vgl. weiter Raumer III, 543. 545; Borde a. a. O. S. 19. — Eine zur Mitteilung nach England bestimmte Deduktion von Mylius („Kurzer Unterricht von denen wahrhaftigen Umständen, weßhalb Se. Königl. Maj. in Preußen Dero Cronprinzen zu Wesel arretiren und nach Cüstrin bringen lassen, und des Verbrechens, so der zu Cüstrin enthauptete Lt. v. Katte begangen hat") kam nicht zur Verwendung; die Minister Borde und Podewils sprachen sich für die Nichtabsendung aus, und der König war einverstanden: „Ich habe an Gott, sonsten an Keinen, Rechenschaft zu geben." — Die „Informatio, so auf allergnädigste Ordre an Herrn Gen. Lt. v. Katten zu schicken abgefasset" (gleichfalls von Mylius) steht bei Preuß, Friedrich der Große IV, 470 und genauer: Jugend und Thronbesteigung S. 87. Mitteilungen aus Briefen des G.-L. v. Katte bei Fontane, Wanderungen II, 337 (3. Aufl.).

(Seite 65.) **Überführung Kattes nach Cüstrin und Auswahl der Richtstätte**: Der König an den Gouverneur v. Lepel, Wusterhausen 3. Nov. 1730: „Den Montag, als den 6. d. früh um 7 Uhr sollet Ihr von der Garnison

150 Mann commandieren lassen, die den Kreis schließen sollen, vor die Fenster des Cronprintzen, oder woferne ja daselbst nicht Platz genug dazu wäre, müsset Ihr einen andern Platz nehmen, sodaß der Cronprintz aus dem Fenster selbigen gut übersehen kann. Wenn der Kreis geschlossen ist, sollen die 30 Gens d'armes zu Fuße mit Ober- und Untergewehr, nebst dem Prediger, den Lieutenant Katte im Kreis bringen und soll ihm der Oberaudieur Gerbett das Todesurthel alsdann verlesen. Sowie das Todesurthel verlesen ist, soll der Prediger ein Gebet halten, alsdann ihm der Scharfrichter den Kopf abschlagen soll. Auf dem Richtplatz soll der Körper bis 2 Uhr Nachmittag liegen bleiben und doppelte Schildwacht dabei gesetzet werden, und um 2 Uhr Nachmittags soll man hübsche Bürger bringen, die den Körper in einen Sarg legen und vor das Thor auf dem armen Kirchhof in der Stille einsenken ... Bevor die Execution angehet, sollet Ihr, der Obrist Reichmann und ein Capitain oben bei dem Cronprintzen gehen und in Meinem Namen befehlen, es mit anzusehen; während Execution sollen sie bei ihm bleiben, auch nach der Execution, und alsdann sollen sie lassen den Prediger von die Gens d'armes holen, der mit dem Cronprintzen soll sprechen, raisonniren und beten." — Über die Lokalität vgl. Hoffbauer, Die Hinrichtung des Hans Hermann v. Katte (Mittheilungen des hist.-stat. Vereins zu Frankfurt a. O. 1867) und Fontane, Wanderungen II, 326; die bei beiden noch ausgesprochenen Zweifel werden durch die Mitteilung der vorstehenden Ordre an Lepel und die folgenden Berichte Lepels, bez. der Kriegs- und Domänenkammer gehoben sein.

(Seite 66.) **Der Kronprinz vor der Hinrichtung Kattes:** Brief an Wilhelmine, 1. Nov., Oeuvres XXVII, 1, 3. — Bericht Lepels, 8. Nov.: Der Kronprinz sei morgens um 5 Uhr durch den Kommandanten von Reichmann und den Kapitän Granrock (Lepel selbst war erkrankt) geweckt worden, u. s. w. wie im Text.

(Seite 66.) **Kattes Ankunft in Küstrin und letzte Stunden:** nach den unten angeführten Berichten von Schack, Müller und Besser. Die Worte aus dem Gedenkbuch für Holtzendorff: Eklektische Monatsschrift 1785, Heft II ("Si je meurs innocent devant le monde, ce n'est pas de même devant Dieu").

(Seite 67.) **Kattes Hinrichtung:** Die Quellen sind folgende:

I. Gleichzeitige Berichte von Augenzeugen.

1) Bericht der Kriegs- und Domänenkammer, Küstrin, 7. Nov. 1730. Katte sei am 5., 2 Uhr nachmittags, angelangt. "So ist gestern früh gleich nach 7 Uhr die Execution an demselben bei der Wache auf dem Walle über der Mühlenpforte dergestalt vollzogen, daß ein Commando von hiesiger Garnison den Creyß geschlossen, ein anders von denen Gens d'armes aber ihn aus dem Gefängniß über den Wall bis nach dem zu seiner Enthauptung destinirten Platz gebracht. Der Scharfrichter aus Seelow hat die Execution verrichtet und ist der von Catt mit großer Freymüthigkeit gestorben, indem er sich nicht einmal die Augen von seinem Bedienten verbinden lassen wollen, auch den Halß selbst blos gemacht, umb den ihm zuerkannten letzten Streich empfangen zu können, welcher denn auch mit einem Mahle den Kopf von dem Cörper abgelöset, beydes hernach

wieder zusammen geleget, ein schwarz Tuch darüber gedecket und Nachmittags um 2 Uhr von denen Gewercken nach dem Kirchhofe vor der Kurtzen Vorstadt herausgetragen worden." Mit der Ortsangabe dieses amtlichen Berichtes läßt die Angabe des Konrektors Thieme (bei Seyffert, Annalen der Stadt und Festung Küstrin, 1801, S. 97), daß die Hinrichtung „hinter der Kanzlei auf dem Walle" d. h. auf dem Wallgang zwischen der Mühlenpforte und der Bastion Brandenburg stattgefunden, sich allenfalls vereinigen.

2) Bericht des Gouverneurs von Lepel, Küstrin 8. Nov. 1730 (nach Erwähnung der Benachrichtigung des Kronprinzen, vgl. oben): „Auf dem Richtplatz hat er dem Katten aus dem Fenster, vor Verlesung des Urtheils, laut zugerufen: Je vous demande mille pardons; worauf Katte ohngefähr geantwortet: Monseigneur, vous n'avez rien à me demander. Die Execution ist vor seinen Augen verrichtet worden, und hat der Katte, nachdem er sich entblößet, das Gesicht gegen ihn gekehrt, worüber der Cronprinz in Ohnmacht gefallen, und der Capitain zutreten und ihn halten müssen. Nach solcher Execution hat der Cronprinz die Augen beständig auf den Körper gerichtet, bis Nachmittags, und dessen Einlegung in den Sarg mit observiret. Wann er hernach vorgestern und gestern allein geblieben, hat er den Richtplatz unverwandt angesehen und verlangt den Sand wegzubringen."

3) Bericht des Feldpredigers Müller an den König, Küstrin 6. Nov. 1730 (Beitrag zur Lebensgeschichte S. 12): „Daß durch die heutige Execution der Cronprinz sehr gerühret, auch so bestürzet, daß er Ohnmachten bekommen und des Vormittags sich vor Schrecken nicht recolligiren können"; er beklagt sich gegen den Prediger, daß der König „vor seinen Augen die harte Execution vollstrecken lassen, da er doch als ein sündigender Sohn sich in allen Stücken Dero Willen und Befehl unterworfen habe und noch unterwerfe". Dazu Müllers Bericht an den Generallieutenant v. Katte, Berlin 23. Nov. 1730 (Eklektische Monatsschrift 1785, Heft 2).

4) Bericht des Majors von Schack an den Generallieutenant von Katte, Berlin 2. Dezember (Eklektische Monatsschrift 1785, Heft 2; Anekdoten und Charakterzüge aus dem Leben Friedrichs des Großen, Berlin 1787, IX, 21; undatiert und ohne den Schluß: Benckendorff, Karakterzüge aus dem Leben Friedrich Wilhelm I., Berlin 1787, X, 44).

5) Bericht des Küstriner Garnisonspredigers Besser an den Generallieutenant v. Katte (Eklektische Monatsschrift 1785, Heft 2, S. 46; im Auszuge mit der Angabe „Januar 1731" bei Hoffbauer a. a. O. und daraus bei Fontane). Der Berichterstatter richtet sich gegen diejenigen „so sehr unreif geurtheilt, es sei der Wohlselige cavalièrement gestorben oder habe nur vor der honnetten Welt im Angesichte des Prinzen eine großmüthige Überwindung seiner selbst zeigen wollen".

6) Ein anonymer Bericht in den Collektaneen des Ordensrats König (Auszug bei Preuß, Friedrich der Große mit seinen Verwandten und Freunden S. 382), welchen König wahrscheinlich, wie die gleichfalls von Preuß aus den König-

schen Collektaneen entnommene Informatio ex actis (oben S. 236), der von Katteschen Familie verdankte und in welchem somit ein den Verwandten abgestatteter Originalbericht vorliegen mag. Des Prinzen Worte lauten hier: „Mon cher Katte, je vous demande mille pardons, au nom de Dieu, pardon, pardon." Kattes Antwort: „Point de pardon, mon prince, je meurs avec mille plaisirs pour vous."

II. **Gleichzeitige Berichte aus zweiter Hand:**

1) **Seckendorff**, Berlin 11. Nov. 1730 (Förster III, 10).

2) **Guy Dickens**, Berlin 11. Nov. 1730 (Raumer III, 546). Die Situation durchaus zutreffend. Als des Prinzen Worte werden angeführt: „Mon cher Katte, je vous demande bien pardon de vous avoir entraîné dans ce malheur." Katte antwortete mit sehr großer Ruhe: „Monseigneur, il n'y a pas de quoi."

3) **John**, Berlin 11. Nov. 1730 (in Übersetzung aus der französischen Originaldepesche des dänischen Geschäftsträgers: Neue Berlinische Monatsschrift, herausg. von Biester, Bd. IX, 1803, S. 343). Kattes Antwort lautet: „Dessen bedarf es nicht, gnädiger Herr. Wenn ich zehn Leben hätte, so würde ich sie gern hingeben, um Ew. Kön. Hoheit mit Ihrem Herrn Vater auszusöhnen." — „Man bemerkte, daß während ihm das Todesurtheil verlesen ward, er nicht einen Moment die Augen vom Prinzen verwandte. Beim Anblick des Todesstreichs sank der Kronprinz zurück und erschien nicht wieder."

4) „Wahre Nachricht, | Von der | Scharffen mit dem Schwerdt hin- | gerichteten Execution | des Herrn Lieutenandts | von Katten, | Nebst einigen | Geheimbden Briefen, | So Er in seinem Arrest an den König und | vornehme Herrn und Freunde geschrieben, | Worinnen die Ursach wegen der Correspondentz des | Cron-Prinzen von Preußen | können gemerkt werden; So geschehen den 9. Nov. 1730. zu Cüstrin. | Gedruckt zu Cölln bey Peter Martenau 1731." 4°. Eine Flugschrift von größter Seltenheit, die in der gesamten Litteratur nicht erwähnt wird. Das einzige mir bekannte Exemplar besitzt das Königl. Hausarchiv. Die falschen Zeitangaben, 9. November für den Tag und 10 Uhr morgens für die Stunde der Exekution, gehen wohl lediglich auf Druckfehler zurück. Der anonyme Verfasser weiß von der Benachrichtigung des Prinzen „früh 5 Uhr" durch zwei „Capitains". Sobald Katte in den Kreis getreten, erschien der Kronprinz in dem Fenster, von zwei Kapitäns begleitet. „Mein lieber Katte, ich bitte Dich um Vergebung, daß ich Dich in das Unglück, worinnen Du jetzo steckest, gestürtzet habe." Kattes Antwort: „Mein gnädigster Cronprintz, Sie haben nicht Ursach, mich um Verzeihung zu bitten, wenn ich zehen Leben zu verlieren hätte, so wollte ich sie gerne darum geben, wann nur Ew. K. Hoheit mit Dero Herrn Vater dadurch könnte versöhnet werden." — „Indem wurde ihm der Kopf abgeschlagen, bei dessen Erblickung der Cronprintz ganz ohnmächtig zurücksank und nicht mehr gesehen wurde." Man bemerkt die Übereinstimmung bis auf die Worte mit dem soeben angeführten dänischen Gesandtschaftsbericht und gewinnt damit einen interessanten Anhaltspunkt für die Provenienz der

Flugschrift. Über die fingierte Firma Peter Marteau (hier in Martenau ent-
artet) vgl. meine Notiz: Preußische Staatsschriften aus der Regierungszeit König
Friedrichs II., Bd. I, Berlin 1877, Einleitung S. XII.

III. Spätere Berichte von Augenzeugen:

1) Äußerung Friedrichs gegen den englischen Gesandten Mitchell im
Jahre 1757: „Während meiner Gefangenschaft in Küstrin ward ich aufs härtste
behandelt und nach dem Fenster gebracht, um Kattes Hinrichtung mit anzusehen,
worüber ich in Ohnmacht fiel," bei Raumer, Beiträge II, 434.

2) Brief des Obersten Christoph Alexander von Münchow, Sohnes des
Küstriner Kammerpräsidenten, an Fr. Nicolai (ohne Datum veröffentlicht bei
G. Tr. Gallus, Geschichte der Mark Brandenburg Bd. V, Züllichau und Frey-
stadt 1803, S. 515—533). Münchow behauptet, daß aus dem Zimmer des
Prinzen der Richtplatz nicht gesehen werden konnte: „Eine Mauer, welche den
Graben, der das Schloß damals umgab, vom Walle trennte, verhinderte die
Aussicht."... „Wäre ein Befehl gewesen, daß der Prinz die Enthauptung
ansehen solle, so hätte es der Kommandant, der sehr pünktlich alle Befehle vollzog,
um so gewisser gethan ꝛc." Die Münchowschen Behauptungen wurden aufge-
wärmt durch G. Hiltl, „Oberst Münchow" (Wochenblatt der Johanniter-Ordens-
Balley Brandenburg 1862, Nr. 17), durchaus kritiklos, was Graf E. zur
Lippe-Weißenfeld in Nr. 19 derselben Wochenschrift dem Verfasser sofort
zum Vorwurf machte. — Den zahlreichen Benutzern des Münchowschen Briefes,
auch Preuß und Hoffbauer, ist entgangen, daß derselbe aus Münchows Nachlaß
in einer zweiten, durchaus abweichenden Redaktion durch Archenholz in der Minerva, Jahrgang 1810, I, 3—12, mit dem Datum Drossen 24. Januar 1797
veröffentlicht ist. Während der Brief bei Gallus den Befehl des Königs an
Lepel und die Möglichkeit, vom Fenster des Kronprinzen den Richtplatz zu sehen,
leugnet, heißt es hier: „Als Catt gerichtet werden sollte, hatt der Gouverneur
General von Loepel Befehl nebst meinem Vater, den arrestirten Prinzen dergestalt an einem Fenster des Schlosses zu führen, aus welchem Er ganz nahe
am Schlosse, auf dem Wall den angeordneten Richt Platz und. also die execution
sehen könne und solle. Man muste es tuhen." Man wird sich nun nicht länger
auf diesen Zeugen berufen wollen. — Des Prinzen Worte sind nach Münchow
bei Gallus: „Pardonnez-moi, mon cher Katt"; die Antwort: „La mort
est douce pour un si aimable prince"; nach Münchow in der Minerva lautet
das Zwiegespräch: „Pardonnez-moi, mon cher Katt, je suis la cause de
votre mort." — „Pour un prince comme vous on meurt avec contente-
ment." — Nach seiner Angabe bei Gallus S. 515 ist Münchow „als jüngster
Sohn des Präsidenten von Münchow 1723 zu Küstrin geboren" — nachweislich
unrichtig, da nach Zeugnis des Küstriner Kirchenbuches dem Präsidenten einer-
seits noch 1725 ein Sohn, Friedrich Leopold, geboren worden ist und andererseits am 1. Mai 1723 eine Tochter, deren Geburt auch den zweiten Teil der
Angabe ausschließt; in der Minerva S. 3 will Münchow sieben Jahr alt gewesen
sein (1730), sagt aber gleichzeitig „ich bin itzt (24. Jan. 1797) 78 Jahre alt."

Die Küstriner Kirchenbücher enthalten über die Geburt des Christoph Alexander von Münchow nichts. Die Verwirrung vollständig zu machen, wird Christoph Alexander von Münchow in der Rangliste des Infanterieregiments Kalsow vom 27. August 1756 als vierter Kapitän mit einem Alter von 32 Jahren 10 Monaten aufgeführt (freundliche Mitteilung des Herrn Geheimen Kriegsrats Lehmann aus den Akten der Kriegskanzlei), während die im Geh. Staatsarchiv befindlichen Johanniter-Ordenslisten ihn am 19. Oktober 1726 zu Küstrin geboren sein lassen. Vgl. noch unten S. 253.

IV. Ganz außer Betracht zu bleiben haben für die Einzelheiten des Vorganges die Darstellungen in den zeitgenössischen Memoiren: Mém. de la Margrave II, 273; Pöllnitz II, 247; Henri de Catt S. 34, eine Stelle, für die sich in des Verfassers Tagebüchern über seine Gespräche mit dem Könige kein Beleg findet.

(Seite 67.) **Der Kronprinz nach Kattes Hinrichtung:** Nach den Berichten Lepels an den König vom 7. und 8. Nov. 1730.

(Seite 68.) **Der Feldprediger Müller in Küstrin:** Seine Korrespondenz mit dem Könige enthält der „Beitrag zur Lebensgeschichte Friedrichs des Großen, Berlin 1788." Über die Mangelhaftigkeit des Abdruckes vgl. Nicolai, Freymüthige Anmerkungen über Zimmermanns Fragmente I, 96. Die Ausfertigungen der Schreiben des Königs und die Konzepte Müllers befinden sich jetzt im Königl. Hausarchiv. Vgl. außerdem die Mitteilung des Sohnes von Müller bei Nicolai, Anekdoten VI, 183 (2. Aufl.).

(Seite 68—70.) **Begnadigung des Kronprinzen:** Die Geschichte des von Seckendorff konzipierten kaiserlichen Verwendungsschreibens geben Seckendorffs Berichte vom 9., 28., 31. Okt. bei Förster III, 9. 12. Vgl. Ranke S. 117, Droysen IV, 3, 111 Anm. 1. Die Überreichung erfolgte nicht am 1. Nov., wie in der Lebensbeschreibung Seckendorffs IV, 285 angegeben wird, sondern am 31. Okt. Daß der König dem Grafen Seckendorff die Absicht, den Sohn zu begnadigen, vor Überreichung des kaiserlichen Schreibens ausgesprochen, ergeben die Eingangsworte des Seckendorffschen Schreibens vom 31. Okt. bei Preuß, Urkundenbuch II, 164. Am 21. Nov. berichtet Seckendorff an den Prinzen Eugen: „Der König sagt öffentlich, daß er dem Kronprinzen gegebene Pardon der Kaiserl. Intercession zuzuschreiben" (Förster III, 15); ebenso des Königs Antwort an Karl VI. vom 20. Nov. bei Preuß, Urkundenbuch II, 169. Unter dem Pardon ist immer die Belassung des Erbrechtes zu verstehen, denn daß der König dem Sohne je an das Leben gewollt, wird man zumal nach dem im Text S. 55 mitgeteilten Marginal zu der Depesche von Lüderitz nicht mehr behaupten wollen. Daß Carlyle die seit lange widerlegte Fabel von einem durch das Kriegsgericht gefällten Todesurteil gegen den Kronprinzen wiederholen konnte, ist eines der auffallendsten Versehen in dem Werke. Die Wendungen des königl. Schreibens an den Kaiser vom 20. Nov. erweisen sich als bedeutungslos, ja formelhaft dadurch, daß der Erlaß an den Gesandten von Brand in Wien „des Kronprinzen Königl. Hoh. erfolgte Pardonierung betreffend" vom 25. Nov. wörtlich mutatis mutandis auch an den Gesandten in Rußland von Mardefeld abgegangen ist: „Haben

wir bei des Cronprinzen Pardonierung vornehmlich mit auf Jhro Römisch
Kaiserl. Majestät (dafür an Mardefeld: auf Jhro Russisch Kaiserl. Majestät) vor
denselben eingelegtes Vorwort reflectieret" (nach dem Konzept). In demselben
Sinne schon am 11. Nov. ein Antwortschreiben auf die Jntercession der Kaiserin
Anna. Das Verwendungsschreiben des Königs von Schweden blieb unbeant-
wortet; die Angabe von Guy Dickens (bei Raumer III, 537), daß der König
bloß verfügte: „reponatur", trifft zu (Marginalresolution auf den Bericht Bordes
vom 28. Sept.). — Die Äußerungen gegen England bei Droysen IV, 3, 122,
Anm. 4 und Zeitschrift für Preuß. Gesch. IX, 594.

(Seite 70.) **Seckendorffs Generalplan:** Preuß, Urkundenbuch II, 164.

(Seite 71.) **Eidesleistung und Erlassung der strengen Haft:** Königl.
Handschreiben an Müller, 8. Nov. und Antwort vom 10., Beitrag S. 28—37.
Dazu Friedrich Wilhelm an den Gouverneur von Lepel, Wusterhausen 14. Nov.;
Instruktion für die Kommission von demselben Datum; Brief des Kammerjunkers
von Natzmer, Küstrin 27. Nov. Das Original des Vermächtnisses von Katte
mit dem Vermerk Grumbkows ist aus dem Nachlaß König Friedrich Wilhelms IV.
erst kürzlich dem Königl. Hausarchiv übergeben worden; man gewahrt an dem
Schriftstück, daß es der Kronprinz längere Zeit in der Tasche getragen haben
muß. Vgl. Seckendorff 25. Nov. (bei Förster III, 15): „Ohne Grumbkow wäre
der Kronprinz halsstarrig geblieben." — Die Übersiedelung in das Haus des
Hofpredigers berichtet Lepel am 21. Nov.

(Seite 71.) **Schreiben des Königs „an den Kronprinzen von Preußen"
vom 21. Nov.:** Es fehlt, nebst einer Reihe anderer, in dem gedruckten Briefwechsel.

(Seite 72.) **Einführung in die Kammer:** „Ordre an den Präsidenten
von Münchow und den Direktor Hille, wie es mit des Kronprinzen seiner Arbeit
bei der Krieges- und Domänenkammer in Cüstrin gehalten werden soll."

Zum dritten Kapitel.

(Seite 72.) **Friedrich und seine Vorgesetzten in der Kammer:** Hille
an Grumbkow, 19. Dez. 1730: „Son Altesse Royale est gaie comme un
pinson. Le Kiezer-Schulze, à qui M. de Münchow a fait une injustice,
s'est adressé à lui. Voilà qu'il commence à débuter qu'il espéroit s'être
si bien gouverné qu'on pourroit lui donner un petit département, et que,
comme ceux de terre ferme étoient donnés, il demandoit celui de la
marine. Le président lui ayant accordé cela en riant, il a poursuivi
que, se voyant autorisé à cette heure à faire un Vortrag, et que l'Oder
tomboit dans la mer baltique, il proposoit les griefs du Kiezer-Schulze
comme celui qui dirigeoit la navigation auprès de Küstrin." (Aus
Grumbkows Nachlaß.)

(Seite 74.) **Die Hausgenossen des Kronprinzen**: Die Instruktion für Wolden, Rohwedell und Natzmer ist vom 14. Nov. 1730. Die im Text angeführten Worte Woldens aus einem Briefe an Grumbkow vom 19. Dez. 1730. Vgl. dazu den Bericht Müllers 7. Nov., Beitrag S. 18.

(Seite 74.) **Bundesgenossenschaft Grumbkows**: Wolden an Grumbkow 27. Dez. 1730: „Je recommande toute notre boutique à la puissante protection de V. E.", und noch 29. Sept. 1731: „Nous marcherions comme les aveugles à tâtons etc." Wegen des (noch ungedruckten) Neujahrsbriefes bittet Wolden im Namen des Kronprinzen am 19. Dez.: „Ihnen ungefähr die Contenta des auf Neujahr an den König zu schreibenden Briefes wissen zu lassen, damit Sie Ihre Mesures danach nehmen und den Brief nach des Königs Sinn einrichten können." Der zerrissene Brief vom 28. Nov., sehr salbungsvoll: Oeuvres **XXVII**, 3, 12.

(Seite 75—78.) **Friedrichs Prädestinationsglaube**: Der König an Müller, Wusterhausen 3. Nov. und Müllers Berichte im Beitrag S. 9 ff.; der König an Wolden, Wusterhausen 19., 20., 29. Nov., Oranienburg 13. Dez., Schönebeck 20. Dez., Berlin 26. Dez. 1730, Potsdam 2. Jan., nebst Woldens Antworten; Wolden an Grumbkow 27. Dez. (mit der „Erklärung" des Kronprinzen, nur in französischer Analyse); Hille an Grumbkow 18., 23., 27. Dez., 2. Jan. Verhör des Hofpredigers Andreä „Actum 6. Decembris 1730" (vgl. unten S. 254). Kalckstein wurde am 18. und 23. Nov. und am 6. Dez., Findenstein am 18. Nov. verhört. Vgl. noch die Briefe des Königs an beide bei Cramer a. a. O. S. 35 und seine Äußerungen über die Prädestination ebendaselbst S. 9 und im Journal de Seckendorff, p. 38. 76.

(Seite 78.) **Hilles Persönlichkeit und Unterricht**: Der undatierte Brief des Kronprinzen mit einer Charakteristik Hilles gehört dem Oktober 1732 an. Dazu Hilles Briefe an Grumbkow passim. Auch Wolden schließt sich in dem Briefe an Grumbkow vom 28. April 1731 (bei Förster III, 41) den Klagen über nicht hinreichende Beschäftigung des Prinzen an.

(Seite 80.) **Friedrichs poetische Versuche**: „Mit sechszehn Jahren machte er während der Pockenkrankheit die ersten Verse", zeichnet Lucchesini am 11. Nov. 1780 von dem Tischgespräch des Königs auf. Vielleicht ist die Krankheit von 1728 (vgl. oben S. 21) oder der Gelbsuchtanfall von 1727 (Friedrich Wilhelm an Anhalt 14. April 1727, Zeitschrift für Preuß. Gesch. IX, 470) gemeint. In dem Briefe an Grumbkow vom 7. Okt. 1736 (Oeuvres XXV, 493) sagt Friedrich, daß er die Pocken zweimal gehabt habe; der eine Fall ist durch einen Brief des Vaters (Zeitschrift für Preuß. Gesch. VIII, 438) für 1718 bezeugt; der zweite für 1724; nach einer zweifelhaften Tradition hat Friedrich in Brandenburg an den Pocken darniedergelegen: [v. Rochow] Geschichtl. Nachrichten von Brandenburg, 2. Aufl. Brandenburg 1840, S. 81. Übrigens trug Friedrich am 24. Juli 1723 in das von seinem Großvater zu Spandau gestiftete Stammbuch deutsche Verse ein („Alles ist sterblich, die Tugend aber unsterblich, Da ich nach trachte und nichts achte"), welche wohl eigene Erfindung waren: bei [Ulrich] Bemerlungen eines Reisenden durch die Königl. Preuß. Staaten in Briefen, Altenburg 1779, I, 505 und (aus Nicolais Beschreibung von Berlin und Potsdam) bei Preuß, Jugend S. 28. — Hille als Kritiker: an Grumbkow 18. Dez. und in zwei undatierten Briefen: „Je lui ai dit qu'ils étoient bons pour lui, mais qu'ils ne vaudroient pas grande chose pour un particulier." Die Äußerung des Prinzen gegen Grumbkow in Seckendorffs Bericht vom 19. Juni 1731 bei Förster III, 75. Vgl. noch die Zeitbestimmung Oeuvres XI, 37.

(Seite 81.) **Der Kronprinz als Maler:** Das dem Dr. Kaufmann (in Briefen an Grumbkow als Monsieur Marchand erwähnt) geschenkte Pastellbild, Kopf eines alten Mannes, ist beschrieben in der „Schlesischen Chronik" Nr. 91 vom 19. Nov. 1839. Auf der Rückseite des damals zu Grüneberg befindlichen Bildes stand: „Pinxit prostantem imaginem siccis vivisque coloribus, dum vitam in Pathmo Cüstrinensi viveret non vitam (= invitam) Serenissimus Borussorum Brandeburgicorum haereditarius Fridericus, quemque in memoriam decessus reliquit. Cüstrini die 25. Febr. 1732. Dr. C. B. Kaufmann."

(Seite 81.) **Verbot der Lektüre:** Schon am 25. Aug. 1730 befiehlt der König dem Gouverneur, dem Arrestanten „alle seine Bücher" mit Ausnahme der im Text genannten drei abzunehmen. Die Instruktion für Wolden vom 14. Nov. erlaubt außerdem die Berliner und Hamburger Zeitungen und „sämtliche sogenannten Intelligenzblätter". — Die Schriften und Documente der alten Verfassung des Markgrafen Johann: Ranke S. 123. Anm. 2 aus der November-instruktion; auf das Studium der Alten des Großen Kurfürsten weist das Handschreiben an Wolden vom 12. Jan. 1731. Verbot des „Amüsements" mit Geometrie: an Wolden 24. Nov. 1730.

(Seite 82.) **Uebertretungen der Hausordnung:** Politische Diskussion mit Natzmer vgl. Kap. V (S. 191, 192). Hille spricht zu Grumbkow, 17. April 1731 (Förster III, 26) von dem „petit politique Natzmer, qui me fait rire avec ses chimères d'ambassades et de négociations." — Die „Ökonomische Instruction" für Wolden ist, wie die allgemeine, vom 14. Nov. 1730. Auf die Einnahme von 147 Thalern wurden im ersten Monat (vom 19. Nov. 1730 ab) folgende Ausgaben vorgesehen:

für drei Lakaien	22 Rthlr.	—	Gr.
für den Koch	7 „	8	„
Feuerböter	1 „	8	„
Hausmiete	6 „	16	„
Tafel	60 „	—	„
Licht und Holz	20 „	—	„
Schuh	20 „	—	„
Extraausgaben	10 „	—	„
	147 Rthlr.	8	Gr.

Die Ersparnis betrug im ersten Monat 65 Thaler. Aus den Belegen seien folgende Ausgabeposten angeführt: 1 Pfund Butter 4 Groschen, 1 Pfund Rind-

fleisch 14 Pfennige, Hammelfleisch 12 Pf., Kalbfleisch 15 Pf., 6 Hammelbeine
12 Pf., 1 Schock Krebse 3 Gr., 2 junge Hühner 2 Gr. 6 Pf., ½ Schock Eier
(im November) 6 Gr., 1 Pfund Zucker 6 Gr., ¼ Pfund Pfeffer 2 Gr., 2 Ci-
tronen 3 Gr., 1 Rehbock 3 Rthlr. 2 Gr., 1 Wildschwein 4 Rthlr. Am 27. Nov.
bemerkt der Prinz in der eigenhändig geführten Rechnung zu dem Posten: Zwei
Fäßgen Butter 2 Rthlr. 2 Gr.: „ist so deuer bezahlet wegen des viehsterbens
u. daher entstandene raritet der buter."

(Seite 83.) **Des Königs Kontrole:** Das Schreiben vom 25. Mai nach
einer nicht ganz korrekten Abschrift gedruckt bei Förster III, 47; ebend. S. 23
die Äußerung vom 13. April; das Verbot der Sommerkleider: Potsdam 15. Mai.
Hilles Antrag auf Zulassung von Tischgästen schon am 19. Dez. 1730.

(Seite 84.) **Vor dem Wiedersehen:** Hille an Grumbkow 19. Mai, 5. Juni
bei Förster III, 44. 49; vgl. ebend. S. 69. Wolden an den König, 22. Mai.
Die Antwort auf Woldens Bericht vom 19. Juni gebe ich nach dem Marginal
des Königs, welches dem bei Förster III, 49 abgedruckten Schreiben zu Grunde
liegt. Woldens Antwort ist vom 28. Juni. Das Schreiben an Wolden vom
5. August bei Preuß, Urkundenbuch II, 169; Förster I, 386.

(Seite 84—86.) **Besuch des Königs in Küstrin,** 15. August 1731:
Grumbkows Aufzeichnung ist bei Förster III, 50 nicht ganz korrekt abgedruckt,
so fehlt das „Fenstereinschlagen".

(Seite 86.) **Nach der Zusammenkunft:** „Je n'ai pas cru jusqu'ici que
mon père eût le moindre sentiment d'amour pour moi", Hille an Grumbkow 20.,21. Aug., Förster III, 59. — Der Brief des Kronprinzen an den König
vom 18. Aug. und Antwort vom 21.: Oeuvres XXVII, 3, 15. 17.

(Seite 87.) **Neue Instruktion für Wolden,** Potsdam 21. August: bei
Preuß, Urkundenbuch II, 161; Förster I, 386; vgl. III, 61. — Wolden an den
König, 25. Aug.: „So ist er auch alle Nachmittag außer der Stadt spazieren
gewesen und findet darin groß Plaisir, zumal da er in so langer Zeit keine
frische Luft geschöpfet hat." — Vorstellung der Offiziere in Landsberg: Schulenburg an Grumbkow 19. Okt. 1731, Förster III, 72. — Verbot der Reise nach
Sonnenburg, Besuch des Markgrafen Karl: Wolden an den König 15. Sept.
mit dem Marginal: „Nach Sonnenburg gehet nit an." Vgl. Oeuvres XVI,
17; XXVII, 3, 27; die zerschlagenen Gläser aus einem Berichte Woldens an
den König.

(Seite 88.) **Weitere Ausflüge:** Der Besuch in Frankfurt (26. Dez. 1731)
nach einem undatierten Briefe des Kronprinzen an Grumbkow. Dazu Oeuvres
XXVII, 3, 40.

(Seite 89—91.) **Tamsel und Frau von Wreech:** Wolden an den König,
25. Juli: „Künftigen Montag hat den Kronprinzen der Obrist Wreech nach
Tamsel auf das Mittag gebeten" (dazu Oeuvres XXVII, 3, 21); derselbe an
Grumbkow, 12. Febr. 1732: „Demain nous allons à Tornow, pour y faire
un *Anschlag von der Glashütte*, mais c'est plutôt pour avoir un prétexte
de pouvoir dîner à l'île de Calypso." — Die in den Oeuvres XVI, 5 ff.

abgedruckten Briefe bedürfen einer anderen chronologischen Anordnung: Nr. 5, vom 5. Sept. 1731, gehört offenbar an die erste Stelle; Nr. 6 gehört gleichfalls, wie sich aus dem Inhalt ergibt, dem September an; Nr. 3 (mit dem poetischen Antrage) gehört wohl an einen etwas späteren Zeitpunkt der Bekanntschaft; Nr. 1, wo das Bild in Aussicht gestellt wird, stünde am zweckmäßigsten vor Nr. 8 vom 10. Febr. 1732 (Begleitbrief zu dem Bilde). Nr. 7, an Frau von Schöning, mit der Erwähnung des Zusammentreffens mit Frau von Wreech in Berlin, kann nicht nach dem Berliner Novemberbesuch von 1731 geschrieben sein, wie der Herausgeber annimmt, sondern gehört einer späteren Zeit an: wird doch in dem Brief die erst am 27. Mai 1732 geborene Tochter der Frau von Wreech erwähnt. Daß sich an die Geburt dieser Tochter großer Klatsch (Förster III, 65. 81. 112) knüpfte, darf nicht überraschen; das stärkste Gegenargument ist der Inhalt des Briefwechsels. Das kategorische Dementi des Kronprinzen: Oeuvres XVI, 52. — Die Schlußzeilen des Abschiedssonettes nach der zierlichen, allerdings ein wenig zu freien Übersetzung bei Fontane, Wanderungen II, 373 (3. Aufl.). Vgl. noch [v. Romberg] Sophie Gräfin Schwerin, S. 36 (2. Aufl.). — Die Verse an die Gräfin Finckenstein sind veröffentlicht im Jahresbericht des hist.-stat. Vereins zu Frankfurt a. O. 1864 (IV, 9); über die Empfängerin vgl. Oeuvres XVI, 132. Vgl. noch den Brief an Frau von Manteuffel vom 18. Dez. 1730, Oeuvres XXVII, 3, 173.

(Seite 90.) **Besuch in Berlin**, November 1730; Berlinische privilegirte Zeitung 1731, Nr. 142. 143. 144; Berichte von Guy Dickens 24. Nov., 1. Dez. bei Raumer III, 562. 563; Büsching, Charakter Friedrichs II, 2. Aufl., S. 188. Über das veränderte Aussehen Mémoires de la Margrave II, 342; dazu Hille an Grumblow schon am 5. Juni 1731 (Förster III, 49) und am 6. Febr. 1731: „L'on trouve que le Prince a cru et qu'il prend de l'embonpoint." Der wackelnde Gang 2c. nochmals in des Königs Schreiben an Wolden vom 12. Jan. 1732.

(Seite 90.) **Notwendigkeit einer getrennten Hofhaltung**: Schulenburg an Grumblow, 4. Okt. 1731: „Il me dit qu'il ne craignoit rien de plus que de se revoir toujours auprès du Roy." Förster III, 67. — Wolden an Grumblow, 13. Jan. 1731: „Je viens d'apprendre depuis peu d'assez bon lieu que l'on commence à travailler sous main au plan de replacer S. A. R. sur le pied qu'Elle a été avec le Roi son père. Je veux bien croire que ces gens-là ont l'intention bonne et droite, mais il me semble aussi qu'ils ne connoissent pas assez bien le terrain et qu'ils travaillent à un chose qui ne se soutiendroit pas; car ces tristes suites que cet état passé nous procure, sont encore si récentes à nos yeux qu'elles ne feroient encore plus craindre pour l'avenir. — Guy Dickens, 18. Aug. 1731 bei Raumer III, 562. — Grumblow an Friedrich, 20. Febr. 1732, Oeuvres XVI, 43. — Die Ordres wegen Verleihung des Regiments bei Preuß, Friedrich der Große mit seinen Freunden und Verwandten S. 384.

(Seite 91.) **Hilles Rückblick auf die Küstriner Zeit**: vgl. die Beilage C.

Dazu einzelne Züge aus anderen Briefen. Wegen des Pachtanschlages vgl. unten S. 259.

(Seite 92.) **Handelspolitische Studien**: Hilles Grundriß „Kurzer Bericht von dem Finanzwesen in der Neumark und incorporirten Creisern", gedruckt bei Grävell, Drei Briefe über Preßfreiheit und Volksgeist, Berlin 1815, S. 131—170. Hilles Vermerk „Dieses Systema habe ich anno 1731 verfertigen müssen" berichtigt sich aus dem Briefwechsel mit Grumbkow, dem Hille schon am 18. Dez. 1730 eine Abschrift schickte. Der „Kurze Bericht" zeigt in seinem ersten Teil so augenfällige Übereinstimmung mit der bei G. Schmoller, Die Russische Compagnie in Berlin, Zeitschrift für Preuß. Gesch. XX, 71 mitgeteilten „Denkschrift über den Handel der Kurmark und Errichtung einer großen Handelscompagnie", daß auch für diese die Autorschaft Hilles wird angenommen werden müssen. Ebenso zeigt sich natürlich Übereinstimmung mit dem bei Schmoller, Studien über die wirthschaftliche Politik Friedrichs des Großen (Jahrbuch für Gesetzgebung, Verwaltung und Volkswirthschaft im Deutschen Reich 1884, S. 376) angeführten Bericht der neumärkischen Kammer vom Sept. 1723; auch dieselbe Täuschung über die Ursachen des einstigen Verfalls des märkischen Handels: „Die Krossener Zollrolle von 1678 und 1694 war nicht die Ursache, sondern eine der Folgen des Verfalls." Für die ältere Geschichte des Oberhandels vgl. mit Hilles Grundriß: Schmoller, Die Handelssperre zwischen Brandenburg und Pommern im Jahre 1562, Zeitschrift für Preuß. Gesch. XIX. — Des Kronprinzen „Plan wegen des Commercii nach Schlesien": Oeuvres XXVII, 3, 36. Die Angaben über die Erträge der Russischen Compagnie sollten wohl im Sinne Hilles dazu dienen, der damaligen Mißstimmung des Königs gegen die Compagnie (vgl. Schmoller, Zeitschrift für Preuß. Gesch. XX, 50) entgegenzuwirken. Das von dem Kronprinzen gewählte Beispiel für die Ungleichheit der Besteuerung der Schlesier und der Einheimischen (6—7 Thaler für ein Faß Zucker gegen 50 Thaler) entspricht nicht den Sätzen der Zollrolle von 1694, die für die Einheimischen noch weit ungünstiger waren. — „Je suis à présent dans mon commerce de Silésie par dessus les oreilles": aus einem undatirten Briefe an Grumbkow.

(Seite 95.) **Prognostica für die Arbeitsamkeit des Kronprinzen**: Hille an Grumbkow, 13. Januar 1731: „Ce dont je suis bien sûr, c'est qu'il ne haïra jamais le travail, et qu'il trouvera le moyen d'accorder les plaisirs avec l'application aux affaires"; vgl. dagegen Schulenburg an Grumbkow, Förster III, 70.

(S. 95.) **Prognostica für die Wahl der Berater**: Schulenburg, 19. Oct. 1731 (Förster III, 72); Hille 18. Dez. 1730 (Ranke S. 126, Anm. 1), 28. April 1731 (Förster III, 41), 8. Febr. 1732 (unten Beilage C.).

(S. 96.) **Bewunderung für die Franzosen**: unten Beilage C.

(Seite 97.) **Woldens Gesamturteil**: Förster III, 64.

(Seite 97—99.) **Heiratspläne**: Friedrich Wilhelm, Versprechen der Wahl zwischen etlichen, 25. Mai, Förster III, 47; Grumbkows Vorschläge ebend. 75. — Die Wünsche der Oesterreicher: ebend. 16. 28; das ebend. 76 auszugsweise

mitgeteilte Schreiben Eugens an Seckendorff vom 29. Jan. 1732 vollständig bei
Förster, Die Höfe und Cabinette Europas im 18. Jahrhundert, Urkundenbuch
I, 125. — Project de déclaration du Prince Royal (wegen Verheiratung mit
einer Erzherzogin, April 1731): Förster III, 21. — Ansichten über das Heiraten:
Hille an Grumbkow 18. Dez. 1730; Schulenburg 4. Okt. 1731. — Die Katze
im Sack: Hille 2. Juni 1731, Förster III, 46; Wolden 25. Sept. — Die im
Text angeführten Briefe des Kronprinzen an Grumbkow aus der Zeit vor dem
11. Febr. 1732 sind sämtlich ungedruckt.

(Seite 99, 100.) **Ankündigung der getroffenen Wahl:** Oeuvres XXVII,
3, 53. — Friedrich an Grumbkow, 5. Febr.: „J'ai répondu en toute sou-
mission, et j'ai dit que le Roi verroit en tout mon obéissance, et que,
comme il avoit trouvé à propos que je visse cette vilaine créature, il
pourroit juger alors lui-même si elle me convient ou non, et que du
reste je ne manquerai pas à obéir à ses ordres."

(Seite 100, 101.) **Die fünf Briefe an Grumbkow:** Drei (11., 16., 19. Febr.)
Oeuvres XVI, 37—41; dazu ungedruckt ein zweiter Brief vom 11. und die in
dem Brief vom 19. erwähnte „lettre que Schulenburg vous donnera". Schulenburg hatte, laut einem Brief Hilles an Grumbkow vom 19. Febr., Küstrin am
Tage zuvor verlassen.

(Seite 101, 102.) **Grumbkows Erregung:** an den Kronprinzen und an
Wolden, 22. Febr., Oeuvres XVI, 44. 46; zwei ungedruckte Briefe an Seckendorff vom 22. Febr., bez. ohne Datum: „Je crois que je serai dorénavant
fort mal dans le bel esprit royal." — Seckendorffs Bericht vom 23. Febr.
bei Förster III, 78; seine Angabe, daß Grumbkow „keinen Brief ohne mein
Wissen an den Kronprinzen geschrieben" (ebend. S. 158), ist nicht völlig wörtlich
zu nehmen; vgl. ebend. S. 95. — Friedrichs Antwort an Grumbkow, 22. Febr.,
Oeuvres XVI, 48; Antwort Woldens, 23. Febr.

(Seite 102.) **Abschied von Küstrin:** an Grumbkow, 8. Jan.: „Le retar-
dement de l'arrivée du duc de Lorraine me fait extrêmement du plaisir ... j'en resterai plus longtemps ici, vivant dans une paix profonde."
Die weiteren Befürchtungen in einem Brief an Grumbkow vom 17. Jan. —
„Quarantäne": an Grumbkow, 11. Febr.

(Seite 102, 103.) **Franz von Lothringen:** Des Kronprinzen Sorgen drückt
der Brief an Grumbkow vom 2. Febr. aus. Spätere Urteile über den Gast:
9. Sept. 1739, Oeuvres XXI, 321; Tagebuch Lucchesinis vom 10. Okt. 1780
(Bischoff S. 168).

(Seite 103, 104.) **Die Verlobung, Urteile über die Braut:** Berlinische
Zeitung 1732, Nr. 32, 12. März; Manteuffels Berichte aus Berlin bei von Weber,
Aus vier Jahrhunderten N. F. II, 233—237; Äußerungen des Kronprinzen:
Förster III, 83; Oeuvres XXVII, 1, 4; Korrespondenz zwischen Seckendorff und
dem Prinzen Eugen bei Förster III; Grumbkows Belohnung ebend. S. 232.

(Seite 104.) **Bildung des Ruppiner Hofstaates:** Förster III, 88. 90. 95.
100. — Wolden: Oeuvres XVI, 78. 80; XXVII, 3, 81 und ein Brief Fried-

richs an Grumbkow vom 19. Jan. 1732. — Natzmer: Förster III, 91. —
Keyserlingk: ebend. 62. 63.

(Seite 105.) **Anfänge als Regimentschef**: Oeuvres XVI, 29. 49. 64.
68. 69. 91. — „Université de Potsdam": Oeuvres XVI, 165 (noch 1739). —
Seine Absicht, sich zu kleiden, ist nach Hille (30. Sept. 1730): „de porter toujours l'uniforme, mais des surtouts très magnifiques."

(Seite 106, 107.) **Hacke, Derschau, Seckendorff, Grumbkow**: Oeuvres
XVI, 51. 83; XXVII, 3, 177; XXVII, 1, 8. Journal de Seckendorff, p. 149.
Über Hacke eine Äußerung aus dem ungedruckten Tagebuche des Geh. Rats
Milsonneau von 1740. — Friedrichs spätere, überaus anerkennende Urteile über
Hacke: Oeuvres XXVI, 85. 110. — Seckendorff schreibt an Grumbkow, Ham-
burg 22. Sept. 1732, über seinen Besuch in Ruppin am 17. (vgl. Oeuvres
XVI, 59): . . . . „On rougit sans répondre et sans faire mention de la
Dulcinea . . . . L'ayant mis sur ses amours, il répondit: on me croit plus
brave que je ne suis pas. Enfin, lauter Verstellung und Reservationen." (in
Grumbkows Nachlaß).

(Seite 107.) **Aeußerungen über das Heiraten gegen Grumbkow**: Oeuvres
XVI, 56. 70.

(Seite 108.) **Braut und Bräutigam**: Herzog Ferdinand Albert an Grumb-
kow, Wolfenbüttel 6. Okt. 1732: „Junior nous écrit souvent présentement
(vgl. dazu Oeuvres XVI, 56; XXVII, 3, 59), et il commence à goguenarder
dans ses lettres avec sa promise, et on le paic de la même manière" (in
Grumbkows Nachlaß). Dazu Oeuvres XVI, 79; Hahnke, Elisabeth Christine,
Berlin 1848, S. 18. — Reise nach Braunschweig, Febr. 1733: Oeuvres
XVI, 79; Zeitschrift für Preuß. Gesch. IX, 601; Berlinische Zeitung 1733,
Nr. 22.

(Seite 108.) **Oesterreichs Intrigue gegen die braunschweigische Heirat**:
Seckendorff an Grumbkow, 8. Nov. 1732 und Grumbkows Antwort vom 14.:
„Tout ce que je peux promettre, c'est que, si le Roi m'en parle, je ne
serai ni pour ni contre . . . . Enfin, je suis curieux comme tout se dé-
brouillera; mais pour moi, manum de tabula." Beide Briefe, der Ausgangs-
punkt der Verhandlung in Berlin, in Grumbkows Nachlaß; aus dem letzteren
und andern Grumbkowschen Briefen ist die „Relation de Grumbkow" bei
Förster III, 128 von Seckendorff zusammengeschweißt. Als „des Robinson
Project" bezeichnet Seckendorff die ganze Intrigue ebend. 117. Der peinlich
berührte braunschweigische Brautvater schreibt an Grumbkow, Wien 3. Dez. 1732:
„Il faut espérer que les projetti iront en fumée . . . Je me rapporte à
M. de Gotter sur l'odeur dans lequel Votre Exc. se trouve auprès de
Leurs Maj. Imp. et toutes les honnêtes gens." — Friedrich Wilhelms Ent-
rüstung: Förster III, 134 ff.

(Seite 110, 111.) **Die Hochzeitstage in Salzdahlum**: Seckendorffs Berichte
vom 13. Juni, 4. Juli bei Förster III, 148—156; Journal de Seckendorff
p. 29; Oeuvres XXVII, 1, 9; Heldengeschichte I, 227; Glaser, Die Hochzeit

Friedrichs des Großen in Westermanns Illustrierten Monatsheften 1871. — Über den Neubau des für den Kronprinzen bestimmten Hauses (das heutige Kronprinzliche Palais) vgl. Preuß, Jugend und Thronbesteigung S. 166 Anm.; über die Einrichtung Prinzeß Charlotte („Lottine"), 18. Jan. 1733; Oeuvres XXVII, 1, 339. — Des Prinzen Wunsch, nach der Hochzeit in Ruppin zu bleiben. Oeuvres XVI, 89. — „La garnison chérie" ebend. 96. 98.

(Seite 112.) **Bredow als militärischer Mentor:** Friedrich Wilhelm an Bredow, Braunschweig 18. Febr.; Berlin 4. März 1733. Kaspar Ludwig von Bredow vom Marwitzischen Infanterieregiment war 1676 oder 1677 geboren. — Dazu Oeuvres XVI, 81. 82. 88. 89. 97. 328; XXV, 476. 482; Journal de Seckendorff p. 38.

(Seite 113—117.) **Feldzug von 1734:** Friedrich Wilhelm über seine 10,000 Mann: Ranke 216, Anm. 2. — Abgang des Kronprinzen zur Armee: Journal de Seckendorff p. 4. — Kampflust und Ruhmbegierde: Oeuvres XVI, 55. 85; — die Äußerung über Condé, Eugen, Marlborough: Histoire de mon temps, 1746 herausg. von M. Posner (Publ. aus den Preuß. Staatsarchiven IV, 162); 1775 bei der Umarbeitung blieb die Stelle weg (Oeuvres II, 4); aber 1773 nennt Friedrich in einem Brief an Voltaire dieselben drei Namen als Beispiele: „Le grand Condé, Marlborough, le prince Eugène ont vu dépérir en eux la partie pensante avant leur corps. Je pourrai avoir un même destin, sans avoir possédé leurs talents." Oeuvres XXIII, 256. Vgl. noch über Eugen: Publ. aus den Staatsarchiven IV, 164; XXII, 350 (Catts Tagebuch 16. Juli 1758); Journal de Seckendorff p. 12; Oeuvres I, 167; VIII, 51. 52; XVI, 132; XXV, 461 und ein ungedruckter Brief an Grumbkow aus dem Okt. 1737. — Hauptausbeute des militärischen Kursus: Oeuvres XVI, 131. Riedesel: Anekdoten und Charakterzüge VI, 79. — Exerzierteufel: Oeuvres XXVII, 3, 181. — Die Instruktion vom 13. Juni 1734 bei Förster I, 397; Korrekturen dazu bei Preuß, Jugend und Thronbesteigung S. 251. — Lebensgefahr: Correspondance familière de Frédéric avec Suhm, Berlin 1787, T. I, p. XIX. — Die Briefe an Gröben vom 17. und 24. August 1734, die ohne die Schilderung der österreichischen Gemütlichkeit in den Oeuvres XXVII, 8, 181. 182 abgedruckt sind, haben mir in unverkürzten Abschriften vorgelegen. Der Brief an Natzmer, Heidelberg 25. August 1734, befindet sich in Privatbesitz. Mit dem Herzog von Aremberg blieb Friedrich nach 1734 einige Zeit in Briefwechsel: vgl. Oeuvres XVII, 27; XXI, 263. 298. 305. 308. 313; Ranke S. W. XXIV, 202. Über Gröben vgl. Oeuvres XVI, 89; Büsching, Charakter Friedrichs II., S. 20 (2. Ausg.).

(Seite 117.) **Krankheit des Vaters:** Förster I, 406; Heldengeschichte I, 241. Vgl. Kap. VI.

(Seite 117. 118.) **Teilnahme am Feldzug von 1735 versagt:** Oeuvres XVI, 134; XXVII, 1, 30. 32. 34; 2, 18; 3, 90—96. Journal de Seckendorff p. 72. 82.

(Seite 118.) **Reise nach Preußen:** Oeuvres XVI, 135; XXV, 405; XXVII, 1, 34; 2, 31. 32; 3, 95. 97—101. Stadelmann, Friedrich Wilhelm I.

in seiner Thätigkeit für die Landeskultur Preußens, S. 204. 205. (Publikationen aus den Preuß. Staatsarchiven II.) — Stanislas: Heldengeschichte I, 247; Journal de Seckendorff p. 30. 79; Politische Korrespondenz IX, 218; Tage-buch Lucchesinis, 19. Juni 1783 (Bischoff S. 251).

(Seite 119.) **Bau von Rheinsberg:** (Hennert) Beschreibung des Lustschlosses und Gartens zu Rheinsberg, Berlin 1778. Oeuvres XXVII, 1, 12. 75; 3, 77.

Zum vierten Kapitel.

(Seite 121.) „Ci git qui a vécu un an": aus einem undatierten Briefe (Ende Okt. 1737) an Grumbkow in dessen Nachlasse. Die Grabschrift des Sulpicius Similis, Praefectus praetorio unter Hadrian, überliefert Dio Cassius 69, 19.

(Seite 122, 123.) **Die Damen in Rheinsberg:** Oeuvres XXI, 203; XXV, 486; vgl. XVI, 150. — Frau von Brandt: Journal de Seckendorff 142. 144. Oeuvres XVI, 150; XXI, 238; die Kameradin, welche 1738 gleich-falls an Voltaire schrieb („les reines de Saba du Nord", Oeuvres XVI, 158; vgl. XXI, 202), scheint gar Frau von Wreech gewesen zu sein: vgl. Oenvres XVI, 152 (ebend. 150: „j'ai eu peine à m'imaginer que la dame que vous me nommez en soit l'auteur"). — Iris, Oeuvres XIV, 30; 1740 mit Buddenbrock vermählt. — Frau von Morrien, geb. v. d. Marwitz: Oeuvres XIII, 8; XVII, 173. 191. 216; XXIII, 150. — La petite Tettau: Oeuvres XVII, 216. 244 („Mes amours à Finette"); Manteuffel bei Droysen V, 1, 117; Mémoires de le Margrave II, 296. — Die Kannenbergs: Oeuvres XXVII, 1, 51. — Frau von Roconlle und das Mittwochskollegium: XVI, 154. 188; des Hörrohres erinnert sich Friedrich 25 Jahre nach dem Tode der alten Dame in einem Briefe an Fouqué vom 16. Febr. 1766, Oeuvres XX, 147.

(Seite 121—123.) **Der Kronprinz und seine Gemahlin:** Oeuvres XXVI, 1 ff.; Hahnke, Elisabeth Christine S. 113; Journal de Seckendorff p. 11. 71. 103. 147. 207 und aus derselben Quelle die Nachrichten Manteuffels bei Weber, Aus vier Jahrhunderten N. F. II, 238. Am 23. Sept. 1736 spricht der Kron-prinz gegen Grumbkow die Erwartung aus, Vater zu werden (Oeuvres XXV, 489); am 1. Febr. 1737 schreibt er demselben: „Je crois que le Roi est d'opinion que je n'aurai point d'enfants." — Heirat als Abkühlungsmittel: Politische Korrespondenz VIII, 408.

(Seite 123.) **Ankunft der Damen, Besuch des Königs:** Oeuvres XXV, 478. 486. Journal de Seckendorff p. 148. 154. Vgl. Bratuscheck S. 129. Der zweite Besuch des Königs erfolgte am 7. August 1737: Preuß, Jugend und Thronbesteigung S. 180.

(Seite 123.) **Rheinsberg-Sanssouci**: An Grumbkow, 24. März 1737: „Je pars pour retourner à Rheinsberg, c'est mon Sanssouci." Bekannt ist, daß Manteuffel sich „Junker von Kummerfrei" zu nennen pflegte. — Die beiden andern im Text angeführten Briefstellen: Oeuvres XVI, 297; XXI, 44.

(Seite 123. 124.) **Tageseinteilung, die nützlichen und die angenehmen Beschäftigungen**: Oeuvres XVI, 290. 294 (nos heures assez bien partagées); XXI, 44.

(Seite 123. 124.) **Bisherige Studien**: Bekenntnis an Duhan: Oeuvres XVII, 278. 279. — Erschöpfende Mitteilungen aus dem im Geh. St.-A. befindlichen Katalog der Bibliothek des Kronprinzen bei Bratuscheck S. 39—51. 117—122. Den Aufstellungsort der Bibliothek ergibt Kattes Aussage vom 28. Aug. 1730. Über das Schicksal der Büchersammlung 1730 vgl. G. Friedlaender, Zeitschrift für Preuß. Gesch. VI, 1—4; Raumer III, 531. — Nächtliche Lektüre während des Schlafes von Finckenstein: Publikationen aus den Preuß. Staatsarchiven XXII, 404.

(Seite 125, 126.) **Emsigkeit des Studiums in Rheinsberg und Lernmethode**: Catts Tagebuch, 7. Sept. 1758; ebend. 362; Lucchesinis Tagebuch, 15. Juni 1783 (Bischoff S. 248). — Versuch zur Abgewöhnung des Schlafes: Schöning, Friedrich II., seine Person und sein Privatleben, Berlin 1808, S. 3; vorher aus Schönings Manuskript bei Büsching, Charakter S. 8. — Friedrichs Lesen: vgl. M. Posner, Die Montesquieu-Noten Friedrichs II. (v. Sybels Historische Zeitschrift XLVII, 200. 221). — Drucklegung der Exerpte: vgl. Miscellaneen zur Gesch. Friedrichs des Großen, Berlin 1878, S. 92. — Rheinsberg Kloster: Oeuvres XVI, 141. 155. — Neigung zu Magenkrämpfen: XVI, 163. 372. 381. — Ärztliches Verbot des Studiums XXI, 264; vgl. 360.

(Seite 127.) **Jahreseinteilung**: Oeuvres XVI, 352; an Cramien, 1. Juli 1737 bei Ranke, S. W. XXIV, 200.

(Seite 127.) **Rheinsberger Freundeskreis**: Unentbehrlichkeit der Freundschaft: Oeuvres XIX, 12. — Manteuffel über Friedrichs Ruppiner Umgang: Weber a. a. O. II, 246. 259. — Einzug der Freunde: Oeuvres XVI, 277; vgl. XVI, 212.

(Seite 128.) **Jordan**: von Manteuffel empfohlen: Oeuvres XXV, 472. 475. Dazu VII, 3 ff. (Eloge de Jordan); XI, 26. 71; XVII, 49 ff. (Briefwechsel); XXI, 35. Jordans Kometenfurcht noch 1780 unvergessen: Tagebuch Lucchesinis, Bischoff S. 168.

(Seite 129.) **Keyserlingk** (geb. 1698): Gegenüberstellung mit Jordan, Oeuvres XI, 31. — Histoire de l'Académie, Année 1747, p. 469 (Eloge, von Maupertuis). Dazu Oeuvres X, 22; XI, 92. 130. 151; XIV, 40; XVIII, 141. 143; XXI, 65 und oft in der Korrespondenz mit Voltaire; XXV, 434; Politische Korrespondenz IV, 263; Zeitschrift für Preuß. Gesch. XII, 627; Bielfeld, Lettres familières I, 47. 83. (2. Aufl.)

(Seite 130.) **Stille** (geb. 1696): Pauli, Leben großer Helden IX, 85; sehr unbedeutend: Fisch, Stille und Friedrich der Große contra Lessing.

(Seite 130.) **Fouqué** (geb. 1698): Die Fabel von Fouqués Anwesenheit
in Küstrin (das ausgelöschte und wiederangesteckte Licht) aus den Mémoires du
baron de la Motte-Fouqué, Berlin 1788, I, 5 ist längst widerlegt (Preuß,
Jugend und Thronbesteigung S. 184). Dieselbe Anekdote wird von Knobelsdorf
erzählt (vgl. ebend. S. 122). Eine Auswahl aus dem Briefwechsel mit Fouqué:
Oeuvres XX, 109 ff. — Ein Paar Stücke aus der Korrespondenz der Bayardritter: Mémoires II, 259 ff. — Remusberg: Oeuvres XXI, 52. — Für
Fouqués Übertritt in den dänischen Dienst Friedrichs Briefe an Löwenörn vom
19. Jan., 25. Febr., 29. März, 7. Mai, 4. Juli 1739 (Königl. Bibliothek in
Kopenhagen), deren Veröffentlichung an anderer Stelle erfolgen wird. — Keyserlingk und Fouqué, „les héros", Borcke S. 24.

(Seite 132.) **Chasot** (geb. 18. Febr. 1716) vgl. v. Schlözer, General
Graf Chasot, 2. Aufl. Berlin 1878. — Chasots unglückseliges Flötenspiel:
Oeuvres XVII, 61.

(Seite 132.) **Wylich**, „au visage bourgeonné": Politische Korrespondenz VIII, 473.

(Seite 132, 133.) **Zahl und Auswahl der Hausgenossen**: Oeuvres XXVII,
1, 46; Brief an Wilhelm von Oranien bei Ranke S. W. XXIV, 198. — Geist
und Materie: Oeuvres XXV, 485; Journal de Seckendorff p. 153. —
Chétardie: Oeuvres XVI, 148; XXI, 327. Der schwedische Staatsmann Tessin
erzählt: „J'ai vu M. de La Chétardie lors de son passage par Copenhague
(1742), mais son miroir étoit plus intéressant que nos entretiens sur
les affaires de nos deux cours. Il y avoit malheureusement un trumeau
dans mon cabinet, qui captivoit son attention." Tessin och Tessiniana,
Stockholm 1819, p. 115.

(Seite 133.) **Preis der Rheinsberger Gastlichkeit**: Borcke S. 24;
Formey, Souvenirs I, 106. Grumbkows Brief ist undatiert. Bielfelds Briefe
sind im übrigen unberücksichtigt geblieben. Sie enthalten nachweislich einen
echten Kern, den herauszuschälen aber selten möglich ist. Friedrich als Frei-
maurer: Beschreibung der Säkularfeier der Aufnahme Friedrichs des Großen
in den Freimaurerbund. Berlin 1838. Vgl. dazu Oeuvres XVI, 203 und
Lucchesini S. 256.

(Seite 133.) **Die Musiker in Rheinsberg**: Oeuvres XXVII, 1, 34. 58. 59. —
Über Händel: an Wilhelm von Oranien, 19. Okt. 1737, bei Ranke XXIV, 202.

(Seite 134.) „Le vieux major": Oeuvres XXVI, 17. — Wenn ich die
Angabe Münchows zu wiederholen mich entschlossen habe, so geschah es, weil
derselbe sich in diesem Falle auf die ihm noch vorliegenden Briefe des Kronprinzen an seinen Vater beruft (Gallus a. a. O. S. 517), die seinem Gedächtnis zu Hilfe kommen mochten. Alex. Christoph ist, als Friedrich in seinen ersten
Krieg gezogen war, am 19. Jan. 1741 zu Frankfurt a. O. inskribiert worden
(freundliche Mitteilung des Herrn Archivrats Friedlaender aus der von ihm zur
Veröffentlichung vorbereiteten Matrikel); sein Patent als Secondelieutenant bei
der Garde ist vom 2. Nov. 1743.

(Seite 135.) **Religiöse Entwickelung**: Vgl. auch oben S. 9. 11. Frédéric le Philosophe: Oeuvres XVII, 1, p. XIII; vgl. Bratuscheck S. 35. 116. — Verhör Kattes, 9. Sept. 1730: „Von der Religion habe Arrestant solche Discurse von ihm (dem Kronprinzen) gehört, daß er darin sehr ferme gewesen, auch wohl Piècen gelesen, welche er geschrieben." — Lektüre von Bossuet (sur les variations de l'église protestante) und Basnage (Hist. de la religion des églises réformées) während der Küstriner Haft: Catts Tagebuch vom 22. Nov. 1759. Publ. XXII, 408. Der erste Religionslehrer Andreä, allerdings ein Anhänger der Prädestinationslehre, erklärte im Verhör vom 6. Dez. 1730, er habe den Prinzen „nicht anders unterrichtet, als die H. Schrift und alle Glaubensbekenntnisse der Reformierten Kirche, insonderheit auch des Churfürsten Joh. Sigismundi, welches Deponent gleich allen Hofpredigern nach Sr. Königl. Majestät Befehl zweimal unterschrieben, es erforderten." Wegen der Materie von den ewigen Ratschlüssen habe er dem Prinzen gesagt, daß diese Materie für ihn noch zu hoch sei. Nachher habe der Hofprediger Noltenius (vgl. oben S. 9) den Unterricht erteilt. Vgl. Ranke S. 88, Anm. 2. Auch Kalckstein sagte aus (8. Dez.), daß er in den Religionsstunden nie etwas von dem Particularismus gehört habe. — Den dreimaligen Kirchenbesuch schreibt die Instruktion für Wolden vom 14. Nov. 1730 vor. — Hille und Schulenburg: vgl. Förster III, 62. 66. Die Briefe vom 16. und 27. April 1732 aus Grumblows Nachlaß. — Protestant gegen Katholiken und Reformierter gegen Lutheraner: vgl. Oeuvres XVI, 72. 98; XXVII, 1, 17; Förster III, 22. 64; an Oranien, 20. Nov. 1735, bei Ranke XXIV, 195. Bei der Benutzung der Briefe an Oranien darf nicht übersehen werden, daß Friedrich am 8. Febr. 1736 an Manteuffel schreibt: „Le Prince aimant le phébus, je crois lui en avoir servi selon le petit talent que j'ai reçu du ciel" (Oeuvres XXV, 409). — Gegen die Beschuldigung des Atheismus: an Grumblow 27. April 1732. — Spinoza: Oeuvres XVI, 71.

(Seite 138.) **Studium des Cartesius, Beweis des Daseins Gottes**: Über La Croze Bratuscheck S. 22. 111. — Das Epigramm: „Il avouera, voyant cette figure immense, | Que la matière pense"; Oeuvres XXI, 42. Die dazu gehörenden Verse werden an anderer Stelle mitgeteilt werden. — Der Brief an die Markgräfin vom 10. Nov. 1735 bei Bratuscheck S. 99; der gleichzeitige an Grumblow nebst dem vom 15. Nov. in Grumblows Nachlaß.

(Seite 140—144.) **Unsterblichkeitsglaube, Studium Wolffs**: Oeuvres XVI, 250. 251, 117 (der „ministre" in Manteuffels Brief an Brühl vom 24. April 1736 ist natürlich der Prediger Achard und nicht, wie v. Weber a. a. O. II, 256 annahm, der französische Gesandte Chetardie). — Manteuffel: Weber II, 252; Oeuvres XXV, 395 ff. — Zweite Verfolgung Wolffs: Weber II, 257. 258, Oeuvres XXI, 15. — Allmähliches Eindringen in Wolffs Philosophie: Oeuvres XVI, 262. 274. 281. 329; vgl. XVI, 269; XXI, 35. — Suhm: Oeuvres XVI, 259. 301. 306. 308; XXV. 460. — Confession de foi: Weber II, 256; vgl. Oeuvres XXI, 36. Vgl. zu dem Glauben „à celui qu'il a envoyé pour éclairer et sauver le monde" bereits den Brief an Manteuffel vom 27. März 1736 über die „véracité de la vie sainte et sans tache de Notre-Seigneur" (Oeuvres XXV, 436), und dagegen den Brief an Voltaire von 1738 über den Homme-Dieu (Oeuvres XXI, 201). Der Brief vom 28. April über Bibellektüre in Grumbkows Nachlaß. — Umschreibung des Standpunktes nach beiden Seiten: Oeuvres XVI, 272 (an Suhm 3. Juli 1736); die nicht sofort verständlichen „foudres du pédagogue" habe ich frei übersetzt mit Zuhilfenahme von Oeuvres XIV, 10: „Qu'un scolastique atrabilaire, | Sans charité, peu tolérant, | Plein d'un faux zèle, sanguinaire, | Dépeigne Dieu comme un tyran." — „Nous étudions Wolff en dépit de nos prêtres": Oeuvres XVI, 277. — Suhm und Manteuffel als Verführer: ebend. XVI, 328.

(Seite 144—149.) **Philosophische Diskussion mit Voltaire:** Der Briefwechsel bis zum Regierungsantritt Friedrichs: Oeuvres XXI. Die Überlieferung des Textes ist verwahrlost; vgl. den verbesserten Abdruck einiger Stücke nach den Originalen in der Zeitschrift für neufranzösische Sprache und Litt., herausg. von Behrens und Körting Bd. VII. — Manteuffel, Grumbkow und Voltaire: Oeuvres XXV, 473. 486; Journal de Seckendorff p. 152. — Histoire de Charles XII: Oeuvres XVI, 50; VII, 85. — Für die im Text verwerteten Briefstellen verzichte ich auf Einzelcitate; neben den Briefen an Voltaire und Suhm schien mir der Brief an Camas 10. Jan. 1739 (Oeuvres XVI, 160) mit dem erneuten schroffen Ausdruck des Fatalitätsglaubens von großer Erheblichkeit. — Unsterblichkeitsglaube wieder erschüttert: Oeuvres XVI, 272; vgl. XIV, 9. Bayles Werke hat Friedrich nach einer Äußerung gegen Lucchesini (Bischoff S. 248) in Rheinsberg sämtlich gelesen: frühere Bekanntschaft ist nicht nachweisbar. Zwei Zeugnisse von 1737: Oeuvres XI, 29; XXI, 64. — Locke: XIV, 28. 71. 76; XXI, 15. 120. 264; dazu aus späterer Zeit die im Text angeführten Stellen aus den Memoiren von 1746 und 1775 (Publikationen aus den Preuß. Staatsarchiven IV, 193; Oeuvres II, 36). — Den ersten Abschnitt eines Werkes über die Philosophie Friedrichs des Großen hat vor kurzem E. Zeller veröffentlicht: „Friedrich der Große in seinem Verhältnis zu der Philosophie seiner Zeit und der Vorzeit" (Deutsche Rundschau, Jahrgang XI, Heft 12).

(Seite 150.) **Physikalische Studien:** An Oranien 19. Nov. 1738: „Je suis à présent plongé dans la physique jusque par dessus les oreilles" (bei Ranke XXIV, 207); Oeuvres VIII, 24; XIV, 23. 28 (Newton); XVII, 22; XXI, 243. 261. 277; Lucchesini bei Bischoff S. 270. — Briefwechsel mit der Marquise de Châtelet: Oeuvres XVII; mit Algarotti: Oeuvres XVIII; dessen erster Besuch: Oeuvres XVI, 378; XVII, S. 33; XXI, 327. 340. — Wolff an Manteuffel über Algarotti und den Newtonisme pour les dames: Büsching, Beyträge I, 35. 100.

(Seite 151.) **Abwendung von der deutschen Bildung:** Oeuvres XXI, 25. 77. 235.

(Seite 152.) **Studium der Alten**; Oeuvres XIV, 4; XVI, 143. — Vorliebe für Cicero: Oeuvres XXI, 76. — Nachahmung des Horaz: Oeuvres X, 43. Moriz Haupts Urteil über Friedrichs Poesie: Opuscula III, 137. — Alte Geſchichte: an Grumbkow, Küſtrin 26. Jan. 1732: „Quelquefois Marius, Sylla, Cinna, César, Pompée, Crassus, Auguste, Antoine, Lepide viennent m'entretenir." (Grumbkows Nachlaß); Oeuvres XXVII, 1, 52. — Auf die Briefe an Atticus wurde Friedrich durch Grumbkow geführt: „Je ne puis assez recommander ces lettres à V. A. R., et Elle conviendra avec moi qu'Elle n'a pas une idée nette de l'histoire romaine de ce temps qu'après Elle a connu les héros d'après nature, tèls que Cicéron les dépeint" (undatiert; Ende Oktober 1737). Am 13. Nov. 1737 empfiehlt Friedrich dieſelben Briefe Voltaire zur Lektüre (Oeuvres XXI, 114); dazu die Bemerkung: „C'est proprement de la faveur des historiens que dépend la réputation des princes." Vgl. indeß ſchon XVI, 143. Über Geſchichtsſtudium: Oeuvres VIII, 259. — Montesquieu: vgl. Poſner, die Montesquieu-Noten Friedrichs II., hiſtor. Zeit-ſchrift XLVII; Oeuvres XVII, 24; Hist. de mon temps 1746, Publ. aus dem Preuß. Staatsarchiven IV, 196.

(Seite 154.) **Verhältnis zur deutſchen Dichtkunſt:** Haller und Gottſched: Oeuvres X, 138 (Epître à Bredow, um 1750). — Beſuch der deutſchen Ko-mödie: Oeuvres XVI, 60—62 (23. Sept. 1732) mit dem Schwur „de ne jamais remettre le pied en telles comédies"; XXVI, 3 (Ruppin 13. Juni 1739): „Il y a ici une bande de marionnettes auxquelles Chasot applaudit beaucoup, et principalement au Hanswurst, comme il l'appelle, qu'il dit excellent acteur"; XXVII, 3, 32. Über Kilian Bruſtfled vgl. W. Scherer, Aus Goethes Frühzeit S. 122. — Weigerung, Wolff in der Ur-ſprache zu leſen: Oeuvres XVI, 258. 259.

(Seite 154.) **Greſſet:** Oeuvres XVI, 277; XXI, 183; XXV, 473. 476. 478.

(Seite 154—156.) **Art des Verkehrs mit Voltaire:** Sprachunterricht Oeuvres XXI, 40. 140. Zum Vergleich aus ſpäterer Zeit Miscellaneen zur Geſchichte Friedrichs II, S. 263. — Über „Voltaire als Politiker und National-ökonom" vgl. R. Mayr im Jahresbericht des Vereins der Wiener Handels-akademie, Wien 1881, S. 123.

Zum fünften Kapitel.

(Seite 168.) **Cheſterfields Jahr** 1725: Oeuvres XVI, 216; XXI, 343; an Oranien (1739) bei Ranke XXIV, 212.

(Seite 151.) **Stellung der Mächte zu der jülich-bergſchen Frage:** Für die Kurie vgl. Rottmanner, Der Kardinal von Bayern, München 1877, S. 74.

(Seite 162—169.) **Der Kaiſer und Preußen:** Über die geheime Klauſel der brandenburgiſchen Konkurrenz zu der Reichsgarantie vgl. Preußiſche Staats-ſchriften aus der Regierungszeit Friedrichs II. I, 50; II, 79 ff., 116. 124. — Zuſammenkunft in Prag: Grumbkow an Seckendorff, 3. Sept. 1735 bei Droyſen

IV, 4, 435; Podewils' Denkschrift vom 1. Juni 1747, Miscellaneen zur Gesch.
Friedrichs II., S. 447; Robinsons Berichte aus dem hannov. Archiv bei Droysen
IV, 3, 162 ff.; vgl. ebend. 311. — Promemoria an den Wiener Hof vom
12. Dez. 1735 ebend. 283. — Die identischen Noten von 1738: ebend. 327.
330. 335. — Die Konvention zwischen dem Kaiser und Frankreich vom 13. Jan.
1739: Preußische Staatsschriften II, 170—175. — Die Äußerungen Friedrich
Wilhelms: Förster III, 309, 313; Journal de Seckendorff p. 9 (vgl. dazu
p. 29; trotz des von Droysen IV, 3, 149 gegen Carlyle Angeführten möchte ich
den Vorgang nicht in das Jahr 1732 legen, denn für den 17. April 1732 ist
nur die Anwesenheit des Königs in Priort bezeugt, während Seckendorff ausdrücklich als an diesem Tage nicht dort zugegen genannt wird; der Vorgang
muß also zu einem anderen, chronologisch nicht fixierbaren Besuch in Priort gehören). — Voilà quelqu'un qui me vengera un jour: Journal de Seckendorff p. 139. Vgl. weiter Droysen IV, 3, 231. 334; Species Facti von 1736
bei Droysen IV, 4, 451; Oeuvres XXVII, 3, 334.

(Seite 170.) **Vorsichtige Haltung des Kronprinzen**: Oeuvres XVI, 90;
XXI, 234; Förster III, 131; Raumer III, 566. — Vermutungen wegen der
einstigen Günstlinge: Journal de Seckendorff p. 9. 27. 65. 66. 68. 69. 90.
207. Manteuffel: Förster III, 232; Oeuvres XXV, 496; Droysen IV, 3, 253
Anm.; Journal de Seckendorff p. 164. In einem Briefe an Grumbkow vom
29. Oktober 1737 entschuldigt Friedrich seine Zurückhaltung gegen Manteuffel
mit den Rücksichten, die ihm Bredows Beaufsichtigung (vgl. oben S. 112) auf-
erlege: „On me soupçonne d'athéisme et le comte de Manteuffel de m'avoir
donné ces sentiments."

(Seite 171.) **Der Kronprinz und der kaiserliche Hof**: Förster III, 84.
95. 99. 113. 148. 231; Brief Seckendorffs vom 22. Sept. 1732 oben S. 249;
Oeuvres I, 163; XVI, 27 ff.; Journal de Seckendorff p. 103; Raumer III, 568.

(Seite 172.) **Der Kronprinz und die Engländer**: Förster III, 48 (Wolden
2. Juni 1731: „Il se déchaine furieusement contre les Anglais, de ce
qu'ils n'ont pas agi de bonne foi); Oeuvres XX, 55; Politische Korrespondenz VII, 328; IX, 446; X, 216. 382; Dunder a. a. O. S. 39. — Die Heirat
von 1740: Zeitschrift für Preuß. Gesch. XVIII, 17; vgl. dazu Politische Korrespondenz IX, 170; Oeuvres VIII, 253; Mémoires de la Margrave II, 197;
Preußische Jahrbücher XLIV, 644.

(Seite 173.) **Der Kronprinz und der Kardinal Fleury**: An Grumbkow
19. Okt. 1737 (bei Dunder S. 36) und 15. Nov. 1735. Die im Text mitgeteilte Antwort Grumbkows ist undatiert.

(Seite 174—179.) **Considérations sur l'état présent du corps politique de l'Europe**: Oeuvres VIII. Den praktisch-publizistischen Charakter der
Schrift erkannte erst M. Dunder, Eine Flugschrift des Kronprinzen Friedrich.
(a. a. O. S. 3 ff.) — Das Gesetz vom zureichenden Grunde (Oeuvres VIII,
16) wird auch im Antimacchiavell (VIII, 284) angewendet. Voltaire über das
Manuskript: Oeuvres XXI, 193. 217. 229.

(Seite 180—190.) **Antimacchiavell**: Beginn der Arbeit: Oeuvres XXI, 278. 289. 298; vgl. den ganzen Brief an Voltaire vom 8. Jan. 1739, S. 252 und schon 184. — Beziehung auf Fleury: Oeuvres VIII, 179. 248; XIV, 87. — Moral und Politik: vgl. insbesondere VIII, 232. 246. 293. 294; die Vertrags- theorie 248. 254. 297; die spätere Fortbildung: Publikationen aus den Preuß. Staatsarchiven IV, 155; Oeuvres II, p. XVI; Politische Korrespondenz IV, 69; XI, 236; sowie die weniger prinzipiellen Äußerungen, die ich Histor. Zeitschrift XLIII, 97 zusammengestellt habe. Vgl. auch Fechner, über Friedrichs des Großen Theorie der auswärtigen Politik, Programm des Johannesgymnasiums zu Breslau 1876. — Zwei Arten Fürsten: Oeuvres VIII, 272. — Richteramt: VIII, 225. 230. — Le premier domestique: VIII, 168; vgl. I, 123; IX, 193, und Testament politique von 1752: „Le souverain est le premier serviteur de l'État.“ — Der Fürst als Kriegsherr: VIII, 218. 230. — Die besten Truppen: VIII, 216; das dort über die Wirkung der Bürgerkriege Gesagte wiederholte Friedrich ebenso gegen Lucchesini (Bischoff S. 166). — Der König im Norden: ohne Frage in Opposition gegen Montesquieu, vgl. Posner, die Montesquieu- Noten Friedrichs II. Histor. Zeitschr. XLVII, 224 Anm. 4. Posner hat mit großem Scharfsinn für die vor einigen Jahren zu Paris veröffentlichten Raub- bemerkungen Friedrichs zu den Considérations zwei verschiedene Entstehungs- epochen nachgewiesen und erblickt in einem Teil dieser Noten „die ersten Anfänge und Aufzeichnungen, Skizzen möchte man sagen, zum Antimacchiavell“ (a. a. O. 266). — Methoden der Kriegführung und Politik: VIII, 254. 288. — Karl XII.: VIII, 184. 197. 254. — Eroberer aus Temperament und Notwendigkeit: VIII, 171. 172. — Gerechte Kriege: VIII, 159. 296. — Behauptung eroberter Länder: VIII, 175. 261. 263. — Das religiöse Moment: VIII, 266; vgl. Posner a. a. O. 286. Dagegen später Oeuvres XVII, 79; XXVIII, 50. — Zeit der Revolu- tionen vorbei: VIII, 243; vgl. Politische Korrespondenz VIII, 46. — Macht- erweiterung im Frieden: VIII, 268. — Finanzwirtschaft: VIII, 238. — Misere des Kleinfürstentums: VIII, 209. Vgl. dazu Oeuvres XXVII, 3. 104 (Be- such in Mirow), Mémoires de la Margrave II, 197 und das drastische Bei- spiel von Braunschweig bei Droysen V, 4, 199. — Auswahl der Minister: VIII, 262. 274. 275; dazu Posner a. a. O. 283 und Lucchesini bei Bischoff S. 186. — „Les grands princes se sont toujours oubliés eux-mêmes“ VIII, 294.

(Seite 190, 191.) **Wendung in der Politik des Kronprinzen gegen den Wiener Hof**: Die Kluft zwischen dem Briefe vom 14. Februar bei Duncker S. 31 und dem vom 24. März aus Grumbkows Nachlaß gewahrt man auf den ersten Blick. Der Brief über den Türkenkrieg (7. Okt. 1737) bei Duncker S. 35. Die Erwägung der Chancen des nächsten allgemeinen Krieges in einem Briefe an Grumbkow vom 23. Juli 1738; dazu Oeuvres XVIII, 20.

(Seite 191.) De la politique actuelle de la Prusse 1731: Oeuvres XVI, 3; dazu der Brief Eugens bei Förster III, 28. Vermutlich ist die Denk- schrift, welche Kaunitz einmal erwähnt (Raumer III, 569), mit der von 1731 identisch. — Weitere territoriale Pläne: Förster III, 68 und ein Brief Hilles an Grumbkow vom 8. Jan. 1732. — Règle indispensable à tout politique de ne jamais confondre les petits États avec les grands: Oeuvres VIII, 236. Dazu die Hist. de mon temps 1746, Publ. aus den Staatsarchiven IV, 213.

(Seite 192.) **Der Kronprinz und die identischen Noten**: An Grumbkow, März 1738, bei Duncker S. 41. 42. — Grumbkows Vorsichtslehren in einem unbatierten Briefe: „Je suis persuadé qu'un roi de Prusse, de même qu'un roi de Sardaigne, aura toujours plus de besoin de la peau de renard que de celle de lion." Das Bild aus dem Macchiavell.

(Seite 192—194.) **Kriegerische Stimmung**: Oeuvres XVI, 151. 152; XXI, 233; Ranke XXIV, 204. — Fehrbellin: Oeuvres XXVII, 3, 111 und Miscellaneen zur Gesch. Friedrichs II. S. 244. Für das folgende vgl. Journal de Seckendorff p. 157. 205; de la Hour bei Ranke S. 272 Anm.; Guy Dickens bei Raumer III, 568; Duncker S. 39.

—————

Bum sechsten Kapitel.

(Seite 195—197.) **Instruction de Grumbkow pour le Prince Royal de Prusse**, Ruhstadt, 26 août 1731: Förster III, 54—58.

(Seite 197.) **Eifer im Dienste**: Oeuvres XVI, 164. 165. 214. 328; Journal de Seckendorff p. 63; Zeitschrift für Preuß. Gesch. IX, 607.

(Seite 198.) **Abneigung gegen Berlin und Potsdam**: Oeuvres XVI, 99. 129. 143. — Philosophie der Küche: XVI, 264. 329. Vgl. XIV, 21 die poetische „Parallèle de la liberté et des agréments que je goute ici dans ma retraite avec la vie pleine de trouble et d'agitation que mènent les courtisans" (30. Okt. 1737). — Pöllnitz: Oeuvres XXV, 477; Journal de Seckendorff p. 63. 143.

(Seite 199.) **Geldverlegenheiten**: Preuß, Jugend und Thronbesteigung S. 149. 299. 300; Raumer III, 580; Oeuvres XVI, 309 ff.; Journal de Seckendorff 144.

(Seite 199.) **Die Baireuther, Duhan**: Oeuvres XVI, 31. 51. 53. 74. 76; Förster III, 108. 233.

(Seite 200.) **Äußerungen Friedrich Wilhelms**: Oeuvres XVI, 52. 80. 82. 87; die Äußerung Hackes aus einem der unedierten Briefe Friedrichs an Grumbkow (2. Dez. 1732). Der Ruppiner Pachtanschlag: Oeuvres XVI, 65. 66. 97; Stellen, die bei Stadelmann, Friedrich Wilhelm I., S. 199 überfehen sind.

(Seite 200—202.) **Krankheit des Königs** 1734: Journal de Seckendorff p. 9—11. 28. 29. 55; Manteuffel bei Weber a. a. O. II, 239 und bei Bratuscheck S. 128; Oeuvres XXVII, 1, 25—27.

(Seite 203.) **Nouveau système par rapport au papa:** Oeuvres XXV,
496; vgl. 459. 489; Journal de Seckendorff p. 157; Formey, Souvenirs I, 82.

(Seite 203. 204.) **Grumbkow:** Förſter III, 340. 346; Oeuvres XXV,
495; Journal de Seckendorff II. 66; Oeuvres XXVII, 1, 62—64. 67; Raumer
III, 572.

(Seite 205.) **Berliner Winteraufenthalt** 1738/39: Oeuvres XVI,
159—162.

(Seite 204—207.) **Preußiſche Reiſe:** Oeuvres XXVI, 5 ff.; der Brief
S. 8 an die Kronprinzeſſin iſt nicht vom 10. Auguſt, ſondern, wie ſich aus
XVII, 56 Anm. entnehmen läßt, vom 19. Juli zu datieren; der Brief an
Voltaire XXI, 304.

(Seite 208.) **Parteien:** Whigs und Tories: Seckendorff bei Förſter III,
341. Die Äußerung Schwerins aus einem Briefe Manteuffels vom 16. Nov.
1737 in Grumbkows Nachlaß.

(Seite 208—212.) **Friedrichs Erziehungsgrundſätze:** Zu dem aus dem
Teſtament von 1752 Mitgeteilten vgl. „Instruction au major Borcke", 24. Sept.
1751, Oeuvres IX, 37 und die Aufzeichnungen Catts, Publikationen aus den Preuß.
Staatsarchiven XXII, 342. 385. — Über Überſetzungen: Lucchesini S. 242. —
Das Beiſpiel Heinrichs IV. zur Warnung auch in dem Brief an den Prinzen
von Preußen vom 13. Nov. 1754, Politiſche Korreſpondenz X, 470. — „Tout
ce que peut l'éducation, c'est de modérer la violence des passions":
Oeuvres IX, 39.

(Seite 212, 213.) **Vater und Sohn:** Vgl. Förſter III, 41. 127; Zeit-
ſchrift für Preuß. Geſch. XVIII, 52. Friedrichs Organ: Politiſche Korreſpondenz XII, 43; Mémoires pour servir à l'histoire de notre temps p. 1.
Allgemeine Militärzeitung LIV, 26. Der Kapellmeiſter Reichardt äußerte in
einer Abhandlung über Stimmphyſiognomik, eine Stimme von ſolchem Voll-
klang nur bei feingebildeten Franzoſen aus der alten Geſellſchaft wiedergefunden
zu haben. — Über Friedrich Wilhelms näſelnde Sprache vgl. Büſching, Beyträge I, 156.

(Seite 213, 214.) **Die Diplomaten über Friedrich Wilhelm I.:** Valorys
Bericht vom 6. Mai 1740 bei Ranke S. 242 Anm. Eine reichliche Portion
des gehäſſigen Diplomatenklatſches, vor dem Valory warnt, hat v. Weber a. a. O.
Bd. I aus Manteuffels Berichten mitgeteilt. Manteuffel hatte in Rheinsberg
des Kronprinzen Koch beſtochen, während der jüngere Seckendorff mit des Königs
Mohren in Verbindung ſtand; vgl. Journal de Seckendorff 6. 71. 159. Den
Vorfall bei Pöllnitz II, 359 erzählt Manteuffel bei Weber I, 143 in etwas ab-
weichender Form. — „Il ne vivait que par l'art des médecins": Oeuvres
I, 173.

(Seite 214—217.) **Tod Friedrich Wilhelms I.:** Für die Feſtſtellung
der Chronologie der letzten Tage iſt der Brief Friedrichs an Voltaire vom
27. Juni 1740. Oeuvres XXII, 11 unberückſichtigt geblieben; ich halte mich
vielmehr an vier Briefe von Podewils an Thulemeier, Potsdam 28. und

30. Mai, 31. Mai 11 Uhr vormittags und 31. Mai nachmittags, im Königl. Hausarchiv. Daneben liegen vor die Briefe Friedrichs an seine Gemahlin und die Markgräfin von Baireuth vom 31. Mai bez. 1. Juni, Oeuvres XXVI, 12; XXVII, 1, 81; sowie die Aufzeichnungen der Prediger Cochius (Lebens- und Regierungsgeschichte Friedrichs II., Leipzig 1784, Bd. I, Beilagen S. 24) und Oelfeldt (ebend. S. 33); aus zweiter Hand die Berichte des dänischen Gesandten Prätorius vom 31. Mai bis 9. Juni, Neue Berl. Monatsschrift IX, 81 ff., und als später überarbeitete Berichte von Augenzeugen die Erzählungen bei Pöllnitz II, 365—376 und (für die Vorgänge in Rheinsberg) bei Bielfeld I, 102. — Der Zeitungsbericht über des Königs Abreise aus Berlin steht u. a. bei [Faßmann] Merkwürdigster Regierungsantritt und [Hempel] Heldengeschichte Friedrichs des Andern I, 283. — Für die Ankunft des Kronprinzen in Potsdam: Podewils schreibt am 28. Mai an Thulemeier mittels der Nachmittagsstafette, nachdem er am Morgen den König gesprochen, gestern sei ein Kurier an den Kronprinzen gesandt: „on l'attend à tout moment"; in dem Brief vom 30. erwähnt Podewils, daß er am 28. um 4 Uhr nachmittags beim Erscheinen vor dem Könige den Kronprinzen mit demselben allein getroffen habe. Wenn anderseits Friedrich an Voltaire schreibt: „J'arrivai le vendredi (irrtümlich für samedi, 28.) au soir", so wird die von Pöllnitz für den 28. bezeugte Begrüßung auf dem Platz vor dem Schlosse in die ersten Nachmittagsstunden zu setzen sein, wozu auch das nachfolgende „le Roi dit au prince royal d'aller souper avec la Reine" (Pöllnitz II, 372) stimmt. Daß der König am Sonnabend sich vor das Schloß tragen ließ, meldet auch Prätorius nach den Nachrichten aus Potsdam; doch ist sein Bericht verwirrt, indem er den Kronprinzen erst am 29. eintreffen läßt. Für die Unterredung zwischen dem Kronprinzen gleich nach der Ankunft am 28. liegt die von Droysen IV, 3, 425—427 erschöpfend analysierte Aufzeichnung von Podewils vor: „Kürzlicher Inhalt des Discurses, welchen Se. Kön. Maj. mit Dero Crounprintzen Kön. Hoh. den 28. Mai 1740 des Nachmittags um 4 Uhr in meiner Gegenwart gehalten, soviel ich mich dessen erinnern kann"; dazu die schon bei Preuß I, 124 und Jugend und Thronbesteigung S. 307 citierte Stelle aus dem Briefe an Thulemeier vom 30. Mai. — Die Besichtigung des Sarges und Einhändigung des Reglements erfolgte nach demselben Briefe von Podewils am 29., nicht wie Pöllnitz angibt am 28. — Über die Abdankung am 31. Mai, 5 Uhr früh, die der Brief an Voltaire irrig auf den 30. verlegt, der Brief von Podewils vom 31. Mai 11 Uhr. Den Spiegel erwähnt als Augenzeuge Cochius: „er ließ sich einen Spiegel geben, besahe sich darin und sagte: bis hierher bin ich schon tot"; vgl. auch Pöllnitz und die Markgräfin. Angaben über die Todesstunde: Podewils (an Thulemeier 31. Mai): $3^{1}/_{4}$ Uhr; Friedrich (an die Königin Elisabeth Christine, 31. Mai): $3^{1}/_{2}$ Uhr und die Markgräfin (1. Juni): 3 Uhr. — Friedrichs Urteil über den Vater: Oeuvres I, 174. 175. — Die beiden Träume: Catts Tagebuch vom 19. Jan. und 26. Juni 1760, Publikationen aus den Preuß. Staatsarchiven XXII, 419. 427.

Beilagen.

***

A.

Relation welche Sr. Königl. Maj. von des Cron Printzens Hoheit inten-
dirten retraite mir (Mylius) dato (1. Sept. 1730) zu Papier dictiret
haben, um Sr. Hoheit und übrige darinn benannte Persohnen zu
vernehmen.

Da Se. K. Maj. nach anspach gegangen, ist der Cron Printz nicht von
des Königs seite weggewesen, jedoch hatt er wißen Gelegenheit zu suchen mit
dem Laquay Wilhelm Rausch ihm Geld zu geben, um etliche Ellen rothes Tuch
zu kauffen, welches dieser auch gethan, und ist darauff der König fortgereiset biß
Ludwigsburg bei Stuttgard, als nun der König nach Ludwigsburg gekommen,
hatt er durch den Wilhelm oder sonst jemand, welches der Cron Printz sagen
wirde, des Hertzogs Schneider hohlen laßen, der ihm daraus einen Rock
gemacht.

Hierüber ist der Obrist L. von Rochau zu befragen, worum er solches
Sr. Maj. nicht gesaget habe. Wenn es aber der p. v. Rochau nicht gewußt,
so muß Gummersbach sagen, worum er es dem p. von Rochau nicht gesaget.

Se. Maj. seynd darauff fortgereyset von Ludwigsburg biß auf ein Dorff
zwischen Heilbrunn und Heidelberg, darauff der König in Dorff Steinfurth geblieben und sein quartier in einer Scheune genommen, welcher schräg gegenüber
eine andere Scheune gewesen, worinnen der Cron Printz u. der p. von Rochau
gelegen. Des abends als Se. Königl. Maj. zu Bette gegangen haben Sie gesagt:
schlafft morgen, denn wir haben nicht weit nach Maunheim wenn wir des
Morgens früh 5 Uhr wegfahren kommen wir tausend genug hin. Der König
und alle haben sich schlaffen geleget, sehr früh aber ist nach des Cammerdieners
Carls¹) Aussage der Cron Printz aufgestanden, hatt sich angezogen auch den

***

¹) Gummersbach; er sagt im Verhör (2. Sept. zu Mittenwalde): „ohngefähr um 2 Uhr, fast ¼3.“ Der im Text S. 46 angeführte Wortwechsel
zwischen ihm und dem Kronprinzen aus dieser Aussage.

neuen rothen Rock, da dann der Cammerdiener denselben fraget, wohin der Printz so früh gehen wolte, hatt Derselbe geantwortet, Er wollte zum König und als der Cammerdiener gesagt, was wird der König sagen, daß Sie einen rothen Rock anhaben, und der König will sich nicht eher wecken lassen als daß er um 5 Uhr früh fahren kann, so wüßte zwar Se. Maj. nicht die Antwort des Printzens, es müßte aber der Cammerdiener es sagen. Der Cron Printz ist darauff fort und vor des Königs Scheune hingegangen, der Carl aber zu dem Obrist Lieutenant von Rochau, welchem er gesaget was passirt wäre, es mögte derselbe kommen weil er dem Handel nicht trauete. Der p. von Rochau ist mitgekommen, und als sie den Cron Printz nicht bei der Scheune finden saget der Cammerdiener Carl an den von Rochau, Hr. Obrist Lieutenant nehmen sie den Weg, ich will da herum gehen, so müssen wir ihn gewiß begegnen,[1] welches auch geschehen, und müßte der Carl und der Oberstl. von Rochau aussagen, was der Cron Printz gesagt oder Mine gemacht. Indeß hatt der Page Kait bey dem Hause, wo sie ihn begegnet, ihn mit 2 Post Pferdten gefunden; wie dieses passirt ist hatt der Cron Printz seinen rothen Rock wieder ausgezogen und ist zum König gegangen. Da denn der König zu dem Printz gesaget: Euer Wagen ist schwerer als meiner, ihr solt vorausfahren sonst werdet ihr zu spät nachkommen. Der König hatt hierauff sich angezogen, und der Cron Printz ist herausgegangen, daß also der König geglaubt hatt daß derselbe weggefahren und fährt nachher fort, der Cron Printz aber bleibt zurück.[2]

Als der König nach Heidelberg gekommen hatt der König an den Obristen von Derschau gefraget: Wo ist mein Sohn er muß ja schrecklich starck fahren, wir können ihn nicht einhohlen sie werden nicht toll seyn und nach Mannheim hereinfahren ehe ich komme, Und als der von Derschau antwortet, ob nicht Se. Maj. befohlen, daß Sie nicht herein fahren solten, hatt der König gesagt: Nein, sie solten es aber doch wißen. Da nun der König nach Mannheim gekommen, hat er den Cron Printz nicht gefunden, und der Churfürst von Pfaltz

---

[1] Gummersbach sagt am 2. Sept. aus, Rochow habe den Prinzen „bei der Scheune" getroffen; nachdem Rochow mit dem Prinzen gesprochen, habe er, Gummersbach, zu Rochow gesagt: „Gehen Sie da hin und fragen was die Pferde sollen; ich will hier auf den Prinzen Achtung geben." Rochow sagt aus (1. Sept.), er habe den Kronprinzen an seinem Wagen im roten Rock stehen sehen und habe ihm einen guten Morgen geboten; „da der Kronprinz ihm gedankt und von dem Wagen nach der Scheune gegangen; Deponent wäre vor dieser Scheune auf und nieder spazieren gegangen, um alle Zeit auf seiner Hut zu sein ... Der Page Keith wäre den Weg herauf mit zwei Pferden gezogen gekommen, welchem Deponent einen guten Morgen geboten und gefragt, was das vor Pferde wären, ob sie damit reiten wollten, er sollte sich nach dem Teufel scheren, ob das Pageupferde wären." Der Kronprinz sagt aus (2. Sept.), daß er „kaum zehn Schritt aus der Scheune gewesen". Das Hinzutreten Seckendorffs u. s. w. bezeugt Rochow.

[2] Der Kronprinz sagt aus (2. Sept.), „er habe sich mit Willen aufgehalten, um Thee zu trinken."

unterschiedene mahl nach demselben gefraget, der König aber geantwortet Er wüste nicht anders als daß [er] eher hier seyn müste, weil er eher ausgefahren; es wären aber Se. Maj. schon 8 Uhr da gewesen und halb Eilff Uhr wäre der Printz erst angekommen. Es hätte aber zu solcher Zeit der König davon was passirt nichts gewußt sondern mit dem Cron Printz sich des Tages in der stad umgesehen, auch des andern Tages mit ihm in die Kirche gegangen, von allen dem was passirt nichts wissender, biß ein getreuer Mensch den Se. Maj. nicht nennen würden, dem König als er aus der Kirche gekommen, gesaget, daß der Printz fortgehen wollen und es deshalb Schuldigkeit gewesen wäre sowohl des Obristl. von Rochau als aller Domestiquen des Printzens, es Sr. Maj. Kund zu thun sobald wie der rothe Rock angezogen gewesen, also sollten sie zur Rede und Antwort gezogen werden.

Sobald nun dem König es gesaget worden, habe Sr. Maj. in des Churfürsten Anti Chambre den Obristl. von Rochau ans Fenster geruffen und gesaget mit dieser Expression, daß der Friedrich desertiren wollen und es Sr. Maj. wundere daß man dieses nicht gesaget indeßen er, von Rochau, dafür mit seinem Kopff hals und Kragen repondiren solte, wofern er ihn nicht in Wesel lebendig oder todt lieferte, hier wäre nicht lange Zeit davon zu sprechen, und weil der König vielleicht den Generalmajor v. Bodenbruch und Obristen von Waldow nicht allein sprechen konte, so sollte der p. von Rochau in des Königs Nahmen ihnen sagen und befehlen daß sie dafür mit responsabel seyn solten. Der Obrist Lieutenant von Rochau hatt dem König geantwortet: Er soll uns nicht wegkommen und würde uns auch nicht weggekommen seyn, denn ich schon meine praecaution genommen hatte, und der Printz hatt einen getreuen Cammerdiener und Laquay, auff die man sich verlaßen konte.

B.

Zwei Gedichte des Kronprinzen Friedrich aus dem Jahre 1731.

(Nach Abschriften von der Hand des Kammerdirektors Hille.)

1) A Grumbkow.

Je suis parmi des incredules
qui me donnent bien des pillules,
helas! tout cela ne vaut rien
quel malheur donc est le mien.

Un projet rempli de sottises
Qu'on m'interprete à betise!
Je croyois pourtant faire bien
Quel malheur donc est le mien!

Plus un peu de Rimaillerie
Que j'avois fait en raillerie
qu'on ne veut pas croire du mien
Quel malheur etc.

Soyez Athée en toutte chose
Mais croyez ce que je propose
qui est: je vous aime bien.
quel bonheur sera le mien!

Ce cy vient d'un Cœur tout sincere
qui ne cherche qu'à vous complaire
et qui tonjours le montrera.
Raisonnez, mais croyez cela.

2) Conseil à moy meme

sur l'air: Badinez.

Parmi les tristes Circonstances
Souffrez avec patience
jamais n'allez outre cela
raisonnez, mais restez en la.

Ne donnez point dans la tristesse
fuyez surtout la paresse
en bon train alors vous voilà
raisonnez, mais restez en là.

Faites bien des Chansonnettes
Car ce seront pour Vous des fetes
badinez avec tout cela
raisonnez etc.

La chambre et les Commissaires,
qui font le metier des Corsaires
Vous pourrez avec tous ceux la
raisonner, mais restez en là.

Ne faitez à personne de querelle
Restez à Vos amis fidelle
et pour le Reste lon, lan, la
raisonnez, mais restez en là.

Donnez tout le respect au Maitre
gardez Vous toujours des traitres
et faitez tout, pour ce but là
raisonnez etc.

Ennuyez Vous bien pour complaire
et faitez touttes Vos affaires
et Soyez content, lon, lan, la
raisonnez etc.

Reconnoissez bien les services
d'un Ministre les bons offices
Aimez le toujours pour cela
raisonnez, mais n'en restez pas là.

— — — —

C.

Charakteriſtik des Kronprinzen.

(Aus einem Briefe des Kammerdirektors Hille an Grumbkow, Küſtrin, 8. Februar 1732.)

Son Altesse Royale me fit appeler avant-hier à deux heures, et, comme nous étions seuls, Elle me fit quelques confidences sur l'avenir et sur le plan de vie qu'Elle s'est formé, où, assurément, il n'y en a rien à redire. Vous pouvez compter, Monseigneur (et autant que j'en puis croire à mes découvertes, je vous en assure), d'avoir la principale part à sa confidence, et cela par connoissance de cause, non pas par rapport à ce qu'Elle en doit, mais aussi par rapport aux sentiments et aux maximes qu'Elle vous connoît très conformes aux siennes.

Il est donc important de connoître un peu particulièrement ses dispositions, et V. E. me permettra de Lui dire ce que je crois avoir découvert là-dessus, ayant apporté assez d'attention, en tant de conversations familières que j'ai eues avec lui. C'est dans l'intention qu'une personne comme V. E. le puisse ménager et tourner d'une manière qu'il en résulte un jour beaucoup de bien.

Ce Prince se pique extrèmement d'avoir de l'esprit, et il en a véritablement; il est ravi qu'on le loue par cet endroit, et on gagnera par là son amitié plus tôt qu'avec toute autre chose, fût-ce une recrue de 3½ aunes. Il se pique encore d'une politesse fort scrupuleuse, même à l'égard des gens qui ne sont rien à proportion de lui. Ses sentiments en général sont nobles et bienfaisants, et il pèchera plutôt par une miséricorde mal placée qu'en donnant dans le vice opposé. Sans entrer dans les petits détails, dont il laissera le soin à d'autres, il s'appliquera plus aux affaires du gouvernement qu'on ne croira, et avec succès, pourvu que le bon Dieu lui assiste dans le choix de ceux qui l'aideront. Mais voilà où il pourra donner à gauche. Puisque il juge de tous les hommes par le brillant, et ce que les François appellent esprit, celui qui n'a que le bon sens tout nu, eût-il d'ailleurs, toutes les connoissances, solidités, vertus etc., n'entrera jamais en compétence avec l'autre; un sentiment avec l'assaisonnement d'un bon mot, d'une pointe, l'emportera sur le plus solide, dit nuement.

D'ailleurs ce Prince ne connoît presque pas les Allemands. Il trouve que ceux qu'il a hantés à P. ne remplissent pas l'idée qu'il s'est formée d'un homme spirituel et poli par la lecture des livres françois. De là cette étrange prédilection pour cette nation, et il croit que les François sont tels qu'ils se dépeignent dans leurs livres. Ceux qu'il voit ne le détrompent pas, puisqu'il les croit un peu gâtés par le commerce des Allemands, ou par prévention il leur trouve un mérite qu'ils ignoroient eux-mêmes.

Quant à la générosité, il n'y sera pas inutile de l'y accoutumer. J'ai pourtant remarqué une chose qui me fait bien augurer de sa reconnoissance. Dans le temps que nous parlions ensemble, R[ohwedell?] étant entré et sorti d'abord, il me dit: „Voilà un homme qui sent bien son origine; j'ai lui ai cependant certaines obligations, que je lui payerai en bonnes espèces, aussitôt que je pourrai, dont il a plus besoin que de bijouteries."

Je souhaite très ardemment que ce Prince puisse surpasser tous les autres pour le bien de la race future. Cela tient à peu de choses, et c'est dans cette intention que je m'enhardis d'écrire tout ceci à V. E., laquelle je supplie de brûler cette lettre.